辛弃疾

郭宏文 许 杰 著

XIN
QIJI

醉里挑灯他看剑

团结出版社

图书在版编目（ＣＩＰ）数据

　辛弃疾：醉里挑灯他看剑 / 郭宏文，许杰著. --
北京 ：团结出版社，2019.9
　ISBN 978-7-5126-6730-3

　Ⅰ．①辛… Ⅱ．①郭… ②许… Ⅲ．①辛弃疾（
1140-1207）—传记②辛弃疾（1140-1207）—宋词—诗歌欣
赏 Ⅳ．①K825.6②I207.23

　中国版本图书馆CIP数据核字(2019)第022327号

出　版：团结出版社
　　　　（北京市东城区东皇城根南街84号　邮编：100006）
电　话：（010）65228880　65244790 （出版社）
　　　　（010）65238766　85113874　65133603（发行部）
　　　　（010）65133603（邮购）
网　址：http://www.tjpress.com
E-mail：zb65244790@vip.163.com
　　　　fx65133603@163.com（发行部邮购）
经　销：全国新华书店
印　装：三河市东方印刷有限公司

开　本：163mm×240mm　　　　16 开
印　张：20.5
字　数：343 千字
印　数：4045
版　次：2019 年 9 月　第 1 版
印　次：2019 年 9 月　第 1 次印刷

书　号：978-7-5126-6730-3
定　价：58.00 元
　　　　（版权所属，盗版必究）

前言

东风夜放花千树。更吹落、星如雨。宝马雕车香满路。凤箫声动，玉壶光转，一夜鱼龙舞。

蛾儿雪柳黄金缕。笑语盈盈暗香去。众里寻他千百度。蓦然回首，那人却在，灯火阑珊处。

这首让许多国人都耳熟能详的词作，就是宋代著名词人辛弃疾的《青玉案·元夕》。这首词，从渲染南宋首都临安（今浙江省杭州市）元宵节绚丽多彩的热闹场面入手，加以更多的景象铺垫，让人流连忘返。临安城热闹的场景，也恰恰衬托出了词尾要寻找的"那人"，是一个与众不同、孤独而立、超然脱俗的理想佳人。

这首《青玉案·元夕》，是辛弃疾从金朝统治下的山东济南府投奔到南宋后，在南宋都城临安任司农寺主簿时所写。当时，宋朝的半壁江山都在金朝侵略者的铁蹄蹂躏之下，而南宋统治者却不思收复，偏安江左，沉湎于歌舞享乐，以粉饰太平。从词的表面上来看，是辛弃疾为他的情人所写。而在古代文学作品里面，男女情爱也常常用来比喻政治上的际遇。洞察时局的辛弃疾，欲补天穹，却恨无路请缨。于是，他满腹的激情、哀伤、怨恨，交织成这幅元夕求索图。

辛弃疾的一生，一直都在力主抗金，收复旧山河。他是一个有胆有识有为的爱国志士，却空有满腔救国热忱而不被重用。

在辛弃疾出生的 13 年前，也就是宋钦宗靖康二年（1127 年）四月，金军攻破东京（今河南省开封市），俘虏了宋徽宗、宋钦宗父子及大量赵氏皇族、后宫妃嫔与贵卿、朝臣等 3000 余人，并押解北上，东京城中公私积蓄被掠之一空，大宋王朝遭遇了"靖康之难"，中原被金人占领，直接导致了北宋的灭亡。

由于辛弃疾是在金朝统治下的山东济南府长大的，目睹了汉人被金人奴役欺凌的悲惨景象。正是因为辛弃疾的先辈与金人有着不共戴天之仇,辛弃疾又深受祖父的熏陶,从小就立下了收复中原、报仇雪耻的志向。

宋高宗绍兴三十二年(1162年)正月,辛弃疾力劝山东义军归附南宋,抗击金兵。辛弃疾归附南宋朝廷后,不甘在歌舞升平中消磨意志。由于心中收复中原的抗金理想无法实现,辛弃疾感到非常失落和无奈。

宋孝宗乾道元年(1165年),担任右承务郎一职的辛弃疾,不为自身官职低微,独抒所见,进奏了著名的《美芹十论》,但没得到朝廷的重视。宋孝宗乾道五年(1169年),虞允文任宰相后,辛弃疾又呈上九篇关于恢复大计的建议,即《九议》,陈述战守之策,显示了他卓越的军事才能与爱国热忱。

辛弃疾的建议虽然没被采纳和实施,但他被调到南宋都城临安内,任司农寺主簿,成为主管文字工作的事务官。然而,一直怀有光复中原大志的辛弃疾,却渴望能在疆场上建功立业,实现自己的抱负。

辛弃疾是个文能治国、武可杀敌的人才,但可惜身处南宋朝代,英雄无用武之地。尤其是他刚拙自信的英雄性格和豪杰作风,成为他不受重用的重要原因。他敢说敢做,从不情愿迎合别人。为了实现抗击金兵、收复中原的夙愿,他可以不拘小节,不守规则,更不理会各种各样的潜规则。他豪迈倔强的性格和执着北伐的热情,使他难以在畏缩圆滑、嫉贤妒能的官场上立足,只能在一旁孤芳自赏。

辛弃疾原字坦夫,后改字幼安,中年以后,自号稼轩居士。如果把历史上对辛弃疾的基本评价进行归纳,即:民族英雄,爱国志士,南宋最伟大的词人。

宋高宗绍兴十年(1140年)五月十一,辛弃疾生于山东济南府历城县(今济南市历城区)。宋钦宗靖康二年(1126年)前,历城属于北宋领土,后因"靖康之难"被金朝侵占。金人不仅大量掠夺汉人的土地,还强迫汉人为奴。面对金人的严苛压榨、百般欺辱,抗金起义始终不断。辛弃疾就生长在这样的环境当中。

辛弃疾早年丧父，由祖父辛赞抚养长大。辛赞虽说是金朝的官吏，但心中难以忘怀的，却是对宋朝的怀念和对金朝的仇恨。他常常带着年幼的辛弃疾登高望远，指点江山，对他进行抗金复地、洗雪宋耻的爱国教育。

在祖父辛赞的教导之下，辛弃疾从小就喜欢练习武艺，并阅读汉室书籍，尤其读了许多《孙子兵法》之类的兵书。14 岁和 17 岁时，辛弃疾曾先后两次参加金朝燕京的科举考试，但两次不中。20 岁那年，他率领 2000 多人起义抗金，并投奔以耿京为首的北方忠义军，成为耿京手下的节度掌书记。后来，耿京被忠义军内部叛徒张安国杀害后，辛弃疾集结 50 多名义士突袭金人营帐，在金人猝不及防的情况下，生擒叛徒张安国，并策动上万士兵一起投奔南宋。这段戎马生涯，为他后来的文学创作打下了深厚的生活基础。

辛弃疾归附南宋后，随之踏上了仕途之路。他开始辗转于江淮两湖一带任地方官，是一生中的游宦时期。由签判到知州，由提点刑狱到安抚使，虽然宦迹无常，但政绩卓著。他出任滁州知州仅半年，当地的荒陋之气就一扫而空。他在湖南创置飞虎军，致使军威雄震一方，为江上诸军之冠。他每得到一次为朝廷效力的机会，都特别珍惜，并非常执着地去工作。当时，辛弃疾无疑是一个有清醒政治头脑且忧国忧民的好官。

游宦时期的辛弃疾，一直是雄心勃勃、壮志凌云。他先后上了一系列奏疏，力陈抗金复国方略。他的意见虽然未被当朝采纳，但没有影响他精忠报国。他在力所能及的范围内，总是恪尽职守，仿佛没有什么事情能够难倒他。

由此来看，辛弃疾果断决绝的做事态度，容易使他陷入授人以柄的尴尬境地，最终导致不是被贬官，就是被弹劾，从而在仕途上起伏不定。

宋宁宗嘉泰三年（1203 年），已经 64 岁的辛弃疾，被起用为知绍兴府兼浙东安抚使，不久又被宋宁宗面见，被差之镇江府一职。这时，太师韩侂胄积极倡导北伐，但辛弃疾觉得北伐的时机尚未成熟，反对太师韩侂胄草草从事。由于南宋王朝内部出现矛盾，难以达成共识，辛弃疾因此受到排挤，并于宋宁宗开禧元年（1205年）再次被罢免。最终，这次北伐因计划不周而失败。

辛弃疾做南宋官吏长达40余年，但断断续续有近20年时间闲置一边。在时断时续被起用的20年中，出现了多达37次频繁调动，任职最长的一次，也没超过一年半。虽然后两年都是被召任职，但无奈已年老多病、身体衰弱，最终在宋宁宗开禧三年（1207年）九月初十病逝，享年68岁。后赠少师，谥号"忠敏"。

辛弃疾武文兼备，一生坚决主张抗击金兵、收复失地。尤其是"金瓯缺，月未圆，山河碎，心不安"的境遇，成为他心中永远挥之不掉的阴霾。他虽然对战争形势有着鞭辟入里的分析，也有着鲜明具体的对策，在各个岗位上也是认真革除积弊，积极整军备战，但却屡遭投降派掣肘，随时都会被撤销职务。为此，他曾在江西上饶一带长期闲居，光复故国的大志雄才始终得不到施展，武途政路均不畅通，一腔忠愤发而为词，由此造就了南宋词坛一代大家。

辛弃疾与苏轼并称"苏辛"，成为豪放词派的代表。在苏轼的基础上，辛弃疾进一步开阔了词的思想意境，提高了词的文学地位。与苏轼词有所不同的是，辛弃疾常以文为词，给人以慷慨悲歌、激情飞扬之感。

辛词题材广阔，善于化用前典。从他现存的词作中看，有写政治的、写哲理的、写朋友之情的、写恋人之情的、写田园风光的、写民俗人情的、写日常生活的、写读书感受的……可以说，凡能写入其他文学样式的内容，他都可以写入词中，既是无意不可入，无事不可言，又是写尽平生不平事。

辛词笔力雄浑、大气磅礴。在意象的使用上，辛词很少采用传统词作中常见的用梅兰竹菊及红粉佳人为点缀的手法，他笔下所描绘的自然景物，大都有一种奔腾耸峙、不可一世的气派。毫无疑问，这也跟他豪侠仗义的性格有关。他卓尔不群的词风，最终确立了他在豪放词派中独一无二的历史地位。

辛词风格多样，自由充分。含蓄悲壮、积愤沉郁、细腻柔媚皆有所及。辛弃疾善于以词明世，语言不落窠臼，力求千变万化，有"词中之龙"的美誉。

辛弃疾现存的词作，约有六百首，收集在《稼轩长短句》中流传下来。南宋豪放派诗人、词人、诗论家刘克庄在《辛稼轩集序》里指出："公所作大声镗鞳，小声铿鍧，横绝六合，扫空万古，自有苍生所未见。"辛弃疾用尽一生的慷慨悲歌，倾尽热血地抒发自己的英雄理想和人生情感。

辛弃疾以横刀立马的姿态登上词坛，他的词所展示的自我形象，是唐宋词史上独一无二的、个性鲜明丰满的英雄形象。抗金复国是辛弃疾词的主旋律，但其中包含着英雄失路的悲叹与壮士闲置的愤懑，具有鲜明的时代特色。辛弃疾词在内容上所展现的爱国思想，在艺术上所展现的创新精神，都在文学史上产生了很大影响。后来的朝代，每当国家、民族危急的时候，不少作家都会从辛弃疾的词中汲取精神上的鼓舞力量。

后世之人取名时，都喜欢从辛弃疾的词里去找字。如，柳如是就出自于"我见青山多妩媚，料青山见我应如是。"又如，著名的百度公司的名字，就出自于辛弃疾词"众里寻他千百度，蓦然回首，那人却在，灯火阑珊处"之中。

清末民初著名学者王国维在《人间词话》里，描述学问的三重境界时也引用了辛弃疾的词句："古今之成大事业、大学问者，必经过三种之境界：'昨夜西风凋碧树。独上高楼，望尽天涯路。'此第一境也。'衣带渐宽终不悔，为伊消得人憔悴。'此第二境也。'众里寻他千百度，蓦然回首，那人却在，灯火阑珊处。'此第三境也。"显然，辛弃疾是创造最高境界的人。

目录

目录

目录

目录

第一章

壮岁旌旗拥万夫

锦襜突骑渡江初

01 宋金生战，英雄出世

北宋末年，女真人部落在东北强势崛起。当时，北方女真人部落难以忍受辽国契丹族的剥削压迫，在首领完颜阿骨打的团结领导下，开始了一场轰轰烈烈的反辽斗争，势力迅速扩大，实力迅速增强。公元 1115 年，完颜阿骨打称帝，是为金太祖，国号金，年号收国，定都会宁府（今黑龙江省阿城市），后称上京。

金国崛起之时，正是辽国衰落时期。辽国国内已是民生凋敝、军力涣散，国家空有一副大架子。在金国强大的军事进攻下，辽国节节败退。而此时，因"澶渊之盟"已经与辽国弭兵修好一百余年的北宋，却为了从辽国手中夺回燕云十六州，偷偷地派遣使从赶赴金国，商议联合灭辽事宜，并签订了合作盟约，史称"海上之盟"。盟约提出，辽国灭亡后，宋朝将原来纳给辽国的岁币转纳给金国，金同意将燕云十六州之地归还于宋朝。

盟约签订后，宋朝攻辽失败，而金兵顺利地攻下了辽上京（今内蒙古赤峰市）、辽中京（今内蒙古宁城县）及辽南京（今北京市西南）。于是，金国指责宋朝未能兑现攻陷辽南京的承诺，因而拒绝归还燕云十六州。经过金宋双方交涉后，宋朝以向金国支付二十万两银、三十万匹绢的代价，还纳燕京代租钱一百万贯，换得金国交还燕云六州（景、澶、易、涿、蓟、顺）及燕京。而金兵撤出燕京城前，已将城内财物和人口搜刮一空，宋朝接收的只是一座城市丘墟，狐狸穴处的空城。

在与宋朝联合灭辽的战争中，金人发现北宋的强大实乃徒有其表，于是就转过头来攻打北宋。宋钦宗靖康二年（1127年）四月，金兵一举攻破宋朝都城东京（今河南省开封市），然后掳走宋徽宗、宋钦宗父子及大量赵氏皇族、后宫妃嫔与贵卿、朝臣等三千余人，押解北上，东京城中公私积蓄为之一空。北宋至此灭亡，史称"靖康之耻"。

靖康二年五月，原任河北兵马大元帅的康王赵构，于金兵退走后，在南京府（今河南省商丘市）即位，是为宋高宗，国号仍沿用大宋，史称南宋，年号建炎。

宋高宗建炎元年（1127年）冬天，金兵卷土重来，大举南侵，迅速攻占了华北、山东大片土地。金兵的最终目的，就是要捉获宋高宗，彻底灭亡宋朝。宋高宗建炎三年（1129年）正月，金兵攻占徐州，并调遣五千精兵，奔袭千里之外的扬州，准备出其不意擒获宋高宗。正月三十，金兵到达泗州（今江苏省盱眙县），随后迅速渡过淮河，于二月初二占领了天长军（今安徽省天长市）。金兵长驱直入，宋军几无还手之力。得到消息的宋高宗，带领少数随从快马出逃。当天晚上，金兵先头部队进入扬州，闻知宋高宗已经出城，迅速追至瓜州渡口。金兵统帅拔离速所部孤军深入，却没抓到宋高宗，一怒之下，纵火焚烧了扬州城，然后北撤。

幸免于难的宋高宗，经镇江府到达临安府（今浙江省杭州市）后，不但不做抗金战争的任何部署，还想尽一切办法向金朝乞降。建炎三年九月，金兵再次渡江南侵，在南宋的国土上长驱直入，所到之处烧杀抢掠，如入无人之境，沿途宋军无不丢盔弃甲仓皇逃窜。此时，作为一国之君的宋高宗，也同样率臣僚南逃，并于十月到达越州（今浙江省绍兴市），随后又逃到明州（今浙江省宁波市）。后来，又从明州逃到定海（今浙江省舟山市），在海上漂泊好几个月后，最终逃到了温州，才躲过了金兵的追杀。

宋高宗建炎四年（1130年）夏，金兵撤离江南后，宋高宗赵构才辗转回到了临安府，并将临安府定为南宋的行在。经过南宋朝野上下齐心协力的经营与努力，南宋辖区的社会经济，逐渐从动荡不安的状态中开始恢复。

宋高宗绍兴七年（1137年），金政权废掉伪齐政权后，由左副元帅完颜昌遣送南宋使者王伦回归，传递议和信号，并许诺归还原由伪齐刘豫管制的宋地陕西、河南，宋徽宗灵柩以及钦宗、高宗生母韦氏等，宋、金以改道后的黄河为界，宋向金称臣纳贡。但和议还没来得及实行，金国完颜宗弼发动政变，不仅杀了完颜昌，还废弃和议，并于宋高宗绍兴十年（1140 年）调发数十万大军，分四路进攻南宋，以收回此前由伪齐管制，欲归还宋朝的陕西、河南等地。

此时，宋、金双方的军心与实力等已经发生很大变化。金军已是"三军之士，往往皆曰：自开拓以来，大事即定，申画封疆，亦有年矣，何故罢于奔走，违越分疆。远屯戍，守他土；何若并一措画，为军于民，皆得活息"。而与之相反的是，宋军将士以收复失地来鼓舞军心，士气明显要高于金兵。同时，自建炎以来，宋军韩世忠、岳飞等诸部在与金兵和北宋叛臣刘豫的多次作战中，已不断得到扩充和壮大。正如宋末元初史学家马端临在《文献通考》中所记载："建炎之后，诸大将之兵浸增，遂各以精锐雄师海内。"

金军起兵之初十分顺利，也收到了"河南诸郡，望风纳款""陕西州县伪官，所至迎降"的成效。然而，随着战事的推进，金兵渐渐出现了颓废的态势。在兴仁府（今山东省菏泽市）境内，金兵遭到了南宋名将李宝率领的忠义军马的顽强阻击。绍兴十年六月，完颜宗弼率兵在攻打顺昌（今安徽省阜阳市）时，东京副留守刘锜据城以逸待劳，短兵相接后一举大破金兵。同时，金兵右副元帅萨里千也在泾州（今甘肃省泾川县）被泾原经略使田晟打败。绍兴十年七月，完颜宗弼率军与湖北京西宣抚使岳飞战于郾城（今河南省漯河市），金兵再次失利，死伤惨重。之后，完颜宗弼转攻颖昌（今河南省许昌市），又被湖北京西宣抚司都统制王贵、姚政打败。

在其他战场上，宋军也是连连奏捷，取得了辉煌的战果。尤其是岳飞在郾城与金兵将领完颜兀术会战，力挫金兵，并乘胜进兵朱仙镇，收复了黄河以南一带，距离开封只有四十五里。但是，偏安一隅的宋高宗却连下诏书，命岳飞、韩世忠等将领不要贪图攻城略地，而要见机收兵。于是，岳飞、韩世忠等诸将先后退兵，河南已经收复的诸郡，又重新落入金兵手中。

宋高宗绍兴十一年（1141 年）春，完颜宗弼渡淮攻宋，宋淮北宣抚使杨沂中、判官刘锜、都统制王德率军与金兵战于柘皋（今安徽省巢湖市），一举大败金兵。金兵不得不北撤，顺路攻下濠州（今安徽省凤阳县），进行一番烧杀抢掠后，渡过淮河北撤。

这次宋、金两国作战，金兵显然不像建炎初年那样所向披靡，而宋军的作战实力则大大提高。在宋、金两军的交锋中，宋军反而占有一定的优势，以致后来完颜宗弼谈起这次战争时，也不得不承认宋朝"军事强盛，亦益加和好，俟十余年后，南军衰老，然后可以为寇江之计"。

南宋与金国的淮西之战打成平手，觉得与金国和议的时机接近成熟。宋朝一向重文轻武，尤其是宋高宗，担心将帅权重会威胁自身统治。于是，宋高宗暗中支持秦桧杀了主战抗金的岳飞，并以剥夺刘锜、韩世忠、杨沂中、张俊兵权为代价，与金国签订了富有争议的《绍兴和议》。协议的主要内容为：宋向金称臣，且"子子孙孙，谨守臣节"，金册封宋康王赵构为皇帝；划定疆界，东以淮河中流为界，西以大散关（今陕西省宝鸡市西南）为界，以南属宋，以北属金。宋割唐（今河南省唐河县）、邓（今河南省邓州市）二州及商（今陕西省商县）、秦（今甘肃省天水市）二州之大半予金；宋每年向金纳贡银、绢各二十五万两、匹，自绍兴十二年开始，每年春季搬送至泗州交纳；金归还宋徽宗灵柩与高宗生母韦氏。

《绍兴和议》无疑确定了宋金之间政治上的不平等关系，结束了长达十余年的战争状态，形成了虽南北对峙但彼此互不侵犯的局面。

宋高宗绍兴十年（金熙宗天眷三年）五月十一（1140 年 5 月 28 日），在女真贵族统治下的山东济南府历城县，一声洪亮的婴儿啼哭声，打破了位于历城县东南四风闸多年的寂静。就此，一代词坛名家、豪放派词祖辛弃疾呱呱坠地。辛弃疾一生下来，就肤硕体胖，虎气十足，甚是招人喜爱。

辛弃疾的家世可以称得上非同一般。辛弃疾的祖上为殷商至周朝的辛甲。辛甲原事商纣王，西周道家，是我国已知最早的道家人物之一。从商朝至宋朝的一千多年，辛氏一族中虽然没有地位显赫的宰相之臣，但守土为安者却是为数不少，也算得上是官宦世家。

济南的辛氏家族，原非山东本地人，而是从自古多出文化人和武将军的陕西之地迁来的。《济南辛氏族谱》中记载，辛弃疾的始祖是由陕西的狄道迁至济南。狄道是秦置县名（今甘肃省临洮县），秦汉时期属于陇西郡，是汉代勇将辛武贤、辛庆忌的诞生地。《汉书·辛庆忌传》中记载：陕西狄道人辛庆忌，其父乃汉破羌将军辛武贤。庆忌英勇善战，有国家"虎臣"之誉。他率兵长期在西域与敌人打战，使得匈奴、西域亲近归附，都敬重他的威信。他的三个儿子皆有将帅之风。除了这祖孙三代，还有当年辛氏宗族子弟因参军所受的待遇至两千石者十余人。唐代的辛云京，在唐玄宗时，官至北京都知兵马使、代州刺史，以至于《旧唐书•列传•卷六十》中记载："代掌戎旅，兄弟数人，并以将帅知名。"同时，辛弃疾也在《新居上梁文》中引以为荣地说："家本秦人多将种。"

辛弃疾的始祖辛维叶当过大理评事，由甘肃狄道迁到济南居住；高祖辛师古官至儒林郎；曾祖辛寂曾任宾州司户参军；祖父辛赞官至金人的朝散大夫、陇西郡开国男，亳州谯县令，知开封府，赠朝请大夫；父亲辛文郁赠中散大夫。辛弃疾在《美芹十论》中这样写道："臣之家事，受廛济南，代膺阃寄，荷国厚恩。"因其家族长期以来在宋朝做官，所以发誓不做金人的臣子。

对辛弃疾荣耀的家世，南宋著名学者罗愿在《送辛殿撰自江西提刑移京西漕》中写道：

> 辛氏世多贤，一姓古所夸。
> 太史善箴阙，伊川知辞华。
> 谁砍立军门，杖节来要遮。
> 亦有救折槛，叩头当殿衙。
> 英风杂文武，公独可肩差。

在这首诗里，"太史善箴阙，伊川知辞华"说的是周朝太史辛甲善于进谏。"谁砍立军门，杖节来要遮"说的是西汉将领辛庆忌英勇善战。"亦有救折槛，叩头当殿衙"，说的是三国时曹魏的大臣辛毗高风亮节，不向权贵折腰。罗愿这是历数辛氏一族祖上的荣耀，借以夸赞好友辛弃疾的文武英风。

就是这么一个有着显赫家世背景、在金朝疆域诞生、尚在襁褓中的婴儿，也许就注定了他日后会起兵反金、率兵南渡，最终成为南宋辅佐帝王的重臣。而当时，他这个被迫沦为外邦、历尽艰险、终于回归到偏安一隅的南宋朝廷的特殊人物，却只能在临安城的纸醉金迷里，延续着华夏正统的美梦。他欲补天裂，却无路请缨，"归正人"这一尴尬的称谓，使得他沉郁激愤，注定日后会写下无数期盼收拾山河的辞章，光耀词史。

02 祖父影响，自幼好学

早在宋钦宗靖康二年（1127 年），北宋就被金朝灭亡，太上皇宋徽宗、皇帝宋钦宗同时被金人掳去，成为北宋的奇耻大辱。但是，宋朝人不甘心于亡国，很快拥立宋钦宗同父异母的弟弟赵构为皇帝，并在南京府（今河南省商丘南）宣布即位，年号建炎，是为宋高宗。

宋高宗即位后，由于惧怕金人，马上做出了南渡决策，使淮北广大地区处于金朝统治或金兵包围之下。建炎二年（1128 年），东京（今河南省开封市）留守杜充为抵抗金兵，竟掘开黄河南岸大堤，造成黄河改道，向东南分由泗水和济水入海，黄河自此由北入渤海而改为南入黄海。济南正处于黄河改道流域，当地民众深受水灾之苦，辛弃疾的家族也难以幸免。

建炎二年十二月，金兵进攻东平（今山东省东平县）和北京大名府（今河北省大名县），进而包围济南。济南知府刘豫因受金人利诱，杀掉济南守将关胜，投降金朝，济南失守。从此，济南人民沦陷于金兵的铁蹄之下，过上了亡国奴的生活。

辛弃疾的祖父辛赞在猝不及防的情况下，因家族人口众多无法举家南下，只得滞留济南，万不得已做了金朝的地方官。辛赞就像越王勾践那样，忍辱负重、卧薪尝胆，期盼有朝一日东山再起，一举灭金、雪洗耻辱。

辛弃疾的出生，作为父亲的辛文郁自然喜上眉梢，合不拢嘴。而更为高兴的人，莫过于他的祖父辛赞。辛家喜添男丁，是家门昌盛、后继有人的大好事，难免不叫辛赞聊以自慰。于是，辛赞就为自己的孙子取名为"辛弃疾"，字幼安。辛赞希望自己的孙子百病不侵，平安健康地成长。

其实，辛赞本不是平庸之辈，所想也非平庸之事。他为孙子取名，绝不仅仅是希望孙子茁壮成人。"弃疾"二字是与"去病"二字相称相对的。去病就是汉代名将"霍去病"的名字。霍去病率领汉军多次与匈奴交战，汉军节节胜利，匈奴节节败退，因而留下了"封狼居胥"的千古佳话。辛赞给孙子取了这样一个寓意极深、背负沉重的名字，是希望他能像霍去病收复汉代失地那样，有朝一日能在收复大宋失地的事业中大有一番作为。

但没想到的是，辛弃疾3岁时，他的父亲辛文郁就不幸去世了。于是，抚养辛弃疾的担子，就压在了辛弃疾的祖父辛赞的肩上。自幼辛弃疾就生活在祖父身边，随祖父南北仕宦。祖父的言传身教，加之生活接触面的扩大，使得辛弃疾的读书范围不断扩大，视野范围不断开阔。无论是读书识字，还是舞刀弄剑，祖父对辛弃疾的要求都非常严格。年幼的辛弃疾也非常懂事，无论文武，都学得很认真。他从最早的幼学启蒙开始，稍长一点则读六经、诸子，其中，尤以《史记》《汉书》等为重。而那些历史上赫赫有名的君臣名人，他们的本纪、列传，辛弃疾更是做到耳熟能详、融会贯通，从而达到通古今之变、知兴废之由的境界。

辛弃疾不仅研读儒家典籍，对其他方面的许多书籍也是广泛涉猎。后来，辛弃疾屡屡在词中所言："诗书万卷，合上冥光殿。""算胸中、除却五车书，都无物。""平生萤雪，男儿无奈五车何。"……这些流传千古的词句，看似在勉励别人，实则是辛弃疾自己的真实写照。而这"五车"之书，自然是从少年时代就积蓄起来的。

后来，辛弃疾在《美芹十论》里，是这样写他祖父辛赞的："大父臣赞，以族众辍挫于脱身，被污虏官。"辛赞虽然曾先后在宿州（今安徽省宿县）、亳州（今安徽省亳州市）、沂州（治所在今山东省临沂市）和海州（今江苏省东海县）等地任职，但他却心怀异志。正如辛弃疾在《美芹十论》中对祖父所记载的那样："每退食，辄引臣辈登高望远，指画山河，思极衅而起，以纾君父所不共戴天之愤。"辛赞虽身任金朝官吏，但心却忠于宋室。当时的辛弃疾虽然年纪不大，但经常听祖父讲北宋灭亡的惨烈历史。经耳濡目染，他也过早地品尝到国家灭亡、家乡沦陷的国恨家仇。

在金朝建立之初，金国与宋国之间，存在着不可调和的仇恨。由此，金人对宋国的入侵，成为残酷的"杀人如麻，臭闻数百里"。宋国人口的大量死亡，造成了瘟疫流行，以至于"井里萧然，无复烟爨"。为了自己的利益，金人大量掠夺宋人的土地，甚至强迫宋人成为奴隶。如此深仇大恨，作为北宋官吏，辛赞不可能不知晓，也不可能不动情。受祖父的影响，恢复中原、报国雪耻的志向，就深深地烙印在了辛弃疾幼小的心里。

应该说，辛弃疾的祖父是位很有能力的官员，仕途一路上升，最终官至开封府知府。出于生计的考虑，辛赞不得不数次迁徙，数处为官。由于祖父是家中最为重要的依靠，幼年的辛弃疾，也不得不跟随祖父东奔西走。

在不知不觉间，辛弃疾一天天长大。到了绍兴十六年（1146 年、金熙宗皇统六年），辛弃疾已经 7 岁，正是入学的年龄。此时正在亳州谯县担任知县的辛赞，就在当地找了一位学者，教授辛弃疾学问。

辛赞为辛弃疾请来的这位老师名叫刘瞻，字岩老，自号樱宁居士。后来，在金世宗时期担任史馆编修，是亳州当地人。在名师的点拨下，辛弃疾广泛地接触和学习了儒家的各种经典，学业进步很快。再加上祖父的细心督促，辛弃疾很快就读完了四书且熟读了六经、训释、经解等。这段读书经历，为他后来作词引经据典打下了坚实的基础。

更为重要的是，刘瞻工诗，作诗工于野逸，并注重教授辛弃疾田园诗歌的精深之处。因此，辛弃疾后来退居上饶之时，写了许多朴素纯粹的田间词作。

在柳湖书院跟随刘瞻学习的日子里，辛弃疾还结交了同窗好友党怀英。党怀英比辛弃疾大几岁，也是名门之后。党怀英的先祖党进在北宋做过太尉，原籍冯翊（今陕西省大荔县）。他的父亲党纯睦从侍郎进入仕途，后来做到泰安军录事参军，但不幸在职身故。当时，党怀英住在泰安。因泰安和辛弃疾的出生地历城中间只隔东岳泰山，两个人都是异地求学，因此也算作是同乡。由于党怀英气度出众、学问过人，辛弃疾很快就和他成为好友。两个人不仅常常在一起学习诗赋，而且都志存高远。

后来，两个人走向不同的政治道路：辛弃疾抗金南下，力图恢复中原，成为南宋著名的爱国志士、词坛猛将；党怀英仕金入朝，逐步走上高官，居翰林学士承旨，成为金世宗大定、金章宗明昌年间文坛盟主。金末元初史学家刘祁在《归潜志》中记载："党承旨怀英，辛尚书弃疾，俱山东人，少同舍属。金国初遭乱，俱在兵间。辛一旦率数千骑南渡，显于宋；党在北方，擢第，入翰林，有名，为一时文字宗主。二公虽所趋不同，皆有功业，宠荣似前朝陶谷、韩熙载亦相况也。"当时，辛弃疾与党怀英一起并称为"辛党"。

辛弃疾学习刻苦，知识渊博。尤其是儒家和兵家思想，对他的影响和熏陶最深，后来也在他的思想中占据着极其重要的主导地位。

在祖父的引导下，辛弃疾也像其他许多士人一样，专心于攻读儒家经典，习诗作赋，走由科举入仕的道路。不过，辛弃疾显然又不同于一般儒家士人。他尊崇儒家思想，看重儒士名义，但却绝不只满足于空取儒士之名，而是主张将儒家思想付诸修身治国的生活实践。他心目中的儒士，也绝不是皓首穷经的儒生，而是"怀百家之言"，"通仁义之文，知古今之学"的"通儒"，是"用之可以尊中国"的文武兼资的"真儒"。正如后来他在诗文中所写的："要识死生真道理，须凭邹鲁圣人儒。""是是非非好读书，莫将名实自相诬。由来废冢谁为者，诗礼相传大小儒。""苦无突兀千间庑，岂负辛勤一束书。""过吾庐，笑谈初，便说公卿，元自要通儒。""算平戎万里，功名本是，真儒事，公知否？"……这些诗句，虽然都是他南归后所道，但他上述思想的形成，可以追溯到南渡之前的青少年时代。

宋高宗绍兴十八年（1148年、金熙宗皇统八年），辛赞被金朝调往行台尚书省任职。行台尚书省是金朝的一种地方行政机关。于是，不到10岁的辛弃疾不得不与老师、同学们告别，跟随祖父辛赞前往行台尚书省的所在地汴京（今河南省开封市）。

汴京曾是北宋的京师，因为这个缘故，这里拥有许多的汉族官员，也是当时金朝的政治要地。辛赞正是在这里接触到了金朝的高级官员，为以后的擢升提供了机遇。

当时，辛弃疾虽然是一个不到10岁的童子，但在汴京所看到的一草一木，都给他留下了难忘的印象。多年后，在一首《声声慢·开元盛日》中回忆起来时，依然是记忆犹新：

（赋红木犀，余儿时尝入京师禁中凝碧池，因书当时所见。）

　　开元盛日，天上栽花，月殿桂影重重。十里芬芳，一枝金粟玲珑。管弦凝碧池上，记当时、风月愁侬。翠华远，但江南草木，烟锁深宫。

　　只为天资冷淡，被西风酝酿，彻骨香浓。枉学丹蕉，叶底偷染妖红。道人取次装束，是自家、香底家风。又怕是，为凄凉、常在醉中。

　　词中的"开元"是唐玄宗的年号。"开元盛日"是借用唐朝的极盛来形容北宋盛世。"管弦凝碧池上"指的是天宝末年，安禄山攻陷西京长安，曾经在凝碧池宴会。诗人王维被拘禁时，也曾作诗"秋怀零落深宫里，凝碧池头奏管弦"。

　　"翠华"原是指皇帝的旗帜用翠羽来装饰，这里指宋徽宗、宋钦宗被金人掳走之事。

　　"道人取次装束"是指木樨淡红多叶，是《芍药谱》中的取次妆："取次妆淡红多叶也。色绝淡，条叶正类绯，多页亦平头也。"

　　"是自家、香底家风"指的是宋释晓莹所撰《罗湖野录》中的语句："时当暑退凉生，秋香满院。晦堂乃曰：'闻木樨香乎？'公曰：'闻。'晦堂曰：'吾无隐乎尔。'公欣然领解。"

　　小序中的"凝碧池"是禁中的池塘，也即京师帝王宫殿中的池塘。唐代的凝碧池在西京长安，而宋代汴京禁中也有一个凝碧池。辛弃疾作这首词时，已是南归之后，在回忆中，他凝望着池边的娇红桂花，思绪仿佛回到了数百年之前的大唐盛世。

　　词的上阕，写的是他眼中的桂花：如天上之花，月中之桂，芳香十里，玲珑独立。接着，辛弃疾便被"凝碧池"这名字引动了思绪，凝碧池的当年，恰是连风月都带着浓浓忧愁的：唐代有凝碧池，为安禄山攻陷西京后的宴乐之所；宋代有凝碧池，可禁宫之中，徽、钦二宗被金俘虏后押往北方，故宫破败，笼罩在一片愁云惨雾中。

　　下阕又转回到桂花上：天气冷淡，西风酝酿出桂花的彻骨香浓，却又学了那丹蕉，在叶底偷染了妖艳红色。在辛弃疾的记忆里，这桂花是淡红而多叶的，是花，像花，又像是一位穿着道衣的道人。

　　词的上阕追忆的是辛弃疾在汴京时的感受，而下阕则体现的是嘲笑红木樨的主题。全词虽是咏木樨词，却寄寓了辛弃疾深厚的民族观念。宋徽宗宣和初年（1119 年），宋人曾在汴京的离宫中移栽木樨。金代诗人郦权在《木槿》一诗中写道："尤怜元平右前，不及附欧苏。末路益可怜惜，例进宣和初。仙根岂易致，百死不一苏。昔游汴离宫，识此倾城姝。"而金人侵占了汴京后，虽然成为中原的新主人，但在辛弃疾看来，无论金人怎样仿效汉人的统治方式，也改变不了他们的民族本质。这首词，表面上是嘲笑红木槿虽然改变了颜色，却仍然脱离不了木槿的气息，实际上借以痛斥女真族非法入侵占领中原的罪行。

凝碧池中的木槿虽然娇艳，却不知为谁而开，从而使自己像杜甫当年那样，产生了"国破山河在，城春草木深"的兴亡之感和思念故国的悲伤感情。

03 两赴燕京，观察形势

宋高宗绍兴十九年（1149 年、金熙宗皇统九年），金太祖庶长孙完颜亮发动政变，杀死金熙宗，登上了皇位。完颜亮史称海陵王，为人极其残暴。他即位后，为了巩固自己的统治，随即开始大肆杀戮宗室子孙和反对他的大臣。宋高宗绍兴二十三年（1153 年、海陵王贞元元年），完颜亮做出了一项历史性的决策，就是将金朝的首都迁至中都燕京（今北京市）。完颜亮迁都的目的，显然就是为了更好地掌控全国局势。

为招揽和发现人才，金朝秉承宋、辽两朝的科举制度，开始推行科举取士。但是，金朝所实行的科举，只是用以平复侵占的大片宋朝地域的汉人情绪，借以笼络知识分子，巩固其自身统治。《金史·选举志》中记载："金承辽后，凡事欲轶辽世，故进士科目兼采唐宋之法而增损之。其及第、出身较前代特重而法亦密焉。"文中所言的"兼采唐宋之法""法亦密焉"，说明金代所实行的科举制度，比唐宋时期更加规范严密。

金代科举考试科目主要有辞赋、经义和策论三科。辞赋科试诗、赋、策、论各一道；经义科试经义和时务策；策论科试策、论和诗。金末元初史学家刘祁在《归潜志》中记载："国家初设科举，用四篇文字，本取全才。盖赋以择制诰之才，诗以取《风》《骚》之旨，策以究经济之业，论以考识鉴之方。四者俱工，其人才为何如也？"同时，金朝统治阶级为了振作女真人的尚武精神，决定在策论考试中，增加试弓箭这一具有民族特色的科目。所试弓箭并不难，射十箭只要中两箭即可中选。但是，如果一射未中，就失去了中选机会。由此可见，金国统治者对科举制度的设计是极为用心的。

宋高宗绍兴二十四年（1154 年、海陵王贞元二年），14 岁的辛弃疾赢得了乡举，从而获得了去燕京赴试的资格。此时的辛赞，官职为沂州知州。宋高宗绍兴二十五年，15 岁的辛弃疾背上行囊，第一次离开祖父，只身到金国的首都燕京赴试。

对辛弃疾获得了去燕京赴试的机会，他的祖父辛赞非常高兴。高兴的原因不在于他的孙子此行有获得科名的可能，而是因为孙子可以借此机会深入到河朔之地，深入到金人的政治中心，仔细观察金人的军事部署和政治局势。起程之前，辛赞特别对孙子提出一些告诫，要他好好地利用这次赴试机会，不虚此行。

辛弃疾得到祖父的指教后，凡他经过的地方，都会注意观察山川走势和官府仓库所在位置。到达燕京后，他又注意打探金朝统治者内部运行、政治局势和军队调动的情况。可以说，他很快就完成了祖父交付给他的任务。但是，这一次辛弃疾未能在科场中胜出。科场的失败，没让祖孙二人感到失望和沮丧，相反，他们感到这是一件好事，等于辛弃疾以后还有机会以赴试为借口，到燕京去观察金朝政局。

宋高宗绍兴二十七年（1157 年、海陵王正隆二年），又到了金朝举行科举考试的年份。当时，完颜亮正加紧消灭异己，积蓄力量，为南侵做准备。为此，金国内部弥漫着骚动不安的气氛。据记载，这次科举御试的题目，是完颜亮亲自所设，赋题为《不贵异物民乃足》，论题为《忧国如饥渴》，诗题为《忠臣犹孝子》。①

当时，从小文武兼修的辛弃疾，只把燕京之行当做历练自己的机会。他虽然抱有抗金复地、以雪宋耻的志向，但绝不会在科举御试中暴露自己的锋芒。他谨记祖父临行时的教诲，在奔赴燕京的行程中，对金朝的一些重要设施，又做了一番更加深入细致的考察，以摸清金人的虚实，为他日后的抗金复地做准备。

---

① 薛瑞兆著《金代科举》，中国社会科学出版社 2004 年版。

这两次燕京之行对敌情的判断和分析，后来都被辛弃疾记入了《美芹十论》之中。辛弃疾认为，金朝的优势同时也是它的劣势，主要表现在：

第一，虽然金朝地广、兵多且财力雄厚，但并不可怕。

金朝统治区域东部到日本海，西部达西夏，北部到蒙古，南部则到淮河。从形势上看，地域虽广，但许多地区人心不稳，一有风吹草动，便会动摇起来，可以从内部动摇和瓦解金朝的统治。金兵数量确实很多，但难以调动且容易溃散。金军中由汉人所组成的部队，官兵家中的田产被强占，父母被蹂躏，心中积满怨恨，军心不一。金兵从未被征调的军队虽然数以万计，但远在万里之外，路途遥远，兵器粮饷又取之于民，不易调集，更何况有的士兵还会在半路上逃跑。同时，所谓金朝财力雄厚并不可靠。金国从南宋所得的纳贡虽有金银与绸缎，但仅够金朝赏赐之用，无法养兵。虽然从中原地区收取的赋税可以养兵，但难以保证赋税不出问题。况且，金朝政府机构臃肿庞大，官吏专横，平时的赋税收入，仅仅可以维持政府机构的正常运转。万一碰到意外开支，就必然会加重税收，老百姓不堪忍受就会叛乱，其结果就会导致金朝政权的财源丧失。所以说，金朝名义上财力雄厚，实则并不可靠。

第二，关于和战问题，金朝对宋朝总是虚虚实实、诈伪百出。

比如说，当完颜兀术被岳飞打败之后，他嘱咐手下的将领与宋讲和，但他也担心宋方识破金兵已无力抵抗，导致岳飞率兵北上直捣黄龙府，于是，金兵仅在表面上摆出与宋军决战的架势。又如金熙宗废黜刘豫、废除伪齐后，担心没有兵力镇守中原地区，打算把西京河南府（今河南省洛阳市）、东京开封府和南京应天府（今河南省商丘市）归还给南宋，与宋和好。而当完颜亮篡位以后，金人又怕南宋兴师问罪，打算同南宋议和，除归还上述三京之外，再归还白沟（今河北省高碑店市）以南地区，不再让宋朝皇帝称他为伯父，还打算以长辈之礼对待宋朝君主。可惜的是，南宋朝廷不了解敌人的虚实，做出了错误判断。所以，当金世宗察觉宋朝所派将领不是他们的对手时，马上又重新占领白沟以南大片地区。完颜亮篡位后，南宋不仅不兴师问罪，反而派使者去表示祝贺。因此，完颜亮做出了终止归还三京及徽、钦二帝灵柩合议的决定。完颜亮兵败采石矶并被手下射杀后，宋军不仅不乘胜追击，反而旋即班师还朝，以至于金世宗胆大妄为，继续南侵，并对宋金议和提出了更加苛刻的条件。

第三，关于中原民心向背的问题，辛弃疾也做出了详细的调查。

他了解到，中原人民思恋旧主，盼望收复旧山河。他们忍受不了金朝统治者残酷的压榨和剥削，已经达到了"怨以深，痛以巨，而怒已盈"的程度，人心思叛，不待时日。

辛弃疾的两次燕京之行，虽然都没能考取功名，但借赴试之机而行考察之实，实在是收获多多。毕竟，对有志于恢复大宋的辛弃疾来说，考中金国的进士，并不利于他以后的仕途。而事实也是如此，辛弃疾的家世背景和他曾经参加金国进士考试的事实，最终成为他南归宋朝后不被重用的重要原因。

在辛弃疾所作的《永遇乐•戏赋辛字送茂嘉十二弟赴调》一词中，或许能体察出他对家世的艰辛、悲辛、辛酸、辛苦之情：

（戏赋辛字送茂嘉十二弟赴调。）

烈日秋霜，忠肝义胆，千载家谱。得姓何年，细参辛字，一笑君听取。艰辛做就，悲辛滋味，总是辛酸辛苦。更十分，向人辛辣，椒桂捣残堪吐。

世间应有，芳甘浓美，不到吾家门户。比著儿曹，累累却有，金印光垂组。付君此事，从今直上，休忆对床风雨。但赢得，靴纹绉面，记余戏语。

茂嘉是辛弃疾的族弟，因他在家中排行第十二，故称十二弟。这首词，是送茂嘉赴调。根据宋代的有关规定，地方官吏任期届满，都要进京听候调遣，如果没有特殊原因，另予调遣时，都会升官使用。所以，茂嘉赴调是一件喜事，是一次愉快的分别，相当于送同族兄弟出去做官。此时，辛弃疾颇有感触，便说起他们辛家之门的千载家谱。他从自己姓辛这一点上大发感慨与议论，以妙趣横生的戏语出之，意味深长。

"烈日秋霜，忠肝义胆，千载家谱。"词的一开头，就拈出家谱，说辛家之门的先辈们，都是具有忠肝义胆的人物，而且他们都秉性刚直严肃，如烈日秋霜，令人可畏而又可敬。"烈日秋霜"见于《新唐书•段秀实传赞》中："虽千五百岁，其英烈言言，如严霜烈日，可畏而仰哉。"辛弃疾引用"烈日秋霜"，比喻风节刚直。

辛弃疾在词的开头三句自报家门，一点不是虚夸，而是有史为证的。辛氏是一个古老家族，传说夏启封支子于莘，莘、辛声相近，后为辛氏。商有辛甲，一代名臣，屡谏纣王，直言无畏。汉有辛庆忌，一代名将，威震匈奴。成帝时，朱云以丞相张禹巴结外戚，上书请诛之，帝怒，欲杀云，辛庆忌冒死相救。后来，辛庆忌子孙也极为忠耿，不附王莽，被诛。

接着，辛弃疾说不知道祖先从何年获得这个辛字，因此得细细参详，认真品味，我姑妄言之，你姑妄听之，以博取一笑。于是，咬文嚼字起来，说我们这个"辛"字，是艰辛做成，含着悲辛滋味。提到它的时候，总会感到辛酸和辛苦。就"辛"字的内涵和外延来说，辛弃疾句句未离辛字：艰辛、悲辛、辛酸、辛苦。虽然同字相犯为诗词之忌，但这里音调协和，金声玉振，既营造了浓重的艺术氛围，又给人以深刻的内心感受。

辛弃疾在形式上是细参辛字，但内容上是语意双关，包含着历史的教训和现实的牢骚。上面谈到的辛庆忌，艰辛成就不世的战功。可是，到了辛庆忌的子孙，就尝到惨遭杀戮的悲辛滋味。联系到辛弃疾自己，从"壮岁旌旗拥万夫"，到"却将万字平戎策，换取东家种树书"，也真是够辛酸辛苦了。

总而言之，辛弃疾说，辛家人的命运，总离不开一个"辛"字，根子还在这个"辛"字上。辛者，辣也，这是辛字的本来含义，也是辛家人的传统性格。辛家人生成耿介正直的性格，做人行事，刚直泼辣，就如同姓氏一样，火辣辣地不招人喜爱。

"更十分、向人辛辣，椒桂捣残堪吐。"这两句更就辛字辛辣这层含义加以发挥，借字说人。北宋右相曾布曾写了一首《从驾》的诗，就押的是"辛"字韵，苏轼一和再和，写出了"最后数篇君莫厌，捣残椒桂有余辛"之句。辛弃疾信手拈来，用得巧妙。

词的下阕接着"向人辛辣"的话头，继续抒发感慨。正因为辛这个姓，世间应有尽有的芳甘浓美的东西，都轮不到吾家门户了。眼看人家子弟腰间挂着一串串金光灿烂的金印，何等趾高气扬，而辛家哪比得上人家？这里是正话反说，无限感慨，嬉笑戏语，隐含牢骚。比不上人家怎么办？只能争口气。于是，话又转到送茂嘉赴调的题目上来："付君此事，从今直上，休忆对床风雨。但赢得、靴纹绉面，记余戏语。"就是说，谋取高官显爵、光宗耀祖之事，就交给你。从今往后，你青云直上的时候，不必回想今天咱们兄弟之间的这场对床夜语。到了你年老力衰之时，一定会记起今天我说的这些玩笑话。"对床风雨"，语出韦应物的诗："宁知风雨夜，复此对床眠。"韦应物的这两句诗，也颇得苏轼、苏辙兄弟的赏识。辛弃疾也十分向往风雨之夜、兄弟两人对床共语的境界，并为此相约早日退隐。

"靴纹绉面"，典出欧阳修的《归田录》，说的是北宋田元均任三司使，请托人情者不绝于门。对此，田元均深为厌恶，却又只好强装笑脸，虚与应酬，便对人说："作三司使数年，强笑多矣，直笑得面似靴皮。"在茂嘉赴调之时，辛弃疾祝贺他高升，是送别词中应有之意。而用靴纹绉面之事，明显有讽劝之意。这实际上是说，官场有官场的一套，做大官就得扭曲辛家的刚直性格，那种逢人赔笑的日子，也并不好过，到头来，你也会后悔的。

全词就像在写兄弟二人亲切地聊家常，语言风趣优美。从开头到结尾，都在围绕姓氏谈天说地，把"辛"这一普通姓氏解说得淋漓尽致，寓化于谐，行文中亦有调侃、幽默，不负"戏赋"之名。全词通篇以文为词，议论叠见，富有理趣，打破了送别诗词的传统定格。

再说，完颜亮匆忙迁都开封后，大量调动人马，再次举兵南犯，这使得整个中原和华北地区陷于纷扰不宁之中。这样，辛赞长久期待的起事反正的机会终于到来了。然而，辛赞却不幸在宋高宗绍兴二十九年（1159 年、金海陵王正隆四年）黯然离开人世。祖父去世后，辛弃疾该如何面对到来的机会呢？尽管寻机起义、为国复仇是祖父一直以来的教导，但辛弃疾并不是一个鲁莽行事的人，也不是那种只有英雄热血、毫无儿女私情的人。起义，同时也意味着重大的风险，稍有不慎，他所赔上的不仅仅是个人的身家性命，而是整个家族的命运。在生死抉择面前，辛弃疾还是有所犹豫的。

据《宋史·辛弃疾传》中记载，当机会来临时，辛弃疾不能决定自己该何去何从。于是，他和同学党怀英用蓍草来占卜各自前途。辛弃疾得了一个"离"卦，而党怀英得了一个"坎"卦。根据《周易》的解释，"离"为火，是南方之卦，并且有附丽的意思，指示求卦人到这个地方去托身；"坎"为水，是北方之卦，标志着险陷，求卦人应固守原地，不要乱动。在卦象神秘的指示下，辛弃疾和党怀英这对好朋友，做出了不同的人生选择：党怀英决定留在北方，于金朝大定十年中进士，果然做了金朝的大官。而辛弃疾则决意南归，也就是下定了起义投奔南宋的决心。

辛弃疾这位蛰伏已久的英雄志士，终于要脱去少年的青涩，趁着金人内部分裂之机和中原人民愤而反抗之时，义无反顾地走上抗金复国的道路。

04 投奔耿京，斩杀义端

宋高宗绍兴十九年（1149 年、金熙宗皇统九年）十二月，金右丞相完颜亮策划实施了政变，杀死金熙宗，自己坐上了皇位，将年号改作天德，自称为海陵王。海陵王虽然好战残暴、藐视南宋，但却喜欢汉民族传统文化，还经常吟诗作词。金海陵王正隆二年（1157 年）二月，也正是辛弃疾第二次探望燕京的时候，一天早朝，百官奏事完毕，海陵王便开口问臣下："朕听说，南朝临安有一西湖，汉人中的大才子东坡居士曾经写诗赞叹，说是'欲把西湖比西子，浓妆淡抹总相宜'，你们是否知道？"

其中有位大臣，早揣摩出完颜亮的心思，跪下便说道："西湖名胜是江南之最，更是北国所无。陛下圣明，前朝柳永亦曾有一首《望海潮》词，专说的是那临安城中的景色。"海陵王示意他再吟诵一番。于是，这位大臣拖着长音，放声吟道："东南形胜，三吴都会，钱塘自古繁华。烟柳画桥，风帘翠幕，参差十万人家。云树绕堤沙，怒涛卷霜雪，天堑无涯。市列珠玑，户盈罗绮，竞豪奢。重湖叠𪩲清嘉，有三秋桂子，十里荷花。羌管弄晴，菱歌泛夜，嬉嬉钓叟莲娃。千骑拥高牙。乘醉听箫鼓，吟赏烟霞。异日图将好景，归去凤池夸。"

完颜亮听了，禁不住高声赞叹道："好词，好一个三秋桂子、十里荷花！"他似乎觉得还不尽兴，又略微思索，自己口出一绝："万里车书一混同，江南岂有别疆封。提兵百万西湖上，立马吴山第一峰。"此时，完颜亮的野心便已彰显出来，誓要投鞭渡江，立马吴山，一举吞并南宋。

为了准备大举南犯，完颜亮进一步强化了对北方人民的榨取和掠夺。当时，金朝官兵不仅抢占民田，还奴役当地民众。他们以占领者的身份，极端歧视汉人，以高人一等的态度凌辱汉人不说，女真贵族凭借其政治权力，更是广占民田，有的一家女真贵族占地多达八百顷。但是，占地虽多，却不亲自耕种，而是交由奴隶去种，更多的是租给汉人去种，他们坐享其成、收取地租。这一行径，激起中原人民对金朝侵略者的仇恨。

南宋史学家徐梦莘所著的《三朝北盟会编》中记载："连年水旱螟蝗间作，官中赋税之外，以和籴为名，强取民间者，如带籴、借籴、帖籴之类，二年之间，不下七八次。民间有米，尽数为之括拘。无，即以户口大小拟定数目，勒令申纳。"他们不但对北方人民"科役诛求，竭其膏血"，还征发了大批壮丁。正像辛弃疾在《美芹十论》中所记载的那样："民之至爱者子孙，签军之令下，则贫富不问而丁壮必行；民之所惜者财力，营筑馈饷之役兴，则空室以往而休息无期；有常产者困窭，无置锥者冻馁。"女贞、契丹、奚族人民中的壮丁也悉数签发，共得二十四万人。同时，强征汉族壮丁，蕃汉混合编成部队，又强征水手三万多人。举国上下的壮丁，几乎全部被征召入伍。打仗打的是人，也打的是钱。金朝不仅增加赋税的名目，横征暴敛，甚至还预支民间五年的赋税，以充军费。金人强占汉族人民的耕地，使北方的民众无地可耕。金朝的大肆抢掠，激起了北方地区人民的抗金热潮。

完颜亮迁都燕京之后，在辽阔的北方，抗金起义如雨后春笋般不断发生，就像《金史卷一百二十九》所记载的"盗贼蜂起，大者连城邑，小者保山泽"那样。沦陷区的汉族人民对宋朝的念念不忘和对金的世仇，激起了广大民众的爱国热情和抗金情绪，东海县张旺、徐元首先举起义旗，完颜亮不得不派新编的水军去镇压。接着，魏胜反于海，开赵反于密，王友直反于魏，耿京反于齐、鲁，亲而葛王反于燕……遍地点燃起抗金的熊熊烈火，使金朝统治者穷于应付，也牵制了金兵相当大的一部分力量。

对于已经22岁的辛弃疾来说，收复失地、收拾山河，是祖父辛赞的夙愿，也是他从小立下的志愿。他变卖了大部分家产，安顿好家中的其他族人，怀着杀敌报国的强烈愿望，在济南附近的山中聚集了两千余人，正式宣布起事。他们没有充足的武器，就用锄头和镰刀，对抗金朝。这一行为，颇受当地民众的欢迎和拥护。然而，两千多人的队伍，在声势浩大的金兵面前是不堪一击的。辛弃疾知道，自己必须投奔到更大的义军武装队伍中，才能站稳脚跟。他思来想去，最终将目光投向了已经攻占东平府的耿京队伍。

耿京本是济南人，出身农民，因怨恨金国的赋税太重无法安身生活，便集结了李铁枪等豪杰揭竿而起，在济南东山与金人进行斗争。队伍由最初集结成的六人，很快发展到几十人、上百人。在战斗中，耿京队伍的声势越来越大，先后攻取了莱芜和泰安。趁着完颜亮一意孤行大举南侵之际，耿京又攻占了东平府，自称东平节度使，亨权知东平府事，从而竖起抗金大旗。不久，莱州人贾瑞带领几十人投归耿京。在贾瑞的建议下，耿京将部众分为许多小分队，分头行动，进而招徕各地民众，壮大义军队伍。在短短的数月之内，耿京的队伍发展到数十万人，随后攻占了兖州和郓州，自称天平军节度使，节制山东河北忠义军，并委任贾瑞为诸军都提领。当时，大名府的王友直也表示，愿意接受耿京的节制。一时间，耿京领导的抗金义军，成为山东最大的义军队伍，声势非常浩大，给金人以很大的威胁。

辛弃疾身着戎装、腰佩宝剑，骑上一匹枣红色的高头大马，带领一起举事起义的战士。战士们一个个斗志高昂，虽然没有正规军那样的威武气势，却有着誓与金人拼死相搏的决心。在这支两千多人的队伍中，有无法忍受金国苛捐杂税的农民，也有被金国洗劫一空的商贩，还有家中亲人被害于金人之手的普通百姓。他们在辛弃疾的率领下，一起去投奔耿京的帐下。

耿京听说辛弃疾是世家子弟，而且能够做到弃家兴兵、揭竿而起，加入到抗击金人的武装斗争当中，心里充满了敬重之情。当晚，耿京就设宴为辛弃疾一行接风洗尘。在宴会上，辛弃疾侃侃而谈，结合自己在燕京两次的探访经历，向耿京分析了天下大事的变动走向。耿京看他年纪不大，却谈吐得体见解不凡，又是文武兼备，显然是军中不可多得的人才，心中十分欢喜，当即任命他为权天平军节度掌书记，负责全军的文书工作，就连他自己的帅印，也交由辛弃疾保管。

从担任权天平军节度掌书记开始，辛弃疾就经常跟随耿京，协助处理义军上下的大小事务。辛弃疾发现，耿京为人性格直率，行事光明磊落，没有太多城府，治理军队也是过于宽厚而威严不足。义军多是农民出身，且鱼龙混杂，纪律松散。耿京待辛弃疾如兄弟，辛弃疾自然也会将自己对治理义军的想法、对策和盘托出。

辛弃疾对耿京说，目前，义军看起来如同烈火燎原，但金国目前只是内乱，一旦内乱结束，他们会重新反扑、围剿义军。因此，要趁着这段喘息时间，严明义军军纪，整肃义军队伍，以便将来得到壮大和发展。如果现在治军不严，很可能将来被金兵趁乱分化而各个击破。

接着，辛弃疾又从文囊中取出一个卷轴，铺开在桌面上。这是辛弃疾两赴燕京观察山川形势、义军和金兵对垒的大略形势图，其中包括耿京本部义军、号令义军以及其他各路义军的活动范围和行军路线，也包括金兵驻扎的营垒、关隘和城池。更让耿京赞叹的是，辛弃疾还将每支部队的人数多少、统帅姓名、将领姓名，都尽可能详细地标注于地图上。耿京看过之后，对辛弃疾更连连称赞，他没想到辛弃疾不仅文才武艺出众，而且有如此高的军事才能，在短短的数月之内，就把敌我双方的形势摸得一清二楚。因此，耿京对辛弃疾更加刮目相看、信赖有加。

辛弃疾听说济南府附近有一支义军，积聚了上千人马，在泰山脚下流动作战，抗击金兵，为首的是个叫义端的和尚。于是，他对耿京建议说："我曾经与这位义端师父有过交往，两年前，我跟同学游玩泰山时，结识了这位年纪相仿的和尚。听他谈吐，倒也是个胸有志气、颇通兵法的人。当今形势下，如果能把他劝来相投，也能为我军增添一分力量。"

耿京听了辛弃疾的建议，觉得此言甚好，当即吩咐辛弃疾前去联络，并速去速回。辛弃疾去的时候虽然是一个人，但回来的时候，已经带回了以义端为首的上千人马。耿京大喜，随即任命义端为右军副将，继续率领原来人马，并拨给应需的钱粮和兵器。

但是，义端私存野心，不满于他已有的地位。归附耿京后，义端一开始还能够遵守规矩，可没过多久，他的本性就开始暴露。他经常在下属面前口出怨言，说到耿京这里受人管制难得自由，想要把队伍拉走。可他原来的部下都受到了耿京的感召，没一个人表示赞同。最终，义端竟然铤而走险，决定只身投奔金人。

一天夜里，义端趁着辛弃疾陪同耿京外出，便潜入府衙，偷走了义军印信。到了黎明，义军士兵们发现情况有异，立刻飞马直报耿京。耿京听到这个消息后气愤不已。印信是辛弃疾保管的，人是辛弃疾带来的，便立马叫人绑来辛弃疾，愤怒地骂道："你这小子，带来的是什么好和尚？他现在偷走军中大印，将来我们这支队伍如何号令，又有什么脸面跟金人作战？"一怒之下，耿京要杀辛弃疾。

辛弃疾知道，自己是掌书记，无论何种理由，大印丢失，自己都脱不了干系。他毫不犹豫地说道："耿都护，义端叛逃，我难辞其咎，请您给我一匹快马，再给我三天时间，我一定将义端捉拿回来。如若不然，就请军法处置。"耿京觉得也没有其他什么办法，就批准了辛弃疾的请求。

辛弃疾断定，义端之所以盗印潜逃，目的是投奔附近的金营，靠出卖起义军的情报来换取金人的赏赐。于是，他寻踪追去，果然追上了义端，将义端一剑从马上刺下来。义端重重从马上摔下来后，顾不得疼痛，连滚打爬想要起身逃跑。辛弃疾早已跳下马来，一把将他提起来，将闪着寒光的宝剑架在他的脖子上说："义端，我今天就让你死个明白！我拿你当做抗金的义士，推荐你加入耿京的队伍，没想到你不仅不抗金，还要偷走大印投奔进贼。其心不容，其罪当诛。"

义端见势，吓得连声讨饶道："我说过，您是青犀牛下凡，力气大得能杀人，求求您今天不要杀我！"这句话，在《宋史》中是这样记载的："义端曰：'我识君真相，乃青兕也，幸勿杀我'。"

义端虽以青兕作比来拍马求饶，又与辛弃疾是故交，但他已是叛徒，自然不容宽赦。辛弃疾手起剑落，砍下义端的首级，然后包裹起来系在自己的马头前。之后，他又小心地将义端身上的节度使大印翻出来，揣在怀中，便快马加鞭，返回军营，将义端的首级和节度使大印呈给耿京。此时，义军上下对辛弃疾的言出必行、勇猛过人的英雄气概敬重有加，耿京更是待他如兄弟般信任且有增无减。

05 拟定章表，归附南宋

经过长达四年时间的准备，金海陵王正隆六年（1161 年、宋高宗绍兴三十一年）六月，完颜亮迁都汴京（今河南省开封市），改汴京为南京开封府，成为金国的陪都，更利于日后的作战指挥。然后，完颜亮亲自督率大军渡过淮河，从庐州（今安徽省合肥市）出发，向南宋大举进攻。他又命令工部尚书苏保衡带领水军从海道直攻临安（今浙江省杭州市），同时命令荆襄、大散关等边界线的金兵全线出击。这次南侵，仅完颜亮就亲自率军六十万，号称百万大军，誓言一举灭亡南宋，这在宋金战史上是前所未有的。战争初期，金兵进展顺利，沿途战火随之熊熊燃烧，整个江淮流域为之震动。

绍兴三十一年十一月，金兵攻占滁州（今安徽省滁县）、庐州（今安徽省合肥市），进抵采石（今安徽省当涂县），计划在这里渡江。早在一年前，虞允文出使金国，看到金国到处都在运粮造船，回朝后便向高宗赵构报告了自己的沿途所见，奏请朝廷加强防御。完颜亮到达采石时，虞允文正以中书舍人参谋军事的身份在那里慰问军队。此时，宋军主将王权被罢职，新任主将尚未到任，六军无主，虞允文便不顾一切地果断承担起指挥作战的责任，召集诸将议事以忠义共勉。

虞允文在长江南岸部署步骑，配备弓箭手，又派战船在江中截击敌人，还动员当地民众一起保卫家乡。金兵不习水性，渡船多被虞允文指挥的南宋军队击沉，士兵死伤无数。当战斗正在紧张进行时，有一股金兵的溃军自光州而至。虞允文向一支宋军人马授以旗鼓，命令他们从山后出击，给敌人造成援兵到来的假象，有力地削弱了敌方士气，逼得完颜亮只得把残兵败将都撤回去。采石之战，宋朝以一万八千兵力，对战十五万金兵，结果以少胜多，大败金兵，历史上被南宋称之为著名的"采石矶大捷"。

完颜亮自然不会甘心失败，又率领金兵改道扬州，准备渡江。虞允文得到消息后，又赶到镇江进行阻截。恰在此时，完颜亮之弟完颜雍趁哥哥南征和中原空虚之时，在东京（今辽宁省辽阳市）称帝，是为金世宗。十一月二日，完颜雍登基称帝的消息传到前线后，军心产生动摇。加之金兵在采石矶被在此执行慰问任务的文官虞允文击溃，攻势受阻导致金兵士气低落，再无斗志。孤注一掷的完颜亮下令金兵三天内全部渡江，否则随军大臣尽行处斩。这一命令，促使金兵内部矛盾激化，从而引发兵变，誓要"立马吴山第一峰"的完颜亮，竟然被自己的部下用乱箭射死。

完颜雍发动政变上台后，为稳定金朝局势，改变了完颜亮推行的南侵策略，以退为进。他一方面派出使者与南宋议和，另一方面颁布大赦法令，实施"在山者为盗贼，下山者为良民"的策略，以此来瓦解统治区内的义军。同时，他又调集军队，强力镇压统治区内的坚持抗金的起义队伍。此时，中原地区的忠义军，原本以为南宋军队会趁机挥师北上，因而聚居在山寨水泊，以待王师。可是，南宋朝廷主和派当权，划江自守，无意收复失地，让北方起义军大失所望。因此，有的起义人士便响应金人的赦令，归保田里，更有些人经不住金人的利诱，背叛投敌，加入金兵队伍。

眼看金朝的新皇帝逐渐稳定了北方的局势，并已开始调集大军，对中原义军实行各个击破，辛弃疾心急如焚，力劝耿京决策南下，就是迅速归附南宋朝廷，以便在他的节制下，与南宋官军遥相配合，共同抗击金兵。耿京采纳了辛弃疾的建议，并让他拟定一道章表，送往军中王世隆、张安国等其他将领处，征得众将同意后，归附的事情便定了下来。随后，耿京派贾瑞为代表，前往南宋朝廷联络此事。贾瑞是最早跟着耿京起义的义军核心成员，论地位仅次于耿京，但他大字不识一个，是个粗人。他担心自己不识礼数，如果宰相和大臣有所询问，怕自己一时对答不上来，坏了归附的大事，便要求加派一个文人同去。

　　耿京同意了贾瑞的要求，不仅增派辛弃疾，还增派了统治官刘震、右军副总管刘允等人。于是，贾瑞、辛弃疾等一行十一人于宋高宗绍兴三十一年（1161 年）十二月，全副武装地从东平府出发，骑着良马，途经金人管制区，首站到海州（今江苏省连云港市），再到楚州（今江苏省淮安市），再经过扬州（今江苏省扬州市），最后到达临安去面见高宗皇帝。

　　可辛弃疾一行刚到海州，就听到了个好消息。占领海州的义军将领魏胜说，高宗皇帝已经决定，要到建康（今江苏省南京市）视师劳军。辛弃疾觉得，如果是这样，他们就可以直接赶往建康，去面见圣上。等他们到了楚州，淮南转运副使杨杭迎接了他们。当杨杭向辛弃疾提到主战派将领张浚已经被朝廷起用、担任建康留守时，让辛弃疾感到朝廷似乎真的要出师北伐。在接二连三的好消息的刺激下，辛弃疾一行日夜兼程、马不停蹄，终于在宋高宗绍兴三十二年（1162 年）正月十八抵达建康。当天，辛弃疾一行就面见了在此视察的宋高宗，向他说明了义军归附南宋的意愿。

　　宋高宗自南渡以来，不修武备，倚重主和派，一直压制和打击陷害爱国志士。当年，抗金名将岳飞就是他下令处死的。他总是不断地削弱抗战的军心民气，从未有过抗战的打算，更无抗战的行动。但为维护其偏安的局面，他和他的南宋朝廷，却十分需要北方抗金义军在敌后开展斗争，牵制金人兵力，使之无力南犯，从而达到使其君臣上下苟一朝之安而息心于一隅的目的。所以，对于有着二十五万之众的义军代表，宋高宗不得不装出一副十分重视的姿态，不仅即日引见，而且皆命以官：任命耿京为天平军节度使，并授予检校少保的官衔；任命贾瑞为敦武郎，合门祗候（武官名，正八品），赐一根金腰带；辛弃疾被封为右承务郎（文散官名，从九品），天平节度掌书记；其余的人，凡统制官皆授予修武郎，将官皆授予成忠郎。这次补官的义军将领，共计两百多人。

　　高宗赵构及其诸臣只想稳坐南宋这半壁江山，并不想出师北伐，只是给了辛弃疾等人一个名分，便又把他们派回山东。为了佯装重视，南宋朝廷还下发了正式的任命文件和官员用的仪仗，并且命令枢密院派遣两名使臣跟随贾瑞、辛弃疾等到耿京军中宣布皇帝的任命。但南宋使臣吴革、李彪行至楚州时，便畏敌如虎不敢前行，要求耿京在海州等候接受诰敕。海州安排军事的京东招讨使李宝实在看不过去，便专门派出统制王世隆带上十几个骑兵，护送辛弃疾一行返回东平府。

辛弃疾在后来写的一首《水调歌头·落日塞尘起》中，这样写道：

（舟次扬州，和杨济翁、周显先韵。）

落日塞尘起，胡骑猎清秋。汉家组练十万，列舰耸高楼。谁道投鞭飞渡，忆昔鸣鹑血污，风雨佛狸愁。季子正年少，匹马黑貂裘。

今老矣，搔白首，过扬州。倦游欲去江上，手种橘千头。二客东南名胜，万卷诗书事业，尝试与君谋。莫射南山虎，直觅富民侯。

这首词，从完颜亮宋高宗绍兴三十一年（1161年）南侵时写起：在秋高马肥的季节，完颜亮率领号称百万金兵南侵，战尘遮天，本来无光的落日，便显得更加昏暗。紧接着写宋军阵容严整盛大，虽然只是十万军队不及金兵强大，但水陆并进，江上船只往来游弋，防卫十分严密，军民有着必胜的信心和气势。两军对垒，烘托出战争一触即发的紧张气氛。当完颜亮在采石被虞允文所败，转至瓜州，强令金兵三日内渡江南下时，被部下所杀，这场战争就此结束。接下来的三句，隐含着三个典故。《晋书·苻坚载记》中记载，前秦苻坚率大军南侵东晋，曾不可一世地说："以吾之众，投鞭于江，足断其流。"结果一败涂地，丧失北还。《史记·匈奴传》中记载，匈奴头曼单于之太子冒顿作鸣镝（即响箭），命令部下说："鸣镝所射不悉射者斩之。"后在一次出猎时，冒顿以鸣镝射头曼，他的部下也跟着发箭，头曼遂被射杀。"佛狸"为北魏太武帝拓跋焘的小名，他南侵中原受挫，被太监所杀。辛弃疾用此三典，来写完颜亮发动南侵而丧于内乱、事与愿违的史实，不仅贴切，而且三者连用，更有化用自然之妙。

完颜亮死后，金人内乱，正是恢复宋朝河山的大好时机。当时，辛弃疾20岁出头，以义军掌书记的身份策马南来，使义军与南宋朝廷取得联系，希望协同作战，大举反击。"季子正年少，匹马黑貂裘"中的"季子"，是战国时期著名策士苏秦的字。苏秦成功游说六国合纵，达成联盟，身佩六国相印。苏秦年轻时，曾穿"黑貂裘"西入于秦。"年少"也正是辛弃疾当年飒爽英姿的写照，突出以天下为己任的少年锐进之气。

词的上阕写的是回忆、追昔，接下来是一声长叹"今老矣"。自从"隆兴和议"之后，恢复大计遥遥无期。写这首词时，辛弃疾虽已南归，但仍得不到重用，功业未建，两鬓已白。这里的叹老，不同于一般文人叹老嗟卑的心理，而是类乎于张孝祥在《六州歌头》所写的那样："时易失，心徒壮，岁将零。"此次重游旧地，想起当年情景，真有些时不我待、老大无成的愁苦。南渡以后，辛弃疾辗转为官，志不得伸，有股昨是今非之感，似乎要言及政局国事，但是欲说还休。接下来笔锋一转，只讲对来日的安排。其中共分两层：

第一层说自己。因为倦于游宦，想要归隐田园，植橘置产。这里用的是典故。《三国志·吴书·嗣主孙休传》中记载，三国时期，吴国丹阳太守李衡在龙阳县氾洲种柑橘，临死时对儿子说："吾州里有千头木奴，不责汝衣食，岁上一匹绢，亦可足用耳。"辛弃疾在此用典，颇具风趣又故意模仿一种善治产业、谋衣食的精明人口吻。萌生出对官吏生涯的厌倦，真想在江湖上找一块安静的地方定居下来，为将来打算，种上它千棵橘树，算是给子孙后代留下一点产业。这也表现出辛弃疾想要效力沙场却又力不能伸，想要解甲归田又不忍归去的矛盾心理。

第二层是劝友人。说友人乃是东南名流，腹藏万卷书，胸怀大志，自不应打算像我一样归隐。辛弃疾的这首词，约作于宋孝宗淳熙五年（1178 年）。当时，辛弃疾以大理少卿出领湖北转运副使，溯江西行。舟停泊在扬州，与友人杨济翁（名炎正）、周显先有词作往来唱和，此词即其一。杨济翁是当时有名的词人，他在原唱中写道："忽醒然，成感慨，望神州。可怜报国无路，空白一分头。都把平生意气，只做如今憔悴，岁晚若为谋？"词中的彷徨无奈，可谓与辛弃疾相通。辛弃疾故而又着意指出切莫像西汉名将李广那样南山习射，谋个安静清闲，空有一身武力，未得封侯，而"富民侯"却不能以战功而取。借故用典，终于把一腔报国无门的愤懑之情发泄出来。

06 仗义忠诚，金戈铁马

　　宋高宗三十二年（1162年）闰二月，贾瑞、辛弃疾等一行人在建康（今江苏省南京市）受到高宗皇帝的面见并受封后，随即奉皇命返回东平府。当他们在海州统制王世隆的护送下接近东平府时，便意外得知耿京被叛徒张安国、邵进等人杀害了。原来，就在一个月前，不愿南归的张安国等人经过密谋，发动叛变，杀了耿京。张安国是山东一小支起义军的头领，受耿京节制。他是怀着投机心理入伙的，后又屈服于金人的压力，贪婪重赏，金人诱以官禄，要其杀害耿京。于是，张安国便乘贾瑞、辛弃疾不在之机，与金人串通起来，拉拢耿京部下邵进共同叛变，对耿京下了毒手。

　　耿京原来是义军团结的旗帜，他一死，大军人心惶惶，军心动摇，将领们有的投降了金国，有的解散了部队，有的归保田里。就这样，不到一个月的时间，原来声势浩大的二十五万义军便灰飞烟灭、星散殆尽，连东平府也都沦落到金人的手中。至于那个卖主求荣的张安国，则因投降金人而被任命为济州（今山东省济宁市）知州。

　　辛弃疾听到耿京被杀的消息后，犹如五雷轰顶，义军的溃散让他十分痛心。回想起耿京派他去建康晋见皇帝、洽谈南归事宜的一片诚心，再看看起义南归，功败垂成的困难处境，他心如刀绞，决心要为耿京报仇，捉拿叛徒，还朝以正典刑。

精干稳重的海州统制王世隆，对深入金地毫无惧色。这一路走来，他与辛弃疾一起谈论抗金形势，总有说不完的话题。又听贾瑞说起辛弃疾单骑追杀叛徒义端的事情，更是打心里佩服辛弃疾，两个人就成了肝胆相照的兄弟。王世隆闻听耿京被害，也愿意为兄弟复仇助一臂之力。

贾瑞担心大家都在气头上，提醒大家不可鲁莽行事，权宜之策还是重返海州，以便进一步商量对策。

他们还至海州，辛弃疾向李宝报告了耿京遇害的消息。辛弃疾说："我们奉的是耿都护的军令南下，向朝廷请命归附，没想到会发生这样的不幸。耿都护待我等亲如兄弟，都护被害，我们拿什么去向都护在天之灵交代？又如何回去见南宋皇帝？"李宝也是勃然大怒，拍案而起，发誓要杀了张安国为耿京报仇。当他听说张安国在济州担任知府时，马上下令王世隆和部将马金福准备率领部队攻打济州，抓获叛贼。

这时，辛弃疾提醒说："李将军，济州城防坚固，易守难攻，那张贼又初投新主，根基未稳，决然容不得我等去破坏。所以，此事只能智取，不适合强攻。何况强攻动静太大，容易打草惊蛇，反而会让张贼有所防备。"

李宝说："那么，你觉得应该如何呢？"李宝早年曾经跟随岳飞征战，是宋军中的一员名将，他一眼就看出辛弃疾身上所具有的军事才能。

辛弃疾说："如果将军相信我，我只需要数十骑兵，就能进入济州，生擒张安国。"

此时的张安国，已经接受了金兵的招降，在济州担任知州，手中掌握五万兵马。辛弃疾聚集了帐下的人马，挑选了王世隆部二十人，义军三十人，一共五十人的骑兵队伍，立即北上。

在寒冷的朔风中，五十人一路日行夜宿，终于来到离东平府不远的济州。在离济州城还有五十里的地方，辛弃疾留下五名骑兵，让他们留在路边作为接应。又走了五里地，接着又留下五名骑兵……这样每过五里路，辛弃疾就安排五名骑兵作为接应。

到了戌时，辛弃疾和王世隆、马金福等三人已经来到了济州知府门外。此时，已经是门禁时分，守门士兵看见有人前来，立刻大声喝道："来者何人？"

辛弃疾不慌不忙地说："我等是知府张大人旧时的老友，今日前来投奔，你速速去通报，张大人自然会重重赏你。"说着，递过去一块银子。那士兵接了银子，面露喜色，一溜烟进去通报。

张安国此时正在与部下饮酒庆功。自从当上了金国的知府，张安国整日一副志得意满的样子，几乎每天都要大摆宴席，庆祝自己终于升官发财了。大厅中烟雾缭绕、酒气扑鼻、杯盘狼藉。张安国的部将们正和几个金兵将领在大声猜拳喝酒。

酒意正酣的张安国听哨兵说几个义军败兵前来投奔，心里很是狐疑，酒也醒了一半。但等他问清败兵只有三个人时，心里的顾虑顿时打消了，便得意忘形地对身旁人说："这些不成器的东西，现在没有大树可依靠，投奔到老子这里来了！"说着，还得意忘形地整了整衣衫，说："带他们进来。"

马金福留在门外看守马匹以待接应，辛弃疾和王世隆在哨兵的引导下，一边向里走，一边留意地形，以便全身而退。宴会大厅内，张安国的部将们已经喝得醉眼惺忪。辛弃疾见到张安国后，拱手说道："安国兄，才一个多月不见，想不到如此发达了！"

张安国早认出了辛弃疾，还以为他是在羡慕自己，便走上前去，想把手搭在辛弃疾的肩膀上称兄道弟一番。没想到辛弃疾眼疾手快，出其不意，一把提起身形瘦小的张安国，抽出宝剑架上了他的脖子。一旁的王世隆也随即提刀护卫在身旁。还没等喝得东倒西歪的部将们缓过神来，辛弃疾便挟持张安国走出宴会厅，声言要与之出郊议事。

把张安国绑缚马上，这时大营外空地上已经围满了人。辛弃疾放眼一看，见他们多半是原来耿京队伍里的士兵，便大声喊道："王师的十万大军就要到了，快投降吧！"显然，辛弃疾是劝这些老部下赶快起义，跟他们一起回归故国。辛弃疾话音一落，当场便有上万汉族士兵起而反正，站到了辛弃疾这一边。当大营内的金兵醒悟过来，马上去追辛弃疾时，但辛弃疾所带人马已经走远了。

就这样，辛弃疾、王世隆等人率领着上万人马，马不停蹄星夜南归，渡河而南。万夫簇拥的青年英雄辛弃疾，一举渡过了淮水和长江，押着张安国到建康，后又被送往杭州。经过宋朝廷尉问案，审明了他的变诈反复、杀害义军领袖的罪状之后，被斩首于杭州街市以示众。

活捉叛徒张安国，可谓是辛弃疾一生中最传奇的一段经历。对此，《宋史》本传中是这样记载的："（辛弃疾）乃约统制王世隆及忠义人马全福等径趋金营，安国方与金将畅饮，即众中缚之以归，金将追之不及。献俘行在，斩安国于市。"这一描述，已将辛弃疾那种豪迈勇武的形象，塑造得让人称奇。

而南宋著名文学家洪迈所写的《稼轩记》中，对此也有记载："余谓侯本以中州隽人，抱忠仗义，章显闻于南邦。齐虏巧负国，赤手领五十骑，缚取于五万众中，如挟狡兔。束马衔枚，间关西走淮，至通昼夜不粒食。壮声英概，懦士为之兴起，圣天子一见三叹息，用是见深知。"

也有一种说法是，生擒张安国是王世隆的功劳。王世隆是宋廷京东招讨使李宝的部下，他们束马衔枚、至通昼夜不粒食地先赶奔海州。海州李宝特意将辛弃疾智擒张安国的经过写入奏章，让王世隆随身带到临安，面呈皇上。因王世隆是李宝的部下，李宝自会多加美言，功劳就变成王世隆的了。不管生擒叛徒是谁的首功，辛弃疾确实参加了这一壮举，显示了青年辛弃疾的机智、勇敢、断事的魄力和不平凡的军事才能，打击了敌人的凶焰，伸张了民族正气，增强了人民抗敌的信心，振奋了抗金的士气。

宋高宗看完奏章，内心为之起伏。在政治上，高宗是有顾虑的，从不敢真正向金人开战，甚至还因为岳飞的力主抗战而授意秦桧制造冤案。但是，他又希望自己的臣子中能多一些英勇忠诚之人，这样才能确保自己在南方统治的安稳。现在，他看到辛弃疾如此年轻就能立下奇功，真是喜出望外，连声赞叹道："辛卿真是对朝廷忠心耿耿，智勇双全。"接着又说："辛卿如此胸怀忠义，真是人才能得。"

没过多久，朝廷下诏书，任命辛弃疾作江阴签判，可以即日离开临安上任。江阴签判只是个州府长官的助理，官职并不大，但辛弃疾没有计较官职的大小，相反，从回归南宋到被任命为江阴签判，他心潮起伏，他常常梦见自己还在泰山脚下过着戎马倥偬的战斗生涯，也常常设想将来有一天能够跨上战马带领王师重返山东。这样的情绪，也影响了辛弃疾的一生，直到晚年，还在自己的词作中对这段生涯有着细致的回忆描写。他在《阮郎归·耒阳道中为张处父推官赋》词中写道：

> 山前灯火欲黄昏，山头来去云。鹧鸪声里数家村，潇湘逢故人。
> 挥羽扇，整纶巾，少年鞍马尘。如今憔悴赋招魂，儒冠多误身。

这少年有点像三国时的诸葛亮，是多么风流儒雅。

在《鹧鸪天·有客慨然谈功名因追念少年时事戏作》中，他这样写道：

壮岁旌旗拥万夫，锦襜突骑渡江初。燕兵夜娖银胡䩮，汉箭朝飞金仆姑。

追往事，叹今吾，春风不染白髭须。却将万字平戎策。换得东家种树书。

这首词是说在南归途中，他们日夜和金兵厮杀，互相对射，边战边走，终于胜利渡江，实现了祖父投衅而起、报效朝廷的夙愿。

另一首词《破阵子·为陈同甫赋壮词以寄之》中，文字同样激情壮阔：

醉里挑灯看剑，梦回吹角连营。八百里分麾下炙，五十弦翻塞外声，沙场秋点兵。

马作的卢飞快，弓如霹雳弦惊。了却君王天下事，赢得生前身后名，可怜白发生！

南归这一年，辛弃疾23岁。南归以后，辛弃疾永远离开了山东，再也没回过济南，他虽然英名远扬，但因为是"归正人"，祖父又曾在金朝做过官，所以不大受重用，被派到江阴军（今江苏省江阴市）做签判去了。

第二章

千金纵买相如赋

脉脉此情与谁赋

01 请缨不成，隆兴和议

辛弃疾被任命为江阴签判一职后，内心觉得，金朝还在内乱之中，此时，正是收复失地的大好时机。可宋高宗和众多主和的大臣们却没有北伐的心思，出于私心，他们考虑的是如何保住半壁江山。完颜亮一死，面对金国变乱，南宋没有采取丝毫的动作，这么一拖，便又将宋金两国拖入了对峙的局面。

南宋朝廷自然不会给南归的义军什么良好的待遇。义军数量庞大，朝廷只是名义上抚恤，事实上给予甚少，战士们常常缺衣少粮，生活很艰难，这让辛弃疾倍感心酸。而作为南归的功臣，辛弃疾没被授予要职，朝廷只是给个职位不高的江阴签判。

江阴军在南宋的两浙西路，处于长江中下游，地方较为偏僻，所需处理的公务自然也非常少，身为江阴签判的辛弃疾整日清闲，颇为安逸。或许对许多人来说，拿着朝廷的俸禄，三天打鱼两天晒网，是个美差，可对于心怀大志的辛弃疾而言，却是黄钟毁弃、明珠蒙尘了。南归后辛弃疾的理想是手持利剑，披甲北上。可现实却是被朝廷派到了江阴，只做了从八品的签书判官厅公事，成为一个迎来送往的闲散文职。与职位的高低相比，辛弃疾更在乎的是恢复中原，报仇雪耻。

完颜亮南征失败后，在宋朝军民要求积极抗金、收复失地的强烈呼声中，宋高宗赵构难以安定。他思来想去，觉得自己只有采取退位的方式，才能真正安心地颐养天年。因此，在他做了三十六年的皇帝以后，于绍兴三十二年（1162 年）六月下诏禅位，由太子赵昚继任皇位。赵昚就是后来的宋孝宗。

赵昚能够成为皇位的继任者，有着很大的偶然性。他是宋太祖的七世皇孙，父亲是秀安僖王赵子偁，祖上是大名鼎鼎的贤王赵德芳。宋高宗建炎元年（1127 年），赵昚出生在秀洲（今浙江省嘉兴市）。宋高宗建炎三年（1129 年），南宋都统制苗傅、刘正彦发动了宫廷政变，逼迫赵构让位。赵构本人由此被吓得失去了生育能力。其间，皇太子赵旉也因意外受到惊吓而夭折。

作为大宋的皇帝，居然没有合法继承人，赵构心焦不已。更让他焦虑的是，民间此时产生了一种诡异的说法：汴京被金兵攻陷后，金兵统帅斡离不将皇室子孙掳掠到北方。而这个斡离不，长相酷似宋太祖。这种说法不能不让人想到，当年宋太祖卧病，正是宋太宗一夜侍奉后暴毙，烛影斧声的嫌疑成了宋代最大的谜团。现在，莫不成是太祖前来报应？

于是，赵构开始考虑，是不是要在太祖的后代中选择继承人。大臣们摸清楚了赵构的想法，纷纷开始建言上表，想要尽早促成皇帝继承人的决定。此后不久，在宋高宗绍兴二年（1132 年），赵昚就被选入皇宫中养育，十年后被封为郡王。到宋高宗绍兴三十二（1162 年）五月，他被立为太子，六月即位成为皇帝。

宋孝宗是南宋皇帝中最有抱负的君主，素有恢复志向。刚刚登基后，他就立刻采取一系列举措：给岳飞平反，起用众多主战派大臣，更是重用了主战大臣张俊。在宋孝宗的励精图治下，朝野气象焕然一新。辛弃疾觉得，抗金北伐的机会似乎来到了。

宋孝宗隆兴元年（1163 年）正月，在江阴担任签判的辛弃疾，于春天的气息中得知了这样的好消息——张浚担任枢密使、都督江淮东西路军马。这个好消息，让辛弃疾激动不已，每天虽然要端坐于府衙中办公，但他的心思早就飞到张俊的部队中，热烈盼望着自己有朝一日也能够被征调去北伐。

可是，时间一天天地过去，征调命令迟迟没有来。辛弃疾自然也不会错过这个大好良机，趁着张浚出任江淮宣抚使的机会，他拜见了张浚，并向他提出自己的恢复主张。他向张浚献上了一条攻打金国的计策，辛弃疾把这条计策，称为"分兵杀虏"，就是兵分几路攻打金国。

辛弃疾指出，金国军队有一个很大的问题，那就是调动起来非常困难，十分缓慢。宋朝如果要进行北伐的话，就可以利用这一点，从关陕、西京、淮北和海上这四路佯攻，这样，就逼迫金国要调动它驻防在淮河防线的金兵去应付。守淮的金兵一旦分散到其他各个地方，这道防线就必然会出现漏洞。这个时候，宋国就用秘密埋伏下的几万精兵，看准金兵防守薄弱的地方发动奇袭，然后直往山东打去。

金国军队由于调动困难，首尾来不及呼应，等到他调来兵力，进行补防时，宋兵已经收复了山东，和当地的抗金义军互相呼应站稳了脚跟。有了这个牢固的根据地，金兵的势力就被分成了两截，宋军如果要进军中原，甚至去攻打金国的首都燕京，也就成为一件很轻松的事情。

辛弃疾希望自己的意见得到重视，才能得到赏识，在宋军中占一个位置，尽一己之力，推动战争的胜利。

对于这样一条计策，张浚的回答是，我现在只受命负责这一个地方的工作，像这种事情，恐怕我还做不了主。这话听起来是有些推托的意思，好像他没有把辛弃疾的这条计策当一回事。

但事实上是，张浚被任命为枢密使一职，相当于国防部的长官。他即将都督江淮东西路的兵马，具体操办北伐的事情。这个时候，他向宋孝宗提供了一份他的作战方案，其中有一条就是先取山东。从这点来看，辛弃疾的这个计策，对张浚做出作战决策还是起了一些作用的。

但是，张浚这个人是一个言大而夸的书生，将略并非其所长。虽然号称抗金名将，但实际上，他志大才疏。现在宋孝宗要张浚主持北伐的事情，张浚的轻敌病又犯了。在他的这份作战计划里，虽然先取山东的战略目标跟辛弃疾是一致的，但在战术上，他把辛弃疾计策中间最关键的部分完全抛到了一边，张浚根本没有把淮河沿线的金兵当回事，所以，他还是准备用最常规的方法，集中南宋军队在江淮所有的优势兵力，渡过淮河直接与金兵正面交战。

抗金大事在宋孝宗和张浚等人的谋划下，正如火如荼地展开。而张浚的一句"恐怕我还做不了主"的话，却让辛弃疾置身事外。身为小小的签判，本也无可奈何，只能在江阴签判的任上闲散度日，报国无门。他每天闷闷地坐在衙门中，处理着手头的杂务，并时刻关心着从前线传来的消息。

消息很快就传来了。宋孝宗隆兴元年（1163 年）三月，金左副元帅纥石烈志宁派人向南宋朝廷要求割让海州（今江苏省连云港市）、泗洲（今江苏省盱眙县）、唐州（今河北省境内）、邓州（今河南省邓州市）和商州（今山西省商县）等城池，并要求南宋交纳岁币，否则就要进兵两淮。张俊对此当然采取强硬态度，调动军队驻扎在盱眙、泗洲、濠州（今安徽省凤阳县）、庐州（今安徽省合肥市）等前线地区。金国方面也调兵遣将，准备向南进攻，战争可谓一触即发。

四月，张浚积极邀请宋孝宗来建康巡幸，从而鼓舞将士的士气。但没想到，朝廷传来的消息是：主和派首领史浩在赵眘面前坚决反对巡幸的建议。宋朝开国之时就采用扬文抑武的政策。不过，为了主战派和主和派之间相互制衡，孝宗授意张浚：无须同史浩再进行争论，也无须通过朝廷内的中书、门下和尚书等三省，甚至无须通过最高行政机构枢密院协商，可以自己选择机会调兵遣将，直接北伐。

这年夏天，张浚主持都督府事宜，开始都督江淮军马。他任用李显忠和邵宏渊为正副主帅，渡过淮河开始北伐。起初，北伐进展比较顺利：淮东招抚使李显忠，从濠州出兵，进攻灵璧；淮东招抚副使邵宏渊，从泗洲出兵，进军虹县。这两路军马一路势如破竹，分别攻取了目标，并合力攻下了宿州（今安徽省宿县南），等于打开了进军中原的门户。

攻克宿州之后，宋孝宗论功行赏。李显忠进开府仪同三司、淮南京畿京东河北招讨使，而邵宏渊则只是个进检校少保、宁远军节度使和招讨副使。本无多大军事才干且心胸狭义的邵宏渊，开始记恨军事指挥才能杰出的李显忠。

其实，两人之间的矛盾从军临宿州城下就开始了。当时，金人出兵迎战，李显忠身先士卒，击败金兵，追击二十多里。直到这时，作壁上观的邵宏渊才缓缓来到战场。等到宿州城被夺下之后，邵宏渊提议，打开仓库，将里面的金银财宝全都赏给士兵，但恪守原则的李显忠没有同意，只是给每个士卒发放三百文钱作为奖励，而将其他财宝封存打算上交朝廷。

邵宏渊抓住机会，趁机挑拨煽动。兵卒皆是百战余生之辈，战后只想多得赏赐，都被邵宏渊挑拨得气急败坏，纷纷将铜钱扔到水沟里，声称不愿再打仗卖命了。邵宏渊此举虽出于私心，却惹下了大祸根：金兵主将纥石烈志宁从淮阳出兵，前来进攻宿州。结果，邵宏渊不战自溃，李显忠却出城迎敌，最后孤军难守，只能放弃守城，突围而去。

金兵夺下宿州后，乘胜追击宋军到符离。在这种情况下，军心涣散严重，士兵完全失去了斗志，上下级之间谁也不听谁的，宋军十三万大军被杀的、饿死的、踩踏死的不计其数，几乎全部溃散。

这一次北伐，仅仅持续了二十来天，宋军先胜后败，以狼狈逃窜而结束。因溃败之地在宿州符离这个地方，所以史称"符离之败"。到宋孝宗隆兴二年（1164 年）年底，孝宗派出使节前往金国中都，签订和议，是为"隆兴和议"。和议提出：宋朝皇帝要向大金称侄，每年交纳岁币银绢二十万两匹；割让海州、泗洲、唐州、邓州和商洛等地；松紧边界东起淮河，西到大散关。

这次和议的签订，标志着宋金之间的实力达到了平衡，都需要稳定的环境来维持自身的统治和发展。这一次和议，所持续的时间长达四十年。这期间，南宋朝廷对金一直俯首称臣，不敢言战。一生坚决主张抗金的辛弃疾，其大半生就生活在这悲哀的四十年里。

02 官闲心定，壮志难酬

　　辛弃疾南归之初寓居在京口（今江苏省镇江市）。宋孝宗隆兴元年（1163 年）腊月廿二清晨，刚刚起床的辛弃疾，看到早起的妻子把剪成燕子形状的彩绸插在头发上，当地称其为春幡。春幡是立春时节的一种装饰品。南宋末年著名学者陈元靓所著的《岁时广记》中记载："立春之日，士大夫之家，剪彩为小幡，谓之春幡。或悬于家人之头，或缀于花枝之下。"轻柔的春幡随风而动，给年轻的妻子增添了美丽。看到妻子头上的春幡，辛弃疾才意识到，时节已到立春了。

　　时光荏苒。自从南归后，这是辛弃疾在江南迎来的第一个立春。立春是二十四节气之首，也是一年的开始。据黑龙江大学古代戏曲和宋金文化研究中心教授辛更儒所著的《辛弃疾家室再考》中记载：辛弃疾十五六岁时，就在祖父辛赞的主持下迎娶了江阴的赵氏为妻。赵氏端庄而贤惠，无论辛弃疾前往燕京，还是聚众起义，抑或是决定南归，赵氏都站在他的背后，默默地支持他。南归后，赵氏带着长子辛缜、次子辛秬来到她的故乡江阴安顿生活。赵氏是知南安军修之之女孙，辛弃疾也因妻子是江阴人而作了江阴签判，这是辛弃疾南归后担任的第一个实授官职。职务虽然清闲，但生活相比南归前的那种起义军生活平静了许多。

可是，能率兵打回中原老家去的念头，在辛弃疾的心里一刻也未停止过。就连立春日用来致贺的黄柑腊酒、清酒春盘也未及备办。触目伤怀，他想到正在北飞的燕子，是否到了它想要去的地方？想到去年由塞北飞来的大雁也已先他而还。而自己收复中原的愿望却遥遥无期。光阴易逝，壮志难酬，辛弃疾奋笔写下了一首《汉宫春·立春日》：

春已归来，看美人头上，袅袅春幡。无端风雨，未肯收尽余寒。年时燕子，料今宵梦到西园。浑未辨，黄柑荐酒，更传青韭堆盘？

却笑东风，从此便薰梅染柳，更没些闲。闲时又来镜里，转变朱颜。清愁不断，问何人会解连环？生怕见花开花落，朝来塞雁先还。

这是他词集中的第一首词，也是他南归后的第一首词。全词紧扣立春日的所见所感来写，赋予了春日风光以更深的含意，在哀怨之中带有嘲讽，内涵充盈而深沉。词的开篇用典，妥帖自然，不露痕迹。而以"袅袅"形容其摇曳，化静为动，若微风吹拂，更见春意盎然。

立春日是春天到来的信号，辛弃疾用一个"看"字，将春天的气息，通过妇女们立春日的头饰——"袅袅春幡"散布出来，暗示出辛弃疾对于春归的喜悦。以下一韵，不直接往前写去，却反挑一笔，写出对寒风冷雨阻碍春来的幽怨。以下突然写到燕子，用比兴法推出怀念故国的感情。因为余寒未尽，春社未至，那去年秋时南来的燕子，不能回到北方故国的"西园"去。

但燕子虽然无法归去，辛弃疾却生派它一个"西园梦"。一个"料"字，化无理为有趣，表明这燕子已经成为辛弃疾思念故国的精神象征。而燕子只能"梦"而不能"到"西园，暗示西园所在的汴京，依然为金人所掌握。所以，辛弃疾徒有故国之思，却不能一探故里。借燕传情，颇为沉痛。以下回到立春日风光中来，黄柑荐酒，青韭推盘，这立春日应备的食品，辛弃疾却无心准备，并且显得心烦意乱。辛弃疾没有明言原因，但通过上下文语境让人明白，是浓烈的故国之思，和时光流逝、英雄无用的悲伤，使辛弃疾完全乱了方寸，连节日应酬也无心去为之了。

词的下阕，写对春天再来的种种感受，把笔由立春日探进整个春天里去。换头先以一"笑"字，故意打散上阕中的紧张和烦乱情绪，并领起以下五句。其所"笑"者，一为东风来了，花开了、柳绿了，使万紫千红的春天渐次到来，辛弃疾取笑东风的从此不得消闲；二是东风偶尔清闲时，不过是把镜中人的朱颜转换成衰老的模样。辛弃疾"笑"着，但分明含着泪水。因为自然永在而人生易老，在忙得不得了的东风面前，辛弃疾所感觉到的是志士投闲、英雄无用而徒任芳华流逝的生命悲哀。

由此可知，换头的"笑"字，在抒情上得内紧外松、甚至正话反说的趣味。以下直接归为正话正说，极言清愁难消。"闲时又来镜里，转变朱颜"等句，为辛弃疾以"朱颜"形容自己面貌仅有的一次，便知《汉宫春·立春日》确实是辛弃疾作于青年时期。

词中的"解连环"有个典故。据《战国策·齐策六》记载，战国时期，秦昭王送给齐国王后一串玉连环，并说，齐国人很聪明，但能把这串连环解开吗？王后拿给大臣们看，大家都想不出用什么办法解开。于是，王后命人用铁锤把连环打破，告诉秦国送连环的人说：连环解开了。后以"解连环"指解决难题。辛弃疾借用"解连环"的典故，表明自己不断滋生、越积超重的清愁，正像一个不见首尾的连环一样，不打碎则无法解开连环，也就是说，这是一种与生命共始终的感情。此处"问何人"一语，下得凄恻，它向外探询的口吻，写足了辛弃疾被沉重的家国之情、生命之悲所萦绕，急于摆脱又无可摆脱的痛苦。此语含蓄地表明了辛弃疾对于南宋统治者不思恢复、荒废英雄的怨尤。最后一韵，直探进暮春里去，写辛弃疾怕见花开花落的心情，和看见暮春时大雁自南北还而伤痛及辛弃疾的人不如雁。这里有惜春惜时的感情，有怀念故国的感情，也有对于南宋统治者久不作恢复之计的怨尤。至此，不仅上阕中的无端幽怨和烦乱得到了解释，而且全词的主旨也从这花开花落、塞雁先还的意象中脱迹而出。

辛弃疾一边叹息英雄无用武之地，一边眼看着宋孝宗和张浚的恢复大计一步步展开，对金发动军事进攻，在初战小捷之后，金方以重兵反击，符离之役，宋军全军溃退，辛弃疾满心愁苦化而为词《满江红·暮春》：

家住江南，又过了、清明寒食。花径里、一番风雨，一番狼藉。红粉暗随流水去，园林渐觉清阴密。算年年、落尽刺桐花，寒无力。

庭院静，空相忆。无处说，闲愁极。怕流莺乳燕，得知消息。尺素如今何处也，彩云依旧无踪迹。谩教人、羞去上层楼，平芜碧。

宋史研究专家邓广铭所著的《稼轩词编年笺注》中记载:隆兴二年作于江阴。隆兴元年夏,宋孝宗采纳张浚之建议,对金发动军事进攻,在初战小捷之后,金方以重兵反击,符离之役,宋师全军溃退。根据此词的前片起句,便知其作于南归后第二个暮春。其下之'一番风雨',即暗指符离之惨败而言。其时稼轩正在江阴军签判任上。

辛弃疾的词,素以豪放闻名,但也不乏有含蓄婉约的篇章。这首词,抒写伤春恨别的"闲愁",属于宋词中最常见的内容。上阕重在写景,下阕重在抒情,也是长调最常用的章法。既属常见常用易陷于窠臼,但是仔细品味这首词,既不落俗套,又有新特点,委婉但不绵软,细腻但不平板。

词上阕,写江南暮春景象。开篇两句,点明地点、时令。"又过了、清明寒食",一个"又"字暗示离别时间之久。接着连用两个"一番",可见风狂雨猛、百卉凋零。落花随着流水而走,园林之中渐觉树荫茂密。辛弃疾将绿肥红瘦的景象,铺衍为十四字联语,去陈言,立新意,故特意在其转折连接之处,用心着力,角胜前贤。"暗随",未察知也;"渐觉",已然也。通过人的认识过程,表示时序节令的推移,可谓匠心独运。在辛弃疾看来,当刺桐花落尽的时候,这天气也就不能再寒冷了。"年年",应"又"字,正见年复一年,景色、闲愁,无不一如过去的暮春。总之韶光易逝,青春难驻,那么人何以堪呢?王夫之所著的《古诗选评》卷九指出:此处辛弃疾看似纯写景,实际"语有全不及情而情自无限者"。只是字面上并未说破,而可于风雨送春,狼藉残红,刺桐花尽等一片缭乱的景物中见之。更是曲折地表达了辛弃疾美好愿望一次次落空的心愿。

辛弃疾通过上阕写景色的凄凉,衬托出下阕中内心的愁苦。落寞的庭院里一片寂静,辛弃疾觉得枉自陷入苦苦的忆念之中。相思之情向谁倾诉,闲愁万种也无人理会,寄寓自己政治上的孤愤。"庭院静"者,政局万马齐喑,没有事业发展的动静可言。"空相忆"者,在此环境中,空盼好消息而不可得。"无说处"进而倾诉自己政治上缺少知音的苦闷。虽愁云惨雾,哀怨无穷,但顿挫有力,诵之则金声玉振,这正是辛弃疾写情的不同处。于是再进一层:"怕流莺乳燕,得知消息。"意思更为含蓄曲折:闺中人怕多嘴的莺燕得知心事,正应和辛弃疾这个北方"归正人"险恶的政治处境。

归正人是宋、金长期对峙局面下的产物。南宋赵昇在《朝野类要》卷三中指出："归正，谓原系本朝州军人，因陷蕃，后来归本朝；归顺，谓原系西南蕃蛮溪峒头目等，纳土归顺，依旧在溪峒主管职事；归明，谓原系燕山府等路州军人归本朝着；忠义人，谓原系诸军人，见在本朝界内或在蕃地，心怀忠义，一时立功者。"有时往往也不再细加区别，而统称"归正人"。

按南宋朝廷的规定，即使是归正的官员，一般也只是允许添差某官职，而不厘务差遣，即只给一个闲散的官职而并无实权。如举城南归的范邦彦，本当超授，也只是给了个添差湖州长兴丞的闲职。王友直率兵南归，亦仅授复州（今湖北省天门市）防御使。同样，辛弃疾以"归正"和"忠义"的双重身份，被授意江阴签判的闲散文职，也并不奇怪。

"尺素"，指书信。古乐府《饮马长城窟行》一诗中有："客从远方来，遗我双鲤鱼。呼儿烹鲤鱼，中有尺素书。"张九龄《当涂界寄裴宣州》一诗中有："委曲风波事，难为尺素传。""尺素"喻指有关抗金大业的好消息。春去不归，显然辛弃疾心中设想的时机空失，理想未能实现。

"彩云"，指人。晏几道《临江仙》："当时明月在，曾照彩云归"。这里一如"行云"，喻所思之人行踪不定。故这两句非如一注本所云"天涯海角，行人踪迹不定，欲写书信，不知寄向何处"。而实际是说：我寄之书信不知他是否收到，为何至今仍未闻他的踪迹。正因此"羞去上层楼"，因所见不过芳草连天，大地苍翠，何尝有人的影子？欧阳修在《踏莎行》中写道："平芜尽处是春山，行人更在春山外。"这些都表示虽望远亦无用，故云"漫教人"也。以景结情，更深一层表达辛弃疾对国事的失望。

这首词，主题是抒写辛弃疾的爱国忧愤，但它与辛弃疾通常在抒发这类情感时，习惯所用的直抒胸臆和大发牢骚的做法有所不同，采取了曲喻的笔法，风格含蓄柔婉。如此解读，未必符合辛弃疾本意，但诗无达诂，读者从中领会到辛弃疾本意之外的东西，也不失为另一种收获。正应了那句"作者之用心未必然，读者之用心何必不然"。

宋孝宗隆兴二年（1164 年）秋，辛弃疾在江阴任职期满。宋代的官员是三年一换岗位，辛弃疾任期满后，改任广德军（今安徽省广德县）通判。辛弃疾虽然在江阴只待了三年，但他与江阴的关系却非同一般，这不仅仅他的元配夫人是江阴人。民国乙亥年六修木刻本《菱湖辛氏族谱》记载："初室江阴赵氏，知南安军修之之女孙。"这就是说，辛弃疾一生的挚友丘崈是江阴人。从辛弃疾的那首《调永遇乐·寄乡达丘宗卿》中可以得知，丘宗卿即南宋抗金重臣丘崈，他长辛弃疾 5 岁，是辛弃疾南归后志同道合的挚友。辛弃疾是山东历城人，而丘崈是江阴人，辛弃疾将丘崈称作同乡，显然是指他夫人的同乡。而且江阴是他南归后仕途的起点，他的不朽词作也始于江阴。

03 美芹十论，洋洋万言

　　辛弃疾写作《美芹十论》的愿望，在张浚北伐的过程中就已经萌发了。这次北伐，发生在辛弃疾南归不久之后，是南宋朝廷对金国所作出的第一次主动进攻。辛弃疾虽然不能率军北上，但他很想将自己对金国的了解写成文字，书面报告给朝廷。

　　然而，这样的文字还没有形成，符离一役便宣告失利，张浚被也罢免了江都督府和宰相的职务，主和派汤思退、史浩联合用权施压，胁迫皇帝签下了让众多主战派感到痛心疾首的隆兴和议。这一接踵而来的变故，让辛弃疾难以接受、忧心忡忡。他尤其联想到数年前，自己趁着完颜亮南侵时举起义旗，那时候整个中原、山东，抗金形势一片波澜壮阔，收复失地看起来似乎近在眼前，但却因为朝内主和派拒绝施以援手，战机不断贻误，导致前线的金兵从容撤退，坐看机会逝去。而张浚北伐，显然是激动人心的，正如王夫之所说的那样："符离小衄，本无损于国威。"但和之前的时机相比，已然从一开始就埋下了失败的种子：缺乏对战机的看重，缺乏对形势的判断，缺乏对敌人的了解，缺乏对全局的观察。

　　隆兴二年（1164 年）秋冬之际，辛弃疾初到广德。广德军也是下州，公务不忙，这使他有时间仔细清理多年来对恢复大业的分析与思索，并把它诉诸文字，开始称之为《御戎十论》，后来成为著名的《美芹十论》。

说起"美芹十论"这名字，还涉及《列子》。《列子•杨朱》中有这么一个故事：宋国有田夫，常衣缊黂，仅以过冬。暨春东作，自曝于日，不知天下之有广厦隩室，绵纩狐貉。顾谓其妻曰："负日之暄，人莫知者，以献吾君，将有重赏。"里之富告之曰："昔人有美戎菽、甘枲茎芹萍子者，对乡豪称之。乡豪取而尝之蜇于口，惨于腹，众哂而怨之，其人大惭。"

自此之后，古人便以"献芹"表示自己进献的东西简陋，不成敬意，是为自谦之词。想必辛弃疾是抱着一颗虔诚之心与谦逊的态度，不顾自己官低职微，主和派的论调"抗战必亡"还在甚嚣尘上，辛弃疾作为可以直接上书皇帝的通判，挺身而出，奋笔疾书写下一万七千多字的《美芹十论》，全面阐述了自己对与当下宋、金形势的见解，具体而深刻地分析出金国的弊端，系统地提出了自己的建议，并主要从政治、经济、军事和民心等方面展开了论述。实际上，《美芹十论》也是对完颜亮南侵、张浚北伐这两次重大战役所作出的总结，其中蕴含了辛弃疾的政治见解，也表达了他立志收复失地的豪情壮志。

在《进美芹十论札子》中，辛弃疾追述自己的家世，恳言其南归的初衷和矢志恢复的愿望，并袒露出他对符离之败后朝廷战和趋向的担忧，同时，也表明自己对恢复大业仍充满信心：

臣虽至陋，何能有知，徒以忠愤所激，不能自已，以为今日虏人实有弊之可乘，而朝廷上策惟预备乃为无患。故罄竭精恳，不自忖量，撰成御戎十论，名曰美芹：其三言虏人之弊，其七言朝廷之所当行。先审其势，次察其情，复观其衅，则敌人之虚实吾既详之矣；然后以其七说次第而用之，虏故在吾目中。惟陛下留乙夜之神，沈先物之机，志在必行，无惑群议，庶乎"雪耻酬百王，除凶报千古"之烈无逊于唐太宗。典冠举衣以复韩侯，虽越职之罪难逃；野人美芹而献于君，亦爱主之诚可取。惟陛下赦其狂僭而怜其愚忠，斧锧余生，实不胜万幸万幸之至。

《美芹十论》中共有十篇论文，各有侧重。其中《审势》《察情》《观衅》论述敌方，即分析金国形势；《自治》《守淮》《屯田》《致勇》《防微》

《久任》《详战》是讨论内政，即论述宋国国情。兵法云"知己知彼，百战不殆"，辛弃疾生在金朝，从小长在金朝，曾与金人作战过，又深入过敌战区，真正了解敌情与军情，还真枪真刀地厮杀过，所以，他认为首先是正确的对形势的估量：

用兵之道，形与势二。不知而一之，则沮于形、眩于势，而胜不可图，且坐受毙矣。何谓形？小大是也。何谓势？虚实是也。土地之广，财赋之多，士马之众，此形也，非势也。形可举以示威，不可用以必胜。譬如转嵌岩于千仞之山，轰然其声，巍然其形，非不大可畏；然而堑留木柜，未容于直，遂有能迂回而避御之，至力杀形禁，则人得跨而逾之矣。若夫势则不然，有器必可用，有用必可济。譬如注矢石于高墉之上，操纵自我，不系于人，有轶而过者，抨击中射惟意所向，此实之可虑也。自今论之：虏人虽有嵌岩可畏之形，而无矢石必可用之势，其举以示吾者，特以威而疑我也；未欲用以求胜者，固知其未必能也。彼欲致疑，吾且信之以为可疑；彼未必能，吾且意其或能，是亦未详夫形、势之辨耳。臣请得而条陈之：虏人之地，东薄于海，西控于夏，南抵于淮，北极于蒙，地非不广也；虏人之财，签兵于民而无养兵之费，靳恩于郊而无泛恩之赏，又辅之以岁币之相仍，横敛之不恤，则财非不多也；沙漠之地，马所生焉；射御长技，人皆习焉，则其兵又可谓之众矣。以此之形，时出而震我，亦在所可虑，而臣独以为不足恤者，盖虏人之地虽名为广，其实易攻，惟其无事，兵劫形制，若可纠合，一有惊扰，则忿怒纷争，割据蜂起。辛巳之变，萧鹧巴反于辽，开赵反于密，魏胜反于海，王友直反于魏，耿京反于齐、鲁，亲而葛王反于燕，其余纷纷所在而是，此则已然之明验，是一不足虑也。虏人之财虽名为多，其实难恃，得吾岁币惟金与帛，可以备赏而不可以养士；中原廪窖，可以养士，而不能保其无失。盖虏政庞而官吏横，常赋供亿民粗可支，意外而有需，公实取一而吏七八之，民不堪而叛；叛则财不可得而反丧其资，是二不足虑也。若其为兵，名之曰多，又实难调而易溃。且如中原所签，谓之大汉军者，皆其父祖残于蹂践之余，田宅罄于捶剥之酷，怨忿所积，其心不一；而沙漠所签者越在万里之外，虽其数可以百万计，而道里辽绝，资粮器甲一切取办于民，赋输调发非一岁而不可至。始逆亮南寇之时，皆是诛胁酋长、破灭资产，人乃肯从，未几中道窜归者已不容制，则又三不足虑也。又况虏廷今日用事之人，杂以契丹、中原、江南之士，上下猜防。议论龃龉，非如前日粘军、兀术辈之叶。且骨肉间僭杀成风，如闻伪许王以庶长出守于汴，私收民心，而嫡少尝暴之于其父，此岂能终以无事者哉。我有三不足虑，彼有三无能为，而重之以有腹心之疾，是殆自保之不暇，何以谋人？臣亦闻古之善觇人国者，如良医之切脉，知其受病之处而逆其必殒之期，初不为肥瘠而易其智。官渡之师，袁绍未遽弱也，曹操见之以为终且自毙者，以嫡庶不定而知之也。咸阳之都，会稽之游，秦尚自强也，高祖见之以为当如是矣，项籍见之以为可取而代之者，以民怨已深而知之。盖国之亡，未有如民怨、嫡庶不定之酷，虏今并有之，欲不亡何待！臣故曰："形与势异"。为陛下实深察之。

这篇《审势》，是《美芹十论》的开篇。"用兵之道，形与势二"一句开门见山，道出了本篇的主旨：辛弃疾从"形""势"入手以分析金朝。在辛弃疾看来，金朝有其"形"，看起来土地广阔，又对人民横征暴敛，较为富庶；女真人善于骑射，有精兵强将，而军队数量又是众多，金朝之"形"看似十分强大可怕。可金朝仅仅是有"形"而没有"势"，就像放在木柜里的大石头，并不能像置于山顶上滚落下来可以碾死人。金国地域宽广、财力丰厚、兵多将广，适乎很强大，实际上是徒有其表，辛弃疾以实干家和战略家的眼光，分析出金国的三不足虑：第一，金人统治的疆域看起来很广，但实际上根基不稳很容易起分裂；第二，金人的财政收入看起来很多，但实际上官吏横行，赋税过重，"民不堪而叛""反丧其资"；第三，金人的军事力量看起来很强大，但相互之间很难协调，部队人心涣散，而且容易发生内讧。更何况，金国的大小官员之间，甚至是皇室成员之间，喜欢互相猜忌、互相残杀，这样很容易削弱他们的内部力量。

辛弃疾以《审势》开篇，是要给主战派打气，增添宋孝宗抗金的信心和勇气，他知道皇上并非不愿意收复中原，而是因为他长期被主和派包围，听到的都是对抗金不利的消息。他指出"不沮于形""不眩于势"是分析形势的原则，也是观察敌情的重要原则。据此，辛弃疾在第二篇《察情》中提出了"三不敢必战"的观点：第一，金国不敢必战。完颜亮调动金国军队主力向南侵犯后，结果反而出现内乱，并且兵败身亡。这样，女真贵族政权再对南宋大规模用兵作战，内心还有许多忧虑。金朝内部空虚，必不敢用"危道"，重蹈覆辙；万一其冒险再次大规模南犯，最多也只能调动边防军队，而仅依靠边防军队也很难取得战争的全面胜利。第二，金国不敢必胜。以边防形势而言，地处与金占领区接壤的海州、泗洲、唐州、邓州等既为宋军所收复，而金国军队一直没有将其夺走，金国的进攻力量"已非前日之可比"。第三，金国不敢必攻。由于女真贵族政权残酷的民族压迫和掠夺政策，使其统治区内各族人民不断爆发反抗斗争，当其进行战争时，"契丹诸胡侧目于其后，中原之士扼腕于其前，令之虽不得不从，从之未必不反"。

辛弃疾还在《察情》中提出了"二必欲尝试"的观点：第一个尝试，辛弃疾觉得，本质虚弱的敌人，从来不会因其虚弱而放下屠刀，相反，总是要装出一副气势汹汹、不可一世的样子。金国政权也是这样，它因"有三不敢必战之形"，因而害怕南宋"窥其弱而绝岁币"，而不得不摆出一副了不起的、咄咄逼人的架势，要挟南宋，以战争对其讹诈和威胁。第二个尝试，指女真贵族统治者生性贪婪，"求不能充其所欲"，虽"谋不暇于万全"，也要发动战争，希望侥幸取胜，以满足自己贪婪的欲望。在《察情》篇里，辛弃疾把女真贵族色厉内荏的丑态，揭露得淋漓尽致、入木三分。

在隆兴和议之后，朝廷应该怎么做，采取什么样的策略，才能应对未来的变化局面？这正是辛弃疾一直以来思考的问题，殚精竭虑，化作他笔下激情满怀严谨细致的文字。他在三篇《观衅》中提出："自古天下离合之势常系乎民心，民心叛服之由实基于喜怒。"那么，"中原之民，其心果何如哉？"女真贵族入主中原后，"一染腥膻，彼视吾民如晚妾之御嫡子，爱憎自殊，不复顾惜"。霸占中原人民的田产牲畜，强迫当地人民从事征战、运输、筑营之役，置中原人民于水深火热之中。处在这种情况下，人民"怨已深、痛已巨、而怒已盈"就必然，"相挺已兴"，奋起反抗。在分析历史上国家兴亡的原因基础上，指出"盖国之亡，未有如民怨、嫡庶不定之酷"，而今女真贵族政权两者"并有之，欲不亡何待？"只要充分利用这许多"离合之衅"敌人就能被打败。他相信，只要朝廷上下能同仇敌忾、自强自奋，恢复旧疆将不难成为现实。

在第四篇《自治》中，辛弃疾主张皇帝停止岁币、迁都金陵，从而有效振奋三军将士的士气，鼓舞中原故民的信心。只有做到这两点，才能"其形必至于战"。而做好战争的准备，才能强化军心民心。反之，立足于盲目的和平，只能导致亡国。

第五篇是《守淮》。辛弃疾借自己在山东归来的经验，同时总结了张浚北伐的教训，提出建议说，应该挑选十万精兵，分别屯驻在山阳（今江苏省淮安市）、濠梁（今安徽省凤阳县）和襄阳（今湖北省襄樊市）三处城池，并在扬州或和州两处建立一府来对三处防务进行管理。这样，扼其要冲，彼此呼应，进可以取中原，退可以保江南，应付裕如，不惧金国来犯。

第六篇说的是《屯田》。辛弃疾知道，当时在南宋的江淮地区，有着更多默默无闻的"归正人"。这些人散居在江淮各地，他们回归南宋，是希望能够得到善待。但残酷的现实却是，当许多中原百姓回到南方时，他们又会遭受到南宋官僚的冷眼、嘲讽，甚至是同样的苛捐杂税。在这种逼迫下，他们中的部分人又会重新选择回归北方。但是，这种表面上的"反复"，并不是中原军民的过错。如果朝廷能够将他们有效组织起来，编织成为军籍户籍，进行屯田，那么，就可以既稳定归正而来的军民士气，又能够增强江淮地区的防卫力量。

接下来的第七篇，他想告诉孝宗的是《致勇》的重要性，如何让军队死战而不溃逃。辛弃疾指出在以往的战事中，"将娇卒惰"导致士兵未战先溃、一战击溃、鏖战之溃是宋军最大的问题。值得注意的有两点：第一点，将帅当"视卒如爱子"：士兵们保暖尚且不足，主帅却歌舞无休；士兵们冲锋陷阵卖死命，主将却在帷帐中安然无事，这样的军队就危险了。如果将帅不给士兵足够的休息，又私自调用、虐待他们，只顾着献媚自己的上级，有哪个傻瓜肯为将帅挺身而出？因此，辛弃疾希望朝廷能选用良将，与士兵同甘共苦，使士兵们心服口服。第二点，辛弃疾也是站在了士兵的立场上。凡人都怕死，但将士们之所以冒死，渴望的是建功立业，让家庭富裕、光耀门楣。而如果自己身死，只落得妻离子散的下场，功劳却被将帅拿去，又有谁愿意死战呢？因此，辛弃疾又建议赏罚分明，"军赏不逾时"。最好是让官员将赏赐带到军队里，喊着被赏之人的名字给予；而对那些战死士兵的家属，必须让主将加以抚恤。如此，则"有不守矣，守之而无不固；有不攻矣，攻之而无不克"。

第八篇重点是《防微》。辛弃疾提倡，君主应该在基层人才中进行选拔并加以任用，而不能让这些人才被敌国所用。他举例说，完颜亮南侵的时候，是平江的工匠来帮助金兵建造大船，而符离之败，主张金兵趁酷暑入侵，也是无锡的谋士为他们出的主意。因此，朝廷应该防微杜渐，避免人才流失。同样，对于那些归附的军民，更应该做到积极体恤，不应怠慢，更不能随意遣返，避免引起他们情绪上的对立，造成叛国投敌。

第九篇，辛弃疾将论锋指向了《久任》这个问题。他盛赞了历史上贤能的君主，"不间于谗说""不恤于小节"，不以一胜一败，决定官吏的用废。这实际上是希望宋孝宗以他们为楷模，大胆起用抗战人士，并信任他们。当然，辛弃疾也知道，孝宗也曾信任张浚这样的主战派，并积极支持北伐。但正是看似顺利的战局风云突变，直到溃败，孝宗赵昚心里才留下谈虎色变的阴影。在辛弃疾看来，张浚这个人虽然并非十全十美，但他始终是主战派一面强大的旗帜，作为经历过南渡以来历次战事的老将，张浚在北伐之前的表现无可指责，而他本人也是对金国的威慑。因此，辛弃疾认为对张浚这样的主战派人士，应当使其"专于职治"，不能"轻移遽迁"。显然是希望孝宗能够信任良臣，持续地任用官员，他们才能"无苟且之心"，乐于奋发努力，为国效力。并直指问题的关键，任用主战派人士是全部战备规划的"纲"，"一纲既举，众目自张"。

第十篇，辛弃疾提出《详战》的观点。如果发生战争，那么更值得提倡的是主动出击，在敌军的土地上作战，而不是本土作战。只有主动出击进攻敌军，才能做到击垮金兵。结合当时的形势，对战局影响最大的区域是山东。这与他此前谒见张浚时所持看法是完全一致的。他说山东犹如金国之"蛇首"，距离金人的老巢燕京较近。较之他处，山东一带的百姓"勇而喜乱"，又饱受金人压迫，反抗之心最为强烈。辛弃疾建议兵出沭阳，则山东指日可待。山东一下则河朔必望风披靡，天下即可随之而定。

在《美芹十论》中，辛弃疾系统地陈述了朝廷为抗金救国、收复失地、统一中国所采取的战略措施，从政治、经济、军事、民心向背等方面展开周密而完备的论述。他希望南宋朝廷不要偏安一隅，而要立志收复失地。这一忠告表达了他"男儿到死心如铁"的豪情壮志。

04 中秋好月，难照团圆

宋孝宗乾道元年（1165 年），宋金两国再次由战争走向了和平。金世宗完颜雍与海陵王完颜亮不同，篡位后并没有侵略南宋的野心。而宋孝宗纵然有收复失地的志向，但经符离一役，也感到南宋朝廷实在无力北伐，甚至连退位的宋高宗也出来明确表态，不许对金人轻举妄动，只能选择偏安于江南一隅。

辛弃疾任广德军通判后，地方虽不算偏僻，但公事依旧很少。显然，对于辛弃疾来说，广德军通判这一差事，又是一个闲差而已。因此，辛弃疾感到苦闷至极。想到他率众起义，奉表南归，又在拥有五万兵力的金营中活捉张安国，这等勇气和作为是常人望而生畏的。在辛弃疾的心中，曾经相信归附南宋朝廷后，一定可以打回北方去，故乡也一定会光复。可事实上，却与之大相径庭。他的一首《满江红·倦客新丰》，所表达的就是他感叹英雄渐老、无处施才的情愫：

倦客新丰，貂裘敝、征尘满目。弹短铗、青蛇三尺，浩歌谁续。不念英雄江左老，用之可以尊中国。叹诗书、万卷致君人，翻沉陆。

休感慨，浇醽醁。人易老，叹难足。有玉人怜我，为簪黄菊。且置请缨封万户，竟须卖剑酬黄犊。甚当年、寂寞贾长沙，伤时哭。

众所周知，辛弃疾作词习惯用典。这首词看似简单，而实际上并不简单，其中，辛弃疾写了不少人物。"倦客新丰"说的是马周未做官时的落魄之态；"貂裘敝"写的是苏秦游说秦王不成时的穷途之姿；"弹短铗"忆的是冯谖默默无闻时的门客生涯。词中出现先贤们或流浪潦倒，衣衫破旧，满目征尘；或怀才不遇，慷慨悲歌，写出历史上穷困落寞不为当时所用的风云人物，辛弃疾的用意是明显的：南归之后闲散的日子让他感觉到了深深的失落。

"不念英雄江左老，用之可以尊中国。""江左"长江中下游一带，此处是指南宋偏安的江南地区。"尊中国"意谓使中国国强位尊，免受凌辱。两句看似平常语，却道破了南宋的政治现实。宋高宗在位三十六年，是个彻头彻尾的投降派，后来的皇帝一脉相承，多少仁人志士请缨无路、报国无门、含恨以终。至此可知中国的不尊，罪在最高统治者。

杜甫在《奉赠韦左丞的二十二韵》一诗中写道："读书破万卷，下笔如有神……致君尧舜上，再使风俗淳。"苏轼也在《沁园春·孤馆灯青》一词中写道："有笔头千字，胸中万卷，致君尧舜，此事何难"，读书万卷志在辅佐君王、报效国家，人未老，却反而不得志。辛弃疾在"诗书"前，冠以一个"叹"字，可见感叹之深。上阕连用典故，壮怀激烈，犹如慷慨悲歌，淋漓尽致地抒发了"却将万字平戎策，换得东家种树书"的无法实现统一中国的愤世之情。

在词的下阕中，辛弃疾从侧面立意，故作旷达，隐痛深哀的悲愤之情，仍充满字里行间。"休感慨"，就是怀才不遇空有感慨，不如借美酒以消愁解忧。人生易老，即使求欢作乐也难以尽兴，不如放下请缨杀敌、立功封侯的念头，去归隐田园，以求解脱。然而，辛弃疾的心中始终是不甘的，他借手中的酒杯，也难消心中的郁闷忧愁之情，由此想到了贾谊感伤时事、忧国忧民的恸哭。

转眼到了这年的中秋，辛弃疾在外宦游，未能赶回江阴家中与妻儿团聚。在中秋节的夜晚，辛弃疾只能独自登楼望月，一首《满江红·中秋寄远》寄托了对家人浓浓的思念：

快上西楼，怕天放、浮云遮月。但唤取、玉纤横管，一声吹裂。谁做冰壶凉世界，最怜玉斧修时节。问嫦娥、孤令有愁无？应华发。

云液满，琼杯滑。长袖起，清歌咽。叹十常八九，欲磨还缺。但愿长圆如此夜，人情未必看承别。把从前、离恨总成欢，归时说。

这首词的上阕，主要写中秋月，以此来展现辛弃疾的飞扬意兴。起韵即激情喷涌，以一"快"字为催促，表达要上西楼赏月的酣畅兴致。而一"怕"字，又泄露出辛弃疾担心中秋月不够明朗的心思。在情感节奏上，此韵一扬一抑，起伏有致。接韵借用前人故事，写辛弃疾由西楼待月而请美人吹笛唤月，这就为中秋月的出场蓄足了气势。

词的正面，是写中秋月的无垠光华，而且写得气势酣畅。在这里，辛弃疾采用了一个精彩的比喻：把月色笼罩下的世界比喻成冰壶中的世界，可以感受到月色的皎洁无垠、透明清凉之状。词中又采用了一个玉斧修月的神话，把月亮的圆美无瑕之状也形容了出来。这里的"谁做""最怜"二词，不仅显出了辛弃疾对这个中秋月的无比赏爱之情，而且形成了无比空灵的意境。上阕末韵由无边的月色回转到月亮本体，追问月宫里独处的嫦娥有没有忧愁，这也是古代赏月者在神话时代容易产生的绮情。但是，通过"应华发"的自答就可以发现，辛弃疾问讯嫦娥的目的，并不止于发一发古代男子的绮情幽思，而有借之诉愁的用意。至此，上阕的词情气脉暗转，为下文抒发别恨做好了铺垫。

下阕开始，辛弃疾用状写满天月色的"云液满"一句承上启下，然后展现自己在月下酣饮欢乐的情状，有长袖善舞和清歌悲咽的佳人为之助兴添欢。这是最令人愉快的场面。但是，辛弃疾的心意并不在此。他由中秋明月夜、歌舞助兴人想到的是令自己情牵的妻子赵氏，于是，便不由自主地发出了深沉的叹息。辛弃疾叹息人生不如意之事十常八九，就像天上的明月总是圆时少、缺时多一样。这一叹息，是承接着苏轼《水调歌头·明月几时有》而来。其中，不能不含有苏轼词中对于"月圆人不圆"的恨意。"但愿长圆如此夜"，此句意思显然又有所变化，主要是借月亮的不得长圆，叹息人事不得圆满。特别是叹息夫妻之间不得遂愿长聚的遗憾。

"但愿"一韵，更明显地折向题目，表明尽管辛弃疾理解人事的不如意及不可改变，但还是衷心地希望能够与妻子相聚，就像他希望此夜月色好景能够长久护持一样。由此不讲常理的态度，可以洞见辛弃疾内心的痴情。而"人情"一句，虽像是对于人间常情的遗憾，但实际上是指向辛弃疾所远别的妻子。意谓一旦离别，在妻子的心里未必与自己一样珍惜护持这段感情。这样的口吻，使辛弃疾的内心幽怨凄苦无可触及。结韵出入意想，化幽怨的情感为期待相聚的急切之情。辛弃疾说假如能够回到她的身边，他会将离别时所生的幽恨，转换成劝乐的感受向妻子细细言说。在这样的结韵里，辛弃疾的入骨痴情和体贴怜爱的幽绪，被传递得婉转动人，从而表达了他内心隐藏着的无限痴情。有这样的情感，后人不禁为其赞叹："真豪杰，其志过人，其情也必过人。"

不幸的是，时隔不久，辛弃疾的原配妻子赵氏，没有等到他们再相聚的那一天，便在江阴病逝。在无比悲痛之中，辛弃疾写下了一首《绿头鸭·七夕》：

叹飘零。离多会少堪惊。又争如、天人有信，不同浮世难凭。占秋初、桂花散采，向夜久、银汉无声。凤驾催云，红帷卷月，泠泠一水会双星。素杼冷，临风休织，深诉隔年诚。飞光浅，青童语款，丹鹊桥平。

看人间、争求新巧，纷纷女伴欢迎。避灯时、彩丝未整，拜月处、蛛网先成。谁念临州，萧条官舍，烛摇秋扇坐中庭。笑此夕、金钗无据，遗恨满蓬瀛。欹高枕，梧桐听雨，如是天明。

七夕是女儿节，或者说是乞巧节。过去的女儿家，都希望自己心灵手巧，日后能相夫教子、男耕女织。织女是巧星，传统女性的偶像。所以，每到七夕，几乎所有的姑娘们都要做各种奇巧的小玩意儿，向织女星乞求智巧，就像唐朝诗人林杰在《乞巧》一诗中所写的那样："七夕今宵看碧霄，牵牛织女渡河桥。家家乞巧望秋月，穿尽红丝几万条。"祈祷之后，姑娘们还会互相赠送小工艺品，送上美好祝福。

到了宋代，七夕节已经发展成为一个非常盛大、隆重的节日。节日的热闹气氛，从农历七月初一就开始了。宋末元初小说家罗烨编纂的《醉翁谈录》中记载："七夕，（汴京）潘楼前买卖乞巧物。自七月一日，车马嗔咽，至七夕前三日，车马不通行，相次壅遏，不复得出，至夜方散。"另据南宋吴自牧所著的《梦粱录》中记载，南宋人在七夕"数日前，以红鸡、果食、时新果品互相馈送"，到七夕夜华灯初上时分，"倾城儿童女子，不论贫富，皆着新衣"。

宋代文学家孟元老所著的笔记体散记文《东京梦华录》中，也记录了宋人在七夕夜乞巧的情景：北宋人"至初六日、七日晚，贵家多结彩楼于庭，谓之'乞巧楼'。铺陈'磨喝乐'、花瓜、酒炙、笔砚、针线，或儿童裁诗，女郎呈巧，焚香列拜，谓之'乞巧'。妇女望月穿针，或以小蜘蛛安盒子内，次日看之，若网圆正，谓之'得巧'。"南宋的"富贵之家，于高楼危榭安排宴会，以赏节序；又于广庭中设香案及酒果，遂令女郎望月，瞻斗列拜，次乞巧于女、牛。或取小蜘蛛，以金银小盒儿盛之，次早观其网丝圆正，名曰'得巧'。"

湖南大学教授黄世民在其所著的《宋代七夕诗词的发展与流变》一文中指出：自打宋太祖赵匡胤陈桥兵变开朝立国以来，首用文吏而夺武吏之权，也就是偃武修文。词作为宋代文学的一种新的主流形式，为作者创造了更加广阔的创作空间，也产生了大量的七夕诗词。宋代写七夕题材的词人极多，既有末流词客，也有文坛领袖；主题取意也很广阔，较多生活化，世俗化方面的内容，作者多有一种世俗平常的心态。如同是身历两宋的李清照（号易安）与辛弃疾（字幼安）素有济南二安之称。李清照的词作情真、意深、语新，具有独特的艺术风格，被称为"婉约派"之宗，其中，写七夕词《行香子·草际鸣蛩》代表了衰微时代下的个体感伤：

草际鸣蛩，惊落梧桐。正人间天上愁浓。云阶月地，关锁千重。纵浮槎来，浮槎去，不相逢。

星桥鹊驾，经年才见，想离情别恨难穷。牵牛织女，莫是离中。甚霎儿晴，霎儿雨，霎儿风。

这首词，虽然是写李清照个人在七夕节时的感受，把自己与丈夫身处异地、远隔千里的别恨与牛郎织女的离愁紧密地编织在一起，但是，这种情绪与当时广大人民丧乱流离的普遍情绪联系在一起，折射出时代衰微的风韵气息。

随着时局的发展，恢复中原的大计早已被统治者抛在脑后。这一时期，以诗词写家国之恨成为普遍现象。《绿头鸭·七夕》应该是辛弃疾写给他元配妻子赵氏的。辛弃疾至少在他第二次赴燕京之前就已结婚。第二次跟随计吏去燕京告别新婚燕尔的妻子，到率众起义，再到奉表南归，只是在江阴作签判的三年时间里，才官闲心定守在妻子身旁。随后调任广德通判，妻子生病不能随行，没想到这一别竟成永别。想起这些往事，辛弃疾的心绪真是辛酸沉痛，不堪回首。接着，写七夕节牛郎织女一年一度相会的情景，不像人世间浮沉聚散没个凭信。一般的相会，应该是欢快而热闹的，而辛弃疾描写的牛郎和织女星，因为思念着病逝的妻子，却显得孤寂和冷清。

接着笔锋向下一转，描写人间过七夕节欢快热闹的习俗。然后笔锋又一转，"谁念监州，萧条官舍"，宋代于诸州置通判，亦称监州。写这首词时，辛弃疾正任广德军通判之职，写的正是他自己过七夕的情景。头斜靠在枕头上，听着外面的雨声，孤单一个人直到天明。

05 建康通判，词名初显

宋孝宗乾道四年（1168 年），辛弃疾被南宋朝廷派作建康府（今江苏省南京市）添差通判。通判一职是州府长官的副手，与知府、知州共理政事。

南宋朝廷知道，建康的地理位置十分重要，地处长江边，山川形势险要，易守难攻，进可图中原，退可保将江浙，也是在长江下游对金作战的战略要地。

建康在历史上曾是六朝都城，也是南宋仅次于临安的大都会。在这座城市里，既设有皇帝行宫留守，也设有军马钱粮总领所，因而建康守官一般都由朝廷重臣来担任。这次升迁，对辛弃疾这位由北来南的"归正人"来说，意义尤为重大。因为对他的任用，多少表明了宋廷执政者对归正人的态度有所改变。同时，这也给辛弃疾进一步展示自己的能力和才华，提供了一个很好的机会。

建康行宫留守是史正志，留守就是建康府的一把手。知府下面有三个通判，分为东、西、南三厅，辛弃疾是南厅的添差通判。添差是个闲职，一般让宗室或者归正人担任，算是朝廷的优待。辛弃疾虽然没有重要的事务做，但他结识了很多官场上显赫的人物，他们多是主张恢复故土的知名人士。除了行宫留守是史正志外，军马钱粮总领是后来当了宰相的叶衡，江南东路计度转运副使是赵彦端，江南东路转运判官是韩元吉，建康府通判是严焕，建康府观察推官是丘崈。

建康府经常有重要官员聚集，常常一同玩赏或宴饮，有时，也一同商讨恢复故土大计。在此期间，辛弃疾与建康知府史正志（字致道）相交甚笃。史正志也是主战派，他曾写下两首《新亭》诗以抒己志。在这两首诗中，史正志担忧"从此但夸佳丽地，不知西北有神州"，但守江南繁华，却忘记了北地沦陷，他所期盼的是"坐中不作南冠叹，江左夷吾是素期"，以管仲自比，意欲收拾河山。读了史正志的诗，辛弃疾十分敬佩，便作了一首《满江红·建康史师致道席上赋》与他应和：

鹏翼垂空，笑人世、苍然无物。还又向、九重深处，玉阶山立。袖里珍奇光五色，他年要补天西北。且归来、谈笑护长江，波澄碧。

佳丽地，文章伯。金缕唱，红牙拍。看尊前飞下，日边消息。料想宝香黄阁梦，依然画舫青溪笛。待如今、端的约钟山，长相识。

辛弃疾的这首词，开篇奇特，是以大鹏的视角起笔的。大鹏扶摇直上九万里，笑傲人间缺乏治国的栋梁。又飞向宫廷庄严的朝堂，在玉石台阶上巍然屹立、威武轩昂。如同衣袖里藏着五色彩石的女娲，将来要把补天救国的重任担当。而现在，就暂且笑谈守护长江之事，看那碧波水澄。末句"且归"又将词意拉回了现实，拉回了聚会。

在词的下阕，辛弃疾写的是当时的环境。作这首词时，辛弃疾正与史正志等官员一道宴饮玩乐，畅游湖中。江南好地方，史君善文章。杜甫在《暮春陪李尚书、李中丞过郑监湖亭泛舟》写道："海内文章伯，湖边意绪多。"在歌女的红牙浅唱、素手拍板间，辛弃疾举杯祝愿：愿日后得到消息，令史君做宰相。"黄阁"出自于东汉卫宏所撰的《汉旧仪》："丞相听事门曰黄阁。"而今这仅仅是梦想。辛弃疾与史正志继续乘着画舫，听那溪笛，顺便与这钟山约定。"钟山"，又名蒋山，即紫金山，在今江苏省南京市东，也就是当时辛弃疾他们游玩的地方。辛弃疾以此来告诫一行同道，要常相识，莫相忘。

因是与友人的应和之作，辛弃疾的言辞不免有些夸大，但词中意向可谓是开阔无比。以己之力，补有缺之天，这不仅是对史正志的夸赞，也是对他宏伟抱负的肯定。赠人之词，却有我有你，北伐中原，收复失地，不也正是辛弃疾自己的远大抱负吗？

在南宋时期，像辛弃疾这种职位低微的人，希望得到上层的青睐重用，往往奔走于有权势的大人物之间，以求能够得到他们的举荐。辛弃疾胸怀统一祖国的壮志，却无机会施展才能。他也曾上书皇上，陈述自己的政见，期盼能够得到重用，可一直没有结果。当时，驻建康的江南东路计度转运副使赵彦端，是当朝皇上的宗室，是接近皇帝的人物，很有势力和名望。他在过生日的时候，辛弃疾也来祝寿并在寿宴上写了一首词。因赵彦端自号介庵居士，故题做《水调歌头·寿赵漕介庵》。词云：

> 千里渥洼种，名动帝王家。金銮当日奏草，落笔万龙蛇。带得无边春下，等待江山都老，教看鬓方鸦。莫管钱流地，且拟醉黄花。
>
> 唤双成，歌弄玉，舞绿华。一觞为饮千岁，江海吸流霞。闻道清都帝所，要挽银河仙浪，西北洗胡沙。回首日边去，云里认飞车。

在一派歌舞升平的宴会上，辛弃疾没有写类似晏几道那种"彩袖殷勤捧玉钟，当年拼却醉颜红"的闲词，而是不忘展示自己的壮志。他是想得到漕介庵的举荐，以得到施展自己抱负的机会。首句："千里渥洼种，名动帝王家"，辛弃疾以天马喻赵介庵人才非凡，声名惊动了朝廷。而礼下于人，必有所求。雄心壮志得不到施展的辛弃疾，欲求得人家举荐的心情是不言自明的。"金銮当日奏草，落笔万龙蛇"，说赵介庵给皇帝掌理过制诰诏书，颇有文采，落笔万言，如走龙蛇。在这里，辛弃疾隐约表示希望能得到举荐之意，但不直叙，可谓苦心孤诣，措辞颇费踌躇。"带得无边春下"，是说赵介庵能赐福于人民，把春天般的温暖带来人间。"等待江山都老"，指岁月流逝，照应下文"教看鬓方鸦"，是说赵介庵青春长驻，鬓发还像乌鸦羽毛一样乌黑。这里，也隐含着辛弃疾要为国家做一番事业盼望已久、江山等都老了的意思。

接着，是"莫管钱流地，且拟醉黄花"一句。《新唐书·刘晏传》中记载："诸道巡院，皆募驶足，置驿相望。四方货殖低昂及它利害，虽甚远，不数日即知。是能权万货轻重，使天下无甚贵贱而物常平，自言如见钱流地上。"刘晏是唐代理财的高手，管理财政、赋税、盐铁等事务，使水陆运输

063 | 第二章 千金纵买相如赋 脉脉此情与谁赋

畅通，物价稳定，市场繁荣，国富民强，国家富裕得如"钱流地"。"钱流地"就是形容理财得法，钱财充足有余。也喻指赵介庵似刘晏那样会理财，使得治下富庶，如钱流地。"莫管钱流地"的意思是：这个时候，就不要管那些理财的政务俗事了。"且拟醉黄花"中的"且"，是暂且、眼下之义；"拟"是打算、来之义；"醉"意为拼醉，喻指喝寿酒；"黄花"就是菊花。此句的意思为：在这重阳佳节之际的宴席上，还是暂且用心来安排庆寿喝酒的事吧。辛弃疾把赵介庵比作刘晏，这里是说：你像刘晏那样会理财，使江南富庶，如钱流遍地，席间且不管这些，还是痛饮赏菊吧！上阕末句，借典贴切，用意颇深。既有赞美赵介庵作为计度转运副使在理财方面的出色政绩的用意，也不无替赵介庵代发三十余年为地方官而不被大用的牢骚的意思。这一句，妙在将心中的意思表达得若有若无，能玩味而不能指实。而从结构效果上看，收尾这两句，还有结束上阕、开启下阕的功能。衔接自然而又转换如意，使上下阕之间显得紧凑。

下阕的内容，可以分为两个部分。前五句，紧承"醉黄花"，写祝寿盛况，这是写眼前景事。"双城""弄玉""绿华"都是古代传说中能歌善舞的仙女。辛弃疾首先将歌舞繁盛、美人来往的宴席场面，用节奏紧凑的短句跌出，创造出目不暇接的视听印象。然后，以此为背景，写对寿主的劝饮敬酒。重点落笔的地方是"闻道清都帝所，要挽银河仙浪，西北洗湖沙"，直接点明祖国北方有"胡沙"骚扰，而自己有志报效国家的意象却隐藏其间。而后，辛弃疾说"清都帝所"欲"挽银河仙浪"，又冲刷"胡沙"之举，无疑又是一种委婉曲折的措辞。国难当头，志士献身，是辛弃疾的真正用心。

辛弃疾向赵介庵这位大人物提出自己的志向，希望漕介庵能在皇帝面前保举自己。恢复旧地是辛弃疾一直神往的壮丽事业，也是这首词的真正的意旨所在。"回首日边去，云里认飞车"又是一句美好的颂扬话，说赵介庵在人们"回首"之间，就能到皇帝的身边，人们会钦羡地望着漕介庵乘坐飞车消逝于天地云间。词中的寓意是不言自明的：你赵介庵他日到皇帝身边述职时，不要忘了替我这远离"日边"的人美言几句，把我报国的雄心壮志好好转达。这些自想象并运用隐语来完成的境象，十分显著地表明了辛弃疾希望南宋朝廷早日决策北伐的心情，同时也充分表明了他对于寿主能受到皇帝大用、一展雄才的美好祝愿。在修辞效果上，因这一部分全用以天界写人间的隐喻手法，并妙用了像"清都帝所""日边"等语词的多意性，所以，不仅表意含蓄深隐，而且造境绚烂奇特，具有浓郁的浪漫色彩。

辛弃疾以壮岁旌旗拥万夫的壮举投归南宋，并没有得到南宋朝廷的重用，一直屈陈下僚。不管是江阴签判也好，还是建康通判也好，都是低级的地方官。所任签判相当于县级政府的秘书长，通判也不过是地市级政府的副职，与孙悟空一开始就任的弼马温差不多。在此期间，他虽然呕心沥血将自己抗金救国的主张写成《美芹十论》奏陈给宋孝宗，但并未引起朝廷的重视。

辛弃疾是一个以气节自负、以功业自许的爱国志士，一生力主抗金北伐恢复中原。由于他抗金北伐的主张得不到南宋朝廷的重视，他安邦定国的才能得不到施展，他以身许国的英雄志向不得实现，因此，他的内心是极其苦闷的。正因为如此，赵介庵寿诞盛宴的场景触动了他的衷肠，实在隐忍不住，便从心底里爆发出了"要挽银河仙浪，西北洗胡沙"的呐喊。

在辛弃疾看来，自己人微言轻。他虽然可以依制直接向皇帝奏陈时事主张，但却难以左右朝廷的政治倾向。而身为皇室宗亲又位居封疆大吏的赵介庵，却是个可以上达天听的重要人物。如果选一位能够游说皇帝兴兵北伐的官员，赵介庵无疑是最为理想的人选。所以，辛弃疾便即景触发了喷涌的爱国情思，写出了这首表达自己心声的《水调歌头•寿赵漕介庵》，这也是辛弃疾创作这首词的历史背景。

在另一首《念奴娇•登建康赏心亭呈史致道留守》中，辛弃疾这样写道：

我来吊古，上危楼，赢得闲愁千斛。虎踞龙蟠何处是，只有兴亡满目。柳处斜阳，水边归鸟，陇上吹乔木。片帆西去，一声谁喷霜竹。

却忆安石风流，东山岁晚，泪落哀筝曲。儿辈功名都付与，长日惟消棋局。宝镜难寻，碧运将暮，谁劝杯中绿。江头风怒，朝来波浪翻屋。

此时，辛弃疾已得知史正志不久将调离建康，故相约再登赏心亭，为其赋词话别。这首词吊古咏今，泪落抒怀，字里行间充满凄凉，深深流露出南守将领们报国无期、壮志未酬的无奈。这首词，也是辛弃疾的代表作之一。

史正志任建康知府，并兼江东安抚使、沿江水军制置使、行宫留守等数职在身。而建康又是进图中原退保江浙的军事要地，处在这样一个重要的职位上，史正志也确实做了几件令人称道的事：

一是宋孝宗乾道四年（1168 年）春，在建康府设立船场，增造战船。史正志曾制造过一艘一百吨的战船，由十二个叶片组成的桨轮来驱动。当时，这已经是很先进的桨轮船，大大提高了水军的战斗力。

二是乾道四年，以蔡宽夫宅创建建康贡院。这是供科举考试的场所，后来发展成著名的江南贡院。地点在今秦淮河畔夫子庙附近。

三是乾道五年，重修建康府城墙，增强防守能力。又修建镇淮桥和饮虹桥，便利城内交通。

四是乾道五年，创修建康府志，编成南京历史上第一部方志《乾道建康志》。全书共十卷，颇具规模。虽原书已佚，但佚文大量见录于《景定建康志》《舆地纪胜》《至正金陵新志》等书，极具史料价值。

史正志的德政受到朝野人士的认可，辛弃疾对他也是非常钦佩，尊敬有加。两人交往甚密，也经常探讨富国强民、恢复中原的大计。辛弃疾在一次登建康赏心亭时，触景生情、感慨万千，便写了此作，并送与史正志，以表达对国家前途的忧虑，对议和派排斥爱国志士的愤懑。

赏心亭是建康时期的名胜景点，位于城西下水门之上，下临秦淮河，登上赏心亭，便可见建康胜景。站在亭中，辛弃疾追思往昔，凭栏吊古，感受到了千斛的愁怨。在辛弃疾的眼中，古都建康不是一派龙盘虎踞的帝王气象，而是满目疮痍，让他不禁感叹，兴亡百姓苦。接着，辛弃疾描摹的是江山景象：斜阳落入柳梢，飞鸟归于水边，陇亩之上，清风拂着乔木。遥望大江，孤帆西去，耳边隐约传来不知是何人吹奏的笛声。

自古以来，长江都是兵家的征战之地，也是南宋最为重要的屏障。看着滔滔江水，辛弃疾的思绪不禁回到了六百多年前，晋室南渡，建立东晋，不正与偏安一隅的南宋异曲同工吗？前秦苻坚挥师南下，投鞭断流，不正与金朝完颜亮大军侵宋如出一辙吗？幸而有名将谢安在淝水之战打败前秦，才保全了半壁江山，免了一场生灵涂炭。

想到这里，辛弃疾便心生感叹：即使如谢安风流，也要晚年见忌，不得不将功业寄托儿辈，自己每日下棋度日。"宝镜难寻"，可恨那能识肝胆忠奸的宝镜已经不见。唐代官员李浚在所著的《松窗杂谈》中记载："渔人于秦淮得古铜镜，照之尽见脏腑……"在这里，辛弃疾指的应是秦淮渔人得到的那面古铜镜。因为辛弃疾从沦陷区归宋，被人们看成是"归正人"。而"归正人"是被人歧视的，朝廷也怀疑"归正人"有异心。所以，辛弃疾登上赏心亭，下临秦淮河，便想起了秦淮渔人那面古铜镜，他恨不能得到这面能瞧见脏腑的"宝镜"以明心曲。

辛弃疾的眼中，只有江风怒号、江浪翻涌。这嘶吼着的长江，正如这不太平的时局。清代文学家刘熙载曾在《艺概》中评论道："稼轩词龙腾虎掷，任古书中俚语、瘦语，一经运用，便得风流，天资是何复异！"

06 笔势浩荡，智略辐辏

宋孝宗乾道六年(1170 年)，南宋皇帝赵昚在临安（今浙江省杭州市）延和殿召见了辛弃疾。宋孝宗为什么要召见辛弃疾呢？主要是因为宋孝宗与金人议和之后，内心有些后悔了，逐渐产生了北伐的想法。

为了这次召见，辛弃疾精心草拟了两份奏疏。这两份奏疏，一个是《论阻江为险须籍两淮疏》，另一个是《议练民兵守淮疏》。

自宋高宗绍兴三十二年（1162 年）正月抵达建康实现南归以来，辛弃疾已经度过了八个春秋。此时，已经 31 岁的辛弃疾考虑事情更加缜密，做起事来也更加稳重。他在两份奏疏中所考虑的，已经不是一场战斗的胜负，也不是一城一池的得失。从《论阻江为险须籍两淮疏》和《议练民兵守淮疏》这两份奏疏，就可以见出辛弃疾思考问题的缜密。其实，守江需守两淮和练民兵守淮的观点，辛弃疾在《美芹十论》的《守淮》和《屯田》两篇中，均有所论述，但在这两份奏疏中，论述得更为详细、明确。

辛弃疾的《论阻江为险须籍两淮疏》阐述的是两淮防御问题。辛弃疾先是将古史拈来，借以发挥。辛弃疾指出："虏骑之来也，常先以精骑由濠梁破滁州，然后淮东之兵方敢入寇；其去也，唯滁之兵为最后。由此观之，自古及今，南兵之守淮，北兵之攻淮，未尝不先以精兵断其中也。"他认为，金人最为忌惮的并不是宋国的兵力，而是担心宋兵断了他的后路。身为南归的义军，辛弃疾自然懂得淮北一带的民心所向。他指出："一出其后，则淮北之民必乱，而淮北之城即可乘间而取。"也就是说，只要南宋出兵，淮北人民必然支持，两边夹击，则金兵不足虑矣。因此，辛弃疾便提出了"三分之，建为三大镇"的防御之策。他认为，一旦一镇被金兵进攻，则另外两镇可分工协作，一边出兵援助，一边断了金兵后路，如此相互节制，定能让金人恐惧，不敢进军。这就是苏秦合纵教六国相守，而秦人不敢出兵函谷关的原因。

而另一篇《议练民兵守淮疏》主要讲的是练民兵守淮问题。既然要将两淮裂为三镇，那么，三镇的供给应提前准备。辛弃疾认为，两淮的百姓虽然稀少，但如果都集中在三镇之内，数量也不算少。如果能将淮南分为三镇，预先划拨好郡县户口，天下太平的时候，百姓务农耕，积累物资；而战事来时，则携粮食牛马躲进城中。如此一来，三镇供给不愁，百姓也保得安全，不致颠沛流离、徒转沟壑。

辛弃疾的两份上书，没有宏篇大论，没有华丽言辞。他提出的建议清晰明了，逻辑俨然，并非泛泛而谈，而是切实可行。宋孝宗的召见，无疑是对辛弃疾的极大鼓舞。因为从召见的本身，就可以看出宋孝宗和执政大臣有恢复旧地的政治倾向。召见之后，辛弃疾被孝宗留在了朝中担任司农寺主簿。可惜的是，这两份奏疏没有产生太大的影响。《宋史》中，也只是记载了这么几句话："辛弃疾论南北形势及三国、晋、汉人才，持论径直，不为迎合。"

乾道七年（1171 年），恢复之说达到了朝野舆论的高潮。呼声虽高，但在宋孝宗赵昚和丞相虞允文的主持之下，朝廷并未拿出卓实有效的行动。虞允文是有志于北伐的，他在处理宋金关系上认为，"机会之来，间不容发"，时刻在等待时机，完成恢复大业。绍兴三十一年（1161 年），虞允文以参谋军事犒师采石，指挥三军大破金兵。辛弃疾对虞允文抱有很大的期望，认为他是领导南宋军民抗金北伐最合适的人选。在虞允文上任丞相不久，辛弃疾就呈上了九篇关于"恢复大计"的建议，就是所谓的《九议》，明确表示支持他的政治主张，坚定他北伐必胜、恢复必成的信心，并对反对虞允文的主和派进行了批评。

《九议》由九篇短论组成，前有引论，后有结论，主要内容和《美芹十论》基本一致，但论题更集中，分析更深刻，论述更翔实。大体来说，前三部分论述抗金北伐的战略任务，中间三部分论述抗金北伐的战术运用，后三部分论述保障抗金被北伐的根本措施。文章思虑周详，对现实形势分析得条理清晰，有着很强的指导依据。辛弃疾的《九议》其一是：

恢复之道甚简且易，不为则已，为则必成。然而某有大患：天下志勇之士未可得而使也。人固有以言为智勇者，有以貌为智勇者，又有以气为智勇者。言与貌为智勇，是欺其上之人，求售其身者也，其中未必有也；以气为智勇，是真足办天下之事而不肯以身就人者，叩之而后应，迫之而后动，度其上之人果足以有为，于是乎出而任天下之事，其规模素定，不求合于人者。

且恢复之事，为祖宗、为社稷、为生民而已，此亦明主所与天下智勇之士之所共也，顾岂吾君吾相之私哉。然而特怵于天下之士不乐于吾之说，故切切然议之，遂使小人乘间投隙，持一偏可喜之论以媒己私利，上之人幸其不徇流俗而肯为是论也，亦稍稍而听之，故施于事者或骇，用于兵者有未可知，此某之所以为大患欤。

故某以为今日之论，"不可白于天下"，所恶乎白者为其泄也，然取天下智勇之士可与共吾事者而泄之，非泄之于天下也。今不泄于吾之共事者而泄于敌，其泄之也甚矣。盖天下有英雄者出然后能屈群策而用，有豪杰者出然后能知天下之情。欲乞丞相稍去簿书细务，为数十日之闲，舒写胸臆，延访豪杰，无问南北，择其识虚实兵势者十余人，置为枢密院属官，有大事则群议是正而后闻，敢泄吾情者罪之；议论已定，敢泄吾事者罪之。此古人论兵决事之大要也。

辛弃疾的《九议》极有针对性。《九议》其一说的就是用人。此时，恢复旧地形成了一股潮流，朝野上下言恢复者颇多，俨然一副"智勇"派头。可在这些随大流的人里，真正能堪大用的人却不多。在辛弃疾看来，有人只是装腔作势欺骗圣上，以"言与貌"为智勇的人，只是把恢复主张当做自己的晋升之道罢了。而以"气"为智勇的人，才是真正堪用之士。恢复事关祖宗、社稷、生民方面的事情，在辛弃疾看来极为重要。此等大事，应与天下智勇之士共行。因此，辛弃疾希望丞相能抽出时间，拜访英雄豪杰、有识之士，选择干练之人，与之商议恢复之策，免得朝廷大计所托非人。

《九议》中所谈的主要问题和提出的具体做法，与《美芹十论》基本一致。比如辛弃疾认为，应该纠正东南之地不足以与北方中原抗衡这一看法，若要北伐先出兵山东，进而包围燕京。

辛弃疾认为，抗金北伐是国家的根本大计，不可能一蹴而就，要有长期作战的思想准备，要做到"无欲速""审先后""能任败"。他指出，主和者幻想永远不打仗是不对的，而主战者幻想明天就打败敌人也是不切实际的。北伐时要处理好攻城、略地、训兵、积粮、命使、遣间的先后顺序，这叫"审先后"。《旧唐书·裴度传》中说，一胜一负，兵家常势，不能一打败仗就动摇，而要能忍耐，不能忍则不足以任败，不任败则不足以成事。还要认清敌我之长短，坚信彼之所长，我之所短，可以计胜，而我之所长，彼之所短，是逆顺之势不可易，敌人无可奈何。一言以蔽之就是攻其不备，出其不意，是宋人克敌制胜的根本大计。

辛弃疾认为，抗金北伐不仅要有正确的战略的决策，还要采用灵活多变的战术，因为善为兵者阴谋。阴谋之守坚于城，阴谋之攻惨于兵。

从攻守方面说，要想方设法让敌人警惕而又疲于奔命，根据敌人用兵的缓急，决定攻守策略；敌人若是招兵缓，我们就应之以急，宣布要绝岁币以合战；要是敌人招兵急，我们就应之以缓，深沟高垒，旷日持久，按甲勿动，等到敌占区民怨沸腾，再慢慢想办法收拾他，直到胜利。

从派遣间谍方面来说，也要善用阴谋。所谓阴谋，就是善用离间计，上则攻其腹心之大臣，下则间其州府志兵卒，使之内变外乱，到时为我所用。

从两国交兵来说，要善于运用虚张声势、声东击西的战术。敌人沿边能使用的兵力不过二十万人，如果我们设法诱其分兵，就不足为惧了。比如，我们先佯攻陕，诱其聚兵而西；过段时间再声言出兵荆襄，引诱敌人分兵守荆襄；再过一段时间，又摆出从淮西出兵直取汴京的架势，引敌竭天下之兵而南，接着再派水师沿海北上，四路大军旌旗蔽日，金鼓齐鸣，只守不战，以待敌人之财力、士气消耗殆尽，然后派李显忠、赵开、贾瑞等突袭山东诸郡，敌人欲战则疲惫，欲守则无外援，只有开门迎降，山东既定，则河北、燕山就可以不战而取。

辛弃疾认为，要保证抗金北伐的胜利，首先要实现富国强兵。要整治兵器、储备军需物资、改革军政、练习骑马射箭和建造大型战船等，但这一切都要在暗中进行，不能让敌人发觉。而所谓富国，一是惜费，即节省一切不必要的开支；二是宽民力，凡是可以减轻的负担就减去，凡是可以给予的好处都给予，内厚其民，方可外倾其敌。

其次，收复中原要相机迁都，不能固定在一处。辛弃疾认为，迁都有四种情况：不得已而迁、既迁而又当迁、不可得而迁和未可得而迁。不迁都建业（今江苏省南京市玄武湖南岸）不足以表示北伐，这是不得已而迁；要恢复中原不能止于建业，还要继续前进，这是既迁而又当迁；目前国家和民众财力都有困难，迁都又劳神费力，这是不可得而迁；战事未起，先是迁都，会招致敌方先发制人的打击，这是未可得而迁。因此，他主张眼下不必迁都，到战争打响，兵以临淮，就迁都建业，以张声势；到兵以渡淮，再迁都庐州、扬州，已决胜负。

《九议》比《美芹十论》讲得更有针对性，更切实具体。辛弃疾最后指出，要团结东南之士与西北之士共图恢复，防止南北士之间或南北士内部互相攻击，涣散国力，而要引导他们合志并力，协济事功，争取抗金北伐的胜利。辛弃疾对自己的这套战略计划，颇为自信，他向虞允文保证，如果采纳他的所有方案而不能取胜，或者不采纳他的方案就能取胜，他就甘心以死来谢天下之妄言者。

辛弃疾对自己的抗金复国方略，可谓是信心十足。可是，宋孝宗召见辛弃疾之后，虽把辛弃疾留在了临安，却只给了一个司农寺主簿的差事。辛弃疾上承相《九议》后，虞允文并没有明确的答复。命运对辛弃疾来讲，也许是无情的，就好像应了"理想很丰满，现实很骨感"这句话。也许是他归正人的身份，也许是他当时才31岁尚且年轻。司农寺主簿是主管文字工作的事务官，相当于现在的地市级干部，也是许多地方官梦寐以求的官职。然而，一直怀有光复中原大志的辛弃疾，更渴望的是能在疆场上建功立业，实现自己的抱负。

辛弃疾心中的理想不能实现，令他的心情非常低落和郁闷。这天是元夕之夜，闲着没事的辛弃疾便出来走走，去看看整日里繁华热闹的临安夜市。宋高宗建炎三年（1129年），金兵北撤，高宗从温州回杭州，提升杭州为"临安府"，级别为"行在"。随着时局的发展与稳定，宋高宗绍兴八年（1138年），南宋定都于临安。自定都以后，朝廷便倾全国之人力、物力、财力，精心营造临安的城市建设。临安上升为国都，城市性质发生了根本变化，由此进入到历史上最辉煌的时期，一跃成为当时世界上最大、最繁华的都城。

据《宋史·食货志》中记载，随着社会经济的不断稳定发展，人口也日益增多，跟随高宗赵构南迁的黎民百姓从者如市，四方之民，云集两浙百倍于常。南宋时期，大量人才不断南迁，不仅将北宋的科学、文化、技术带往南方，也推动了江南商业的发展。南宋王朝偏居临安一隅，竞相吃喝玩乐，奢靡腐化成风。当时，临安的夜市盛况空前，而到了元夕节这天更是热闹非凡。

望着眼前热闹繁华的景象，辛弃疾突然想起了远在山东被金人蹂躏的亲人。强敌在前，而南宋统治阶级却不思进取，在这样一个浑浑噩噩的政治环境里，他感到自己势单力孤，不免有种众人皆醉我独醒的感觉。他站在如潮的人海中，是个知音弦断、无人肯听的孤独者。由此，在繁华的假象中看到国家危亡的辛弃疾，写下了《青玉案·元夕》这首词，来表达自己的孤寂和沧桑之情：

东风夜放花千树。更吹落、星如雨。宝马雕车香满路。凤箫声动，玉壶光转，一夜鱼龙舞。

蛾儿雪柳黄金缕。笑语盈盈暗香去。众里寻他千百度。蓦然回首，那人却在，灯火阑珊处。

第三章

青山匹马万人呼

谁信兜鍪出袴襦

01 滁州知州，施展才能

　　辛弃疾自宋高宗绍兴三十二年（1162 年）正月南归以来，先后担任江阴签判、广德通判、建康通判和司农寺主簿。但这些职务，无疑都是一些闲散的文职，都是在做人陪衬，沉滞下僚，与他抗金北伐的复国大计相去甚远。辛弃疾总是觉得，自己纵有雄才大略，纵有建功立业的雄心壮志，却始终没有施展的机会，内心总有不能实现梦想的惆怅。他所奏疏的《美芹十论》，并未得到宋孝宗赵昚的完全采纳和付诸实施，但宋孝宗对奏疏中的基本观点还是赞同的。也正因为如此，辛弃疾引起了宋孝宗的注意。

　　作为一位试图有所作为的皇帝，宋孝宗并没将恢复之事弃置脑后。宋孝宗隆兴末年（1164 年），赵昚任命虞允文为副相兼同知枢密院事，命淮西、湖北、荆襄帅臣措置屯田，封吴璘为新安郡王，并诏其措置马纲、水路，招收两淮流散忠义人。《宋史》记载，宋孝宗乾道三年（1167 年）六月，"金遣使来取被俘人。诏实俘在民间者还之，军中人及叛亡者不预。戊寅，复以虞允文为知枢密院事，充宣抚使，帝亲书九事戒之"。乾道四年（1168 年），宋孝宗又手诏大臣议北伐事。这些，都表明宋孝宗并未打消恢复旧土的念头。

　　辛弃疾知道，出兵北伐先要守好两淮。在辛弃疾呈给虞允文的《九议》

其五中，就阐明了两淮州郡的重要性，指出了两淮地区重要的战略地位，提出想要北伐必须要经营好两淮。反过来说，想要做好防御阻止金人南下，也要经营好两淮地区。辛弃疾强调，由于朝廷没有重视这块宝地，几年来频频更换一把手，而且一把手的行政能力良莠不齐，造成两淮地区的政局不稳。辛弃疾建议：朝廷应该选派果敢有谋、稳重保密的可靠之人去守两淮边界，逐渐强化经营，并寻找机会分化敌人。这样，就一定会有可乘之机，那时再出兵北伐就十分顺利了。

在《论阻江为险须籍两淮疏》和《议练民兵守淮疏》里，辛弃疾强调指出两淮地区的战略地位，并提出了加强两淮地区建设的具体措施。这两道奏疏，后来被明朝人编入《历代名臣奏议》之中。奏议里的一些主要措施包括：

第一道奏疏建议把两淮地区分为东、中、西三部，每一部设立一个军事重镇，如此便可以相互呼应、攻守自如。其中突出强调了淮中滁州的重要性，并列举了五代时赵匡胤破清流关拿下滁州，从而一举攻克南唐的例子，来说明金人进攻南宋也好，南宋北伐也好，都必须用精兵突破淮中的防御。那么，怎样才能经营好滁州呢？

辛弃疾在第二道奏疏中说，以两淮现在经济的萧条状况，根本无法在那里大量驻兵养兵，所以必须依靠民兵。发展民兵就是把当地的青壮民众组织起来，平时发展生产，战时发给他们武器装甲，到各险要的地方据守，牵制敌人的力量，以配合政府正规军的行动。这样，两淮的居民既避免了流离失所到处流窜，又发展了当地经济，巩固了防御能力。

综合《九议》和《议练民兵守淮疏》这两道奏疏，可以归纳出辛弃疾的基本主张：攻守要塞在两淮，两淮最重要的是淮中，淮中又以滁州为门户，应找一个果断有谋略的人主政当地，长期营建，组织民兵，生产、军备两不误。

宋孝宗乾道八年（1172 年），在辛弃疾南归后第十一个年头，33 岁的辛弃疾在司农寺主簿上任期已满，被朝廷外放为滁州知州。当时，辛弃疾的官阶级别还比较低，只是一个从八品的级别。实际上，从八品的级别是不能当知州的，所以，这次任命叫权发遣滁州，就是说辛弃疾的官阶虽然低，但是其能力足以胜任知州的工作，这次任命算是破格提拔。这很可能同朝廷强化两淮垦田、民兵训练和辛弃疾对两淮工作提出过多条建议有关。不论是宋孝宗，还是虞允文，都想用这样的任命检验一下辛弃疾的真才实干。自此，辛弃疾一展其才，也算得到了实践自己政治主张的机会。

滁州在今安徽省东部，南面是长江，东边是京杭大运河。当时，滁州属淮南东路，处在庐州（今安徽省合肥市）、楚州（今江苏省淮安市）和扬州几大军事重镇之间，可谓是江左门户，扼南北交通要冲，地理形势非常重要。滁州城西北有清流山，山上的清流关是众山的缺口。五代时期，南唐曾派重兵把守此地，以抵挡后周大军南下。清流关的东部有个瓦梁堰，是三国时代东吴修筑堡垒抗击曹魏的地方，阻止魏兵进入淮东。辛弃疾在《论阻江为险须藉两淮疏》中记载，金兵南侵时，派出的精锐部队由凤阳一带攻取滁州，"然后淮东之兵方敢入寇；其去也，为滁州之兵为最后"。可见滁州在两淮地区的重要性。南宋周孚（字信道）在《铅刀编·滁州奠枕楼记》也写到，滁州历来是"用兵者之所必争之地"。

北宋的欧阳修曾经在这里做过官，并写下了脍炙人口的《醉翁亭记》。那时候的滁州，还是一派秀丽景象，物产富饶，百姓生活非常殷实。而自宋高宗建炎元年（1127年）到宋孝宗隆兴二年（1164年）的三十八年间，金人七次大规模渡淮入侵，两淮之间饱受战争的苦难，滁州自然不能幸免。由于滁州是兵家必争之地，因而遭受战争的破坏也最为严重。辛弃疾在《议练民兵守淮疏》中说："往时虏人南寇，两淮之民常望风奔走，流离道路，无所归宿，极寒困苦，不兵而死者十之四五。"致使无人耕作，农田荒芜。其中滁州则"蒙祸最酷"，尤其是完颜亮南侵时，由淮西趋淮东，更是给滁州带来了深重灾难。战祸之外，滁州的自然条件也是很差的，"地僻而偏"，加上战后从宋孝宗乾道四年（1168年）到乾道七年（1171年）连续四年的旱涝灾害，辛弃疾到滁州任知州时，这里早已变成一片废墟。

辛弃疾的好友周孚在《铅刀编·滁州奠枕楼记》中写道："时滁人方苦于饥。商旅不行，市物翔贵，民之居茅竹相比，每风大作，惴惴然不安。"当时，滁州的生产遭到破坏，经济萧条、城垣残破，人民流亡他乡，剩下的人也是忍饥挨饿。他们在瓦砾堆中搭间茅棚，地上铺上苇子用以栖身，大风一吹便有倒塌的危险。行人露宿，商贩不到这做生意。街上见不到鸡犬猪羊，居民们缺衣少食，往往吃了上顿没下顿。

南宋朝廷的官吏，一般都把到滁州任职视为畏途，把它看成一桩很不如意的差事。他们虽到任，却并不尽职。他们大多贪生怕死，根本不管滁州的战略地位的重要，更无心改变这种破败的局面。对此，辛弃疾虽然在思想上有所准备，但从歌舞升平的临安来到滁州后，还是被这里的现实状况震惊了。面对前任们留下的一个破烂不堪的摊子，让辛弃疾感到肩上的担子更重了。他知道，从隆兴合议以来，宋金两国休兵已经七八年了，长江以北大部分州县已经恢复生产，居民过上了安定的生活，而滁州却依旧是这样破败不堪。在辛弃疾的印象中，滁州原本是位于建康西北的名城，这里扼守江淮，是南北交通的要道、商贩们集聚的地方，尤其是唐代以后，滁州的经济颇为繁盛。

由于辛弃疾对滁州的战略意义有着较深的理解，所以，他虽然对一片民生凋敝的荒凉景象有些惊诧，但还是毫不踌躇地决心要通过自己的努力工作，使之复兴起来，巩固这个前哨阵地。南宋文学家崔敦礼的《管教集·代严子文滁州奠枕楼记》说他是："早夜以思，求所以为安辑之计。"那么，怎样才能使滁州复兴起来呢？按照在《美芹十论》和《议练民兵守淮疏》中所提出的主张，辛弃疾来到滁州后，采取了一系列措施发展生产，繁荣经济，使当地人民各安其业，还招抚流亡在外之民各归其乡，重整家园，使其从事生产。

由于滁州经历了连年灾荒，又加上战争的破坏，生产水平大大降低。但是，南宋朝廷为了保证财政支出，仍然像和平年代一样征收赋税。若在本年内无法如数缴纳，就并入下一年一起加算。辛弃疾上任时，滁州百姓已经欠下了五千八百多贯税赋。南宋时期的一贯钱为七百七十钱。当时，连饭都吃不饱的滁州百姓，还哪有能力交得出这么多钱？于是，辛弃疾向朝廷奏请免去了滁州人民欠下的赋税，从而减轻了百姓负担，使百姓安心生产。周孚在《铅刀编·滁州奠枕楼记》中写道：滁州人民"勤于治生""力田之外无复外慕，故比他郡为易治"。

由于战乱和连续四年的旱灾，导致滁州人口的大量外流，而辛弃疾到任后，"民之复业者十室而四"，劳动力显然是不敷使用。于是，辛弃疾采取种种有力措施，吸引流亡外地的农民回滁进行生产。对返乡农民，他陶瓦伐木，贷民以钱，使新其屋，为其创造安居乐业的先天条件。

对从北方敌占区逃至淮南的归正之人，辛弃疾分配给他们适度的土地和农具，并实行亦兵亦农、兵农结合的屯田制度。这一办法，不仅恢复和发展了生产，而且组建了一支民兵武装，使这块荒凉破败、人烟稀少的"边陲"之地重新焕发了生机。

崔敦礼在《管教集·代严子文滁州奠枕楼记》中写道：滁州"郡之酤

肆……颓废不治，市区寂然"。为了进一步促进滁州的繁荣，辛弃疾还重视被古代社会视为末业的工商业的发展，在滁州地区减免对商贩们征收的税额，实行"减旧之十七"的新政。也就是说，商贩们在滁州做生意，只要缴纳原来税额的十分之三即可。结果商贩们闻风而来，滁州市场逐渐繁荣起来。这些商人，大多是因为滁州收税低才过来做生意的。为了留住他们，保证当地市场的长久繁荣，辛弃疾又利用税收余款大搞基础设施建设。用周孚《铅刀编·滁州奠枕楼记》中的话说，就是"以公之余钱，取材于西南上，役州之闲民，创客邸于其市，以待四方之以事至者"。辛弃疾聘请工匠采木伐林，烧瓦造砖，建造旅馆饭店，使商贩们居有定所，过境的商旅也有歇脚之处。并且，辛弃疾把新建的繁雄馆开辟为市场，让各类商贩有自己经营的场所，因而，外地客商纷纷涌向滁州投资兴业。

繁雄馆建成后，还剩下了不少木料。为了充分利用这些剩余木料，辛弃疾命人在繁雄馆旁建造了当时滁州的第一高楼——奠枕楼。所谓"奠枕"，就是安枕以卧，形容局势安定，如扬雄在《法言·寡见》中所说："四海皇皇，奠枕于京。"据南宋诗人周孚所著的《奠枕楼记》中记载，辛弃疾也有类似的说明："吾之名是楼，非以侈游观也，以志夫滁人至是始有息肩之喜，而吾亦得以偷须臾之安也。"辛弃疾意思是说，我给楼命名，不是为了游览观赏的奢侈，而是记录下滁州人至此开始能有歇肩快乐的欣喜，而我也得以有片刻的休息安逸。显然，辛弃疾建奠枕楼的目的，就是为了明志达趣，鼓舞民心。

据崔敦礼所著的《管教集·代严子文滁州奠枕楼记》中记载，在奠枕楼落成之时，辛弃疾举酒楼上，对父老乡亲们说："今日之居安乎？壮者擐甲胄，弱者供转输，急呼疾步，势若星火，时则思太平无事之为安；水旱相仍秉，耒耜者一塌不得起，粜甚贵，衾裯不易斗粟，时则思丰年乐岁之为安；惊惧盗贼，困逼于饥馑，荡析尔土，六亲不得相保，时则思安堵乐业之为安。今疆事清理，年谷顺成，连甍比屋之民各复其业。吾与父老登楼以娱乐，东望瓦梁清流关，山川增气，郁乎葱葱，前瞻丰山，玩林壑之美，想醉翁之遗风，岂不休哉？"

"醉翁之遗风"指的就是欧阳修所说的"与民同乐"。辛弃疾建奠枕楼，在当时的环境下，无疑能让滁人看到州官治滁的决心和信心，对当地百姓起到积极的促进和鼓舞作用。

奠枕楼建成之后，辛弃疾喜其政之成，移书二千里，请好友严焕（字子文）为记。宋孝宗乾道四年（1168 年），辛弃疾通判建康府，与严焕为同官，两人结下友谊。辛弃疾任滁州知州时，严焕已任福建市舶使，故云"移书二千里"。严接信后表示"是不可不书也"，遂转请时任平江府府学教授的崔敦礼代写。崔敦礼是通州静海（今江苏省南通市）人，文学家，绍兴三十年（1160 年）进士。著有《宫教集》《刍言》等。乾道初年曾为严焕的幕僚，在任江宁县尉的时候，有幸与辛弃疾相识。崔敦礼接受任务后，并没有到滁州来，而是根据辛弃疾书信中的叙述和介绍撰写了《代严子文滁州奠枕楼记》，收在四库全书《宫教集》卷六。辛弃疾的同乡好友周孚，也写了一篇《奠枕楼记》。

辛弃疾看到自己在滁州所采取种种有力措施迅速大见成效，经济得以繁荣，人民生活得以改善，心里十分高兴。此时，已经 33 岁的辛弃疾也是他在南宋的仕途上第一次独当一面，第一次担当国家重要州郡的行政长官，并取得了令人瞩目的成就。为了庆祝尊枕楼的建成，辛弃疾召集了滁州的父老乡亲，一起庆贺滁州的复兴。站在这座标志着滁州太平和繁荣的楼上，辛弃疾心里无比高兴和欣慰。为此，他专门写了一首《声声慢·滁州旅次登奠枕楼作·和李清宇韵》：

征埃成阵，行客相逢，都道幻出层楼。指点檐牙高处，浪涌云浮。今年太平万里，罢长淮，千骑临秋。凭栏望，有东南佳气，西北神州。

千古怀嵩人去，还笑我、身在楚尾吴头。看取弓刀，陌上车马如流。从今赏心乐事，剩安排、酒令诗筹。华胥梦，愿年年、人似旧游。

辛弃疾所表达的意思是，站在奠枕楼上往下望去，行人如同尘埃一般，排列成阵。这些行人，怕也是感叹着尊枕楼之高。他们指点着最高处的檐牙，称赞它建筑的奇异雄伟。此楼檐牙高翘，上接九霄，云彩在它顶端追逐缭绕。淮河前线敌人不来犯境，边界地区有了和平建设景象。但是，辛弃疾并未沉醉于暂时的和平安乐的气氛之中。虽然东南地区形势较好，但不能忘记西北失地尚待恢复。此时登楼的辛弃疾，似乎已经看到了恢复西北神州的希望。

唐朝宰相李德裕曾在滁州建过怀嵩楼，这位旧朝的宰相，身世沉浮让辛弃疾颇有感同身受。身处滁州，辛弃疾心念中原，期盼终有一日再回故园，由前人想到了自己。当今，正值抗金大好时期，而辛弃疾却留在了这吴楚之地。如果李德裕这位唐代名相泉下有知，定会嘲笑他再回到中原之日遥遥无期。这一个"笑"字，道出了辛弃疾心中隐藏的悲痛。可是，叹息又有什么用呢？还是暂时沉入这"和平"环境中寻点乐趣：看着弓刀形状的道路上车马喧嚣。既然北伐与己无关，辛弃疾也只好玩赏度日，安排那酒令诗筹，只盼把滁州治理好，让滁州如华胥国一般，年年如今日与民同游。

这是辛弃疾南渡后，在抗金前哨的一首重要词作。这首词，颇为雄壮豪迈。全词先由眼前之景入恢复之思，再由恢复无计入玩赏之情，把身在抗金局外的无奈说了个透。抗金北伐的抱负无处伸展，辛弃疾便把滁州当成了自己唯一的安慰：宽征薄赋、招流散、教民兵、议屯田，创尊枕楼、建繁雄馆，滁州在他的治理下，很快从战乱的破败中复苏，百姓各复其业，经济渐渐恢复了生机和活力。

02 大病愈后，再赴建康

宋孝宗隆兴元年（1163 年）五月，宋军渡淮北伐，在符离（今安徽省宿州市北）被金军击溃，史称"符离之败"。经过几年的恢复后，宋孝宗赵昚又重新萌生了通过和平修约的方式来收复中原的念头。于是，赵昚于乾道六年（1170 年）年五月任命范成大为使者，向金国索求北宋诸帝陵寝之地，并请更定受书之仪。但最终的结果可想而知。虽然范成大颇有气节，不辱使命，但金世宗完颜雍拒绝了宋朝的请求，只允许宋孝宗奉迁陵寝，并且同意归还宋钦宗的梓宫。

宋孝宗乾道八年（1172 年），赵昚见和平谈判的方式不成，又下定决心以武力解决。他派主战派人士虞允文为四川宣抚使，统领四川军务，筹划兵分两路：一路由宋孝宗亲领一军在淮南出兵；一路由虞允文率领一军从川陕主攻，两路合力北伐中原。但虞允文积劳成疾，没有等到出征的那一天，于宋孝宗淳熙元年（1174 年）病死。宋孝宗痛失臂膀，他的北伐计划也因此遭到沉重打击，从此再无心筹划北伐之事。

此时，辛弃疾不仅关心滁州的经济发展，努力改善百姓生活，还关心着边防的安全，注意侦察敌人的动态。辛弃疾先前所著的《美芹十论》和《九议》，都是在调查研究的基础上写成的。在滁州任上，他又在侦察获得的情报中发现，金朝贵族间的矛盾已日益剧烈，统治阶级也日趋腐化，逐渐从鼎盛时期跌落下来。而在其北部的蒙古贵族政权逐渐兴起，并迅速发展强大起来。这个蒙古贵族政权，也是极富掠夺性的，不断地袭扰金朝政权，对金朝政权形成了严重的威胁。

这一情况，引起了辛弃疾的密切关注和高度警惕，他在《论亡虏疏》一文中怀着深远的忧虑指出："仇虏六十年必亡，虏亡则中国之忧方大。"也就是说，金国六十年后肯定会灭亡，金国灭亡了，宋朝的忧患才真正地大起来。在当时看来，这似乎是无稽之谈。符离之败，南宋平日所积兵财扫地无余，而金世宗完颜雍是难得一见的贤君，甚至在当时被人称为"小尧舜"，金朝国势正值蒸蒸日上时期，哪来的亡国之说呢？

然而，历史的真实走向，却与辛弃疾的预测几乎一致：南宋最终背弃了合约，与后来兴起的蒙古贵族政权夹击金国，从而导致金国在宋理宗绍定六年（1123年）灭亡。从宋孝宗乾道八年（1172年）到宋理宗绍定六年，恰好经过了六十一年，令人不得不叹服辛弃疾预测之准确。金朝灭亡之后，南宋就变成了蒙古贵族政权砧板上的鱼肉，这也如同辛弃疾所言的"中国之忧方大"。

当时，在滁州边防前哨的辛弃疾，了解到了金国后方草原上蒙古族的崛起，因此才会有如此的忧虑，并把这个推断写成了一个书面报告，呈送给了南宋朝廷。可惜的是，南宋朝廷竟然没有人重视这个像先知一样的预言。南宋灭亡之后，有一个叫周密的宋末著名词人，在整理南宋历史资料时，发现了这份报告，便一声长叹："惜乎斯人之，不用于乱世也。"显然，周密在深深地为辛弃疾感到惋惜。

治理滁州时期，辛弃疾的词作大多是交际场合的应酬之作，《木兰花慢·滁州送范倅》便是其中较有特色的一首词：

老来情味减，对别酒，怯流年。况屈指中秋，十分好月，不照人圆。无情水都不管；共西风、只管送归船。秋晚莼鲈江上，夜深儿女灯前。

征衫，便好去朝天，玉殿正思贤。想夜半承明，留教视草，却遣筹边。长安故人问我，道愁肠殢酒只依然。目断秋霄落雁，醉来时响空弦。

乾道八年（1172年）秋天，范昂任滁州通判已满，被召去临安入朝。

倅，是副职之意，也就是说，范昂任滁州通判时，是辛弃疾的副手，帮助辛弃疾处理政事。作此词时，辛弃疾为范昂设夜宴话别。

这一年，已经 33 岁的辛弃疾感叹流年易逝，人生衰老。想当初，奋起于戎马之间，攻城陷阵、遣杀叛徒，以至率兵南归，那时是怎样一种兴致和情怀！而光复故国的大志雄才始终得不到施展，因此产生了一种一事无成光阴虚度"老"了的感觉。喝着与同事兼好友的离别酒，忽然感到了对年华的一种怯惧。临近中秋的月皎洁而又明亮，可是，等到月圆的时候，偏偏人要分离。那不懂人情的江水，全不顾人们离别的痛苦，只管和西风一起把载着朋友的船送走。接下来，辛弃疾设想范昂来日回到家里，能够享受到故乡的美味佳肴和儿女团聚的情景，而且餐桌上有故乡的鲈鱼和莼菜，还有夜深人静时，在灯火前同儿女们的款款谈心。

写到这里，辛弃疾在下阕中又突转一笔："征衫，便好去朝天。玉殿正思贤。"意思是说范昂不要忘情于故乡之爱和天伦之爱，应当趁着征衫未脱的时候，去朝见天子，因皇上在宫廷里正盼望着贤德的人去帮他料理国家大事。在这里，辛弃疾时刻关心国家大事的心情跃然纸上。接下来，辛弃疾又加重一笔："想夜半承明，留教视草，却遣筹边。"意思是料想那样的时刻，皇上还深夜把你留在宫里，检视翰林院起草的诏书，又派遣你去前方筹划军事。辛弃疾用这些想象之词，鼓励范昂努力为国家做些事情，因为国家正需要人才。

"长安故人问我，道愁肠殢酒只依然。"词锋由激奋昂扬为纡徐低沉。长安，这里代指南宋都城临安。倘若友人去了京城，遇到老朋友，可以告诉他们，自己仍然同过去一样是借酒消愁，为酒所困。"愁肠殢酒"乃化用唐末韩偓《有忆》诗"肠殢？酒人千里"一句，殢是困扰之意。言外之意，是壮志未酬，事业无成，表露出自己报国无门的无限悲愤。

最后一句："目断秋霄落雁，醉来时响空弦。"辛弃疾说自己在酒醉中也不忘抚弄弓弦，而竟使空中的大雁失惊翻落，以此证明自己仍未忘却疆场的戎马生涯，虽"老"却还堪用。辛弃疾借欢送朋友离任的机会，用国家大事来劝勉朋友，同时也表明自己：尽管经受挫折，但矢志不移，初衷不改。

这首词，在艺术构思上层次鲜明，用对比照应的方法，使丰富的意境逐步在感情的跌宕起伏中展开。辛弃疾先写自己因"老来情味减"，面对别筵，更是"怯流年"，这是一层。"况……中秋……好月"，偏又"不照人圆"，于是又递进了一层。"无清水""送归船"更把那离人的情绪推向胶着状态。然而，话没有说尽，忽然又转到朋友归家后的天伦之乐，一悲一喜，对照鲜明，笔势跌宕有致。

下阕首先放手去写"征衫……去朝天""夜半承明……却遣筹边"。而写到酣畅处，却转到"长安故人问我"，抒写自己的胸臆。"道愁肠殢酒只依然"借用唐人旧意，在写出"目断秋霄落雁"后，又使旧意有了新鲜的内容，可谓化陈出新。全词有实有虚，而"醉来时响空弦"，虚中实写，使人叹为观止。词中刚中有柔，柔中有刚，刚柔杂糅，豪迈的气势夺人而来。尤其是"目断秋霄落雁"一句，最能表现辛弃疾的词风。

宋孝宗乾道九年（1173 年）冬天，辛弃疾不幸生了一场重病，不得不暂时停止处理公务，回到京口的家中养病。在滁州，辛弃疾结识了范如山，两人十分投机。

范如山的父亲是范邦彦，字子美，河北邢台人。范邦彦是宋徽宗宣和年间的太学生，靖康之难中也深陷敌俘。因为家中人口众多而无法脱身奔赴前线，只好留在北方。后来，他感到只有出仕才有机会实现南逃，便考中了进士。中举之后，范邦彦拒绝了邢台县令这个可以衣锦还乡的机会，而是自请为蔡州新县（今河南省息县）县令。

新县就在淮水的北岸。范邦彦上任后，时刻想着寻找时机归附南宋。皇天不负有心人。当完颜亮大举南侵时，范邦彦和儿子范如山（字南伯）终于看到了机会。宋高宗绍兴三十一年（1161 年）十月，范邦彦父子打开城门，宣布归附宋朝。不久之后，范家家族全部南归，南宋朝廷任命他为镇江通判，家也住在京口。因此，范家和辛弃疾一样，也属于归正人，有些相同的经历，使得他们交往更为亲密投合，肝胆相照。范邦彦有一女，也就是范如山的妹妹范氏。因为范如山非常敬重辛弃疾是文韬武略的英雄，就亲自当媒人，将自己的妹妹许配给了辛弃疾为妻。

就在这一年年末，辛弃疾在建康的旧识叶衡调为建康府知府。叶衡素来赏识辛弃疾的才能与志向，于是，便向朝廷举荐了辛弃疾，并把他召到了自己的身边。受到叶衡的举荐，辛弃疾被召往建康担任江东安抚司参议官。安抚司主管一路（相当于一省）的军政和民政，而所谓参议官，就是辅助安抚司的安抚使管理事物，参与议论军事，节制兵马，类似于军事参谋。得知将要前往建康，并成为叶衡的下属时，辛弃疾感到非常高兴。因在京口家中养病，他请朋友周孚代写了一封信给叶衡，信中写道："自唯菅蒯，尝侍门墙，拯困扶危，韬瑕匿垢，不敢忘提耳之诲，何以报沦肌之恩。兹以卑身，复托大府，虽循墙以省，昔虞三虎之疑；然引袖自怜，今有二天之覆。伫待荧煌之坐，少陈危苦之辞。"

叶衡非常看重辛弃疾的才干，而且对辛弃疾也有过教诲。所以，辛弃疾在信中说："不敢忘提耳之诲。"但辛弃疾回忆起乾道期间任职建康通判的经历时，无疑透露出处境并不是很愉快的一面。"昔虞三虎之疑"是引用《战国策》中的典故："夫市之无虎明矣，然而三人言而成虎。"意思是这个集市上本来就没有虎，一个人说有虎，没人信；两个人说有虎，听者起疑；三个人说有虎，别的人就信以为真。比喻说的人多了，就能把谣言坐实。自辛弃疾南归后，虽然沉沦下放，却一直遭到谗言的诽谤。一个人、两个人说可能无所谓，说的人多了，他也会不胜其烦。

安抚司虽是军事参谋，但离辛弃疾的抗金北伐愿望也算是更近了一步。面对仕途的转机，辛弃疾自然也是满心欢喜。他的大舅哥范如山特地为这位妹夫送行，辛弃疾也留下了一首《西江月·为范南伯寿》，记下了这次快乐的相聚：

秀骨青松不老，新词玉佩相磨。灵槎准拟泛银河。剩摘天星几个。
莫枕楼东风月，驻春亭上笙歌。留君一醉意如何。金印明年斗大。

词的上阕，辛弃疾夸赞范如山依旧不老，仍可作词如玉，更可随那木筏前往银河之上，多摘些星辰。浪漫的遐思，可使其上九天揽月。词的下阕又回到过去，与范如山在尊枕楼上吟风弄月，在驻春亭笙歌作乐的潇洒快意。下半部想到别离，请君一醉，等明年杀敌立功，定能换取斗大的金印戴着再耍耍威风。毫无疑问，全词洋溢着欢快的情绪。

宋孝宗淳熙元年（1174 年）春天，辛弃疾应命来到建康。对辛弃疾来说，建康并不陌生。第一次是十二年前，辛弃疾奉耿京之命南下接洽归宋事宜，在建康受到过宋高宗的接见；第二次是押解叛徒张安国到达建康，献俘给南宋当局；第三次是任建康府添差通判。这次是第四次来建康。抚今追昔，建康对他来说，已经是具有特殊意义的名城，不免让他感慨万千。

这次重返建康，因受到叶衡器重，心情比较愉快。但没想到辛弃疾刚刚来到建康，叶衡又被征召入朝。辛弃疾内心虽有些失落，但还是为上级兼好友的仕途畅达感到高兴。离别之时，辛弃疾与叶衡一同前往蒋山游玩。期间，辛弃疾写下了一首《一剪梅·游蒋山呈叶丞相》：

独立苍茫醉不归。日暮天寒，归去来兮。探梅踏雪几何时。今我来思，杨柳依依。

白石冈头曲岸西。一片闲愁，芳草萋萋。多情山鸟不须啼。桃李无言，下自成蹊。

这首词，景与情融为一体，仿佛是随意借用来的古诗句，围绕着与友人离别前后的离愁别绪而展开，叙说分别时内心惆怅不已。最后，辛弃疾肯定了叶衡的升迁是实至名归。

叶衡离去后，辛弃疾又作了一首《菩萨蛮·金陵赏心亭为叶丞相赋》，遥寄这位友人：

青山欲共高人语。联翩万马来无数。烟雨却低回。望来终不来。

人言头上发。总向愁中白。拍手笑沙鸥。一身都是愁。

这一年，辛弃疾已经 35 岁。自从南归以来，他屡次上书请求出兵山东，北伐中原，朝廷却没有任何有效的动作。而他自己也只能身在局外，辗转江淮一带无多建树，一度把治理滁州作为精神寄托。此次又来到建康，辛弃疾对家乡的思念、对北伐的渴望之情再一次萌动。

因北伐的政治理想仍无法实现，常常让辛弃疾感到精神苦闷。这年秋季的一天，辛弃疾在赏心亭远望中原大地，那隐约的青山、波澜壮阔的长江水、残阳难留的楼阁亭台收于眼底，忍不住心潮澎湃，乘兴写下《水龙吟·登建康赏心亭》：

楚天千里清秋，水随天去秋无际。遥岑远目，献愁供恨，玉簪螺髻。落日楼头，断鸿声里，江南游子。把吴钩看了，栏杆拍遍，无人会，登临意。

休说鲈鱼堪脍，尽西风，季鹰归未？求田问舍，怕应羞见，刘郎才气。可惜流年，忧愁风雨，树犹如此！倩何人唤取，红巾翠袖，揾英雄泪！

这首词，是辛弃疾词的名篇之一。词的上阕写景，而景中含情，融进了辛弃疾深切之情的主观化景物；词的下阕写情，但不是实写，而是连用三个典故，将张翰、刘备、桓温三个形象叠加到一起，层层渲染，将一个悲凉的末路英雄形象描摹得淋漓尽致。

这首词，豪放而兼沉郁，用典密集而能融化。无论"写景"，还是"用事"，都将辛弃疾多年来在南宋官场上一直备受冷落、长期沉沦于下僚、满腹经纶没法施展的孤独感、那种眼看着抗战北伐收复中原的愿望变得越来越遥遥无期、曾经的万丈豪情到报国无门的满腹牢骚，转化为悲愤之词。他这种牢骚，并非是个人进退失措的牢骚，而是出自于对至大至公的时世家国之忧。清人谭献在《谭评词辨》在评论此词时写道："裂竹之声，何尝不潜气内转。"意思是说，辛词在慷慨激昂的英雄气概中，还潜藏着默默柔情，两相交融，拥有双重的美感。

03 论用会子，讨捕荼寇

宋孝宗淳熙元年（1174 年）十一月，叶衡出任右丞相和枢密使后，向孝宗力荐辛弃疾。对此，《宋史》本传上记载："横入相，力荐弃疾慷慨有大略，召见，迁仓部郎官。"在叶衡的推荐下，辛弃疾在建康没当几个月的参议官，就受到孝宗皇帝的第二次召见，并被任命为仓部郎官。

仓部是户部的下属机构，管理全国粮食的存入和调出。仓部郎官就是仓部的负责人，也是从六品的文官。担任这一职位，虽然与辛弃疾的理想背道而驰，但他是一位为国为民敢于锐身自任的事功型人物，因此，对于此项任命，他欣然接受。

在仓部郎官任上，值得一提的是，辛弃疾曾上书讨论会子的行用。会子是宋高宗期间发行的纸币，起源于临安，也称作"便钱会子"。和铜钱相比，会子比较轻便，易于携带，而且朝廷发行会子也可直接带来收入。作为宋代"金石三大家"之一的洪适，在其所著的《户部乞免发见钱札子》中记载："小郡在山谷之间，无积镪之家，富商大贾足迹不到，货泉之流通于廛肆者甚少，民间皆是出会子往来兑使。"

宋金战争期间，为了组织备战，抵抗完颜亮大军，南宋不断印刷会子，不到数年会子不断贬值。会子一旦贬值，老百姓就不乐意用，从而影响到南宋朝廷所收取的利益。会子贬值，南宋君臣自然要考虑如何善后。叶衡就曾经主持过用钱兑换会子之事，会子也曾因此升值。

宋孝宗淳熙二年（1175 年）四月，宋孝宗命令有关大臣讨论会子流通危机的问题，以便拿出更好的解决方案。看到有这样的机会，辛弃疾便奏疏一篇《论行用会子疏》，提出自己的解决策略。首先，他说明朝廷行用会子的目的是"本以便民"，铜钱和会子在流通上的职能是一样的，并无本质上的区别。同时，货物的价格有高有低，用铜钱去市场上交易不太方便，而会子的样式像票据一样便于携带，指出会子的优越性比铜钱更适宜通货，朝廷发行会子，实则是为了方便百姓。

辛弃疾认为，之所以出现"会子危机"，原因有两个方面：第一，会子的使用是有巨大优势的，但官府从民间征输往往钱多而会子少，往民间支散则是钱少而会子多。第二，印造之数多而行使之地不广。所谓行使会子之地，不过大军之所屯驻，与畿甸之内数郡尔。在一个既定的区域，其经济的发展水平，对流通中所需要的货币数量是固定的，加之会子的流通区域有限，这必将导致物价持续上涨，形成通货膨胀，会子贬值，形成钱重会轻的局面。

会子危机的症结找到了，用什么样的行之有效的办法来解决呢？辛弃疾的建议是，首先应停止印制更多的会子，以防会子价格更加下滑；其次要推广会子的使用。从现在起，要推广会子至福建、江、湖等路，令民间租赋、买卖田产、免丁钱都需要使用一定的会子。扩大使用范围，增加对会子的需求。会子的数量有限，需要用会子的地方却很多，这样会子的价格自然会上升。会子价格上升之后，就可以根据供求关系印造会子，解除通货膨胀的压力。这就是辛弃疾认为的"将欲取之，必固予之"。

接着，辛弃疾还表达出自己的隐忧，担心的是执行者从中渔利，反而增加老百姓的赋税。他写道："欲乞责之诸道总领、转运，立为条目，以查内部之不法者，俟得其人，严实典宪，以示惩戒。"还写道："如此，则无事之时，军民无会子之弊；缓急之际，朝廷无乏兴之忧，其利甚大。"在此，不得不说辛弃疾解决"会子的危机"的思路，是相当独特和精准的，也得到了宰相叶衡的支持。在此后的十几年里，会子的流通状况都相当良好，未产生明显的弊病。

宋孝宗淳熙二年六月，辛弃疾在仓部郎官的职位上才干了半年多，朝廷宣布了一道命令：任命辛弃疾为江南西路提点刑狱公事，让他到江西去节制诸君，讨捕茶寇，剿灭茶商的起事，平定内乱。这也是辛弃疾南归后，第一次拥有一展军事才能的机会。

大约从唐代开始，中国的茶艺就开始盛行。有史料记载："上自宫省，下至邑里，茶为食物，无异米盐。"如此，贩卖茶叶的利益也是很可观的。从唐代开始，征收茶税成为朝廷收入的一个重要来源。宋朝沿袭唐五代之制，茶叶为专卖品，由官府控制，不准自由买卖。

到了南宋时期，朝廷偏安的局面已经形成，财源大大缩减，而财政开支和官府费用却大幅度上升，于是，茶税俨然是国家最重要的财政来源之一，因此对茶叶贸易实行严格控制，向种茶的农户和卖茶的商人抽取茶税，实行"茶引法"。茶引就是官府发给茶商的运销凭证。虽然经销茶叶收入颇丰，但收取的茶叶税额度较大。官府为了解决财政的困窘，不断地加重茶税。茶叶在运输途中，所过州县皆有重税，这无形中增加了贩卖的成本，降低了利润，茶户和茶商把茶政称为"草大虫"，言外之意就是伤人如虎。但人们对茶叶的需求还是很旺盛的。南宋人不仅喝茶，而且以茶为礼。同时，金人也酷爱喝茶。《金史·食货志》中记载："茶，饮食之余，非必用之物。比岁下上竞啜，农民尤甚，市井茶肆相属。"显然，当时已经是"不可一日无茶"。

由于人们不满茶价昂贵，茶商也不想缴纳繁重的茶税，自北宋以来，就有茶商私自贩茶。而到了北宋末年，这种情况愈演愈烈。从北宋晚期到南宋时期，南方民间贩运私茶的十分兴盛。尤其是宋金之间的政治和军事对垒，让茶贩钻了不少空子。不少茶贩私自将茶叶贩卖到金国，一转手便可获得数倍的暴利，但不纳茶税，对政府的财政收入影响很大。南宋本来就沦丧了半壁江山，整体税收大不如前，但茶叶产区主要在淮水以南，中原的沦陷尚不影响茶税，收上来的茶税基本维持在北宋时期的水平。这样，茶税占南宋朝廷整体税收的比例比以前更高，政府对茶税的依赖也更大。为了制止私贩茶叶，朝廷在各个关卡要隘设岗巡查。私贩们受利益的驱使，不惜采用各种办法来对付政府的查禁，成群结伙地携带武器进行武装贩运，以抵挡官府对贩茶的垄断。据说，茶贩的队伍常常是一个人担茶叶，两个人保卫，堪称"横刀揭斧，叫呼踊跃"。南宋朝廷只得严格规定一条禁令："凡结徒持杖贩易私茶，遇官司擒捕抵拒者，皆死。"可是，政府越压制，那些失业的茶商就越铤而走险，愤而杀伤巡检人员，放火焚烧官府，多以千百成群、结队持杖的方式与官军抵抗。从此，便产生了一支独特的贩茶武装力量——"茶寇"。

早在高宗绍兴末年和孝宗淳熙初年，茶寇就已经出现了，茶寇活跃的中心地区是出茶最多、走私便利的两湖和江西。据南宋史学家李心传所著的《建炎以来系年要录》中记载：宋高宗绍兴二十四年（1154年），"鼎、沣茶寇猖獗，杀伤谭、鼎巡检官，焚溆浦县"。绍兴二十九年，"瑞昌、兴国之间，茶商失业，聚为盗贼"。为了镇压茶寇，南宋朝廷曾在江州和荆南府派驻了军队。宋孝宗时期，茶寇活动达到了高潮，已然成为宋朝的一大祸患。宋孝宗乾道末年（1173年），茶寇已汇集成军，号"茶商军"。宋孝宗淳熙元年（1174年），潭州知府、湖南安抚使刘珙曾以分化瓦解之策大败茶商军。

到了淳熙二年（1175年）四月，有一部分茶商在湖北南部起事，共推荆南茶商赖文政为首领，人数有近四百人。他们起事不久，便转入湖南，再进入江西。南宋朝廷得知茶商军起事的消息时，茶商军已经穿过湖南而进入江西境内。于是，南宋朝廷赶紧下令让江州（今江西省九江市）都统黄甫偶去招安。五月，朝廷又命令鄂州都统李川调兵剿捕。但这两地驻军还没来得及行动时，茶商军早已经过吉州（今江西省吉安市）、赣州（今江西省赣县），越过大庾岭进入了广东。广东提刑林光朝没等朝廷下令，便率当地的"摧峰军"给茶商军以迎头痛击。茶商军受挫后，又折回江西，进入安福、永新、萍乡诸县之内，出没于禾山和高峰山之间，多次大败赣州、吉州诸地的乡兵。

到了六月，朝廷又令王琪、黄甫偶对茶商军进行收捕，悬赏捕拿贼首，按捉住人数多少予以重赏。因为茶商军藏匿在深山密林中，并分成若干个小股部队，与官军打游击，加上当地民众为他们通风报信，茶商军屡败当地驻军。朝廷又调明州观察使、江南西路兵马总管贾和仲率领上万兵马进剿，由于贾和仲轻敌冒进，暮夜驱迫将士入山，反为所覆，不可复用，被茶商军打得大败。由此，贾和仲被撤职，险些被朝廷处死。他的上司江西安抚使汪大猷，也因消极抗敌受到降级处分。新任江西提点刑狱方师尹，怕担责任不敢到任。正如周必大所说的那样，南宋军方"总管失律，帅臣拱手，提点刑狱连易三人，其他将副巡尉奔北夷伤之不暇"，十分狼狈。赖文政领导的茶商军沉重地打击了腐朽的南宋朝廷，四百余人的茶商军确实成了南宋朝廷的心头之患。

就在这危急时刻，宋孝宗接受了宰相叶衡的建议，改派辛弃疾为江西提点刑狱，负责节制诸君，讨捕茶寇。淳熙二年七月初，辛弃疾离开临安，到江西走马上任。他一到任所，便投入工作，用他自己的话说，就是"第缘驰驱到官，即专意督捕，日从事于兵车羽檄间，坐是悾偬，略无少暇"。

辛弃疾到达赣州后，首先听取了众多当地官员的意见，总结了官军无法战胜茶商军的原因。他认为，宋军士气低下，加上不适应在山地林间作战，自然要输给擅长在山野之地奔跑、战斗的茶商军。南宋军队战斗力低下，一直是个严重的问题，早在滁州时，辛弃疾就已开始训练民兵，此时，又可以驾轻就熟一展所长。辛弃疾首先对乡兵进行了挑选，组织一支敢死队。可惜的是，乡兵之中合格的人实在太少，一千多名乡兵里，最终也只选出了十几个人。于是，他又征调赣州、吉州以及湖南郴州（今湖南省郴县）、桂阳军等地大批乡兵和弓手。经过训练后，让统领从中挑出身强体壮、能以一当十的壮兵，编好队之后，分派他们到各个交通要道把守，防止茶商军逃走。然后，又征调安福、永新的土豪人士。因他们熟悉当地的乡土地理，令他们率领所部乡兵，深入山区搜捕茶商军。又令荆州、鄂州的政府军，趁茶商军疲惫之机，在敌后围追堵截，趁机剿杀。

在辛弃疾周密的军事布置下，最终将茶商军围困起来，使其陷入了被动挨打的困难境地，军心随之发生动摇。在此基础上，辛弃疾见招降的条件已经成熟，便于淳熙二年九月，派兴国县尉黄倬到赖文政军营中去劝降。赖文政看到茶商军已四面楚歌，前途无望，便亲身到辛弃疾的军营中投降。赖文政投降之后，被辛弃疾押解到江州（今江西省九江市）杀掉。茶商军的残部，一部分编入皇甫倜的部队继续当兵，一部分遣返回乡。淳熙二年闰九月，一场轰动南宋朝野的茶商军就此平息。辛弃疾平息茶商军，前后仅仅用了三个多月的时间。

辛弃疾因镇压茶商军有功，宋孝宗赵昚与宰辅大臣们会商如何奖惩在收捕茶商军过程中的立功和失职人员时，特别向大臣们说道："辛弃疾捕寇有方，当议优与职名，以示激励。"会商的结果决定，辛弃疾还留在江西提刑任上，但依照皇帝之意，给他加上了一个贴职：秘阁修撰。当时，像辛弃疾这种资历的官员，可以授予的贴职有九个等级，秘阁修撰属于第三等。因为辛弃疾不是科举出身，所以，他南归以后虽然干过很多差使，却一直不被南宋朝廷看作属于士大夫群中的人物，而授予了辛弃疾这么一个高等级的贴职，表明了南宋朝廷已把他看作士大夫阶层中的一员，政治地位有了很大提高。

平定茶商军之后，辛弃疾才得以从事江西提点刑狱一职的分内之事。江西是南宋当时的一个行政区划江南西路的简称，与今天的江西省所辖大致相同。提点刑狱就是提刑官，主要负责审问囚徒、详复案牍，巡视州县，刺举官吏等类工作。

本来，辛弃疾平定叛乱有功，朝廷对他加官晋爵，个人仕途一帆风顺，前途一片大好，常人会是很高兴的，但辛弃疾却没有因个人所取得的成绩而沾沾自喜，仍忧心着国家的前途。他亲自感受到了南宋军队的战斗力低下，想从一千多人中挑选出一支敢死队，却最终只选出十几个人，收复北方神州又如何有望？

早在南宋初年，金兀术率领金兵南侵时，江淮一带便成为前线。这里的居民曾大量地向江西境内的吉州、赣州等地迁移，南宋朝廷也派兵护送一部分皇室亲眷向赣州逃避。谁知金兵南下速度奇快，很快打进了吉州，当地百姓和江淮一带逃来避难的人们还来不及再逃跑，便遭到了金兵铁骑的蹂躏。皇室亲眷们刚到泰和县，上万的护送兵丁闻听金兵打来的消息立即溃散，后来干脆到附近各地做土匪，打家劫舍，成为赣南一带经久难除的一大祸患。

虽然那次事变已经过去四十余年，留下的疮痍却还是随处可见。辛弃疾作为提刑巡视这一代时，认为今后朝廷如果仍不主动积极备战，不但此前的大仇难以得报，江西居民也难保不再遭受同样的灾难。

此时，南宋朝廷的主战派宰相虞允文已经逝世，欣赏辛弃疾的叶衡也被罢相，连主张恢复大业的宋孝宗皇帝，也因为太上皇宋高宗的压制，对抗金北伐难有实际行动。朝野内外，又一次进入了抗金的低潮。辛弃疾在一次行经万安县造口镇时，不觉触景伤怀，百感交集，便在崖壁上写下了一首《菩萨蛮·书江西造口壁》：

郁孤台下清江水，中间多少行人泪。西北望长安，可怜无数山。
青山遮不住，毕竟东流去。江晚正愁予，山深闻鹧鸪。

在赣州西北角，有一处平地突起的高坡，宋人在此建立高台。因树木葱郁，山势孤独，高台取名为"郁孤台"。章水和贡水环抱赣州城而流，到了郁孤台这里汇合成了赣江。赣江再向北流二百多里，就到了辛弃疾题壁所在的万安县造口镇。

当时，在皇室亲眷逃难的队伍中，有与宋高宗共扶南宋危局的隆裕太后。据史料记载，金兵兵分两路，一路紧追宋高宗，从建康而临安，直至浮舟海上；另一路追隆裕太后，从洪州而追至万安，最后至虔州（今江西省赣州市），正是在造口舍舟登陆，摆脱金兵追赶。隆裕太后是南宋废后，刚开始没有引起金人的注意。这位隆裕太后南渡之后，曾经迎立康王赵构为帝。当时，大臣劝她立幼子，自己垂帘听政，可隆裕太后说道："如今国家大乱，我带着三岁的小孩子怎么执政？"也正是隆裕太后的正确决定，南宋政权的确立才少了一些不必要的波折。南宋文学家罗大经所著的《鹤林玉露》一书中记载："南渡之初，虏人（即金人）追隆裕太后御舟至造口，不及而还，幼安（即辛弃疾）因此起兴。"

念及往昔，辛弃疾感慨万千，眼前宽广奔流的赣江水，有多少当年内迁百姓和皇室宗亲的泪水啊！"长安"是指北宋都城汴京。辛弃疾站在这里向北望去，想寻找汴京的影子，无奈重重的山峦阻隔住了视线。当年的首都，已经遥不可及，金兵的铁骑也如同这层层山峦一样，想回到故城汴京谈何容易。收复失地、重回故都虽然艰难，但不是不可能。你看那奔腾的江水，岂是能被重重青山所阻挡的，它不是一直奔流着向前？此时，辛弃疾的心中燃起了一丝昂扬的斗志，但奈何天色已晚，大山深处传来凄切的鹧鸪声，使得他的心情又黯淡下来。曾热情洋溢地写了不少有关抗金北伐的建议，像著名的《美芹十论》《九议》等。尽管这些建议深受人们的称赞，并广为传诵，但已经不愿意再打仗的朝廷，却反应冷淡，只派辛弃疾治理荒政、整顿治安，这显然与辛弃疾的理想大相径庭。辛弃疾虽然步步高升，但由于深感岁月流逝、人生短暂而壮志难酬，他的内心越来越感到压抑和痛苦。

04 宦游湖海，醉吟风月

　　宋孝宗淳熙三年（1176 年）秋冬之际，辛弃疾由江西提刑改为京西路转运判官。京西路即今河南洛阳市以西、黄河以南全境。接到任命后，辛弃疾立即赶到湖北襄阳去就职，执掌京西路的财政赋税。但到任未满半年，他又在淳熙四年（1177 年）春，被朝廷提拔为江陵知府，兼荆湖北路安抚使，掌握了一路（相当于现在的一个省）的军政大权，成为一名封疆大吏，也就是一名不折不扣的地方大员。

　　江陵府就是古时的荆州。宋孝宗乾道末年，湖北一带因靠近边界，局势混乱，走私和武装活动频繁发生，之前爆发的茶商军，就在此起源。不少客商经常用耕牛和战马走私茶叶、水牛皮、竹箭等商品，到江淮地区在宋金之间贩卖。还有些商贩，在卖完货物之后，干脆将运送商品的耕牛和战马也卖给了金国人。这不仅违反了南宋的法纪，还变相向金朝提供了军需。这样的行为，严重损害了南宋的利益。政府虽然屡屡下令禁止走私，但受利益驱动，从事走私贩卖活动的客商仍然为数不少。

　　辛弃疾到任后，马上采取了强有力的有效措施。首先，明确罪行，以耕牛、战马运送茶叶等进入金朝者，以走私通敌罪论处；知情不报，为走私行为做向导或者帮忙运送、窝藏或是跟不法商贩勾结的官员、士兵，以贩卖军用物资罪论处。接着，辛弃疾又鼓励百姓检举揭发走私行为。凡检举属实者，不仅可以赦免自己的罪行，还可以得到相应的奖励。明确奖惩措施后，辛弃疾对那些敢以身试法者决不姑息，坚决从严治罪。

有史书记载：太卿辛公弃疾帅江陵，治盗素严。当时，湖北境内的治安状况非常混乱，盗贼多而猖獗。他们经常团伙作案，偷盗、抢劫老百姓的财物，外地人甚至不敢从湖北境内过，而原先那些地方官员对此都是束手无策。为了不让盗贼祸害百姓，辛弃疾决定，要狠狠地打击那些胆大妄为的盗贼，从而稳定民心。于是，辛弃疾就采取治乱世用重典的办法，实行得贼辄杀，不复穷究，就是不经过审问量刑程序，抓到盗贼就直接杀头。这个政策一施行，确实起到了威慑作用。试想，谁还敢冒着掉脑袋的危险去偷盗做案呢？

虽然辛弃疾这种铁腕办事方式有不妥之处，但在当时起到了杀一儆百、立竿见影的效果，湖北境内很快就奸盗屏迹，盗贼都不敢出来作乱。就这样，治安秩序越来越好，老百姓也拍手称快。

其实，在江西镇压茶商军的经历告诉辛弃疾，那些所谓的盗贼，多数是一些平民，只是因为遭受了种种逼迫，他们才不得不放弃生产变成盗贼。如果不对这些盗贼痛下杀手，就无法阻吓那些想要成为盗贼的百姓，也就无法让社会很快稳定下来。只有社会治安稳定下来，才能带给百姓一个安稳的生产和生活的环境。

这期间，一位李姓友人从江陵调往汉中抗金前线担任军事要职。辛弃疾得知友人军职升迁的消息，非常高兴，便欣然写下一首《满江红·汉水东流》相勉赠别：

汉水东流，都洗尽，髭胡膏血。人尽说，君家飞将，旧时英烈。破敌金城雷过耳，谈兵玉帐冰生颊。想王郎，结发赋从戎，传遗业。

腰间剑，聊弹铗。尊中酒，堪为别。况故人新拥，汉坛旌节。马革裹尸当自誓，蛾眉伐性休重说。但从今，记取楚楼风，庾台月。

这首词，虽然是送别之作，但辛弃疾从心里为友人的军职升迁、到抗金前线任职而感到高兴。所以，此词全无哀婉伤感之情。辛弃疾首先赞扬这位李姓朋友的家世及他的抱负才干，鼓励他抗金杀贼。最后，提醒友人不要忘记知音好友。这里，虽是一点即止，却表达了辛弃疾抗金、收复失地的强烈愿望。

江陵的地理位置十分重要，因此，南宋朝廷一直派遣重臣来镇守江陵。而江陵府知府一职，也往往是一名官员升迁的开始，如对辛弃疾有知遇之恩的叶衡，就曾任职江陵府知府，进而入朝为宰执。由此，对于辛弃疾来讲，被调任江陵知府，绝对是仕途上的一个好机遇。但是，却因为一桩军民冲突事件，给辛弃疾惹来了祸端。

宋孝宗淳熙四年（1177年）冬季，江陵驻军中的统治官率逢原纵容其部下殴打当地老百姓，造成军民之间的冲突。辛弃疾亲自办理这个案子。经查，被殴打的百姓毫无罪过，过错完全在军人这一方。于是，辛弃疾就让率逢原处罚闹事犯错的军人。没想到，一贯蛮横的率逢原根本不理会辛弃疾的建议。辛弃疾也是一个刚拙自信之人，不仅对盗贼用重刑，对自己的下属官员也是严于管束。为了禁止率逢原滥用职权胡作非为，辛弃疾就把这事上报给了朝廷，希望朝廷对率逢原给予处分。

这件事明显是率逢原的过错，所以朝廷最后将率逢原降职。但率逢原朝中有人袒护，不久之后又官复原职，并升为鄂州副都统。之后，朝廷竟然以辛弃疾作为一路帅守长官不能与驻军协调为由，把他调离江陵，改任隆兴（今江西省南昌市）知府兼江西安抚使。

就这样，辛弃疾在湖北任上还不满一年，就于淳熙四年年底，不得不前往江西隆兴府上任。他到任后，听说兴国军的地方官黄茂材不顾当地连年水旱灾害，谎报粮食丰收，结果他自己政绩显著，却苦了当地老百姓，饿死了成千上万的当地百姓。更可气的是，朝廷居然对这种情况完全不做调查，任由他胡作非为。于是，辛弃疾把这些情况写到奏章里，请求朝廷惩办黄茂材。淳熙五年（1178年）二月，黄茂材降官两级。辛弃疾刚到任就为百姓做了一件大好事，但也再一次得罪了南宋政坛的一些大佬。

在江西安抚使任上，辛弃疾带领当地百姓利用江河枯水季节，在丰城灌婴巷口建置两埽（用秫秸修成的堤坝或护堤），作为大堤的护卫，以便在洪水泛滥时截住奔涌而至的急流。这一水利工程，直到明代还在发挥作用。

但遗憾的是，辛弃疾在江西仅任职三个月，就被征召入朝。淳熙五年春，朝廷任辛弃疾为大理少卿。临行前，当地的官员为辛弃疾设宴送别。席间，前江西、京西、湖北总领司马倬赋了一首以《水调歌头》为牌的词。辛弃疾有感而发，随即也赋一首《水调歌头·淳熙丁酉》，以抒胸臆：

　　淳熙丁酉，自江陵移帅隆兴，到官之三月被召，司马监、赵卿、王漕饯别。司马赋《水调歌头》，席间次韵。时王公明枢密薨，坐客终夕为兴门户之叹，故前章及之。

　　我饮不须劝，正怕酒樽空。别离亦复何恨？此别恨匆匆。头上貂蝉贵客，苑外麒麟高冢，人世竟谁雄？一笑出门去，千里落花风。

　　孙刘辈，能使我，不为公。余发种种如是，此事付渠侬。但觉平生湖海，除了醉吟风月，此外百无功。毫发皆帝力，更乞鉴湖东。

　　根据前面的词序，可以判断这首词是为两件事而作：一是频繁的调任。南宋安逸享乐，偏安一隅，在防范武将专权和地方官权力过大方面，却继承了北宋的做法，重文轻武，重内轻外，部队没有固定的指挥，武将没有固定的部队，宦官当道，极尽权术和阴谋。皇帝为了巩固自己的权力，宁信谗言，对外宁可割地赔偿，对内不教济世能臣有居功之心；二是朝廷内部的门户之争。这首词所要表达的，是宦迹不定、人事掣肘的状况让辛弃疾壮志难酬，心中难以平静。

　　在题序中，辛弃疾所说的是前枢密使王炎的事。辛弃疾行将离任时，王炎恰巧因病去世。早在宋孝宗淳熙二年（1175年）六月，王炎任湖南安抚使时，汤邦彦就以湖南兵败给茶商军的罪名，处王炎有欺君之罪，最终使王炎落职，被贬到了袁州（今江西省宜春市）。淳熙三年（1176年），宋孝宗对手下的官员说："上次汤邦彦说蒋芾、王炎、张说三人的事情，我仔细地想了想，似乎王炎也没有很大的过错，不是另外两个人可以比的。"于是，朝廷又在淳熙三年十二月任命王炎为资政大学士、江陵府知府。可王炎没有到任就病了，辛弃疾被任命为江陵知府，补的正是王炎的空缺。而王炎的遭遇与叶衡同出一辙，叶衡也是遭汤邦彦所谮而罢相。

　　这首词的上阕，辛弃疾从觥筹交错的饯别之情切入，点出了别恨匆匆的遗憾。豪气之人喝酒就是豪气满怀：喝酒不需要人来劝酒，能喝尽管喝，还担心酒杯里没酒。离别在即，辛弃疾只遗憾离别得太过匆忙。想当朝权贵王炎，如今已是花园外墓里的异物，言外之意是人总有一死，谁又能称雄一世呢？这是对兴门户争私利者的无情嘲笑和蔑视，而又以旷达的语气加以表现，显示了辛弃疾不同流俗的思想境界。"一笑出门去，千里落花风"一句，虽是借用李白"仰天大笑出门去，我辈岂是蓬蒿人"的语典，可是，用典浑化无迹，直如冲口而出。"落花风"将时令特征以丽辞写出。而"千里"的形容，则更使落花美景由宴前而宕开无际，由实返虚，合实与虚，使词境显得更为深邃、灵活、潇洒。

这首词的下阕首句，从小处说，是为了承接上阕末句"出门去"，是写此番去朝廷为官的态度。从大处说，辛弃疾之所以要考虑这个问题，是与上文所讽刺的朝廷政要兴门户争私利的政治现状分不开的。所以，这是上文主旨的一个顺承和延展。在笔法上，辛弃疾借古讽今，表明自己此去朝廷为官，宁愿不做高官，也不做曲附党私之徒的态度。像三国孙权、刘备这样的人，才能指使我做事，而不是那些奸佞小人。辛弃疾发出种种感慨，交心于好友。他伤感一生游遍湖海，除喝醉了吟些风花雪月外，便是一事无成。他所期盼的，是被君王所用，一切皆由陛下赐予，希望皇帝能以他在湖北的作为为明鉴。

做完这首词，辛弃疾觉得这样抒发自己的感情还不尽兴，又在离开江西到临安的路上，作了一首《鹧鸪天·离豫章别司马汉章大监》，将这两年来外放辗转迁徙之苦娓娓道来：

聚散匆匆不偶然，二年历遍楚山川。但将痛饮酬风月，莫放离歌入管弦。
萦绿带，点青钱，东湖春水碧连天。明朝放我东归去，后夜相思月满船。

宋孝宗淳熙三年（1176年）到四年，辛弃疾历任的几个职位都只有数月。因此，他不得不在各地奔波往来，颇为劳顿，尤其是刚结交的好友又频频分别。这首词，就是辛弃疾宦游的心理写照。

司马汉章就是司马倬，是辛弃疾的至交好友。他们在东湖边饮酒话别，辛弃疾指出两年间走遍楚地山水，聚散匆匆实属宦游无奈。又要离别之时，辛弃疾只能寄希望于与好友痛饮，看湖边风月，不愿将离歌吹奏，徒增伤感。接下来，描写东湖春色，借景生情，江水生绿、荷叶点点、碧水连天的东湖。可惜明天一早，辛弃疾便要起程东归。到了后半夜，辛弃疾没了睡意，人还没有走却有了思念之意。"明朝放我东归去"里的"放"，有司马倬的挽留之意，也有辛弃疾宦海浮沉的任由之意。最后，辛弃疾把目光和思绪停驻在月光照亮的船上。船虽停靠在湖边，却预示着漂泊。

漂泊会使人感到无助和伤悲，在江西赴任临安的路上，辛弃疾平添了几多离愁别恨。于是，他又写下了一首著名的《霜天晓角·旅兴》：

> 吴头楚尾。一棹人千里。休说旧愁新恨，长亭树、今如此。
> 宦游吾倦矣。玉人留我醉。明日万花寒食，得且住、为佳耳。

朝廷对辛弃疾频繁调动，招之即来，挥之即去，完全不顾及他策马南归是想带领宋兵抗金北伐、收复中原，建立盖世功业，打回山东老家的迫切。他在湖北等地辗转为官，匆匆到职又匆匆离任。不断迁徙，终于使他感到厌倦。"宦游吾倦矣。玉人留我醉"两句，"玉人"在古诗词中特指的是容貌年轻美丽的女性。辛弃疾觉得，宦海无常，还是忘记自己的伤感，留在美女的身边，喝着美酒享受醉意。

这首词所体现的归隐之意，不同于辛弃疾后期词作中的那种归隐的心情。辛弃疾只是一时的牢骚之语，实际上他仍对朝廷振作精神、北伐复国抱有相当大的希望。

05 奏疏孝宗，为民申诉

　　宋孝宗淳熙五年（1178 年）春，辛弃疾被召还朝出任大理寺少卿，掌管刑狱之事。在大理寺任职期间，辛弃疾的同事吴交如突然病故。吴交如为官清廉，死后家中连棺材都买不起。对此，辛弃疾感叹道："身为列卿而贫若此，是廉介之士也。"辛弃疾很仗义地自己掏腰包，买了棺材安葬了吴交如。接着，辛弃疾又上书朝廷，下诏赐给吴交如奖赏。辛弃疾虽然仗义疏财，却不屑于曲意逢迎与朝中主和派为伍。

　　自从主战的虞允文去世，诽谤叶衡致使叶衡罢相的汤邦彦，在出使金国时被金人的刀剑、猛士吓破了胆，进而有辱使命，被朝廷流放。曾经锐意北伐的宋孝宗，再也找不到一个能担负起北伐重任的能人。淳熙五年三月，宋孝宗任命主和的史浩为相后，朝廷上下又陶醉在歌舞升平的中外无事、偏安一隅的升平景象之中。而此前因为率逢原事件得罪了内臣的辛弃疾，再一次受到了排挤，在朝中没待多久，就在这年的秋天被外调湖北担任转运副使。

　　在赴湖北任上的途中，辛弃疾又一次经过扬州，与杨炎正、周显先赋词唱和。他不由得遥想昔日，金主完颜亮以投鞭断流之势大举南侵，经采石矶大败之后，又想从扬州渡江，宋军以十万精兵严阵以待。那时，辛弃疾人在中原，正当青春年少，却没有赶上宋金之战。南归后，十多年的辗转为官，使他恢复中原的志向迟迟不能实现，一种时不我待的苦闷之感油然而生。辛弃疾感叹自己老了，头发都白了，也感到身心疲倦，思想上也趋于消沉，只想找一个地方归隐田园。他以自己亲身的经历，劝慰杨炎正、周显先这两位好友，不如从万卷诗书中去学富民之策，将来好为国做些有益的事。

宋孝宗淳熙六年（1179 年）三月，辛弃疾任湖北转运副使仅半年，朝廷又将他调离，改任湖南转运副使。临行前，湖北转运判官王正之在副使衙中的小山亭摆下酒席给辛弃疾饯别。几杯酒下肚后，辛弃疾心含怨苦，写下一首肝肠似火、色貌如花的《摸鱼儿·更能消几番风雨》：

（淳熙己亥，自湖北漕移湖南，同官王正之置酒小山亭，为赋。）
更能消、几番风雨？匆匆春又归去。惜春长怕花开早，何况落红无数。春且住。见说道、天涯芳草无归路。怨春不语。算只有殷勤，画檐蛛网，尽日惹飞絮。

长门事，准拟佳期又误。蛾眉曾有人妒。千金纵买相如赋，脉脉此情谁诉？君莫舞，君不见、玉环飞燕皆尘土！闲愁最苦。休去倚危栏，斜阳正在、烟柳断肠处。

辛弃疾的这首词，是一首看似婉约、实则豪迈的词作，以悲愤沉郁之情，映以凄美之光。辛弃疾和王正之在小山亭中酌酒赏春，见到的却是暮春景色。于是，辛弃疾在上阕便以春起兴，层层写起。一开始是问春：此时的春花、春景哪里经得起几番风雨？毕竟已是暮春时节，匆匆春便归去。接着是惜春：因为担心春天过早离去，辛弃疾甚至责怪花开得早。花开得早，就自然凋零得早，况且满地都是凋零的花瓣。为了这惋惜之情，辛弃疾想极力留住春天，让春天暂且停下脚步。听说芳草已经繁茂得到处都是，阻断春的归路，于是，辛弃疾又埋怨春不理睬自己，只有檐角上的蜘蛛，不辞辛苦地日夜抽丝结网，想要留住春天的脚步，但却只粘到一些杨花柳絮罢了。

这首词的上阕，是借花和蛛网来惜春。也许，辛弃疾作此词时，并不是单纯地怜惜春天。辛弃疾怜惜春天，很难说他不是借指南宋朝廷曾经出现的生机勃勃的抗金局面。但是，经历过符离之败、隆兴和议后，南宋朝廷出现的短暂而生机勃勃的"春天"已经越行越远。宋孝宗皇帝当年锐意北伐的斗志，渐渐被消磨殆尽，朝中的大臣们，又大多主张议和。虽然有一批像辛弃疾一样的爱国志士坚持北伐，但他们的力量已经不能挽留住"春天"流逝的脚步。那在屋檐下勤劳织网的蜘蛛，就是这些人的真实写照，尽管它们很努力地辛勤织网，却只捕到一些杨花柳絮，对大局几乎没有一点改变。

在词的下阕，辛弃疾借用了汉武帝和陈阿娇的典故。陈阿娇是汉武帝的皇后，汉武帝曾经非常喜爱她，还说为她建一座金屋，就是成语"金屋藏娇"的由来。但后来，陈皇后失宠被打入冷宫，也就是长门宫。传说陈皇后为了挽回汉武帝的心，花黄金百斤让司马相如代替她写一篇《长门赋》，叙述自己的忧伤和对汉武帝的思念，果然感动了皇上，陈皇后如愿以偿。可是，辛弃疾的凄苦之情又向谁去诉说呢？接下来，辛弃疾又对受宠者发泄心中的不满：莫要得意，你们难道看不见杨玉环、赵飞燕虽然得到了宠幸，却终究失势，最终化为尘土吗？紧接着，辛弃疾写了自己心中的苦闷，说闲愁最苦，满腔热血无处播撒，只在这闲愁中度过，白白辜负了青春韶华。这在别人眼里的"闲"，却正是辛弃疾"愁"的源头。这愁，是关乎国家民族的愁。采石矶大战后，宋兵士气高昂。完颜亮兵败后，中原义军群起反抗，眼看着大好的一片形势就转瞬即逝。这种状况，让以北伐抗金、恢复中原为己任的辛弃疾怎能不痛心疾首？

那么，怎样才能排解心中郁结的愁苦呢？辛弃疾觉得，只能以置身事外来劝慰自己，不要去凭栏眺望，斜阳正落在柳梢头，那是最令人伤心断肠的地方。在这样的夕阳晚景中，辛弃疾仿佛看到了南宋风雨飘摇、日薄西山的暗淡前途。

这首词，是一首忧时感世之作，辛弃疾时年 40 岁，南归到此已有十七年。在这漫长的岁月中，辛弃疾满以为抗金北伐的壮志能得以施展，收复失地的策略能被采纳，可事实却未能如愿。不仅如此，辛弃疾反而遭到了议和派的排挤和打击，始终不得重用。他连续四年改官六次。这次由湖北转运副使调官湖南，并非奔赴他日夜向往的国防前线，而是照样去担任主管钱粮的官吏，让他感到与他恢复故地之志相去越来越远。他同僚王正之在小山亭中摆酒为他送别，他见景生情，抒发了长期压抑在心中的苦闷之情。这首词，是辛弃疾词中千古流传的名篇，即使在当时，也是流传甚广。南宋文学家罗大经在《鹤林玉露》中记载："斜阳""烟柳"之句，其与"未须愁日暮，天际乍轻阴"者异矣。使在汉唐时，宁不贾种豆种桃之祸哉！愚闻寿皇见此词，颇不悦。然终不加罪，可谓盛德也已。

种豆之祸和种桃之祸这两件事，都是因诗文而得罪于权势。据罗大经所著的《鹤林玉露》中记载，当时，宋孝宗也曾读过这首词。见辛弃疾如此评论朝廷，评论朝中大臣，甚至评论孝宗，难免颇为不悦。幸而宋朝始终有文人待遇优厚的惯例，同时宋孝宗也并不算昏庸，因此，辛弃疾并没有因言获罪。

辛弃疾调任湖南转运副使后，偏巧爆发了民众叛乱事件。湖南可不比湖北。湖南山多地少，人口稠密。除了豪族大姓之外，还有为数众多的少数民族。与日渐凋敝的民生相比，湖南的民族、门户矛盾已不值一提。湖南穷苦百姓的生活状况，就是务农采桑被地主豪强压榨，行商走街会遭奸商劣绅敲诈，即便那些平日里谨小慎微的百姓，也免不了受官府的骚扰，各种苛捐杂税不计其数。

早在宋孝宗乾道年间，湖南地区就连续爆发了好几次武装暴动事件。乾道元年，郴州宜章县上万峒民起而反抗，一度攻占桂阳军城。乾道三年，湖南境内的溪峒诸族武装起事。淳熙二年，起事于湖北的茶商军，在湖南各地活动过。淳熙六年正月，发生了以陈峒为首的农民起义。淳熙六年五月，辛弃疾到任之初，曾发生了李接、陈子明暴动。李接、陈子明以林深路险的山区为根据地，并四出宜章，攻占过连州的阳山县城，道州的江华县城，贵阳军的蓝山、临武两县城。李接、陈子明暴动平息后，又发生了陈峒领导的农民起义。

对农民起义，南宋朝廷格外重视，随即命湖南安抚使王佐亲自率兵征讨。按照王佐的请求，南宋朝廷调拨荆鄂军队供他派遣，又命广南摧峰军屯兵要害之处，防备陈峒军向南逃窜。在各地官军的配合之下，终于将陈峒所领导的农民起义军剿灭，陈峒被杀。

在南宋朝廷看来，剿灭农民起义军自然是大功一件，必须论功行赏，王佐由集英殿修撰晋升为显谟阁待制。在王佐晋升之后，辛弃疾曾写了一首《满江红·贺王宣子产湖南寇》，以示祝贺：

笳鼓归来，举鞭问、何如诸葛。人道是、匆匆五月，渡泸深入。白羽风生貔虎噪，青溪路断猩鼯泣。早红尘、一骑落平冈，捷书急。

三万卷，龙韬客。浑未得，文章力。把诗书马上，笑驱锋镝。金印明年如斗大，貂蝉却自兜鍪出。待刻公勋业到云霄，湑溪石。

在这首词中，辛弃疾将王佐比作诸葛武侯。与诸葛亮一样，王佐也是五月渡泸，深入不毛之地，指挥大军，迅速地剿灭了农民起义军。王佐文武双全，在谈笑之间就平定了农民起义军。升官在即，功名利禄是自然从战功里得来的。在征讨陈峒的过程中，王佐曾纵兵杀戮农民起义军，这在当时也引起了不小的非议。南宋文学家、词人周密在《齐东野语》中记载，王佐在读到辛弃疾的"金印明年如斗大，貂蝉却自兜鍪出"一句时，曾怀疑辛弃疾是讽刺自己乱杀平民，来换取仕途上的富贵。而辛弃疾则是化用陈师道《寄送定州苏尚书》中"枉读平生三万卷，貂蝉当复坐兜鍪"一句，并不是有意讽刺。辛弃疾本是行伍出身，他的志向就是上马能杀敌，下马草军书，终其一生都在为抗金恢复失地的大业而努力。他在《破阵子•为陈同甫赋壮词以寄之》中写道："了却君王天下事，赢得生前身后名。"由此来看，辛弃疾又怎么会有讽刺之意呢？

南宋各地接二连三的叛乱，不仅引起朝廷的警惕，也让辛弃疾感到忧心忡忡、感慨万千。如果说茶商军是商人重利，贪得无厌而成祸患，那么，陈峒起义就是官逼民反了。况且，两湖、两广一带起义频繁，农民起义军达到数万之众。为什么有人振臂一呼，就马上得到千百号人的响应呢？为什么他们要冒死发动起义呢？辛弃疾到任湖南后，遇到不少百姓拦路向他诉说生存的困苦。辛弃疾看到，老百姓连基本生活都不能得到保障，在这种情况下，他们不当盗贼，还有什么出路呢？如果每一次农民起义都堵而不疏，不问清情况就派兵镇压，每出一次盗贼便抓捕惩罚，那么，叛乱和盗贼会是诛之则不可胜诛，也就是治标不治本，没有从根本上解决农民生活艰难困苦问题。因此，宋孝宗淳熙六年（1179 年）六七月间，辛弃疾向宋孝宗上奏了《论盗贼札子》：

臣窃惟方今朝廷清明，法令具备，虽四方万里之远，涵泳德泽如在畿甸。宜乎盗贼不作，兵寝刑措，少副陛下励精求治之意。而比年以来，李金、赖文政、姚明敖、陈子明之变，皆能攘臂一呼，聚众千百，杀掠吏民，死且不顾，重烦大兵翦灭而后已，是岂理所当然者哉？臣窃伏思念，以为实臣等辈分阃持节，居官亡状，不能奉行三尺，斥去贪浊，宣布德意，牧养小民，辜负陛下使令之所致。责之臣辈，不敢逃罪。

在这篇札子当中，辛弃疾开篇就夸赞了孝宗皇帝励精图治、政治清明，指出"宜乎盗贼不作"，盗贼不应该起事。可是，李金、赖文政、姚明敖、陈峒等起义频繁，起义军振臂一呼，百姓不畏朝廷群起而响应，这是为什么呢？辛弃疾指出，这是做臣子的没有奉行陛下的旨意，罪在臣子。辛弃疾还说：

臣闻唐太宗与群臣论盗，或请重法以禁，上唐太宗哂之曰："民之所以为盗者，由赋繁役重，官吏贪求，饥寒切身，故不暇廉耻尔。朕当去奢省费，轻徭薄赋，选用廉吏，使民衣食有余，则自不为盗，安用重法耶。"大哉斯言。其后海内升平，路不拾遗，外户不闭，卒致贞观之治。

辛弃疾引出唐太宗与群臣论盗，借太宗之口指明：百姓为盗，无非是徭役太重，赋税繁多。如果减轻徭役，减少赋税，再选用清廉的官吏，使百姓丰衣足食，人民自然也不会为盗。因此，也就用不上重刑。辛弃疾在奏疏中说：

自臣到任之初，见百姓遮道，自言嗷嗷困苦之状，臣为斯民无所诉，不去为"盗"将安之乎？臣一一按奏，谓"诛之则不可胜诛"。臣试为陛下言其略：陛下不许多取百姓斗面米，今有一岁所取反数倍于前者；陛下不许将百姓租米折纳见钱，今有一石折纳至三倍者；并耗言之，横敛可知。陛下不许科罚人户钱贯，令则有旬日之间追二三千户而科罚者；又有已纳足租税而复科纳者，有已纳足、复纳足、又诬以违限而科罚者。有违法科卖醋钱、写状纸、由子、户帖之属，其钱不可胜计者。军兴之际，又有非军行处所，公然分上中下户而科钱，每都保至数百千；有以贱价抑买，贵价抑卖百姓之物，使之破荡家业，自缢而死者。其他暴征苛敛，不可胜数。

辛弃疾到任之后，对湖南的社会民情做了详细的调查，历数了湖南官吏横征暴敛的种种罪恶事实。南宋朝廷偏安东南，生活骄奢淫逸，挥霍无度，又有巨额军费和纳金税币，都是要取之于民。本来朝廷加在人民身上的赋役已经沉重难负，无奈地方官吏又层层加码，敲骨吸髓，使人民实难活命。辛弃疾又指出：

> 然此特官府聚敛之弊而。流弊之极又有甚者：州以趣办财赋为急，县有残民害物之政而州不敢问；县以并缘科敛为急，吏有残民害物之状而县不敢问；吏以取乞货赂为急，豪民大姓有残民害物之罪而吏不敢问。故田野之民，郡以聚敛害之，县以科率害之，吏以取乞害之，豪民大姓以兼并害之，而又盗贼以剽杀攘夺害之，臣以谓"不去为盗，将安之乎"。

辛弃疾是在说，上级政府为了增加赋税，任凭下级政府做残民害物的事情。百姓不但要遭受郡县官吏的盘剥、土豪地主的欺压，还要遭到盗贼的抢掠和劫杀。这恰恰是官逼民反。如果百姓不去作奸犯科、打家劫舍，还有别的出路吗？接下来，辛弃疾指出：

> 且近年以来，年谷屡丰，粒米狼戾，而盗贼不禁乃如此，一有水旱乘之，臣知其弊有不可胜言者。
>
> 民者国之根本，而贪浊之吏迫使为盗，今年剿除，明年扫荡，譬之木焉，日刻月削，不损则折。臣不胜忧国之心，实有私忧过计者，欲望陛下深思致盗之由，讲求弭盗之术，无恃其有平盗之兵也。

辛弃疾认为，这些年来五谷丰登尚且频发农民起义，一旦遇上洪涝和旱灾，后果就更不堪设想。希望皇帝能够引起深思，仔细考虑盗贼为何会屡禁不止，尤其应该从长远角度思考怎样使盗贼不再出现，而不是倚仗重兵来镇压。辛弃疾在奏疏中说：

> 臣孤危一身久矣，荷陛下保全，事有可为，杀身不顾。况陛下付臣以按察之权，责臣以澄清之任，封部之内，吏有贪浊，职所当问，其敢废旷，以负恩遇？自今贪浊之吏，臣当不畏强御，次第按奏，以俟明宪。庶几荒遐远徼，民得更生，盗贼衰息，以助成朝廷胜残去杀之治。但臣生平则刚拙自信，年来不为众人所容，顾恐言未脱口而祸不旋踵，使他日任陛下远方耳目之寄者，指臣为戒，不敢按吏，以养成盗贼之祸，为可虑耳。

伏望朝廷先以臣今所奏，申敕本路州县：自今以始，洗心革面，皆以惠养元元为意。有违弃法度、畲冒亡厌者，使诸司各扬其职，无徒取小吏按举以应故事。臣不胜幸甚。

辛弃疾在自湖北漕移湖南时写的《摸鱼儿·更能消几番风雨》，已透露他这种孤危处境。难能可贵的是，辛弃疾次第按奏的态度是坚定的。面对贪官污吏的排挤，即使他感到孤危一人久矣，也仍表示杀身不顾，仍然恳切上书。这也看到了辛弃疾铁腕平乱的另一面：爱国忧民。其实，他并不是一个天生强硬的执政长官。十几年做地方官的经历，让他更充分地认识到百姓的疾苦，体会到民众的冷暖。他希望朝廷能够出台一些方略，来整顿吏治、减轻百姓负担，从根本上断绝盗贼叛乱的发生，实现国家的长治久安。

《论盗贼札子》上呈之后，宋孝宗赵昚很是重视，亲自批答辛弃疾要"行其所知，无惮豪强之吏"。宋孝宗在批答中，充分肯定了辛弃疾的想法，给辛弃疾以很大的信心和支持。淳熙六年八月，南宋朝廷任命辛弃疾为潭州（今湖南省长沙市）知州兼湖南安抚使。由此，他便开始了赈济灾民、查处贪官污吏的事业，准备在湖南任上大有一番作为。

06 整顿乡社，建飞虎军

宋孝宗淳熙六年（1179 年）八月，辛弃疾由湖南转运副使晋升为潭州（今湖南省长沙市）知州兼湖南安抚使，再一次担任一路的最高行政长官。此时的湖南，已经饱经盗贼之乱，民不聊生，是一个比当年的滁州还要棘手的烂摊子。滁州的破败主要源于战乱，只要整顿田地、恢复生产，就能让百姓生活重回正轨。而湖南的情况却完全不同。土地基本被地方豪姓大族掌控，再加上各种苛捐杂税繁重，百姓饱受盗贼之乱；又经常发生水旱灾害，庄稼收成不好，百姓食不果腹，生活十分困苦。辛弃疾出任湖南安抚使后，做了许多有利于老百姓的革弊兴利的事情。

淳熙六年秋天，湖南的庄稼几乎颗粒无收，百姓面临着严重的饥荒。因此，作为湖南安抚使的辛弃疾，首先要面临严峻的赈灾任务。辛弃疾向南宋朝廷递呈报告，准备动用官仓里的粮食，来招募百姓前来修筑坡塘，用以工代赈的方式代替发粮救灾的办法。朝廷批准了他这种赈灾办法，认为辛弃疾的办法一则使官米遍及细民；二则兴修水利。也就是既救济了灾民，又兴办了水利，缓解了灾荒，有利于以后的耕作。接着，湖南永州（今湖南省永州市零陵区）、邵州（今湖南省邵阳市）、郴州又闹饥荒。经奏请朝廷批准，辛弃疾把前任守臣王佐所聚敛囤积的十万石米用来赈济灾民。

湖南是汉族和少数民族杂居的地域，但少数民族发展缓慢，文化比较落后。针对这种情况，辛弃疾于淳熙七年（1180 年）夏天，在峒民比较集中的郴州宜章县、桂阳军临武县设立学校，以教养峒民子弟，使边氓同被文化，对少数民族的文化发展做出了一定的贡献。

淳熙七年八月，湖南的漕试（宋代路一级的取解试）在潭州举行。南宋的漕试就相当于明清时的乡试，当时还没有秀才一说。漕试过程中，有人揭发考生与考官营私舞弊，考官滥取第十七名《春秋》卷。辛弃疾亲自覆阅试卷。当查证属实时，便以索亚榜《春秋》卷两易之，纠正谬弊。宋代的"亚榜"大约是备取名单，相当于元代的"备榜"与明清的"副榜"。当打开封印一看，这位为盗取功名而营私舞弊贿赂考官的考生名为赵鼎。而在绍兴年间的朝廷宰相也叫赵鼎。于是，辛弃疾便怒道："佐国元勋，忠简一人，胡为又一赵鼎！"说着，气得把这位赵鼎的卷子扔在了地上。接着，辛弃疾又查阅《礼记》卷子，发现一篇写得极为出色，并赞叹道："观其议论，必豪杰之士也，此不可失。"又打开封印，这张卷子的署名是赵方。

赵方登第之时，专门拜访了辛弃疾。辛弃疾挽留了他三天，二人大谈治国恢复方略，志向投合，辛弃疾特别喜爱赵方。但豪侠仗义的辛弃疾，却苦于没有东西赠送给赵方。辛弃疾的贤内助范夫人知道这一情况后，毫不吝惜地把家里仅有的十端绢拿出来，叫辛弃疾送给赵方。在临别时，辛弃疾又写了几封信，告诉他建司正在招募文员，希望他在仕途上有所发展。

后来，这位赵方最终成为南宋重要人物，官至秘阁修撰，曾任江陵府知府。赵方虽然是一介儒生，却在边地为帅十年，治军严格，命令将士们饮酒不可喝醉，确保每天都能够作战，京西一路也因此得以保全。

辛弃疾不仅为出身下层的知识分子提供进身机会，并兴办县学、救济百姓，还利用南宋朝廷授予他的权力，弹劾当地贪官污吏。辛弃疾认为，那些贪官污吏、地主豪强的剥削，是造成农民起义的根本原因。因此，他严厉惩治贪占百姓租赋的地方高级官员，该杀的杀，该罢的罢。当时的桂阳军赵善珏因昏浊庸鄙、巢占军伍、散失军器，百姓租赋科折银两入己，被辛弃疾毫不留情地劾奏流放了。

为了限制地主豪强势力，他又有计划、有步骤地整顿湖南乡社。在湖南境内的潭州、郴州、连州（今广东省连县）、道州、贵阳等地，有一种名为"乡社"的地方武装组织，有的叫"弹压社"，有的叫"缉捕社"，是湖南各地普遍存在的地主武装。每社的民户少则二三百家，多则五六百家。他们的首领都是各乡的豪绅，居住在山高谷深的地方，大多是独霸一方。

从"弹压""缉捕"的名称来看，说明这些乡社不仅是土豪劣绅欺压乡民的工具，而且还常常聚众生事，扰乱地方，常和官府对抗。他们有如唐朝的藩镇，豪绅们犹如社会初期的诸侯王。这大大小小的诸侯王，是南宋朝廷保证政令畅通的最大障碍。在辛弃疾出任湖南安抚使之前，有些行政长官也意识到乡社的弊端，曾提出整顿和解散乡社的意见，但都没有付诸实施。

辛弃疾经过仔细分析，感觉乡社良莠不齐、贤愚不等，有的具有积极作用，不应该全部解散。再说，如果完全解散，不见得行得通，搞不好还会激起这些豪绅们群起反抗，带来不可收拾的局面。于是，辛弃疾主张从实际出发，对乡社进行整顿。按照乡社平时表现好坏，进行分别处置，好的保留，坏的予以取消。然后限制乡社规模，大社不超过五十人，小社减半。在组织领导上，一律隶属于各县巡尉，由各县县令直接领导支配，所有武器，由县政府统一发放管理。南宋朝廷同意了辛弃疾提出的整顿意见。经过这样的整顿，大大缩小和打击了地主豪强的势力，而且明确了隶属关系，将乡社置于地方政府的节制之下，使其不能随意发展和任意胡来。

在宋代兵制上，有着禁兵、厢兵、乡兵的区别，其中，禁兵、厢兵都是政府招募而来的。禁兵驻扎京师或分番驻防边疆，主要的作用是巩固国防和卫护中央；厢兵是地方兵，主要任务是镇压人民反抗；乡兵是地主豪强的武装，专事欺压百姓，称霸一方。其中，厢兵大多老弱，地方官吏常加役使，从来不加以训练。一旦地方有事，并不能起到镇压的作用。工部侍郎沈介上封事给宋高宗的《三朝北盟会编》在谈论备敌之策时，就提到了当时的军队情况："今之诸将，岂有长虑深计，国尔忘家者耶？运土木以为技巧，岂复使之执兵？操奇赢以行贾，坐市区以谋利，岂复使之习战？缓急有用，驱不素教之兵，付之贪鄙慢令之将，其祸可胜言哉！"沈介认为，大批军人从事商业贸易，不事训练，严重腐蚀了军队的战斗力，败坏了军纪，极大地削弱了军队作为武装集团的职能。允许、纵容军队经商，实在是南宋统治阶层在军队管理方面的一大失误。

对此，辛弃疾在给宋孝宗的奏章中也指出：

军政之散，统率不一，差出占破，略无已时。军人则利于优闲窠坐，奔走公门，苟图衣食，以故教阅废弛，逃亡者不追，冒名者不举。平居则奸民无所忌惮，缓急则卒伍不堪征行。至调大军，千里讨捕，胜负未决，伤威损重，为害非细。

乞依广东摧锋、荆南神劲、福建左翼例，别创一军，以湖南飞虎为名，止拨属三牙、密院，专听帅臣节制调度，庶使夷獠知有军威，望风慑服。

平时，军队不足以威慑奸民，遇到紧急事态，又不能出征打仗，很难靠这样的军队维持地方治安，更不用说北伐抗金了。为了加强地方军队建设，辛弃疾请求朝廷依照广东摧锋、荆南神劲、福建左翼诸君的先例，另创一军，以湖南飞虎为名，叫湖南"飞虎军"。湖南的飞虎也叫鼯鼠，可爬到高处伸开四肢，利用飞膜在空中滑翔。创立这支军队的目的，就是能在林间机动作战。飞虎军隶属于枢密院和御前步军司，并归湖南安抚使节制和调度。

在这之前，南宋朝廷早就想在湖南建军，而且三年前就下达过建军的诏令。当时，湖南的长官因担心建军而聚集一批游手好闲的不法分子，非但起不到威慑的作用，反而给朝廷添乱，就一直没有实施。在宋孝宗亲自批复辛弃疾的《论盗贼札子》中，提出了盗贼为祸湖南的原因，就是当地政府没有一支精锐的军队。辛弃疾提出建军的请求，马上得到了宋孝宗的批准，并让他负责办理。

辛弃疾接到朝廷批准的诏令后，就立即开始了筹划。他先利用五代时占据湖南的楚王马殷的营垒故基，建造营房和校场。因城建军营需用的石料多，为了节省成本、解决建筑材料短缺的问题，辛弃疾命令囚犯前往潭州城北的驼咀山中，开凿石块，并按照个人所犯罪行的轻重，规定其所应供送的石块，还允许他们以此来减轻刑罚。囚犯们都因吃不饱穿不暖，又负不起各种繁杂的赋税而犯了刑法，自然也乐于用劳作的方式，去山中开凿石头以减轻罪行。就这样，石料的问题迎刃而解。

由于建军营所需费用巨大，也让辛弃疾着实动了不少脑筋。为筹措军需費用，辛弃疾将湖南原来实行的"税酒法"改为"榷酒法"。就是由原来酒商售酒交税，改官府收酒税为专营。这样做，建军的费用虽然有了，却不免会损害商人的利益，也会得罪一些官员，进而招来了政敌和好事者的诋毁和阻挠。这些人揪住湖南专营酒品的事情不放，连番弹劾辛弃疾，说他借建新军聚敛民财。更过分的是，这些人说辛弃疾强令刑徒上工，而后逐一赦免，似有施恩之嫌，恐其心智不小。宋孝宗这位面对南宋内忧外患的皇帝，听后也是惊恐不安，即刻下"御前金字牌"给辛弃疾，要他立刻停止新军草创，以查核实情。

"御前金字牌"是宋朝专供皇帝传达紧急命令的谕旨。接到谕旨的官员，必须立即按照皇帝的命令办事，丝毫不可耽误。当年，岳飞北伐时，宋高宗曾在一天内连下十二道金牌，催促他放弃抗金，尽快还朝。辛弃疾接到金牌后，并不甘心自己满腔心血半途而废，便没有告诉任何人，将御前金字牌藏了起来。随即，他果敢地向手下发布命令：营建新军营的工作，必须在一个月内完成，如有耽误，军法处置。

听到辛弃疾命令的监办官可犯了难。此时，正值梅雨季节，天天下雨，建房用的瓦片无法烧制，材料供应不上，工期眼看着就要延迟。监办官除了愁得团团转外，根本想不出什么好办法来。辛弃疾了解情况后，叫监办官不要着急。他随即下令，要求潭州城的百姓，除了官舍、神祠之外，每户人家从自家房顶上匀出二十片瓦，可得政府补偿一百文钱。这样做，基本不影响百姓的房屋，又大大缩短了工期，老百姓自然非常支持。结果，不足两天，瓦片就筹足了，让属下们对辛弃疾临事的机智惊叹不已。

飞虎军营终于在一个月之内建成。随后，辛弃疾才把御用金字牌拿了出来，并向皇帝呈上奏章，把湖南专营酒品的收入和建军过程中所用的款项一一开列清楚，并把军营绘成图样同时上报朝廷查验。宋孝宗看后，打消了对他的疑虑，没再追查他所谓的聚敛问题。

在士兵的选拔上，辛弃疾定出了严格的标准。能被他选拔入伍的士兵，个个健壮勇武。很快，就招募了健壮勇武的步兵二千，骑兵五百。其实，湖南本地不产军马，辛弃疾便命属下从广西境外买回了五百匹战马，又奏请南宋朝廷下诏广西安抚使，每年代买三十匹战马，以补充军用。辛弃疾又为飞虎军配备了武器，并配以严格的训练。一系列的有力措施，让飞虎军很快走上了正轨。

飞虎军建成后，使频频发生的盗贼作乱和其他少数民族闹事的情况明显减少。湖南整个省区内，都因为有了这只精悍的军队，治安得到大大的改善，社会也日趋稳定。南宋著名的理学家朱熹，称赞飞虎军选募既精，器械亦备，经营治理，辛弃疾用力至多。以至于后来数年，盗贼不起，蛮徭贴息，一路赖之以安。不仅如此，辛弃疾创建的这支飞虎军，在以后的三十多年内，一直是沿江一带最精悍的防御力量，金人闻之而胆战，并将其称为"虎儿军"。

第四章

江头未是风波恶

别有人间行路难

01 泪别潭州，赴任江西

　　辛弃疾虽然建立了飞虎军，也得到了皇帝的认可，但心中愁闷却始终挥之不去。宋孝宗淳熙七年（1180 年）秋天，辛弃疾的好友赵景明赴江陵县任县令经过潭州。在与好友的酬唱应和中，辛弃疾写下了一首《水调歌头·赵景明知县韵》，词中流露出无处置身的感慨：

　　官事未易了，且向酒边来。君如无我，问君怀抱向谁开。但放平生丘壑，莫管旁人嘲骂，深蛰要惊雷。白发还自笑，何地置衰颓。

　　五车书，千石饮，百遍才。新词未到，琼瑰先梦满吾怀。已过西风重九，且要黄花入手，诗兴未关梅。君要花满县，桃李趁时栽。

　　赵景明名奇暐。辛弃疾的另一首《蝶恋花·和赵景明知县令》词中，开头一句便是"老去怕寻年少伴"，可见两个人是故交。还有一首《沁园春·送赵景明知县东归再用前韵》，也是送给赵景明这位老朋友的。赵景明是一个怎样的人，南宋进士叶适在五言诗《送赵景明知江陵县》中做了如下介绍："吾友赵景明，材绝世不近。疏通无流连，豪俊有细谨。尤精人间事，照见肝隔隐。忽然奋须髯，万事供指准。汉士兴伐胡，唐军业诛镇。久已爱褒封，谁能困嘲摈。四十七年前，时节忧患尽。去作江陵公，风雨结愁悯。昔称长官贵，今叹服劳窘。夜光傥无因，早晦行自引。田园多遁夫，未必抱奇蕴。勉发千钧机，一射强虏殒。"

辛弃疾词的头一句"官事未易了"语出《晋书·傅咸传》之中："杨骏弟济素与咸善，与咸书曰：'江海之流混混，故能成其深广也。天下大器，非可稍了，而相观每事欲了。生子痴，了官事，官事未易了也。'"

此时，赵景明并不得志，二人相聚便多了些倾诉，赵景明更向辛弃疾说了许多知心的话。"问君怀抱向谁开"引自杜甫《奉待严大夫》中的"身老时危思会面，一生襟抱向谁开"。也许，辛弃疾与赵景明的友情是相濡以沫，所以，辛弃疾才说："若是没有我，你又能向谁开怀倾诉呢？"接着，辛弃疾劝慰朋友道："且放平生山水间，别管他人嘲骂声，蛰伏之物需要惊雷唤醒，如今你我都已是白发生，却只能苦笑，有何处能安置这衰颓之身？"

其实，辛弃疾在劝慰友人时，也是在开解自己。虽然辛弃疾的仕途有了转机，在任上也实实在在地做了许多事，干出了许多成绩，但他的心目中，却一直渴望北伐，而实现这一理想却遥遥无期。回不到出生时的齐鲁大地，辛弃疾又如何能找到可以置衰颓的桑梓地？

读书五车，饮酒千石，为文百篇，在这快意的生活中，辛弃疾仍带着那么一丝惋惜，乐工的新词未到，却因心中无法化解的愁思而在梦中泪流满怀。最后，辛弃疾勉励任职一方、想要有所作为的赵景明说："当前时节，重阳已过，菊花将开，梅花未至。既然你想要鲜花满县，那桃树梨树可要栽下。"在辛弃疾看来，为官一任就要造福一方，马虎不得。此时，在湖南任上的辛弃疾，已显现出惊人的才干，所取得的卓越政绩，不正是他种下的"桃李"吗？

在湖南任上，辛弃疾的政绩是显著的，最为突出的是创建飞虎军。从选址立营，到招兵买马；从设定建制，到训练兵士，都是辛弃疾一人抓紧操办，一人抓紧实施。虽有枢密院的不断阻挠，也早在他预料当中。所以，建房用的石料短缺、瓦片无法烧制，不管出现什么状况，在他这里都不是问题，所有问题都以最快的速度迎刃而解。南宋朝廷之中，能够支持他的叶衡已经不在了，朝廷下发的"御前金字牌"叫他立即停建飞虎军。但辛弃疾又怎么会眼看着多年的夙愿就此半途而废呢？所以，他采取受而不办的策略，表现出一种"将在外，君命有所不受"的魄力。此后，飞虎军雄镇一方，为江上诸军之冠，无疑雄辩地证明了辛弃疾超常的军事才能。南宋朝廷也确实缺乏像辛弃疾这样能带兵打仗，又有才干的官员。但是否能让他在湖南继续干下去，在军政方面有更多建树，辛弃疾自己也没底。

事实上，南宋朝廷以他们的所谓"祖宗家法"，是绝不会让地方长吏久于其任，以免像唐朝藩镇割据那样培植其私人势力，形成独立王国，威胁朝廷的统治。即使南宋有立志北伐，上马可杀敌，下马可为文的杰出人才，也会以各种理由，遏制其势力。就像辛弃疾这样一个十分能干的人，也因他刚拙自信，不会曲意迎合，又是来自北方的归正人，朝廷更是时时提防，绝不允许他在一个职位上久任。

但是，对辛弃疾这个归正人，南宋朝廷始终采取既要利用其才能又从来不信任不倚重的矛盾态度。在湖南如此，在其他任何地方也是如此。因此，在湖南任职期间，辛弃疾虽然大刀阔斧，大有作为，以致不为世人所容，内心的苦闷与不得意，往往流露于笔端。这首《阮郎归·耒阳道中为张处父推官赋》就是其中之一：

> 山前灯火欲黄昏，山头来去云。鹧鸪声里数家村，潇湘逢故人。
>
> 挥羽扇，整纶巾，少年鞍马尘。如今憔悴赋招魂，儒冠多误身。

作这首词时，辛弃疾正在湖南安抚使任上。一次，辛弃疾察看州县行在湖南耒阳道上，忽逢故友张处父推官。推官是州郡的属官。意外重逢，让两个人倾盖相接，把襟话旧，于是，辛弃疾就写下了这首词。

这首词，将写景与表现心理状态密切结合，自然巧妙地使用典故，突出表现了辛弃疾屡遭排斥，频繁调任，无法施展抱负的愁闷心情。

词的上阕，写辛弃疾在凄凉的黄昏旅途中巧遇故人的情景。这里语言简练，笔触清疏，对黄昏这一特定环境描绘和渲染得十分生动。

词下阕为全篇中心。开头承"潇湘逢故人"一句，写辛弃疾见到友人，不免要倾诉衷肠，回首往事。下阕前三句是回忆，辛弃疾借三国时手持羽扇、头戴纶巾、指挥三军的诸葛亮的潇洒形象，巧妙地比喻自己当年抗击金兵时的潇洒风度。"鞍马尘"就是跃马扬戈，驰骋在烟尘滚滚的沙场上。辛弃疾抚今追昔，心潮澎湃，不胜感慨。当年，他渡淮南归，正是为了要在恢复事业中干出一番轰轰烈烈的业绩。不料，如今却屡遭排斥，频繁调任，抗金的奏策有如废纸，无人问津。

收尾"如今憔悴赋招魂，儒冠多误身"二句，文意陡折，发出英雄失意的牢骚，表现出辛弃疾极其痛苦和复杂的心情。辛弃疾认为，他之所以会落得如今这样一个丧魂落魄、疲惫不堪的境地，大概由于自己是个儒生的缘故吧！对此，他似乎也百思不得其解。"招魂"是《楚辞》的篇名，辛弃疾使用此典故，表明他这种牢骚不是推搪低徊，而是发自内心的倔强与执着。他在愤慨之中，不是发誓远游，而是自己"招魂"，也就是要找回自己曾经抗击金兵的英雄气概。

就像辛弃疾一手创建的飞虎军，如果朝廷能够让他统帅北伐，那将是一件多么令人振奋人心的事情！但遗憾的是，在宋孝宗淳熙七年（1180年）年底，鉴于辛弃疾之前在湖南赈济成功，朝廷命他重新出任隆兴府兼江西安抚使。旨到之日，辛弃疾即刻前往江西救灾。

对于辛弃疾来说，这调任来得太过突然，又仿佛在他的意料之中。来不及多想，辛弃疾便命自己的手下迅速打点行装，准备上路。

当他带领家小，骑马走出潭州城时，看到上千飞虎军将士齐刷刷地站在道路两边为他送行，潭州百姓也自发地站在道路两边，想挽留辛弃疾。兵民都害怕这位安抚使一走，继任的官员会像以往那样对他们百般盘剥，让生活刚刚趋于安定的湖南重回那段黑暗、痛苦的过去。可惜，君命难违，辛弃疾又有什么办法呢？纵然他胸怀普天的志向，可仍旧是皇帝赵昚座下的一员官吏，他能做到的，只有听命于朝廷的安排，并安然接受。

辛弃疾从起兵抗金，由一位意气风发的少年英雄，到离任湖南，时光一转眼已经过去了二十余年。这期间，他不断奏疏南宋朝廷，希望尽自己的力量，能够使皇帝和朝廷针砭时弊，重视北伐。辛弃疾脑海中，储备了抗金战争的整体蓝图，有胆有识，表现出旷古少有的卓识远谋。但南宋朝廷却始终没让他在抗金前线一试身手，而是频繁将他调动于政务之上。尽管如此，辛弃疾仍然怀着对百姓、苍生深厚的爱，在所任职内坚持从百姓利益出发，是个责任心、抱负心极其强烈的人。所以，无论在哪里，他都能做出一番事业。

从南归的那一刻起，他就一直盼着大宋的军队能够越过黄河，斩杀金贼，将那些被奴役的汉人百姓解救出来。祖父辛赞的尸骨还掩埋在山东的土壤下，这个将自己辛苦拉扯大的老人，是多么希望自己的墓碑还能刻上"大

宋"二字！无奈就在这一年，江南一带很多地方都发生了旱灾，江西的灾
情尤为严重，旱灾延续了春、夏、秋三个季节，许多地方的老百姓都没有了
糊口的粮食。禾稼殆尽，饥民载道，带给社会的负面影响是巨大的，甚至会
引发社会政治危机。调任下达，他临危受命，只好车马劳顿风雨兼程地去赴
任。当然，宋孝宗也不是不念旧情的人，他在任命辛弃疾为隆兴府兼江西安
抚使时，又加任了一个右文殿修撰的授职，权当承认辛弃疾是士大夫一员，
而非匹马来投的归正人。

02 闭籴者配，强籴者斩

宋孝宗淳熙七年（1180 年）至八年，南宋境内的江、浙、淮西、湖北等地发生了严重的旱灾，江西的灾民大量涌到淮南讨饭。为保证本地灾民有粮食吃，各地行政长官采取"遏籴（禁止购买谷米）"措施，不准外州县到本地买粮食，以致朝廷不得不下令"禁诸路遏籴"，并打开义仓赈济受灾民众。正是在这种严峻的情况下，淳熙七年冬，辛弃疾被朝廷进职为右文殿修撰，奉调担任隆兴（今江西省南昌市）府兼江西安抚使，主持江西救灾工作。

隆兴府属江南西路，下辖南昌、新建、奉新、丰城、分宁、武宁、靖安、进贤八县，人口众多。辛弃疾的前任张子颜就开始举办荒政，但成效不大。由于当地粮食歉收，灾荒严重，奸商又趁火打劫，囤积粮食，抬高粮价，借机生财。受灾最严重的自然是百姓。隆兴府沿途的州县饿殍遍地，惨不忍睹。经历茶商军和陈峒等起义，已经让朝廷胆战心惊，如今又出现数量这么庞大的饥民，总是担心会酿成更大的祸患。鉴于辛弃疾在滁州、湖南表现出来的非凡才能和卓越胆识，宋孝宗希望他能像在滁州和湖南那样，扭转江西颓势，挽救朝廷危局。所以，在调辛弃疾的诏令中，就已明确提出要他到隆兴府"任责荒政"。

早在孝宗淳熙四年（1177 年），辛弃疾曾经就任过隆兴府知府兼江西安抚使。当时，辛弃疾的任期虽然仅有三个月，但他带领群众利用江河枯水季节兴修水利，为民造福，一直被老百姓津津乐道。此次赴任，也算是旧地重游。对当地的风土人情，辛弃疾已熟谙于心，只是在大旱之年，禾稼殆尽、饥民载道，更叫他触目惊心。所以，他一到任，就立即为解决粮荒问题展开工作。工作中，他再次展现果敢擅断和雷厉风行的风格，对认准的事，必一干到底，有条不紊地采取了一系列紧急救荒措施。

首先，面对粮荒引起的混乱，辛弃疾在隆兴府境内的大街上张贴告示："闭粜者配，强籴者斩"这八个字，是对买卖双方采取的强硬措施，对双方都有利。所谓"闭粜者配"，就是任何县府和州府的赈灾官员，都不得禁止外地灾民前来领粮，强制各大粮商不准借机囤积粮食，不准哄抬粮价，否则就要发配充军，从而调动境内粮源以赈灾；所谓"强籴者斩"，就是不准灾民到粮店去强买，更不准他们去抢粮，干扰正常的赈济工作，违者即刻处决。一配一斩，清晰明了。辛弃疾的这条法令，虽然看起来严格得有些过分，但事实上，正是因为辛弃疾的当机立断，江西才没有发生大规模的暴乱。同时，也制止了贪官污吏与奸商勾结坑害民众的不法行为，稳定了江西岌岌可危的社会秩序，没有出现湖南那般饥民啸聚为盗的乱局。

由于政府储备的粮食不多，辛弃疾又行使一路帅臣的职权，多方开辟粮源。辛弃疾下令把官府的钱财、银器统统拿出来，作为贩运粮食的资金。又召集许多官吏、儒生、商贾、市民会商，让他们各自推举既能干又诚信的人出来，从官府借取一定数量的钱物当作本金，到外地去采购粮食。而且要求限一个月内运回到本府各县出卖，不但卖出所得的利润政府分文不取，政府的贷款也不收取利息，只需要归还本金就行。这种稳挣不赔的生意，能干的人当然都愿意去做。于是，一船又一船的粮食大批运回隆兴府，府内的粮价也自然大幅度回落，这样，就从根本上解决了粮食的平稳供应问题。辛弃疾仅用一个月的时间，便让江西百姓得以度过饥荒。

辛弃疾不仅努力救济隆兴府的灾民，还对周边地区的灾民给以无私的援救。当时，邻近的信州（今江西省上饶市）也闹粮荒，信州知州谢源明听说隆兴府运来很多粮米，便请求辛弃疾给予援助，借粮赈灾。隆兴府其他官员们都认为自己的问题刚刚解决，粮食库存本已不足，不该出借，而辛弃疾却说："均为赤子，皆王民也。"辛弃疾的意思是说，同样是救援百姓，不应该分地域，而应该打破地域门户之见，积极帮助邻近地区。于是，辛弃疾便把十分之三的米船拨付信州，解了信州灾民的燃眉之急。

淳熙六年（1179 年）至八年，南宋理学家朱熹曾任南康（今江西省星子县）知军。淳熙七年，南康军适逢大旱，民众面临缺粮的危险。朱熹写了三封信给自己的前任隆兴知府张子颜，又写信给江西装运副使钱仲耕、转运判官张坚，请求他们放米船通过，救济南康饥民，但他们都实行遏籴政策，不准米船把米运往南康军。辛弃疾到任后，才撤销遏籴政策，米船获得通行，南康灾民才获得救济。

朱熹对辛弃疾的"闭籴者配，强籴者斩"这一隆兴救荒八字方针，给予了高度赞许。他对别人说："这便见得他有才，此八字若做两旁，便乱道。"朱熹还带了几本书作为礼物，登门看望辛弃疾，而辛弃疾则拿出珍藏多年的好酒招待他。席间，朱熹赞扬辛弃疾救灾是大快人心的事，并表达对辛弃疾的钦佩。

在江西治理荒政任上，辛弃疾忙里偷闲到过久负盛名的滕王阁。他触景生情，留下了一首思古怀今的《贺新郎·赋滕王阁》：

高阁临江渚。访层城、空余旧迹，黯然怀古。画栋珠帘当日事，不见朝云暮雨。但遗意、西山南浦。天宇修眉浮新绿，映悠悠潭影长如故。空有恨，奈何许。

王郎健笔夸翘楚。到如今、落霞孤鹜，竟传佳句。物换星移知几度，梦想珠歌翠舞。为徒倚阑干凝伫。目断平芜苍波晚，快西风、一瞬澄襟暑。谁共饮，有诗侣。

滕王阁故地在今江西省南昌市，濒临赣江。唐贞观十三年（639 年），唐高祖之子李元婴被封为滕王。李元婴在唐高宗永徽年间（650—655 年）担任洪州都督时，修建此阁，故称滕王阁。李元婴建滕王阁本为观景玩乐，却因王勃的一篇《秋日登洪府滕王阁饯别序》也就是简称的《滕王阁序》而盛名传世。

词首的"高阁"句，出自于王勃《滕王阁》一诗中："滕王高阁临江渚，佩玉鸣鸾罢歌舞。画栋朝飞南浦云，珠帘暮卷西山雨。闲云潭影日悠悠，物换星移几度秋。阁中帝子今何在？槛外长江空自流。"滕王阁不光是登高望远的好地方，也是歌舞宴乐的殿堂。雅好歌舞的滕王李元婴都督南昌，将初唐宫廷歌舞、蕃乐胡舞从中原引入江西，滕阁之兴，正为满足其极亭榭歌舞之盛的嗜好。据记载，唐时，宫廷燕乐为滕王阁歌舞的主调，而流行一时的民歌民舞如《春莺啭》《菩萨蛮》《伊州大曲》等也时时演唱。据明代诗人陈文烛所著的《重修滕王阁记》记载，滕王李元婴又雅好丹青，他工书画，妙音律，喜蝴蝶，所绘蝴蝶图乃一时绝品。宋代诗人陈师道曾赞叹道："滕王蛱蝶江都马，一纸千金不当价。"此诗为滕王阁这座千古名楼，引来一段丹青风流。据传，学作蛱蝶图，曾是文人聚会滕王阁时的一大快事。其后，文人书画之盛，更为滕王阁平添了几分风雅气质。

辛弃疾到访滕王阁时，不见昔日笙歌燕舞和文人墨客聚会的盛景，只看到一息尚存的西山南浦留迹："兴地纪胜江南西路隆兴府，西山在新建西大江之外，高两千丈，周三百里。"

辛弃疾这首词上阕收尾的"天宇"句，源自韩愈《南山诗》："天宇浮修眉，浓绿画新就。"给人一种物是人非的感觉。

王勃是初唐时期有名的才子，文章写得非常漂亮。唐高宗上元二年（675年），王勃省亲途中经过南昌，正逢洪州都督阎伯屿在滕王阁大宴宾客，王勃即席写成《秋日登洪府滕王阁饯别序》，后人称为《滕王阁序》。

这其中还有个故事。相传阎伯屿有个女婿，名叫吴子章，此人诗赋文章也都写得不坏。阎公对他的这位女婿非常满意。只是吴子章仕途不达，一直未被重用，阎公常为此不平。这次趁着在滕王阁举行宴会之机，阎伯屿让吴子章事先准备好一篇文章，以便在庆祝宴会上一鸣惊人。吴子章对老泰山的用意心领神会，便埋头在书房里翻阅古书，寻找典故，推敲字句。到重阳节这天，也就是宴会当天，他早已把自己写的文章背得滚瓜烂熟，就等着当着文武官员、名流学士的面，一展自己的风采。

酒过三巡时，阎伯屿就举杯向满座宾客倡议：希望有人能即兴写一篇文章，记下宴会的盛况。说着，阎伯屿命令侍从端出早已备好的文房四宝，遍让宾客。客人们知道他的用意，所以都推辞不写。王勃不知内情，当侍者捧着文房四宝来到他的面前时，只有二十几岁的王勃竟不推辞，接过纸笔，当众挥笔而书。阎都督老大不高兴，拂衣而起，转入帐后，教人去看王勃写些什么。听说王勃开首写道"豫章故郡，洪都新府"，都督便说：不过是老生常谈。又闻"星分翼轸，地接衡庐"，沉吟不语。等听到"落霞与孤鹜齐飞，秋水共长天一色"，都督不得不叹服道："此真天才，当垂不朽！"

到了唐高宗上元三年（676 年）冬，长安城里都传颂着脍炙人口的《滕王阁序》。一天，唐高宗也读到这篇序文，见有"落霞与孤鹜齐飞，秋水共长天一色"句，不禁拍案惊道："此乃千古绝唱，真天才也。"又读下云，见到一首四韵八句诗："滕王高阁临江渚，佩玉鸣鸾罢歌舞。画栋朝飞南浦云，珠帘暮卷西山雨。闲云潭影日悠悠，物换星移几度秋。阁中帝子今何在？槛外长江空自流。"唐高宗连声叹道："好诗，好诗！作了一篇长文字，还有如此好诗作出来，岂非强弩之末尚能穿七扎乎！真乃罕世之才，罕世之才！"

辛弃疾的这首词，可以看出他对初唐四杰之首的王勃欣赏有加。在这首词中，辛弃疾抒发了滕王阁时过境迁的沧桑和自己志在恢复山河却怀才不遇的沉郁心情，这其中的感触，或许只有诗侣是相通的。

03 吹箫声断，倚楼人独

宋孝宗淳熙八年（1181年）七月，辛弃疾的好友、著名学者吕祖谦去世。吕祖谦出生于东莱的吕氏家庭，为吕夷简五世孙、吕大器之子。吕氏家族自吕好问携家南渡后，在婺州（今浙江省金华市）定居，成为一个影响朝野的名门望族。这个家族的影响力，主要体现于承传北宋的"二程"、承传中原文献之家学，曾出现过吕本中、吕硼中、吕大器、吕祖谦、吕祖俭等著名学者。

吕祖谦字伯恭，南宋著名理学家、史学家，他所创立的婺学在当时也颇有影响，世称"东莱先生"。在学术上，吕祖谦与朱熹、张栻齐名，并称为"东南三贤"。清代学者全祖望说："宋干、淳以后，学派为而为三：朱学也，吕学也，陆学也。三家同时，皆不甚合，朱学以格物致知，陆学以名明心，吕学则兼取其长，而复以中原文献之流润色之，门庭路径虽别，要其归宿于圣人，则一也。"由此可见，当时吕祖谦的学术声望与地位都非同一般，不愧是南宋"浙学"的创始者。对这样一位博学通才的道学家，辛弃疾的内心充满了敬畏。虽然平时与吕祖谦并无诗词唱和，但是在吕祖谦过世之后，辛弃疾撰写了一篇声情并茂的祭文，以告慰朋友的在天之灵：

维淳熙八年，岁次辛丑，十一月癸酉朔，初二日甲戌，奉议郎充右文殿修撰、知隆兴军府事、兼管内劝农营田事、主管江南西路安抚司公事、马步军都总管辛弃疾，谨以清酌庶羞之奠，致祭于近故宫使直阁大著吕公之灵：

惟公天质之美，道学之粹，操存之既固，而充养之又至，一私欲未始萌于心，极万变不足以移其志。故不力而勇，甚和而毅，泯爱憎以无迹，更毁誉而一致。宜君上益信其贤，而同异者莫得窥其际也。任重道远，发轫早岁。遗外形体，辍寝忘味。事物之来，若未始经吾意。迫夫审是决疑，则精微正大，中在物之理而尽处物之义。私淑诸人，固已设科不拒，闻者心醉。道行志得，抑将使群才并用而众志咸遂也。

乃若生长见闻，人物门第，高文大册，博览强记，虽皆过绝于人，要之盖其余事。厥今上承伊、洛，远溯洙、泗，佥曰"朱、张、东莱"，屹鼎立于一世。学者有宗，圣传不坠。又皆齿壮而力强，夫何南轩亡而病废。上方付公以斯文，谓究用其犹未。传闻有瘳，士夫增气。忽反袂而相吊，惊邮传于殄瘁。

呜呼！寿考之不究，德业之未试，室无人而子幼，何福善而如是！然而天所畀与者其得抑多矣，又奚有于乔松之年、赵孟之贵。

弃疾半世倾风，同朝托契，尝从游于南轩，盖于公而敬畏。兹物论之共悼，宁有怀于私惠。缄忱辞于千里，寓哀情于一酹。尚飨！

对于南宋文人而言，祭文不是轻易可以出手的，非至交至亲者不作。从文中所言的"弃疾半世倾风，同朝托契，尝从游于南轩，盖于公而敬畏"，足见辛弃疾与吕祖谦之间的私交非同一般。在祭文开头，辛弃疾不吝溢美之词，极力推崇吕祖谦高尚人格，说"公天质之美，道学之粹，操存之既固，而充养之又至，一私欲未始萌于心，极万变不足以移其志"。辛弃疾先夸赞好友的道德情操，接着对吕祖谦的人品、学识作高度评价，说吕祖谦天资卓越，道学纯粹，既有着不错的资质，又十分注重后天的自身修养，少有个人私心，是"不力而勇，甚和而毅，泯爱憎以无迹，更毁誉而一致"的人，而且"君上益信其贤，而同异者莫得窥其际"。吕祖谦始终孜孜以求。他起步很早，经常是废寝忘食地专研学问，因此善于审时度势、决断疑难，"中在物之理而尽处物之义"。如果他的志向能够达到，那么将会是群才并用，众人振兴大宋的志向便能实现。

接着，辛弃疾又在学术上给予了吕祖谦极高评价："生长见闻，人物门地，高文大册，博览强记，虽皆过绝于人，要之盖其余事。"而"上承伊、洛，远溯洙、泗"，才是道学家的天职。"金曰'朱、张、东莱'，屹鼎立于一世。学者有宗，圣传不坠"，是说吕祖谦在学术上承北宋伊洛之学问，又自立门户，可与朱熹、张栻媲美，屹立于当世，使得圣贤之学得以传世。可惜，正在齿牙坚固、身强力壮之时，吕祖谦却溘然长逝，实在令人扼腕。

斯人已去，辛弃疾也是无比叹息。功业未成，吕祖谦却留下了年幼的孩子撒手人寰，也只能抱怨天妒英才。祭文这一评价，正是辛弃疾对"吕学"的盖棺论定。

遗憾的是，在现存吕祖谦所有著作中，没有任何与辛弃疾交往的记载。但是，辛弃疾与南宋"浙学"的另一位人物陈亮，就作词数阕进行唱和。陈亮是吕祖谦的好友，在辛弃疾任大理少卿时，就经吕祖谦介绍与陈亮相识。陈亮在所著的《与吕伯恭正字书》中，就提到了辛弃疾复职一事："辛幼安、王仲衡俱召还。"说明辛弃疾的进退，一直为吕祖谦所关注。陈亮在所著的《与辛幼安殿撰书》说："四海所系望者，东序惟元晦，西序惟公与子师耳。又觉夐夐然若不相入，甚思，无个伯恭在中间撋就也。"从中可以看出，陈亮凡与朱熹或辛弃疾议论"不相入"，陈亮便需要吕祖谦"在中间撋就"撮合，从侧面透露出吕祖谦与辛弃疾的交游情况。

辛弃疾在与吕祖谦的交往中，虽没有诗词唱和，但是一篇祭文，就足以说明辛弃疾对吕祖谦有着深厚感情。其实，在宋孝宗淳熙元年（1174 年）辛弃疾任官建康时，就曾作过一首小调《太常引·建康中秋夜为吕叔潜赋》，证明辛弃疾与吕氏家族早有交往：

一轮秋影转金波，飞镜又重磨。把酒问姮娥：被白发、欺人奈何？
乘风好去，长空万里，直下看山河。斫去桂婆娑，人道是、清光更多。

吕叔潜是谁呢？历史学家邓广铭在《稼轩词编年笺注》中指出："汪应辰《文定集》卷十五有《与吕叔潜书》，中有'魏公再相'及'伯恭今安在，两日前作书托韩无咎附便'等语。陈岩肖《庚溪诗话》卷下有吕叔潜大虬记事云云一则，因知吕氏名大虬，盖亦当时群彦之一，其始末则概无可靠。"

吕大虬实际是吕祖谦从叔。汪应辰师从吕祖谦伯父吕本中，吕祖谦后从汪应辰学。汪氏与吕氏家族交往甚密，他在《文定集》卷十《题吕申公集》中记载道："顷知成都始得《正献吕申公集》。盖散逸之余，衰辑补缀，非当时全书矣。然见所未见亦不为少，其杂以他人所作者什三四。既而以授公之曾孙、金部员外郎企中。金部又属其兄子大麟，大虬考订刊删为二十卷。"

吕氏族系里，确有"企中"之人，但是，吕好问生有五子，无名曰"企中"者，其五子也无人任"金部员外郎中"之职。吕祖谦在《东莱集》卷十四《东莱公家传》中记载：吕好问有子男五人：长本中，尝任中书舍人、直学士院，终于左朝奉郎，提举江州太平观；次揆中，终于郊社斋郎；次弸中，尝任驾部员外郎，终于右朝请郎，主管台州崇道观；次用中，常人兵部员外郎，终于右朝奉大夫，主管台州崇道观；次忱中，尝试提举江南东路，常平茶盐公事，终于右朝奉郎，知饶州。"

浙江师范大学中文系教授黄灵庚，在其所著的《辛弃疾与吕氏家族交游考二题》中记载："孙九人：大器、大伦、大猷、大凤、大阳、大同、大麟、大虬、大兴。曾孙十五人：祖谦、祖仁、祖俭、祖恕、祖重、祖悫、祖平、祖辛、祖节、祖宪、祖永、祖志、祖慈、祖义、祖忞。"据此判定，吕大虬是吕大器之弟。吕祖谦是吕大器长子，居吕氏"祖"字辈之首，而其父吕大器又居吕氏"大"字辈之首，大虬居第八，祖谦与大虬虽属叔侄，年龄恐怕相仿，不会差得太多。

从辛弃疾的词题可知，此词作于宋孝宗淳熙元年（1174年）中秋夜，为赠友之作。当时，辛弃疾任江东安抚司参议官，治所建康（今江苏省南京市）。当时，辛弃疾南归已整整十二年。在这十二年中，为了收复中原，他曾多次上书，力主抗金。起初，始终坚持投降路线的宋高宗赵构传位于其族侄赵眘，是为宋孝宗。一时之间，南宋朝野弥漫着准备抗战的气氛。但经"符离之败"和"隆兴和议"后，事实证明赵眘也是畏敌如虎的投降派。宋孝宗乾道元年（1165年），辛弃疾上奏赵眘《美芹十论》；乾道六年（1170年），辛弃疾上宰相虞允文《九议》。七年之内，连同另外两篇，辛弃疾四次奏议，慷慨激昂，反复陈说恢复之事，但始终被冷落一旁，未被采纳。在阴暗的政治环境中，辛弃疾只能以诗词来抒发自己的心愿。

这首词的上阕，辛弃疾巧妙地运用神话传说，构成一种超现实的艺术境界，以寄托自己的理想与情怀。"一轮秋影转金波。飞镜又重磨。把酒问姮娥：被白发、欺人奈何？"辛弃疾在中秋之夜，对月抒怀，一轮缓缓移动的秋月，洒下万里金波，就像那刚磨亮的铜镜，又飞上了天廓。词中，辛弃疾很自然地想到了与月亮有关的神话传说：吃了不死之药飞入月宫的嫦娥，以及月中高五百丈的桂树。辛弃疾举起酒杯问那月中的嫦娥：怎么办呢？白发日增，好像故意欺负我。辛弃疾用这两个有关月亮的神话传说，借以体现自己的政治理想与阴暗的政治现实之间的矛盾。辛弃疾一生以恢复中原为己任，但残酷的现实，使他的理想不能实现。想到功业无成、白发已多，辛弃疾对着皎洁的月光，迸发出不甘屈服的一问："被白发、欺人奈何？"这一句，有力地展示了辛弃疾怀才不遇的内心矛盾。

这首词的下阕，辛弃疾又运用想象的翅膀，直入月宫，幻想砍去遮住月光的桂树。他的想象更加离奇，更加远离尘世，别有一番讽喻，寄托了辛弃疾更切实的深意。"乘风好去，长空万里，直下看山河"，此时的山河已经破碎，不复是旧日的山河。若要重新整拾，看到旧日全貌，则须斫去桂婆娑。桂，传说是在月亮之中。桂婆娑是说月中的桂枝繁茂交织，把月亮都遮蔽住了，人们说，砍去月中摇曳的桂树枝柯，将使月亮洒下人间的光辉更多，让月亮放射出更多清光，才能更好地看清大宋山河。

这里，辛弃疾所说的挡住月光的桂婆娑，实际是指带给人民黑暗的婆娑桂影。它不仅包括南宋朝廷内外的投降势力，也包括了金人的势力。此时，从被金人统治下的北方南归而来的辛弃疾，不可能不深切地怀想被金人统治、压迫的家乡人民。进一步说，这首词还可以理想为一种更广泛的象征意义，即扫荡黑暗，把光明带给人间。这一巨大的意义，是辛弃疾利用神话材料，借助于想象和逻辑推断所塑造的形象来实现的。

总之，辛弃疾的这首词，无论是从它的艺术境界还是从它的气象和风格看，都与运用神话传说的浪漫主义手法有着密切的联系。作者通过超现实的艺术境界，来解决现实的苦闷与理想的浪漫主义，是一首富有浓厚浪漫主义色彩的优秀词作。

04 佞人诬陷，因谗被黜

从宋孝宗乾道七年（1172 年）担任滁州太守起，到淳熙六年（1179 年）任湖南安抚使、淳熙七年任江西安抚使止，辛弃疾从一介佐官，做到了主管一路的地方大员，在仕途上可谓是走上了康庄大道。而剿灭茶商军、创建飞虎军、湖南赈灾、江西赈灾等具体工作，也让辛弃疾一展身手，充分体现了自身价值。

可是，每次的北望神州，辛弃疾却望不穿关山重重的中原大地；每年的佳节团聚，辛弃疾都遥寄着对故乡亲人的思念。怀着收复失地的愿望南归，辛弃疾没在南宋歌舞升平、纸醉金迷的生活中沉沦，他始终把恢复大计当成头等大事。从南归那时起，辛弃疾就不断地向朝廷进言，为出兵北伐献计献策。可是，南宋当权者并没有把恢复故土当成头等的重要事情来抓，辛弃疾的屡次出谋划策，不但没有引起当权者的重视，而且还引起朝中主和派的不满，辛弃疾的持论劲直，自然也不为迎合。

平生夙愿无法实现，辛弃疾便将这满腔热情投注于事业当中。他每得到效力的机会，就会特别认真、特别执着地做好该做的事情。他检举贪官污吏、修筑堤坝水渠、兴办教育，朝廷需要的时候，他还可以治理荒政、整顿治安，总是尽力做到造福一方，并得到了宋孝宗的认可。

辛弃疾为南宋的长治久安所提出的经济思想也不容小觑。辛弃疾的经济思想主要体现在三个方面：一是屯田思想。他的屯田思想与传统的屯田思想略有相似之处，但侧重却各不相同。辛弃疾的屯田重在对归正军民的安抚，重在安民，建立坚固的抗金根据地，而不是自力更生解决军粮供应不足，其国防意义远远大于经济意义。二是富国思想。其实，富国的方法无非就是处理好开源和节流的关系。辛弃疾的富国方法，重在节流，做到惜费；重在富民，藏富于民。不可否认，他的最终目的还是为抗金大业服务的，但他能意识到藏富于民，确实是十分难能可贵的。三是货币思想。货币思想是辛弃疾经济思想中最闪光的一点，也是最为世人称道的。面对"会子危机"，作为爱国人士的辛弃疾应时代要求，写成了《论行用会子疏》。从重视会子，使钱、会无别，扩大会子的使用范围，无处不体现着辛弃疾眼光的独特、精准。时至今日，依然有可借鉴的历史意义。

因为辛弃疾在隆兴救荒成效显著，得到了帝嘉之、进一秩回报。南宋朝廷把辛弃疾的官阶由宣教郎提升为奉议郎。宋孝宗淳熙八年（1181 年）秋，辛弃疾奉调出任两浙西路提点刑狱。

辛弃疾曾在《美芹十论》的第九论里，向宋孝宗陈述过对官员"久任"的重要性。他说："古之人君，其信任大臣也，不间於谗说；其图回大功也，不恤於小节。"只有这样做，才能让大臣们完成难得看似不可为之事。对于边郡守臣、屯戌守将，皆非朝夕可则其成功，故不宜轻移遽迁，妨碍他们安心工作。但宋孝宗并没有采纳他的意见，而且对辛弃疾调动得更加频繁。

宋孝宗淳熙三年（1176 年），辛弃疾由江西提点刑狱调为京西转运判官；淳熙四年二月，调任江陵府知府兼湖北安抚使，同年冬迁隆兴府知府兼江西安抚使；淳熙五年春，召为大理少卿；淳熙六年三月，改任湖南转运副使，同年秋，又改知潭州兼湖南安抚使；淳熙七年冬，加右文殿修撰，再调任隆兴府兼江西安抚使。

毫无疑问，在地方任上，辛弃疾办了许多利国利民的大事，孝宗皇帝对他所取得的成绩也是认可的。对辛弃疾个人来说，营建飞虎军，算是践行了他希冀在军事方面发挥自己特长的夙愿。按说，他对自己所取得的成绩应该感到高兴才是，可他在这一段时间所作的词作，却流露出一种倦怠想家的情绪。比如，《菩萨蛮·西风都是行人恨》中，写一个远离故乡的游子在旅途中计算归家的日期："西风都是行人恨，马头渐喜归期近。"《鹧鸪天·一片归心拟乱云》里，写思家心切、心绪纷乱的游子："一片归心拟乱云，春来谙尽恶黄昏。"《满庭芳·和洪丞相景伯韵》中，流露出对官场生活的疲倦："且约湖边风月，功名事欲使谁知。"这些词作，比起之前豪情万丈的话语和踌躇满志立誓恢复旧山河的词作，更多的是写柔情似水的离愁别恨和刻骨铭心的思念。像《满江红·敲碎离愁》中的"相思字，空盈幅。相思意，何时足"，《蝶恋花·和赵景明知县韵》中的"凉夜愁肠千百转。一雁西风，锦字何时遣"等词句，都像是曲尽柔情，缠绵悱恻，显出侠骨柔肠两兼的风度。

那么，为什么这位气壮肝胆的英雄，会在事业蒸蒸日上之时，表现出寸肠柔断的心态呢？这恐怕还是理想和现实的矛盾造成的。古人在不得志的官场失意时，常常会借儿女情长来消解心中的抑郁之情，像杜牧、柳永等都是如此。辛弃疾这一时期的词作，大多在铺写柔情思念时，会带入对官场的倦怠情绪。在朝廷做官不得志，还不如回家与妻妾共度良宵。其实，词所表达的意思应该反过来理解。辛弃疾的词，表面上是说思念情人，而实际上是说因为仕途不顺，恢复的志向难以实现，心中一直充满惆怅。

辛弃疾不仅有遭受频繁调动的烦恼，还时常受到来自不同方面的批评和攻击，感觉自己陷入了孤危的境地。由于他性格耿直、处事果决、执法严格、亲贵不论，自然得罪了不少官员。在湖北安抚使任上，与率逢源发生冲突就是一例。而打击走私、平定乱局，又难免杀伐；营建新城、兴修水利、创立飞虎军，都必定耗资巨大。这些作为，都给不少人以生事的口实。

辛弃疾曾在词作中说过自己是"江南游子""无人会，登临意"，他的拳拳报国之心，得不到人们的理解。宋孝宗淳熙六年（1179年），辛弃疾在《淳熙己亥论盗贼札子》里坦言："臣孤危一身久矣，荷陛下保全，事有可为。"又说："臣生平刚拙自信身不顾，年来不为众人所容。"他也曾想到过归隐，但又欲归不得，只好靠饮酒听歌打发日子。他说："二年鱼鸟江上，笑我往来忙。富贵何时休问，离别中年堪恨，憔悴鬓成霜。丝竹陶写耳，急羽且飞觞。"但是，他又始终没有忘记当年掷地有声的誓言："要挽银河仙浪，西北洗胡沙。"由此，他即使面对暴风骤雨般的非议，也不会离开。他要抓住一切机会，努力成就一番事业，来"了却君王天下事，赢得生前身后名"。

然而，事情往往不尽人意。辛弃疾在湖南安抚使任上这一年，是政绩卓著的一年，同时，也是受到攻击弹劾最多的一年。很多捕风捉影的是是非非，被那些好事者制造出来，以致与朱熹齐名的陆九渊直接写信给辛弃疾，加以告诫；中书舍人崔敦指斥辛弃疾"肆厥贪求，指公财为囊橐；敢于诛艾，视赤子犹草菅"，想必是听到了一些风声；而朝中的御史台官员王蔺，便搜拾了这许多风言风语，特别是搜拾了有关辛弃疾创置湖南"飞虎军"的一些传闻，在宋孝宗淳熙八年（1181年）腊月初，对他提出弹劾。王蔺在弹章中说：辛弃疾"奸贪凶暴，帅湖南日虐害乡里"，在湖南"用钱如泥沙，杀人如草芥"。辛弃疾没有因为枢密院的阻挠而停止修盖"飞虎军"营栅的事，被王蔺的弹章说成是"凭陵上司"；辛弃疾和居官于南宋朝廷中的朋友有些书信往来，也被王蔺的弹章诬为"缔结同类""方广赂遗"。

王蔺在弹章中写道："淫风殉货，义存商训知名；酷吏之名，事匪汉朝之美。岂意公平之世，乃闻残黩之称。罪既发舒，理难容贷。尔乘时自奋，慕义来归，顾尝推以诚心，亦既委以方面。曾微报效，遽暴过愆：肆厥贪求，指公财为囊橐；敢于诛艾，视赤子犹草菅。凭陵上司，缔结同类，愤行中外之士，怨积江湖之民。方广赂遗，庶消讥议。负予及此，为尔怅然。尚念间关向旧之初心，迄用平恕隆宽之中典：悉镌秘职，并解新官。宜讼前非，意图后效。"

南宋朝廷接到弹章后，根本不容辛弃疾有任何分辩，把王蔺所举述的一切，都认作辛弃疾实有的罪行。在王蔺提出这道弹章不久前，朝廷本来已经发布了一道新命令，调辛弃疾去做两浙西路提点刑狱公事。而王蔺呈递弹章后，朝廷不但立即将辛弃疾的新任罢免，而且连"右文殿修撰"的贴职竟也一并削夺。

辛弃疾因无端遭受谗谤，写了一首七言律诗《送别湖南部曲》。这首诗，通过描写自己，以及对武勇有为的飞虎军下属的关怀热爱，鼓励飞虎军自己为国效忠。即使遭受政治挫折、生活困厄，自己也心甘情愿，寄寓了辛弃疾壮志未酬的一腔忠愤。全篇抒情极尽抑扬顿挫之能事，使豪宕不平之气漫溢纸上：

青衫匹马万人呼，幕府当年急急符。

愧我明珠成薏苡，负君赤手缚於菟。

观书到老眼如镜，论事惊人胆满躯。

万里云霄送君去，不妨风雨破吾庐。

这首诗的头两句，说他在湖南任安抚使时，十分风光，在办公地点每天都很忙碌，手下人进进出出传达他的文书命令。"愧我明珠成薏苡"用的是东汉马援的典故。据资料载，马援到越南大战，越南这个地方瘴气很厉害，马援便使用当地的薏米来抵御瘴气。等打完仗，他载着满满一车薏米回来。越南的薏米颗粒非常大，而且光洁饱满，权贵们看见了，以为他带回来的是满满的一车珍珠，都指望着能分到一点。当时，马援正受皇帝宠爱，他不向任何人解释，便把薏米直接运回家。马援死了之后，权贵们便以此来攻击他，说他私自运了一车珍珠回家，皇帝听了以后，也非常生气。辛弃疾用这个典故，就是把自己比作马援，借指弹劾他建军时贪污的那些人误解了他。

"负君赤手缚於菟"这一句，是对赠诗对象说的。"於菟"是古时候湖南、湖北一带对老虎的称呼。辛弃疾说我就要离开湖南了，辜负了跟你们一同作战的约定。

"观书到老眼如镜，论事惊人胆满躯"这两句，是表明自己习惯看书的老眼，明如宝镜，有知人之明。自己在论事方面，有胆有识，敢于挺身而出，仗义执言，不像他人那样畏首畏尾，顾虑重重。

诗的结尾两句，着重点明送别之情。第七句"万里云霄送君去"，重点是对飞虎军裨将的祝愿，但愿他们都官运亨通、鹏程万里、青云直上。而第八句"不妨风雨破吾庐"是写他自己，化用的是杜甫《茅屋为秋风所破歌》的句子："安得广厦千万间，大庇天下寒士俱欢颜，风雨不动安如山！呜呼，何时眼前突兀见此屋，吾庐独破受冻死亦足！"意思是只要天下苍生都居有定所，即使我的房子不蔽风雨也心甘情愿。这两句诗表达了辛弃疾送别的心情，只要被送的壮士有广阔的前途，到后来能为国家效力，即使自己遭受政治上的挫折，在风雨交加的日子里，忍受吾庐独破的困厄生活也心甘情愿。

纵观整首诗，意思就是我为官一任造福一方，现在却被误解被弹劾，不能和你们一起作战，愿你们以后能平步青云，只要黎民苍生都过上好日子，我就心满意足了。全诗展示了诗人先公后私、先人后己的优秀品质，也表现了一位久经沙场的大将热爱部属的可贵精神。

05 掀髯把酒，君期汗漫

回想起宋高宗三十二年（1162 年）闰二月，辛弃疾在五万金兵的营中活捉叛徒张安国，献俘建康，斩首示众，总是让人振奋不已。这一壮举，也受到了宋高宗的赞叹，辛弃疾因此名重一时。只可惜，宋高宗赵构所领导的南宋政权向来胆小怕事，内心惧怕金人，又防范着北方的抗金义兵。所以，辛弃疾轰轰烈烈的壮岁旌旗拥万夫的南归之举，换来的只是立刻被解除武装，派往江阴军做个闲职签判。而他部众的万余人，只被当作南下的流民安置。

南归的结果没有像辛弃疾想象的那样，得到朝廷的重视，尽展其雄才大略，挥拥万夫，横戈杀敌收复中原。他不得不顶着一个归正人的头衔，在南宋朝廷的猜忌下，举步维艰地向他的理想靠近。

归正人在当时的南宋是一个很尴尬的身份。南宋朝廷虽然对前来归顺的归正人常常予以高官厚禄，以笼络人心，但是，南宋朝廷上上下下对归正人都怀有很深的猜忌心理。朝廷对归正人的不予重用，同僚对归正人的不予信任，这样一个政治环境，辛弃疾的疾呼不可能送达圣听，他的谋略也不可能被重视。他觉得，自身处境的艰难困苦，不知何时才能玉汝于成。

辛弃疾深知自己位微言轻，空有一腔统一祖国的壮志，没有机会施展才能。他也曾上书皇上，陈述自己的政见，希冀得到重用，但却始终没有结果。要让自己的抗战理论被当权者重视，从而实现自己的抗金抱负，只能寄希望于被南宋官员引荐。于是，辛弃疾广交朋友，并向志同道合的人表达自己的壮志。而写词，则成为他最有利的工具。

辛弃疾从南归之初出任江阴军签判开始，到宋孝宗淳熙二年（1175 年）秋出任江西提点刑狱，共计十四年。这十四年，是他奔波漂泊、沉沦下僚的十四年。归正人的身份，让他始终无法得到南宋朝廷的信任，这种满怀壮志却不得重用的状况，让他不免觉得有一种寄人篱下、漂泊无依之感。为了生存，或者是为了自己的政治前途，辛弃疾利用诗词唱和的方式，为自己的仕途开拓一线生机。杜艳所著的《辛弃疾唱和词研究》中指出，这十四年间，辛弃疾共有词作三十五首，其中唱和词十七首，而上呈首唱之作多达十三首，和作四首。

《宋史·辛弃疾传》中记载："乾道四年，通判建康府。"辛弃疾在建康任通判的经历，无论在政治方面，还是在文学方面，都具有重要意义，是他人生的转折点。辛弃疾是以添差通判的身份任职建康府的。当时，在建康府任职的官吏有很多是朝中的知名人士。辛弃疾借游玩集宴之机，趁公务闲暇之时，适时与他们酬答唱和，或议论时政，或抒写恢复，或商略抗敌。同时，辛弃疾也委婉地流露出些许出身下僚、空怀壮志，却无人引荐之意。

当时，赵介庵就是其中的一个重要的人物。赵介庵字德庄，名彦端，号介庵，为赵宋宗室。赵介庵于宋高宗绍兴十八年（1138 年）考中进士，时年仅 17 岁。辛弃疾任建康通判时，赵介庵任江南东路转运副使，驻节建康，两人因此相识。赵介庵长辛弃疾 19 岁，成名又早，为辛弃疾的前辈。更因为他是赵氏宗室，又很有威力和名望，辛弃疾对其可谓是敬重有加。

有一次，赵介庵过生日时，辛弃疾应邀参加了寿宴，并即席写了一首《水调歌头·寿赵漕介庵》：

千里渥洼种，名动帝王家。金銮当日奏草，落笔万龙蛇。带得无边春下，等待江山都老，教看鬓方鸦。莫管钱流地，且拟醉黄花。

唤双成，歌弄玉，舞绿华。一觞为饮千岁，江海吸流霞。闻道清都帝所，要挽银河仙浪，西北洗胡沙。回首日边去，云里认飞车。

在这首词中，辛弃疾极力颂扬赵氏。首句"千里渥洼种，名动帝王家"便点出了赵氏身世不凡，接下来又赞他"金銮当日奏草，落笔万龙蛇"的功绩。在下阕写到"闻道清都帝所，要挽银河仙浪，西北洗胡沙"，试探性地询问南宋朝廷是否有恢复之志，并期待赵介庵有朝一日"回首日边去"，不要忘了还有辛弃疾在"云里认飞车"，企盼着他的归来，带来日边的消息。

在这首寿词中，因为是拜托人家举荐自己，辛弃疾不得不讲了一些应酬性质的恭维话。而志在"西北洗胡沙"的思想，在这首词里已是锋芒独现，这是其他文人墨客逢场作戏写的祝寿词所无法比拟的。然而，赵介庵生性淡泊，辛弃疾这次干谒没有得到预期的效果。但是，这位前辈的风度文采，却给辛弃疾留下难以磨灭的印象。赵介庵是当朝名士，辛弃疾虽未通过他实现恢复之志，却也因他结识了一些有识之士，如辛弃疾后来闲居上饶时与他隔江而居的韩元吉等。

建康留守史致道也是辛弃疾常往来的一位官员。辛弃疾添差通判的闲职，勉强算是建康行宫一把手史致道的行政助理。辛弃疾对史致道非常钦佩，因此尊敬有加。两人交往甚密，经常探讨富国强民、恢复中原的大计。史致道名正志，镇江丹阳人。他喜好舞文弄墨，屡有唱酬，素来标榜恢复，于是，辛弃疾与他多有唱和。

辛弃疾在赠予史致道的三首词中，称赞他为"尊俎上，英雄表"，歌颂他"从容帷幄去，整顿乾坤了"，并期以"袖里珍奇光五色，他年要补天西北"的厚望。然而，史致道并不是主战之人，此人不过是见风使舵而已。他窃取吴若的《江淮表理论》为《恢复要览》，无非是应景高宗视师江上罢了。隆兴北伐失败后，孝宗下罪己诏，从此恢复锐志不似从前那般坚决。从此，史致道再没上这类奏折。因此，对辛弃疾一再呈辞言恢复，史致道未发表任何言论，更谈不上引荐辛弃疾。

辛弃疾的交友极其广泛。当时，在建康府中，也不乏真证赏识辛弃疾才学见识的人，叶衡便是其中的一位。叶衡字梦锡，婺州金华人。宋高宗绍兴十八年（1148 年）进士及第，《宋史·叶衡传》称叶衡为"负才足智，理兵事甚悉"。他在任枢密院都承旨时，措置民兵曾称得兵之要，又力主恢复，与辛弃疾意趣相合，十分投缘。叶衡在任淮西军马钱粮总领时，非常器重辛弃疾。

对于能够赏识自己的叶衡，辛弃疾自然也十分敬重他，渐渐互为知己，常与叶衡同游，并为他祝寿。宋孝宗淳熙元年（1174 年）正月，叶衡知建康府、提举学事兼管内劝农营田使。因为叶衡的大力举荐，辛弃疾出任江东安抚司参议官。两个人的这次共事虽然只有一个月的时间，但辛弃疾为叶衡先后呈上了四首词作。在《洞仙歌·为叶丞相作》这首词中，辛弃疾盛赞叶衡为"旧日中朝司马"，将他比作宋朝名相司马光。日后在独游蒋山之时，辛弃疾在《一剪梅·游蒋山呈叶丞相》这首词中，想起当时与叶衡"探梅踏雪几何时"的情景，不禁感叹"白石冈头曲岸西。一片闲愁，芳草萋萋"。

当然，辛弃疾在呈词中，谈得最多的仍然是他的恢复方略和怀才不遇。宋孝宗淳熙元年（1174 年）春，叶衡由建康留守被召入朝担任右丞相之职，辛弃疾也因叶衡的推荐，当了仓部郎官。辛弃疾在赴任临安（今江苏省杭州市）时，途经钱塘江观潮，写了这首词《摸鱼儿·观潮上叶丞相》赠给叶衡：

望飞来、半空鸥鹭。须臾动地鼙鼓。截江组练驱山去，鏖战未收貔虎。朝又暮。诮惯得、吴儿不怕蛟龙怒。风波平步。看红旆惊飞，跳鱼直上，蹙踏浪花舞。

凭谁问，万里长鲸吞吐。人间儿戏千弩。滔天力倦知何事，白马素车东去。堪恨处。人道是、子胥冤愤终千古。功名自误。谩教得陶朱，五湖西子，一舸弄烟雨。

在辛弃疾的笔下，气势壮观的钱塘江大潮，成为惊天动地的鼙鼓。在他的眼中，汹涌的潮水如同千军万马，以排山倒海之势滚滚而来，如激战中的勇士、似奔驰的貔虎势不可当。潮水上涨，如此骇人，似乎无人可以驾驭。然而，对江上的渔民来说，却又因为司空见惯，不把它当回事。"朝又暮"以下，就是写这些弄潮儿嬉戏于潮水中的动人情景。"诮惯得"犹言习以为常；"吴儿"泛指钱塘江畔的青年渔民；"旆"是旗帜，"蹙"是踩踏。南宋文学家、词人周密在《武林旧事·观潮》中记载："吴儿善泅者数百，皆披发文身，手持十幅大彩旗，争先鼓勇，溯迎而上，出没于鲸波万仞中，腾身百变，而旗略不沾湿，以此夸能。"辛弃疾所写的，正是这种场面。旁观者惊心动魄，这些勇士们却自由自在，在潮水中踏着浪花欢腾舞蹈，红旗飞扬，人像鱼儿在波涛中跳跃出没，极为精彩壮观。整个上阕破空而来，似一篇战斗檄文。此处，完全可以理解为辛弃疾以"吴儿"自喻，向叶衡表明，在战争中他亦会"风波平步。看红旆惊飞，跳鱼直上，蹙踏浪花舞"。

面对"万里长鲸吞吐"般浩大的潮水，辛弃疾思绪万千。他想起后梁钱武肃王命令数百名弓弩手用箭射潮头，企图阻止潮水前进，情同玩笑，所以称之为"人间儿戏千弩"，其结果便是"滔天力倦知何事，白马素车东去"。这两句是说，那滔滔的潮水尽力流泻并不懂得什么事，它依旧像白马驾着素车向东方奔去。"白马素车"典出枚乘的《七发》："其少进也，浩浩皑皑，如素车白马帷盖之张。"白马素车是说白浪滔天的样子。"堪恨处"以下，是叙述传说中在潮头之上的伍子胥的遭遇。"人道是、属镂怨愤终千古"，讲的是吴王不但不采纳伍子胥的意见，而且赐他属镂剑自杀，从而遗恨千古。在这里，辛弃疾实际上是以伍子胥自喻。他想到自己光复中原的建议不被朝廷采纳，而且由此引来了恶意的攻击，无法为国家建功立业，所以下句说"功名自误"。

"谩教得陶朱，五湖西子，一舸弄烟雨"，说的是吴王不听伍子胥的建议亡国以后的事。"谩教得"就是空教得，有白白便宜了的意思；"五湖"或指太湖，或指太湖附近的湖泊；陶朱是范蠡，西子是西施。陶朱公范蠡帮助越王勾践灭到吴国后，便携带西施乘小舟隐遁于五湖之中。辛弃疾回忆起历史上吴、越之争，联想到眼前国家前途命运不堪设想，所以，结尾意境极其沉郁，与本词开头的雄大气魄对应来看，就可以看出辛弃疾无时无地不在惦念国事。观潮，看"吴儿"戏水，本来是兴高采烈的事，但触景伤情，辛弃疾想到自己耗费心血，26 岁奏《美芹十论》、31 岁进《九议》，条陈战守之策，却与主和派不和，从而沉沦下僚。

辛弃疾借用伍子胥的典故，委婉地道出了不被当权者信任、重用的忧愤之情。叶衡也是锐意恢复之人，对辛弃疾一身都是愁自然也是心领神会。短短一个月的共事，让叶衡更加了解并赏识辛弃疾，于是便向孝宗力荐，称辛弃疾慷慨有大略。正因为又叶衡的推荐，辛弃疾的政治生涯才逐步进入了上升阶段。

虽说辛弃疾在事业上有所上升，但在南宋朝廷频繁的调派下，四处更迭职务，终日忙于地方事务。虽然全面展示了他在政治、军事上的多方面才能，是得以大用，却远非其志，与他矢志不渝的挥师北伐、恢复中原的梦想还是大相径庭的。

06 百舍声中，断肠片片

　　淳熙二年（1175年）六月，辛弃疾任江西提点刑狱，并节制诸军，讨捕茶商军。经过三个月左右的周密部署和层层围剿，一支在湖南、江西、广东等地掀起很大骚动的茶商军，被辛弃疾完全平定。这时的辛弃疾，工作有了明显的进展，事业有了提升。虽然不是他理想中的率军北伐，但看似与理想更近一步，辛弃疾的内心，应该感到非常高兴。在他的诗词里，也应该表现出踌躇满志、慷慨激昂的情怀。可是，在他所写的《满江红·赣州席上呈陈季陵太守》这首词里，却流露出漂泊无依的凄凉之感：

　　落日苍茫，风才定、片帆无力。还记得、眉来眼去，水光山色。倦客不知身近远，佳人已卜归消息。便归来、只是赋行云，襄王客。

　　些个事，如何得。知有恨，休重忆。但楚天特地，暮云凝碧。过眼不如人意事，十常八九今头白。笑江州、司马太多情，青衫湿。

　　辛弃疾的这首词，是赠给赣州太守陈季陵的。陈季陵名天麟，历任饶州、襄阳、赣州知府，很少有政绩，每一任上都是没过多久就被罢职。陈季陵因何被罢职，史料上没有明确的记载，但罢职原因不会是在镇压茶商军中有失职行为。因为在辛弃疾呈送给朝廷的奏章中，已经把镇压茶商军的功绩归功于陈季陵。辛弃疾在词中说："些个事，如何得？知有恨，休重忆。"也许是因为一些一言难尽的事情，陈季陵罢职辞行，辛弃疾才在宴席上赋词慰之。

这首词的上阕，主要是写别离。开头两句写景：暮色苍茫，风平浪静，一叶孤舟有气无力地停在江边。这些景色，给离宴涂上了一层凄苦的色彩，烘托出一派离别气氛。"还记得"二句回忆往事，写双方有过一段相处的美好时光。"眉来眼去，水光山色"，说的是两人在工作上是配合的、默契的。这段看似快乐的往事，而今却不能再给人以美好的享受，不过是以乐景写哀情，更增加离人的悲哀而已。"倦客"二句写离别。倦客当指陈季陵，称之为倦客，是对罢职者的委婉说法。因陈季陵遭到沉重打击，神志颓丧，已"不知身近远了"。"佳人已卜归消息"，也是一种婉转的说法。其实是恰在此时，"佳人"应该是有所指，但没有明说。"佳人"的离去，使陈季陵痛苦不堪。末二句写后会无期。在这里，辛弃疾使用了一个假设句，说明即便佳人归来，和楚襄王梦高唐、赋行云一样，不过是梦幻而已，并非现实。

这首词的下阕，主要是劝勉与激励。"些个事"四句，劝陈季陵不要为那些小事而烦恼。其实是说，那些小事儿有谁能事先知道。既然事已如此，恨也没用，想也没用，就让它过去算了。"但楚天"二句，是说佳人虽然归去，楚天还是有情的。"暮云凝碧"四字，再写暮色，以照应开头。这里虽只提到暮云凝碧，从语境上说也应包含佳人殊未来在内，与上阕的"佳人已卜归消息"遥相呼应，且重申了佳人难再得之意。"过眼"二句即事明理，说明人生在世，得意时少，失意时多。自古如此，何必要愁得"今白头"呢！从表面上看，是笑陈季陵太多情，其实是激励陈季陵要振作起来。

虽说辛弃疾的这首词是写给陈季陵的，但从词中也不难看出这也是辛弃疾的内心表白。风才定片帆无力，此刻的辛弃疾，或许也感到自己就如同汪洋中茫茫然不知所归的风帆。想当年，壮岁旌旗拥万夫的壮举，他年要补天西北的斗志，到头来却只是触目惊心的一番风雨，一番狼藉。在南归的十四年里，他苦苦地追求努力，不懈地施展才华，换来的却只是"倦客不知身远近"。或许，辛弃疾是借陈季陵的罢职，看清了对于南宋朝廷而言，自己永远只能是"襄王客"。追求功业又能怎样？得到了赏识又能怎样？到如今，不也只能感叹"过眼不如人意事，十常八九今头白"吗？

平定茶商军后，辛弃疾确实也得到朝廷的重用。在这一时期里，辛弃疾的情绪也是有些振奋的，感到自己的才华终于得到用武之地。但这个时期是那么短暂。接下来，辛弃疾往返于江、淮、两湖，为仕途不断奔波。期间，虽然取得了突出政绩，名声因之而鹊起，但也被各种繁杂的政务所困扰。这段时期，辛弃疾没有时间和精力再向上陈词思虑恢复大计，他的词也多作于送别宴席上，充满了浓浓的离愁别绪。他刚毅果敢的处事作风，与南宋宽忍懦弱的士大夫风格格格不入。于是，辛弃疾屡遭非议责难，甚至是严厉抨击。因此，辛弃疾在酒席宴上频频与好友告别，也不免抹上一层重重的忧谗畏讥的心理。

怀着满腔热血却屡遭猜忌，欲思报国却无路请缨，倍感失落的辛弃疾内心无比痛苦。辛弃疾觉得，与其在颠沛流离的宦游中孤危一人、四面楚歌，倒不如归隐山林、享受安逸。于是，辛弃疾渐渐萌生了退隐之心。

在辛弃疾离任湖北的时候，同僚周嗣武、王正之、赵善括等设宴送行。眼前的朋友之情，即将面临的离别之恨，辛弃疾不免感慨万分。于是，辛弃疾在酒宴上，即席写了一首《水调歌头·折尽武昌柳》：

（淳熙己亥，自湖北漕移湖南，周总领、王漕、赵守置酒南楼，席上留别。）

折尽武昌柳，挂席上潇湘。二年鱼鸟江上，笑我往来忙。富贵何时休问，离别中年堪恨，憔悴鬓成霜，丝竹陶写耳，急羽且飞觞。

序兰亭，歌赤壁，绣衣香。使君千骑鼓吹，风采汉侯王。莫把离歌频唱，可惜南楼佳处，风月已凄凉。在家贫亦好，此语试平章。

很显然，对朝廷频繁调动自己的工作岗位，辛弃疾嘴上不说，心里面也是颇有牢骚的。为此，他只能自嘲，借天上飞的鸟、江里游的鱼自嘲。嘲笑什么呢？都是往来繁忙。仕宦频繁，奔波劳顿，此时力透纸背。"富贵何时休问，离别中年堪恨，憔悴鬓成霜"，是说做官的有权有势就显得富贵起来，这是封建社会官场上的一般追求。但辛弃疾眼里的富贵，却包含建功立业在内。恢复失地的志愿难以达到，所以他说"休问"，意思是难以言说。

在辛弃疾看来，到了中年没个固所，人还在颠沛流离当中，身心憔悴，对于别情无疑使人感到忧愁而心生怨恨。因为年华易逝头发都白了，而功业未成，这是辛弃疾苦闷的症结所在。在离别的筵席上，丝竹悠扬、急羽飞觞，人们听着悠扬的乐曲，喝着酒，看着曼妙的舞蹈，这样热闹的场面，辛弃疾却倍感落寞。

因此，辛弃疾在下阕中写道："莫把离歌频唱，可惜南楼佳处，风月已凄凉。"在这里，辛弃疾触景生情，用了"南楼"这个典故。据《世说新语•容止篇》记载，庾太尉在武昌时，殷浩、王胡之等人在一个月朗星稀的秋夜，于南楼调理丝竹娱乐。可正在兴头上时，庾太尉却突然来到，诸人慌忙起身欲避之。这时，庾太尉说："大家都别走了，我对此也很感兴趣。"于是，庾太尉踞胡床与诸人咏谑甚欢。辛弃疾用这个典故是说，现在的南楼已不同往昔，那风光夜色也都已经黯然凄凉。辛弃疾借用古人的酒杯，浇出自己的郁闷。典故用得巧妙，自己的心情也借此倾吐出来。接着，辛弃疾写"在家贫亦好"，表达了他对归家这一退路的思考。

辛弃疾40岁时，做了潭州知州兼湖南安抚使。上任之后，他大胆改革，不仅整顿乡社、罢黜庸官、兴办学堂，还改革了传统的赈灾办法，以工代赈。而且为了保境安民，他还顶着压力，创建了飞虎军。特别值得一提的是，他在上司层层设阻、经费和物资均无法得到保障的情况下，多方斡旋，逐一办妥了所有的事情。就连皇帝要他立即停办的御前金字牌，他也敢冒着欺君之罪压而不宣。虽然皇帝看到他上报的建飞虎军的用费清单，对建成的军营图纸也释然了，但辛弃疾这样做，让很多人忌恨在心。

紧接着，辛弃疾又在隆兴府以雷厉风行的行事作风，一个月内救荒速见成效。救荒有功，政绩卓越，又得到皇帝嘉奖，官又升一级。辛弃疾得到一部分人的赞誉，但更多的是招来了一些人的妒忌，正应了那句话木秀于林风必摧之。后来，他在一首《戒酒》的戏作中说："怨无大小，生于所爱；物无美恶，过则成灾。"这正刻画出了他的政治苦闷。他因爱国而招怨，因尽职而招灾。有的是在辛弃疾的改革中被触动了利益，对他恨之入骨；有的是让辛弃疾给比得昏庸无能，也对他忌恨有加。当时，儒家学者陆九渊就曾写信给辛弃疾，一面说明朝中有人捕风捉影制造流言蜚语，要加害于他；一面又将诬告信写给了足以影响辛弃疾命运的徐之宜。

由于危机四伏，辛弃疾在他的词作中，越来越明显地表现出他对这种危机的敏感。在流言蜚语的打击下，辛弃疾怀着对政治理想信念的不舍，对官场黑暗的倦怠，早已萌生了离群索居之心。宋孝宗淳熙七年（1180年），41

岁的辛弃疾再次任隆兴知府兼江西安抚使时，便买下了江西信州城北带湖岸边的一块地，在那营建房舍，安置家人定居，以备日后退身之需。

宋孝宗淳熙八年（1181 年）春，辛弃疾开工兴建带湖的新居和庄园。他根据带湖四周的地形地势，亲自设计了高处建舍，低处辟田的庄园格局，并对家人说："人生在勤，当以力田为先。"因此，他把带湖庄园取名为"稼轩"，并以此自号"稼轩居士"。很快，辛弃疾在带湖建造的新家顺利完工，他的心也早已飞到那里的青山绿水中。淳熙八年秋天，辛弃疾写下了一首《沁园春·带湖新居将成》，生动地展现了他的这一心理：

三径初成，鹤怨猿惊，稼轩未来。甚云山自许，平生意气；衣冠人笑，抵死尘埃。意倦须还，身闲贵早，岂为莼羹鲈脍哉。秋江上，看惊弦雁避，骇浪船回。

东冈更葺茅斋。好都把轩窗临水开。要小舟行钓，先应种柳；疏篱护竹，莫碍观梅。秋菊堪餐，春兰可佩，留待先生手自栽。沉吟久，怕君恩未许，此意徘徊。

这首词的大意是，带湖的房子修建好了，林中的仙鹤和猿猴都在埋怨我这个主人没有回来。我要像个隐士一样，归隐在山林间。厌倦了官场就该急流勇退，求清闲愈早愈好，岂止是为享受莼羹鲈脍？你看那秋江上，听到弓弦响，惊雁急忙躲闪，行船回头，是因为骇浪扑来。

我要在东冈上盖起那茅屋书斋，轩窗要对着流水而开。要划船垂钓，先在湖畔种下一排排柳树；插上稀疏的篱笆保护翠竹，但不要妨碍赏梅。秋菊可餐服，春兰能佩戴，两种花留给我归来亲手栽。我反复思考，只怕圣上不让我离开，归隐之章仍在犹豫徘徊。

词尾"沉吟久，怕君恩未许，此意徘徊"这三句，表面看来与前文完全不属，其实，这恰是当时辛弃疾心理矛盾含蓄而真实的流露。辛弃疾一生为国、志在统一，志向尚未实现本不愿意离政，但形诸文字却说"怕君恩未许"。因此，这一方面固然暴露了作为统治集团一员的辛弃疾，仍对腐朽朝廷和昏庸皇帝存有不切实际的幻想；另一方面，这也是辛弃疾始终不忘复国、积极从政、赤诚用世之心的流露。全词就在这种不得不隐、然又欲隐不能的徘徊心境中结束。

宋孝宗淳熙八年（1181 年），辛弃疾赴任两浙西路提点刑狱时，在湖南建飞虎军的旧账又被翻了出来，监察御史向宋孝宗检举了辛弃疾。实际上，自打辛弃疾建飞虎军以来，言官对他的攻击从未停止过。当时的参知政事周必大曾指责辛弃疾"竭一路之民力""欲自为功，且有利心"，说他为了建飞虎军四处搜刮，耗费了整个省的大量人力物力。而建军的目的，却只是为了邀功请赏，从中得利，暗指辛弃疾有贪污行为。总之，辛弃疾被罢官的主要原因，就是"用钱如泥沙，杀人如草芥"。最终，辛弃疾没能避过这次弹劾，朝廷的最终决定是剥夺他所有的官职，直接把他踢出了官场。

很快，朝廷就下达了罢免令，辛弃疾也不申辩。显然，辛弃疾的态度是，你让我做官我就要做事，你不让我做官也无所谓，但要我低眉折腰、随波逐流，却是做不到。辛弃疾的浩然之气，从他的富贵浮云之中，便可找到准确的注脚。从此，辛弃疾开始了南归后的第一次闲居生活。

第五章

只今居士有新巢

要辑轩窗看多稼

01 世外桃源，营建稼轩

　　南宋时期，江西上饶称为信州，位于信江上游。这里峰峦叠起，树木葱茏，清澈粼粼的信江水从这里缓缓流过。信州环境优美，没有市井喧嚣。南宋朝廷的达官贵人，都竞相到这里建宅筑室。就在信州府城北郊约一里的地方，有一个衣带形的狭长湖泊，湖滨有一片旷土高低有致。因为离湖边近，又有些荒芜，来到这儿的人，都没有相中这块地。辛弃疾任职江西时，却恰恰相中了这块风景秀丽的地方。因为辛弃疾经常宦游大江南北，一直没有个固定的居所，便把这块地买下来，想安置家人在此定居，并将这个湖泊取名叫带湖。

　　辛弃疾根据带湖的山形地势，亲自设计了庄园的格局，就是高处建舍，低处辟田。由于这是他南归后属于他的第一个居所，因此他在建造时非常上心，叫工人们严格按着他自己所画的图样建造别墅。宋孝宗淳熙八年（1181年），辛弃疾还在江西安抚使任上时，他的带湖新居便落成了一大半。当时，他因公务繁忙，自己还没亲自看到。他只是高兴地将新居的修建图拿给新结识的朋友洪迈看，并请他作文为记。

　　这个洪迈，生于宋徽宗宣和五年（1123年），饶州鄱阳（今江西省鄱阳县）人，字景卢，号容斋，又号野处，宋朝著名词人洪皓的第三子。《宋史·本传》中称，洪迈"兄弟皆以文章取盛名，跻贵显，迈尤以博洽受知孝宗，谓其文备众体。迈考阅典故，渔猎经史，极鬼神事物之变"。洪迈的主要作品有《容斋随笔》和《夷坚志》。当时，洪迈已退居鄱阳，恰有南昌之行，辛弃疾因此与其相识并邀其撰文，洪迈欣然应允，写下了著名的散文《稼轩记》：

国家行在武林，广信最密迩畿辅。东舟西车，蜂午错出，势处便近，士大夫乐寄焉。环城中外，买宅且百数。基局不能宽，亦曰避燥湿寒暑而已耳。

郡治之北可里所，故有旷土存，三面傅城，前枕澄湖如宝带，其从千有二百三十尺，其衡八百有三十尺，截然砥平，可庐以居，而前平相攸者皆莫识其处。天作地藏，择然后予。

济南辛侯幼安最后至，一旦独得之，既筑室百楹，财占地什四。乃荒左偏以立圃，稻田泱泱，居然衍十弓。意他日释位得归，必躬耕于是，故凭高作屋下临之，是为"稼轩"。田边立亭曰"植杖"，若将真秉耒耨之为者。东冈西阜，北墅南麓，以青径款竹扉，锦路行海棠。集山有楼，婆娑有室，信步有亭，涤砚有渚。皆约略位置，规岁月绪成之，而主人初未之识也。绘图畀予曰："吾甚爱吾轩，为吾记。"

余谓侯本以中州隽人，抱忠仗义，章显闻于南邦。齐虏巧负国，赤手领五十骑缚取于五万众中，如挟毚兔，束马衔枚，间关西奏淮，至通昼夜不粒食：壮声英概，懦士为之兴起！圣天子一见三叹息，用是简深知，入登九卿，出节使二道，四立连率幕府。顷赖士祸作，自潭薄于江西，两地震惊，谈笑扫空之。使遭事会之来，契中原还职方式，彼周公瑾、谢安石事业，侯固饶为之。此志未偿，因自诡放浪林泉，从老农学稼，无亦大不可欤？

若予者，伥伥一世间，不能为人轩轾，乃当急须被襦，醉眠牛背，与菱童牧竖肩相摩，幸未耋老时及见侯展大功名，锦衣来归，竟厦屋潭潭之乐，将荷笠棹舟，风乎玉溪之上，因园隶内谒曰："是尝有力于稼轩者"，侯当辍食迎门，曲席而坐，握手一笑，拂壁间石细读之，庶不为生客。

侯名弃疾，今以右文殿修撰再安抚江南西路云。

信州依山傍水，风景优美。这里不仅为面浙、控越、牙闽、襟淮的要冲之地，而且是浙赣走廊中段的江东望镇，加之信州距南宋都城临安仅七八百里，交通便利，信息通畅。因此，当时形形色色的官绅士大夫，都为占此地利，纷纷在信州选址寓居，从城内到近郊的官绅住户，就有百家之众，别墅林立，城市繁华。到了元代时，意大利旅行家马可•波罗从临安出发，经金华，过衢州，一路走来，惊叹信州是一座宏伟的城市，所言当是实际的。

文章一开始，便说明了信州的地理位置。南宋的都城在临安，而信州最靠近京畿之地。车船东来西往，像蜜蜂一样在水陆两路交错穿行，交通十分便利。因此，士大夫都乐意到信州郡居住。辛弃疾选择在这里购置田产，也是为了接近南宋的政治中心，便于探听动向。

郡城的北边大约一里的地方，有一片空旷的土地。这里三面依附城墙，前边枕着澄湖像玉带一样清澈的湖水，界限分明。土地像磨刀石一样平坦，可以建屋来居住。但却没有人发现这个地方有什么好处。

辛弃疾来到这里后，一下就看中了这块土地。在做官的同时，辛弃疾便开始在这里营造新居。经过数年的经营，这里已是房屋林立。按照《稼轩记》的说法，房屋总数达到了百楹。古人的一楹就是一屋，百间房子未免有些夸张。但肯定的是，地方确实很大，建筑了百来间房后，也才占了土地的十分之四。于是，辛弃疾把左边的荒地开辟为园地，栽满水稻和菜圃，居然绵延到十支箭的箭程之远。设想辛弃疾日后退职归来，要在这田间耕作，可以在高地的房屋俯瞰这里。辛弃疾把自己建造的房屋命名为"稼轩"。之后，辛弃疾又让人在田边建立一个亭子，称其为"植仗"。东边山冈，西边土山，北边田舍，南边山脚，小径穿竹林而过，路旁植满海棠。群山上有楼，树影婆娑中有屋舍，信步行走有亭子。而这些，都只是预想了大概的位置，规划好以后才逐步兴建。辛弃疾的带湖新居还没有全部建成，洪迈所描述的，只是一个大概。然而，辛弃疾当初买它的时候，并没有想到它有这么多的好处。辛弃疾绘图给洪迈并嘱咐说："我喜欢我的稼轩，替我写一篇文章吧。"由此可见，辛弃疾对稼轩的喜爱之情溢于言表。

洪迈认为，辛弃疾本来是中原才智杰出的人，怀抱对大宋的忠心，行侠仗义，在南宋颇有声名。他在《稼轩记》中，对辛弃疾这位能臣的履历进行了一番说明。如果说辛弃疾是文人，读《稼轩记》便有一种文人惺惺相惜的感觉。

带湖这处建筑，是辛弃疾日后创作和读书的重要场所，也是他驰骋想象、抒发情感的地方。雪楼是建在山坡上的一幢楼宇，典雅而富丽。辛弃疾常在这里接待文友，观景唱和。登雪楼看雪景，柳宗元笔下的"千山鸟飞绝，万径人踪灭。孤舟蓑笠翁，独钓寒江雪"美景犹在眼前。辛弃疾是个对建筑之事颇为精通、也更有兴趣的人，他在知滁州时，就曾建奠枕楼、繁雄馆，后来帅浙东，又建秋风亭，每一处建筑都独具匠心。而带湖新居，更展示了辛弃疾在营造园林方面的才华。细细品读他及友人为带湖新居所作的诗词，一幅幅湖映方天、烟笼绿野、亭台楼阁参差、曲径幽篁掩映的画卷如在眼前。这其中，不仅领略到辛弃疾古朴高雅的审美情趣，也能读出他在雄心屡遭挫折后的情感寄托。

带湖新居不光是住有居所、耕有稻田，而且"植仗"有亭、登山有楼、洗砚有池。辛弃疾更看重的是，在临近稻田的高地上，盖了一排房子，供他躬耕时休憩，将其取名为"稼轩"。辛弃疾认为："人生在勤，当以力田为先。北方之人，养生之具，不求于人，是以无甚富甚贫之家；南方多末作以病农，而兼并之患兴，贫富斯不侔矣。"正是因为辛弃疾没有忘记自己是南渡过来的人，更注重农事，所以他自号为"稼轩居士"。

宋孝宗淳熙六年（1179 年），带湖稼轩居新屋上梁时，辛弃疾还在湖南为官。按照当地的习俗，新屋上梁时，需要主人作文讨个吉利。于是，辛弃疾作了一篇《带湖新居上梁文》：

"百万买宅，千万买邻"，人生孰若安居之乐；一年种谷，十年种木，君子常有静退之心。久矣倦游，兹焉卜筑。

稼轩居士，生长西北，仕宦东南。顷列郎星，继联卿月。两分帅阃，三驾使轺。不特风霜之手欲龟，亦恐名利之发将鹤。欲得置锥之地，遂营环堵之宫。虽在城邑阛阓之中，独出车马尘嚣之外。青山屋上，古木千章；白水田头，新荷十顷。亦将东阡西陌，混渔樵以交欢；稚子佳人，共团栾而一笑。梦寐少年之鞍马，沉酣古人之诗书。虽云富贵逼人，自觉林泉邀我。望物外逍遥之趣，"吾亦爱吾庐"；语人间奔竞之流，"卿自用卿法"。始扶修栋，庸庆抛梁：

抛梁东，坐看朝暾万丈红。直使便为江海客，也应忧国愿年丰；

抛梁西，万里江湖路欲迷。家本秦人真将种，不妨卖剑买锄犁；

抛梁南，小山排闼送晴岚。绕林鸟鹊栖枝稳，一枕熏风睡正酣。

抛梁北，京路尘昏断消息。人生直合住长沙，欲击单于老无力。

抛梁上，虎豹九关名莫向。且须天女散天花，时至维摩小方丈。

抛梁下，鸡酒何时入邻舍。只今居士有新巢，要辑轩窗看多稼。

伏愿上梁之后，早收尘迹，自乐余年。鬼神呵禁不祥，伏腊倍乘自给。座多佳客，日悦芳樽。

从这篇上梁文里可看出，辛弃疾早已厌倦了往来奔波的宦游生活。既然不能建功立业，辛弃疾对于归隐田园的生活已是向往已久。从辛弃疾自述自己的仕宦经历得知，作此文时，是宋孝宗淳熙六年（1179 年）夏季，他正在湖南转运副使任上。而在此之前，辛弃疾的仕途与文中所言相符，即曾任仓部郎中（顷列郎星）、大理少卿（继连卿月）、湖北安抚使、江西安抚使（两分帅阃）、京西运判、湖北转运副使、湖南转运副使（三驾使轺）。到了淳熙六年八月，辛弃疾又就任潭州知州兼湖南安抚使。

这篇《上梁文》，是辛弃疾应习俗而作。营造的房屋上梁时，总匠师需要把馒头从梁上往上下及四周抛掷，一边抛一边吟诵上梁文。把馒头抛出去，肯定会有孩童和村妇来捡，场面也一定是欢快而热闹的。

辛弃疾所做的《上梁文》，文笔优雅，字里行间都反映出辛弃疾面对随时可能出现的归休那种被迫和无可奈何的悲愤心情。即使在表达忧国忧民壮志的"抛梁东，坐看朝暾万丈红。直使便为江海客，也应忧国愿年丰"诸语中，这种心情也了然可见。而"抛梁西，万里江湖路欲迷。家本秦人真将种，不妨卖剑买锄犁"，以汉代被弃置不用的飞将军李广自比，以及"抛梁北，京路尘昏断消息。人生直合住长沙，欲击单于老无力"诸句，对朝中政治局势的深切关注，又以汉代受人排挤的长沙贾生、垂老犹欲出击匈奴的马援自比的心情，更是屡遭谗毁、排挤使之壮志难酬的悲慨的体现。因此，那些向往安居之乐，渴望"东阡西陌，混渔樵以交欢；稚子佳人，共团栾而一笑"的表白，其中蕴含着种种辛酸和无奈。而在这无奈之下，也有着"一枕熏风睡正酣""要辑轩窗看多稼"的快意向往。

事也凑巧，当别墅完工之日，正是辛弃疾接到"落职罢新任"的诏令之时。于是，辛弃疾携家带口，于宋孝宗淳熙八年（1181 年）冬，径奔信州。一路上，辛弃疾没有落职的愤懑，一改昔日为官时的威严，欣喜地向家人介绍带湖新居的情况。他的一首《菩萨蛮·稼轩日向儿童说》词这样写道：

> 稼轩日向儿童说，带湖买得新风月。头白早归来，种花花已开。
> 功名浑是错。更莫思量着。见说小楼东，好山千万重。

02 甚爱带湖，壮志不酬

时间过得飞快，自宋孝宗淳熙八年（1181 年）冬辛弃疾被罢官回到带湖后，转眼就到了第二年的初春。这个春天，是辛弃疾在带湖新居开始隐居的第一个春天。在这风景怡人的环境里，看看书、种种地，这种闲适的生活让辛弃疾感觉非常舒服自在。所以，心有所感，情有所系，辛弃疾便创作了一首《水调歌头·盟鸥》：

　　带湖吾甚爱，千丈翠奁开。先生杖屦无事，一日走千回。凡我同盟鸥鹭，今日既盟之后，来往莫相猜。白鹤在何处？尝试与偕来。

　　破青萍，排翠藻，立苍苔。窥鱼笑汝痴计，不解举吾杯。废沼荒丘畴昔，明月清风此夜，人世几欢哀？东岸绿阴少，杨柳更须栽。

辛弃疾强调，带湖是他最爱的地方。上阕首句中的"甚爱"二字，表达了辛弃疾对带湖新居的由衷喜爱。第二句用"千丈翠奁开"来比喻带湖，放眼千丈宽阔的湖水，宛如打开翠绿色的镜匣一样，一片晶莹清澈。盛赞带湖景色之胜，说明"甚爱"原因。面对如此美景，难怪"先生杖屦无事，一日走千回"了。这是用夸张的手法，来说明"甚爱"的程度。辛弃疾闲居无事，手扶竹杖，脚穿麻鞋，徜徉湖畔，一日里竟然千百次绕湖徘徊。因爱湖之甚，而及湖中之鸟，看着眼前的鸥鹭，它就形同朋友一样。在湖光山色中，与鸥鹭白鹤为伍，过一种回归自然的新生活。

从"凡我同盟鸥鹭"至"尝试与偕来"这五句，辛弃疾和无知的飞禽说起话来：你既然和我缔结盟好，就应常来常往，不要再相猜疑。还有那白鹤在什么地方呢？请鸥鹭也邀请它一起来。这里的"莫相"之"相"，虽然关系双方，但实际只表示辛弃疾绝无害鸟之心，内心希望鸥鹭尽情栖游无须担惊。"白鹤"二句，是写对眼前鸥鹭之嘱：委托鸥鹭将白鹤也一起邀来。由爱所见之鸥鹭，而兼及未见之白鹤，其"爱"更进一层。辛弃疾很俏皮地套用了《左传·僖公九年》中所记载的古人盟言："齐盟于葵丘曰：'凡我同盟之人，既盟之后，言归于好。'"以此来作为与鸟儿的盟言。这种写法，南宋人陈鹄赞为新奇，表现了辛弃疾性格洒脱可爱的一面，也暗示了辛弃疾政治上缺少知音的苦闷心理：受诬陷而丢官，无人了解自己，孤孤单单地到带湖边隐居，只好与飞鸟做伴。

这首词，还表露出辛弃疾摆脱了官场尔虞我诈的烦恼和明枪暗箭的惊恐后，感到心情的一种宁静，但在这宁静之中，又透露出几分孤寂与无聊。试想，一个壮岁旌旗拥万夫的沙场将帅，竟然落得终日与鸥鹭为伍，其心境之凄凉，也是可想而知的。但这首词，妙就妙在词中表面上与"愁"字无关，全部用轻松的笔法来表达心情，与湖光山色、鸥鹭白鹤为伍，自娱自乐，过一种回归自然的新生活。

辛弃疾在词中写道，鸥鹭立于水边苍苔之上，时而拨动浮萍，时而又排开绿藻，原来，鸥鹭是在偷窥鱼儿，准备伺机而捕。可笑你只知盯着游鱼痴呆，却不懂我此时正向它举杯邀酒的情怀。词的下阕紧承上阕遐想。辛弃疾以一片赤诚之心，欲与鸥鹭结盟为友，然而鸥鹭是"破青萍、排翠藻，立苍苔"，对辛弃疾的美意不理不睬。原来他们"立苍苔"，"为有求鱼心，不是恋湖水"，是与辛弃疾"同居而异梦"。鸥鹭专心"窥鱼"，伺机在啄，在辛弃疾看来，只是一种"痴计"，对此，辛弃疾只能付之一"笑"。这"笑"既是对鸥鹭"何时忘却营营"的讽笑，也是叹自己竟无以为友，"多情却被无情恼"的苦笑。看来，鸥鹭亦非辛弃疾知己，并不懂得辛弃疾离开官场之后此时的情怀，所以他怅然发出了"不解举吾杯"之叹。盟友纵在身旁，孤寂之心依旧，无人能释分毫。可见，辛弃疾所举之杯，根本不能为永结盟好作贺，只能浇胸中块垒罢了。

虽然人们常说举杯消愁愁更愁，但辛弃疾并没有被愁所压倒。"废沼"三句则文意陡转，昔日这里是破败的池沼，荒芜的山丘；今夜已是月色皎洁，清风徐来。辛弃疾借带湖今昔的对比，感叹人世的悲欢和沧桑之变。"欢哀"在这里是一个偏义复词，重在"哀"字，这实际上还是流露出辛弃疾忧念时事、叹息自己的政治抱负不得实现的孤愤心情。在词的结尾，则无异于告诉人们：忧愁又有什么用呢？河东绿荫尚嫌稀少，还须多栽杨柳，作久居长栖之计。辛弃疾原本心情郁闷，却故作看破红尘、世态炎凉之态，变得愈发旷达开朗，对隐居之所带湖也更加喜爱。辛弃疾表示，自己还是精心培植这块属于自己的小天地，让它成为精神的寄托吧。这首词到此处完篇，对开首恰成回应。

如果说上阕旨在不写之中写出，那么下阕则是在委婉之中抒发。然而，下阕语速放缓，但其语愈缓，其意愈切，感情愈发强烈，较上阕又进一层。天地之大，知己难寻；孑然一身，情何以堪！虽有带湖美景，但纵是盟鸥，也不解其意，辛弃疾之心绪可知一二。在这首词中，辛弃疾所表露出来的心情，是愉悦开朗的，其隐居生活也是闲适的，但也看似无意，分明是在抒发被迫隐居、不能用世的落寞之叹、孤愤之慨。清代文学家刘熙载在《艺概·词曲概》中云："词之妙莫妙于以不言言之，非不言也，寄言也。如寄深于浅，寄厚于轻，寄劲于婉，寄直于曲，寄实于虚，寄正于余，皆是。"细品辛弃疾此作，确有"不言言之"之妙。

辛弃疾被"落职罢新任"，必然在好友之中引起轩然大波。而这首与鸥鹭同盟的词，又颇有新意，因此，词作很快在至交好友中传开了。他们自然也写了不少应和之作，表达对辛弃疾的慰问。同时，辛弃疾也作了两首《水调歌头》予以回应。辛弃疾在写给盟鸥的词里，自然多了几分隐居的惬意与豁达，而当赋词的对象转为仍在官场上的好友时，辛弃疾的愁怨便又悄然而生。

其中，有一首《水调歌头·汤朝美司谏见和，用韵为谢》，题中的汤朝美司谏，就是汤邦彦（字朝美），镇江人。据宋代人物传记《京口耆旧传》卷八记载，汤邦彦任左司谏（掌讽喻规谏）时，可谓论事风生，权幸侧目。后因使金不力，有辱气节，编管新州（今广东省新兴县），又量移信州（今江西省上饶市）。二人相见，由于处境相近，同样受到打击，而且志同道合，所以有相濡以沫之情。先是辛弃疾赋《水调歌头·盟鸥》首唱，然后汤邦彦以韵相和。后辛弃疾又用原韵，赋《水调歌头·汤朝美司谏见和，用韵为谢》，把淤积在心中无处发泄的情感，一并宣泄而出：

白日射金阙，虎豹九关开。见君谏疏频上，高论挽天回。千古忠肝义胆，万里蛮烟瘴雨，往事莫惊猜。政恐不免耳，消息日边来。

笑吾庐，门掩草，径封苔。未应两手无用，要把蟹螯杯。说剑论诗余事，醉舞狂歌欲倒，老子颇堪哀。白发宁有种，一一醒时栽。

这首词，是辛弃疾的应和之作，词的上阕和下阕有明显的差别。上阕写的是友人汤邦彦，起笔便是皇宫大殿，"白日射金阙，虎豹九关开"中的"金阙"和"九关"，均喻指宫廷，实质是写皇宫富丽堂皇，气象森严。阳光照在金銮殿上，宛如天门打开一般壮美。汤邦彦敢把谏诤之剑，对着皇帝居住的地方射去；敢于冲破重门深锁，哪怕有虎豹把关，也谏疏频上，谈笑挽天回。汤邦彦屡次向皇帝进谏，是一件担风险的事，可他却在朝堂上以匡时救弊为己任，所持政论从容无畏。宋史学家邓广铭所著的《稼轩词编年笺注》记载："时孝宗锐意远略，邦彦自负功名，议论英发，上心倾向之，除秘书丞，起居舍人，兼中书舍人，擢左司谏兼侍读。论事风生，权幸侧目。上手书以赐，称其'以身许国，志若金石，协济大计，始终不移'。及其他圣意所疑，辄以谘问。"由此可见，那时的宋孝宗，还有些进取之意。

宋孝宗淳熙二年（1175 年）八月，南宋朝廷派汤邦彦出使金朝，向金朝讨还河南北宋诸帝陵寝所在之地。不料，汤邦彦有辱使命，未能完成讨还任务。汤邦彦回来后，宋孝宗龙颜大怒，将他流贬新州，让他尝尽了蛮烟瘴雨的滋味。上阕中的"千古""万里"两句似对非对，中间再作一暗转。对于心怀忠义肝胆但却遭贬的朋友，辛弃疾并没有大发牢骚徒增友人的烦恼。而是安慰汤邦彦"往事莫惊猜"。辛弃疾觉得，有才干的人终会发迹的。眼前你不是已经奉诏内调了吗？恐怕还会有消息从皇帝身边下来。"日边"在这里用以比喻帝王左右，"恐"字是拟想之辞，却又像深有把握似的，这是辛弃疾用典的妙处。从"蛮烟瘴雨"的黯淡凄惶，到日边消息之希望复起，中间再作一暗转。上阕共有三处暗转，大起大落，忽而荣宠有加，忽而忧患毕至；忽而蛮烟瘴雨，忽而日边春来，乍喜乍悲，亦远亦近，变化错综，既是对友人坎坷的同情，又有对其振作的鼓励。

词的上阕写友人，下阕写自己。下阕一开始，辛弃疾手心叙述自己的乡居环境。"笑吾庐，门掩草，径封苔"，辛弃疾自我嘲笑地说，自己的居所青草掩门，青苔封路。这是门前冷落车马稀的景象，一种被世人抛弃的寂寥。不难看出，辛弃疾的笑，是貌似豁达的苦笑，是傲岸不平的蔑笑。词的下阕，基调无限幽愤，都被这领起换头的一个"笑"字，染上了不协调的色彩，反映出一种由于受压抑而形成的不平而又无奈的心情。一个"笑"字，看出辛弃疾的内心感情复杂，可为下阕基调之凝练。接下来仍是正言反出。辛弃疾虽然不能像汤邦彦那样在朝堂之上慷慨陈词，但未必自己的这双手就没有用处，也可以一手持蟹螯，一手持酒杯。试想，当国势蜩螗之际，辛弃疾自己的那双屠鲸剖虎的手，不能用来扭转乾坤，却去执杯持蟹，这是人间何等不平之事。而辛弃疾以"未应两手无用"的反语轻轻挑出，愈见沉哀茹痛。

"说剑论诗余事"一句，讲辛弃疾曾"壮岁旌旗拥万夫"，后来又曾上奏《十论》《九议》，慷慨国事。但这些文韬武略，都是无用的消遣之事。剩下的，只有终日痛饮长醉，摇摇欲倒。"醉舞狂歌欲倒"六字，写尽辛弃疾悲愤心怀，潦倒情态，然后束以"老子颇堪哀"。"堪哀"是堪怜念之意，语出《后汉书·马援传》，意思是说，自己如此狂歌醉舞，虚度年华，这心情应该是故人所理解、怜恤的。歇拍"白发宁有种？——醒时栽"，将一腔幽愤推向一个高潮。"白发"写愁，本近俗滥，但辛弃疾用一"栽"字，翻出了新意。这两句有几层意思。辛弃疾觉得自己春秋正富，本不是衰老的时候，但忧国之思，平添了满头霜雪，这是一层。国事不堪寓目，醉中尚可暂忘，醒来则不胜烦忧，此白发乃"醒时栽"也，又翻进一层。白发并不是自然生出来的，而是"栽"上去的，可见为国势之操劳宦途之喜悲，使辛弃疾年富力强而白发徒增。这样，就从根根白发上显示出辛弃疾人生道路上的风风雨雨，隐现出广阔的社会背景，这又是一层。单就"栽"字齿音平韵，于声则无限延长，于情则芊绵不尽。这下阕一路蓄意蓄势，急管繁弦，最终结在这个警句上，激昂排宕，化为感慨深沉。千载后读之，犹觉满腔不平之气，夹风雨霜雪以俱来。

在这首词里，辛弃疾写友人充满同情、劝慰、称颂、激励；写自己则自嘲、自笑、自悲、自愤。全词对比鲜明，也凸显了辛弃疾词的独特风格。上阕文意一波三折，于无字处出曲折，极掩抑零乱，跳跃动荡之美；下阕却一气奔注，牢骚苦闷，倾泻而来，并且反语累出，在感情激荡中故作幽塞，豪放中仍不失顿挫曲折，词的构局可谓错综多变。

全词核心在下阕，但上下两阕，对比映衬，表现力增强。上阕一起，白日金阙，虎豹九关，何等高华气象；下阕一转，门为草掩，径被苔封，又何等荒凉寂寞！这是一层对比。上阕赞美汤邦彦，誉其巨手可以"谈笑挽天回"；下阕写自己，则两手只堪把蟹持杯，又是一层对比。上阕写对方，终能日边消息重上朝堂；下阕说自己，则满头白发，终日醉舞狂歌为消磨，再加一层对比。通过强烈对比，益见斯人独憔悴的不平之情，这是此词的另一个艺术特色。然则，汤邦彦因使金辱国而被贬，难与辛弃疾罢归相提并论。辛弃疾称汤邦彦"千古忠肝义胆"，恐是过誉。上阕结于友人即将奉诏再起，意在反衬自身赋闲处境；下阕收之以愁，愁白发陡生，壮志不酬。

这首词的上阕鼓励友人，意气飞扬；下阕抒一己之愤，悲愤无奈。乍读之下，上下阕的思想感情好像矛盾，其实，此等矛盾之处，正是显示辛弃疾的伟大之处。辛弃疾无疑是一位虽身处闲散，但时时不忘忧乐天下的血性男儿。他既不能不为一己之遭际而愤然不平，又不忍以一己之遭遇挫尽天下志士仁人之壮志。因此，他总是本着知其不可而为之的顽强精神，鼓舞同道，力挽既倒的狂澜。故上阕激劝再三，下阕却沉忧抑郁。此矛盾纠结之处，正可以看出辛弃疾一片忠贞爱国之苦心，这正是此词的思想光辉之所在。清朝进士谢章铤所著的《赌棋山庄词话》，在评论辛弃疾与苏轼两位词人时说："读苏辛词，知词中有人，词中有品。"

03 雕弓挂壁，赋词言志

　　辛弃疾被朝廷罢黜退居带湖后，深深地被带湖的盛景所陶醉。他每天杖履无事，日走千回，或与鸥鹭同盟，或窥鱼痴计，过着躬耕隐居的生活。表面上，辛弃疾看似淡泊无事，被罢官之后，同朝廷疏远了，与政治也隔离了，自言为"东篱多种菊，待学渊明"，过着一种悠然自得的生活；而实际上，辛弃疾是有着补天之志的人，理想与现实的矛盾，使他心中块垒难平。虽然是隐居了，但他还不是一个超脱尘世的隐士。

　　辛弃疾本是一个热心事功、气壮如山的英雄人物。在他与朋友往来唱和的辞章里，仍不乏抚时感事之作。当年，叛逃到敌人营垒去的那个义端和尚，曾把辛弃疾比喻为青兕，即黑色的犀牛。这头黑色的犀牛，性情始终是好斗的。青年时，他跃马横戈、斩将搴旗；壮年时，他理繁治剧、政绩卓著。当他正思大有作为一番、以了却君王天下事时，却不料君王听信谗言，给予他投闲置散的处分，让他成为僵卧孤村的隐士。由此，青年时上战场杀贼的理想抱负，不知何时才能实现，叫他如何不愤恨叹息。

　　这时，辛弃疾在任职建康（今江苏省南京市）时的同僚严子文、傅安道二人，为他寄来应和之词。对于尚食君之俸禄，又处在庙堂之高的严子文，辛弃疾在回应之作《水调歌头·严子文同传安道和盟鸥韵，和以谢之》一词中，是这样感叹的：

寄我五云字，恰向酒边来。东风过尽归雁，不见客星回。闻道琐窗风月，更著诗翁杖履，合作雪堂猜。岁旱莫留客，霖雨要渠来。

短檠灯，长剑铗，欲生苔。雕弓挂无用，照影落清杯。多病关心药，小摘亲鉏菜甲，老子正须哀。夜雨北窗竹，更倩野人栽。

严子文又名严焕，字子文，长于书法，在和辛弃疾《水调歌头·盟鸥》一词时，正任福建市舶，与傅安道（名自得）同在泉州居住。傅安道晚年赋闲在家，杜门自守。此词的上阕，首先向严子文和傅安道展示了赋闲在家的生活，并对忙于公务的老友表达了思念之情。他殷勤盼客如旱天之盼霖雨，而客不至，内心不胜惆怅之情。下阕因友人未来，转赋自身家居寂寞情态。同样是写自己壮年被罢，英雄无用武之地，然字里行间，却不像寄汤邦彦词那般狂放恣肆，更多的是一份幽怨。更值得注意的是，辛弃疾把自己比作剑铗、雕弓。这些能在战场上杀敌的武器，现如今无人赏识，只有被弃之不用的落寞。理想和现实之间的矛盾，使他不得不将满腔的悲愤和喟叹寄之于词。

在一个风雨交加的夜晚，妻子范氏连同孩子们都早已入睡，辛弃疾却还在挑灯夜读。他在聚精会神地看着《史记·李将军列传》，越看越觉得自己的性格和遭遇，与汉代飞将军李广是何其相似。于是，在这风雨之夜，辛弃疾写下了这首《八声甘州·故将军饮罢夜归来》：

（夜读《李广传》，不能寐。因念晁楚老、杨民瞻约同居山间，戏用李广事，赋以寄之。）

故将军饮罢夜归来，长亭解雕鞍。恨灞陵醉尉，匆匆未识，桃李无言。射虎山横一骑，裂石响惊弦。落魄封侯事，岁晚田间。

谁向桑麻杜曲，要短衣匹马，移住南山？看风流慷慨，谈笑过残年。汉开边、功名万里，甚当时、健者也曾闲。纱窗外、斜风细雨，一阵轻寒。

这是辛弃疾闲居带湖时，寄给两位友人的一首词。汉代飞将军李广的故事广为人知，在古代诗文中也多有咏及。辛弃疾遭罢官隐居期间所写的作品中，多次提到这位西汉名将。李广坎坷不平的一生，引起了他强烈的共鸣，使他常常联想到自己。这首《八声甘州·故将军饮罢夜归来》便是其中的名篇。

这首词的上阕，寥寥数语，约略叙述了李广的事迹。据《史记·李将军列传》记载，李广罢官闲居时，"尝夜从一骑出，从人田间饮。还至霸陵亭。霸陵尉醉，呵止广。广骑曰：'故李将军'。尉曰：'今将军尚不得夜行，何乃故也！'止广宿亭下。"

词的开篇至"桃李无言"数句，即写灞陵亭受辱一事。这里特别突出"故将军"一语，并将其当作篇首，表现了辛弃疾对霸陵尉势利人的愤慨。"桃李无言"源自司马迁对李广的赞辞"桃李无言，下自成蹊"，意思是说，桃李有着芬芳的花朵，甜美的果实，虽然它们不会说话，但仍然会吸引人们到树下赏花尝果，以至树下都走出一条小路。李广将军虽不善言辞，但其朴实如乡下人的性格赢得了人们的崇敬。一褒一贬，表现出辛弃疾爱憎分明的性格。

《史记·李将军列传》载："广出猎，见草中石，以为虎而射之。中石，没镞。视之，石也。"辛弃疾词中的"射虎"二句即写此事。单人独骑横山射虎，可见胆气之豪；弓弦惊响而矢发裂石，可见筋力之健。辛弃疾赞扬了李广非凡的勇力和武力，但如此健者却被废弃，又可见当时朝政之昏暗。《史记·李将军列传》载，李广云"自汉击匈奴而广未尝不在其中，而诸部校尉以下，才能不及中人，然以击胡军功取侯者数十人，而广不为后人，然无尺寸之功以得封邑者何也？"辛弃疾词中的"落魄封侯事，岁晚田间"二句，即指此事。劳苦而不得功勋，英勇而反遭罢黜，进一步烘托出李广悲剧性的命运。

一篇《史记·李将军列传》长达数千字，但辛弃疾只用数十字，便勾画出了李广的性格特征和生平主要事迹，且写得有声有色，生动传神，可见辛弃疾不愧为一代文豪。其中，"田园"即指李广的闲居地，也寓含辛弃疾现在的乡间住所，这就为下面的议论和抒情做了有力的铺垫。

下与上阕不同，阕突起高昂之调，专写辛弃疾自己的感慨。词中，辛弃疾抒发了自己虽遭打击而意志不衰的壮士情怀。"谁向桑麻杜曲"到"谈笑过残年"，表示出辛弃疾绝不甘心默默无闻地老死田园，要像李广那样风流慷慨、自强不息地度过晚年。唐代诗人杜甫《曲江三章》中的第三首有这样的诗句："自断此生休问天，杜曲幸有桑麻田，故将移住南山边，短衣匹马随李广，看射猛虎终残年。"辛弃疾在这首词题语中的"晁楚老、杨民瞻约同居山间"，即以杜甫思慕李广之心，隐喻晁、杨亲爱自己之意，盛赞晁、杨不以穷达异交的高尚风格，与开头所写霸陵呵夜事形成鲜明的对照。其中的"看风流慷慨，谈笑过残年"一语，上应"落魄封侯事，岁晚田园"一句，表达了辛弃疾也学李广，宠辱不惊、无所悔恨地坚持自己的理想。

　　以下的"汉开边、功名万里"词句，意思来了一个转折。通过对西汉亏待英雄这一事件的质问，实际上把矛头指向了那些排斥打击忠良之士的当权派，借汉言宋，语意激愤，借古讽今的意味显而易见。

　　"甚当时、健者也曾闲。纱窗外、斜风细雨，一阵轻寒"，表现了对历史的反思和对现实处境的困惑，意蕴又变得十分含蓄，引人深思。具体来说，它大致有以下两层含义：一是汉时开边拓境，号召立功绝域，健如李广者本不当投闲，然竟亦投闲，可见邪曲之害公、方正之不容，乃古今通病，正不必为之怅恨；二是汉时征战不休，健如李广者尚且弃而不用，宋朝求和讳战，固当斥退一切勇夫，更不必为之嗟叹。

　　显然，以上皆反面意，实则是痛恨朝政腐败，进奸佞而逐贤良，深恐国势更趋衰弱。辛弃疾遭到罢黜，是因群小谗毁所致，故用"纱窗外、斜风细雨，一阵轻寒"作结，隐喻此辈之阴险和卑劣，并以此点明题语所云"夜读"之事。此语盖用柳宗元《登柳州城楼寄漳汀封连四州刺史》中的"惊风乱飐芙蓉水，密雨斜侵薜荔墙"诗意，但换"惊风"为"斜风"，以示其谗毁之邪恶；改"密雨"为"细雨"，以示其谗毁之琐屑；又益以"轻寒"一事，以示其谗毁之虚弱。这样一来，使词句更具有表达力。

　　辛弃疾这首寄给两位友人的词，在句子中借用了不少前人的诗文。但是，他绝不是简单地照搬古人语句，而是在隐括前人词句时，加进了生动的想象，融入了深厚的情感。如上阕写霸陵呵夜事，加进了"长亭解雕鞍"的想象，便觉情景逼真；写出猎射虎事，加进了"裂石响惊弦"的想象，更觉形神飞动。下阕的"汉开边、功名万里，甚当时、健者也曾闲"，气劲辞婉，几经顿挫才把意思说完，而且情真意切，充满了无限悲愤。总之，这首词不仅抒情真切感人，而且语言上也多有创新，是不可多得的佳作。

　　当"健者"被迫赋闲，便在失意叹恨之余，总要寻求一点精神安慰和心灵寄托。于是，辛弃疾将注意力转向了山水田园，转向了文学创作。他停息了"弓刀事业"，转而追求"诗酒功名"。信州的带湖风月、灵山松竹，使他时时获得了创作灵感。少年时代，辛弃疾在北方求学于刘瞻、蔡光，对于所学到的诗词创作本领，似乎有了真正的用武之地。

04 村居即景，自得悠闲

辛弃疾被朝廷罢官后归隐的带湖，是一个山清水秀的好地方。带湖的水，洗涤了辛弃疾辗转为官的疲乏；带湖的山，陶冶了他的性情。辛弃疾在带湖的生活，自由而闲适。在读书之余，站在堂前，可远望青山，满山谷的松树和翠竹，与天上慢悠悠飘过来的白云相连在一起。庭前有梅兰竹菊，可对花饮酒，又有闲暇时观赏的雅趣。正所谓"三千年读史，不外功名利禄；九万里悟道，总归诗酒田园"。辛弃疾从小长在中原，是标准的"肤硕体胖、红颊青眼、目光有棱、精神壮健如虎"式的山东彪形大汉，天生一副英雄相貌，只可惜在带湖过起了并不适合于他的南方人生活。

辛弃疾年少时，曾拜擅长做田园诗的刘瞻为师，并在少年时期两赴燕京，又向蔡光经常请教有关诗词创作方面的知识，蔡光看了辛弃疾词，赞许地说："子之诗则未也，他日当以词名家。"

辛弃疾的诗词在文学上都具有极高的造诣，可谓千古难遇之才。南宋进士刘辰翁在《辛稼轩词序》中指出：相比北宋众多文人以全力作诗而以余力作词的态度，稼轩胸中今古，止用资为词，非不能诗，不事此耳。

在带湖生活的十年，是辛弃疾闲居的十年，也是他创作旺盛的十年。一个本意驰骋沙场、恢复河山的帅才，从此之后，却最终被历史定位为"南宋爱国词人"。他将带湖新居取名为"稼轩"，并以"稼轩居士"作为自己的别号。期间，他写了一首《踏莎行·赋稼轩集经句》来说明他的用意：

> 进退存亡，行藏用舍。小人请学樊须稼。衡门之下可栖迟，日之夕矣牛羊下。
>
> 去卫灵公，遭桓司马。东西南北之人也。长沮桀溺耦而耕，丘何为是栖栖者。

这首词，借用儒家经典中的词句，抒发个人备遭打击的怨愤。辛弃疾赋闲在家，闭门读书。在古人心目中，"经"是至高无上的圣贤之教，诗词则是登不上大雅之堂的"小道""末艺"，被称为"诗余"，是文人为文赋诗之余的闲事，两者不可相提并论。可辛弃疾偏偏要另辟蹊径，突破这些清规戒律，将二者融于一体。辛弃疾的这首《踏莎行·赋稼轩集经句》，便是集经句而成的一首佳作。

这首词虽然短小，可所用经句典故却是不少。词的开篇"进退存亡"出自《周易·乾·文言》："知进而不知退，知存而不知亡，知得而不知丧，其唯圣人乎？知进退存亡而不失其正者，其惟圣人乎！"意思是说只有圣人才能懂得并做到该进则进，该退则退，该存则存，该亡则亡，无论是进、是退、是存、是亡，都合乎于正道。"行藏用舍"，则出自于《论语·述而》中的孔子语："用之则行，舍之则藏。"孔子曾对子路说，若能被国君任用，就施展自己的抱负；若是不被任用，就藏身自好。"小人请学樊须稼"，出自于《论语》的《子路》篇，孔门弟子樊须请学稼，孔子曰："吾不如老农。"请学为圃，孔子曰："吾不如老圃。"樊须出，孔子曰："小人哉，樊须也！"以上三句，实际表达的是一个意思。用到辛弃疾自身，就是既然自己不为朝廷所用，那么不妨遵循圣人之道，退居田园，权且做他一回"小人"，效法樊须，学稼学圃。

接下来的"衡门之下可栖迟，日之夕矣牛羊下"二句，辛弃疾着重写自己归耕生活的乐趣。上句出自《毛诗·陈风·衡门》："衡门之下，可以栖迟。""衡门"就是横木为门，极其简陋，喻贫者所居。"栖迟"犹言栖息、安身。此系隐居者安贫乐道之辞，辛弃疾不仅用其语，且袭其意。下句则出自《诗经·王风·君子于役》："日之夕矣，羊牛下来。"是说太阳落山，牛羊归圈。诗的原文是思妇之辞，以日暮羊牛之归反衬征夫之未归，辛弃疾却借此来表现恬静的山野之趣。在辛弃疾看来，自己不是能保持自身之道的圣人，而是那躬耕的"小人"，自然乐于过那种乡野生活。

这首词的下阕，笔锋一转，用反对"学稼"的孔夫子，来进一步说明耕稼之乐。"去卫灵公"一句，又用《论语》。据《论语·卫灵公》篇记载，灵公问阵（军队列阵之法）于孔子，孔子答曰："俎豆（礼仪）之事，则尝闻之矣；军旅之事，未尝学也。"孔子曾因为卫灵公问军阵的事情而不悦。孔子主张仁政德治，反对战争，他见卫灵公醉心于战事，有图霸之心，与自己的政治与理想相背，觉得无法实现其理想，因此，便仓促地离开卫国另寻他路。

"遭桓司马"，出自于《孟子·万章上》。"桓司马"即桓魋，时为宋国的司马，掌管军事。孔子不悦于鲁、卫，打算到陈国求仕，途经宋国。宋司马桓魋以为孔子要留在宋国，怕威胁到自身的权力，便对孔子充满敌意。孔子一行在大树底下休息，遭宋桓司马拦截并欲杀之。孔子一行不得不改换服装，悄悄出境。"东西南北之人也"一句，为《礼记·檀弓上》所载的孔子语，大概是说自己周游列国，干谒诸侯，行踪不定。这里，故意用孔子一意从政，却四处碰壁的故事，以引出下文所要表达的意思。"长沮桀溺耦而耕，丘何为是栖栖者"这两句，也引用《论语》。上句见《论语·微子》篇之中："滔滔者，天下皆是也，而谁以易之？且而与其从辟人之士也，岂若从辟世之士哉？"其中的意思是说，你与其跟从"辟人之士"（辟人之士就是远离坏人的人，指孔子），不如跟从"辟世之士"（辟世之士就是远离社会的人，指微子自己和长沮）。下句则出自《论语·宪问》篇：微生亩谓孔子曰："丘何为是栖栖者与？"这两句意思很明显，即孔子那样忙忙碌碌地东奔西走，不如像长沮、桀溺那样隐居比较逍遥自在。这也进一步突出了辛弃疾陶陶然、欣欣然的归耕之乐。

从表面上看，这首词充满了对大圣人孔子的讽刺和挖苦，是对孔圣人的"大不敬"，但细加品味，那执着于自己的政治信念、一生为之奔走呼号而其道不行的孔子，实是辛弃疾归耕前之自我形象的写照。辛弃疾讪笑孔子，实质上是在自嘲。其中，不知有多少对于世路艰难的慨叹，对自己怀才不遇、报国无门的惆怅与怨愤。所以，词中讽刺孔子，也正突出孔子的伟大形象。

辛弃疾作词，巧于用典，其中有明用，也有暗用。这首词，共十句，句句用典，而且全都是明用，用得十分熨帖。此词中的"东西""长沮"二句，均为七字，不劳斧削；"衡门""日之"二句，原为四言八字，各删一字，拼为七言，"丘何"句原为八字，删一语尾助辞即成七言，亦自然凑拍。通篇为陈述句式，杂用五经，既用经文原意，又推陈出新，音调抑扬，浑然一体，是引典入词的一个范例，是词中不可多得的佳作。

说到躬耕之事，退居信州带湖的辛弃疾，为自己的儿子取名时都用"禾"字旁的字。据黑龙江大学文学院教授辛更儒考证，辛弃疾共有九个公子，长子稹、次子秬、三为秠、四为穮、五为穰、六为籀、七为秸，到了老八赣和老小褒，还没有长大，用的还是小名。老八赣应为宋孝宗淳熙五年（1178 年）出生，辛弃疾时任江西安抚使。因在赣州任职时所生，因此辛弃疾就地为儿子取名为赣，乳名铁柱，辛弃疾也特别疼爱这个小儿子。有时，辛弃疾带着小儿子在自家周边走走，了解当地的风土人情。《清平乐·村居》就是辛弃疾所描绘的农人勤劳、家庭和睦而快乐的生活画面：

茅檐低小，溪上青青草。醉里吴音相媚好，白发谁家翁媪？
大儿锄豆溪东，中儿正织鸡笼。最喜小儿亡赖，溪头卧剥莲蓬。

虽然描写的不是自家的孩子，但辛弃疾用纯粹的白描手法，描绘出乡村一个五口之家的生活环境和生活画面：在一所矮小的茅草屋旁，有一条流水淙淙、清澈照人的小溪。溪边长满了碧绿的青草。一对长满白发的老夫妻，一边喝酒，一边说着悦耳的江西方言在悠闲自得地聊天。

他们的大儿子是家中的主要劳力，担负着溪东豆地里锄草的重担。二儿子年纪尚小，只能做点辅助劳动，在家里编织鸡笼。三儿子不懂世事，只知任意地调皮玩耍，看他躺卧在溪边剥莲蓬吃的神态，即可知晓。这几句虽然极为通俗易懂，但却刻画出鲜明的人物形象，创造出耐人寻味的意境。尤其是小儿无拘无束地剥莲蓬吃的那种天真活泼的神情状貌，饶有情趣，栩栩如生，可谓是神来之笔。"亡赖"就是顽皮，是爱称，并无贬义。"卧"字用得极妙，把小儿天真、活泼、顽皮劲儿和盘托出，跃然纸上，比"坐""躺""趴"等用得更妙。所谓一字千金，就是说使用一字，恰到好处，就能给全句或全词增辉。这里的"卧"字正是如此。

在艺术结构上，全词紧紧围绕着小溪布置画面，并展开人物的活动。

从词的意境来看，茅檐是靠近小溪的。另外，"溪上青青草""大儿锄豆溪东""最喜小儿亡赖，溪头卧剥莲蓬"四句，连用了三个"溪"字，使得画面的布局紧凑。所以，"溪"字的使用，在全词结构上起着关键作用。

在写景方面，茅檐、小溪、青草，这本来是农村中司空见惯的东西。然而，辛弃疾把它们组合在一个画面里，便显得格外清新优美。在写人方面，两位老人饮酒聊天，大儿锄草，中儿编鸡笼，小儿卧剥莲蓬。通过这样简单的情节安排，就把一片生机勃勃、和平宁静、朴素安适的农村生活，真实地反映出来了，给人一种诗情画意、清新悦目的感觉。这样的构思，巧妙、新颖、色彩和谐、鲜明，既有散文的情节美，又有画面的立体美，给人留下了难忘的印象。

辛弃疾田园词作的语言，剔除了传统词作爱用典故和史实的"掉书袋"的弊病，没有丝毫雕琢痕迹，语言明白如画。另一首《清平乐·检校山园书所见》，同样具有很强的情节性：

连云松竹，万事从今足。拄杖东家分社肉，白酒床头初熟。
西风梨枣山园，儿童偷把长竿。莫遣旁人惊去，老夫静处闲看。

在辛弃疾闲居期间，不但没有因被南宋朝廷弃置不用而苦恼，反而表现出摆脱官场纷扰的愉悦。题目中的"山园"，就是辛弃疾在带湖的居第。这首词通篇无一奇字，不用典，不雕琢，清水芙蓉，如话家常，却将辛弃疾的性情特征活灵活现地表现出来，实在是耐人寻味。

这首词的上阕，写闲居带湖的满足及安居乐业的农村生活景象，烘托出静谧和谐的生活氛围。"连云松竹，万事从今足"，是说云雾缭绕，笼罩着生长茂盛、郁郁葱葱的松、竹，环境优美、生活舒适而和谐，所以说"从今万事足"。上句写景，说山园的松竹高大，和天上的白云相连，饱含着辛弃疾的赞赏之情，使人想到的是林木葱茏，环境清幽，准确地把握住了隐居的特色。如果舍此而去描绘楼台亭阁的宏丽，那就不足以显示是隐居了，而会变为庸俗的富家翁的自夸。下句抒情，表现与世无争的知足思想。这一思想，无疑是来自老子的。在《老子》中，即从正面教诲人说"知足者富""知足不辱"，又从反面告诫人说"祸莫大于不知足"。辛弃疾这一思想，虽然是消极的，但是比那些钩心斗角、贪得无厌之徒的肮脏思想却高尚得多。这两句领起全篇，确定了全篇的基调。一个"足"字，表达了辛弃疾对所居住环境、生活的满足。

"拄杖东家分社肉，白酒床头初熟"，是对"万事足"的补充说明，字里行间透露出生活的甜美与温馨。这也是从另一个侧面来写生活上的"足"。在辛弃疾悠闲的带湖生活中，他和当地的百姓相处得很融洽，每逢乡亲们祭社神，用过的祭肉要分给大家时，辛弃疾也会拄着拐杖，去凑个热闹，分上一份，然后和着刚刚酿好的白酒慢慢享用，又是何等惬意的日子。"拄杖"即表明年老。这时，估计辛弃疾已是年过半百。"分社肉"是当时仍存的古风，每当春社日和秋社日，四邻相聚，屠宰牲口以祭社神，然后分享祭社神的肉。据下文，这里所说的应是秋社分肉。下句说山园富有。李白的诗《南陵叙别》有句云："白酒初熟山中归，黄鸡啄麦秋正肥。"如此说富有，意近夸而不俗。因为饮酒是高人雅士的嗜好，所以，新分到了社肉，又恰逢白酒刚刚酿成，岂不正好惬意地一醉方休吗？

这首词的下阕，摄取一个情趣盎然的生活镜头直接入词，更使此词具有浓郁的生活气息。"西风梨枣山园，儿童偷把长竿。莫遣旁人惊去，老夫静处闲看"，既有很强的情节性，又具强烈的行动性、连续性。可以设想，如果画家把这一场面稍事勾勒、着色，无疑是一幅生机勃勃的农村风俗画；如果作家用散文把这一场面和人物的活动记下来，又可成为一篇可读性很强的优美的小品。只是平常的几句话，却具绘画的立体美，又具散文的情节美，辛弃疾运用语言文字功力娴熟，由此也可见一斑。下阕"书所见"，表现闲适的心情。"西风梨枣山园，儿童偷把长竿"，借"西风"点明时间是在秋天。"梨枣山园"展现出庄园内的梨树和枣树上果实累累的景象，透露出辛弃疾对丰收的喜悦之情。"儿童偷把长竿"是辛弃疾所见的一个场面，甚似特写镜头：一群儿童，正手握长长的竹竿在偷着扑打梨、枣。"偷"字极有趣味，使人仿佛看到了这群馋嘴的儿童，一边扑打着梨、枣，一边东张西望地提防，随时准备拔腿逃跑。一个"偷"字，写出了贪嘴孩子的天真童趣和心虚胆怯、唯恐被人发现的神情。

"莫遣旁人惊去，老夫静处闲看"，反映出辛弃疾对偷梨、枣的儿童们的保护、欣赏的态度。这两句，很容易使人联想到杜甫《又呈吴郎》的"堂前扑枣任西邻，无食无儿一妇人。不为困穷宁有此，只缘恐惧转须亲"，都是对扑打者采取保护的、关心的态度，不让他人干扰。然而，两者却又有不同：杜甫是推己及人，出于对这"无食无儿一妇人"的同情。辛弃疾是在"万事人今足"的心态下，觉得这群顽皮的儿童有趣，要留着"老夫静处闲看"；杜甫所表现出的是一颗善良的"仁"心，语言深沉，而辛弃疾所表现出的是一片万事足后的"闲"情，笔调轻快。一"闲"字，是指在"万事从今足"的心态下，辛弃疾觉得"偷"梨、枣的儿童顽皮、有趣，展现出辛弃疾的悠闲。轻快笔调之中，透露出对当前生活的喜悦之情。一个"看"字，既有观看之意，又有看护之意，表现了辛弃疾对"偷"梨、枣儿童的欣赏、爱护之情，也显露出他在生活中也是富有情趣的人。

05 长空万里，云游采风

　　辛弃疾遭罢官后，在带湖的隐居生活是安逸而闲适的。位于信州（今江西省上饶市）的带湖虽不同于陶渊明落英缤纷的桃花源，却如同一杯无底的琼浆，已完全陶醉了辛弃疾那颗因遭朝廷罢黜而落寞的心。南宋文学家洪迈在《稼轩记》中记载："郡治之北可里所，故有旷土存，三面傅城，前枕澄湖如宝带，其从千有二百三十尺，其衡八百有三十尺，截然砥平，可庐以居，而前乎相攸者皆莫识其处。天作地藏，择然后予。"隐居带湖，足以让他因被迫离职而积郁的满腔忧愤，化解为岁月静好。他闭门可安心读书，闲暇时又可走出家门，感受清新质朴的田园风俗。

　　站在辛弃疾的带湖田庄俯视，千丈宽的湖面澄明如镜，鱼儿惬意悠游，鸥鹭自由翻飞，不时在湖面掠过，惊起一片涟漪。这条狭长的湖泊原本没有名字，辛弃疾到来后，才拥有了"带湖"这个美丽的名字。在带湖边的柳树下，当辛弃疾脚穿麻鞋、手执竹杖，满心悠然地眺望远山时，有谁能理解他内心的孤愤呢？

　　对于辛弃疾来说，稼轩居显然是建小了，但建得再大，也不会满足于辛弃疾，就连整个带湖，也盛不下辛弃疾那颗志向高远的心。这期间，辛弃疾以带湖为中心，常到周边各地云游采风。如博山雨岩、鹅湖、期思、周氏泉、崇福寺、上卢桥、西岩、黄沙岭、灵山齐庵、隐湖、瓢泉、秋水观、宿山寺、秋翠岩、彭溪、清风峡、云岩、苍壁等，并为此而写了许多脍炙人口的词作。一首《鹧鸪天•黄沙道中即事》就是在信州黄沙道写的：

> 句里春风正剪裁。溪山一片画图开。轻鸥自趁虚船去，荒犬还迎野妇回。松共竹，翠成堆。要擎残雪斗疏梅。乱鸦毕竟无才思，时把琼瑶蹴下来。

黄沙道又称黄沙岭，在江西信州的西面。辛弃疾住在带湖时，常常路经此地。其实，困居于信州带湖这个小天地，辛弃疾的生活是寂寞的，思想是苦闷的。他的一些寄情于山水的词作，便是这期间创作的。

这首词的上阕是写景，勾勒出一幅乡土气息浓郁的春日山野景物画面。"句里春风正剪裁"一句，造句奇特新颖，"句"通"勾"，是弯曲之意。"句里春风"是写春风柔和，随着山形弯转吹拂。"正剪裁"用拟人手法，说春风如能工巧匠，剪裁着大自然的山山水水。春风到处，万象更新，草木向荣，自有妙不可言的景象。"溪山一片画图开"，是说这画图便是春风剪裁的结果。后两句写在这美好的大自然中活动着的人和动物，"轻鸥""荒犬""野妇"，禽、兽、人的活动给这一片画图增添了勃勃生机。这里既有大自然的美，又有山间的生活美，从一个侧面说明当时正在赋闲的辛弃疾，已经开始走出书斋，接触了新鲜活泼的现实生活。

词的下阕先写象征美好品格的岁寒三友：松、竹、梅。"松共竹，翠成堆。要擎残雪斗疏梅"，意思是说，初春时节，春寒料峭，松、竹枝叶上的残雪尚未完全融化，但其枝叶已经苍翠欲滴，非常引人注目。单凭这一点，它要与那疏梅争斗芳斗妍。这里暗喻当时主战派首领韩侂胄与主和派的斗争。"乱鸦毕竟无才思，时把琼瑶蹴下来"中的"琼瑶"指美玉。琼瑶明指点缀松、竹的晶莹的雪花，暗喻朝廷中的忠臣良将。"蹴下来"说的是这些人遭受贬谪。韩侂胄力主抗金，这是辛弃疾赞成的，但对他凭个人的好恶排挤一些贤能的人，深为不满。"乱鸦毕竟无才思"一句，实际上是辛弃疾对韩侂胄的看法。"蹴"字用得很生动，暗含韩侂胄把许多有才能的贤德之士踢开官场之意。

辛弃疾的这首小令，既赋物又言情，写自然景物曲尽其妙。同时，词中又含蓄地寓以深意，有着很高的艺术价值。黄沙岭在信州西四十里，岭高约十五丈，深而敞豁，可容百人。岭下有两泉，水自石中流出，可溉田十余亩。这一带不仅风景优美，也是农田水利较好的地区。辛弃疾在信州期间，经常来此游览。他描写这一带风景的词，现存约五首，即：《生查子·独游西岩》二首、《浣溪沙·黄沙岭》一首，《鹧鸪天·黄沙道中即事》一首，以及《西江月·夜行黄沙道中》。辛弃疾在《西江月·夜行黄沙道中》中写道：

> 明月别枝惊鹊，清风半夜鸣蝉。稻花香里说丰年，听取蛙声一片。
>
> 七八个星天外，两三点雨山前。旧时茅店社林边，路转溪桥忽见。

辛弃疾在这首小令里，用轻快活泼的笔调描绘了农村的夏夜景色：明月、清风、稻花香、青蛙声、七八个星、两三点雨。辛弃疾对农村丰年的欢快心情，与这些美丽的景物融合在一起了。

这首词的前两句"明月别枝惊鹊，清风半夜鸣蝉"，从表面上看，写的是风、月、蝉、鹊这些极其平常的景物，然而，经过辛弃疾巧妙的组合，平常中就显得不平常了。鹊儿的惊飞不定，不是盘旋在一般树头，而是飞绕在横斜突兀的枝干上。因为月光明亮，所以鹊儿被惊醒了。而鹊儿惊飞，自然也就会引起"别枝"摇曳。同时，知了的鸣叫声也是有一定时间的。夜间的鸣叫声不同于烈日炎炎下的嘶鸣，而当凉风徐徐吹拂时，往往特别感到清幽。总之，"惊鹊"和"鸣蝉"两句动中寓静，把半夜"清风""明月"下的景色，描绘得令人悠然神往。

接下来的"稻花香里说丰年，听取蛙声一片"，把人们的关注点从长空转移到田野，表现了辛弃疾不仅为夜间黄沙岭上的柔和情趣所浸润，更关心扑面而来的漫村遍野的稻花香，又由稻花香而联想到即将到来的丰年景象。此时此地，辛弃疾与百姓同呼吸的欢乐，尽在言表。"稻花飘香"的"香"，固然是描绘稻花盛开，也是表达辛弃疾心头的甜蜜之感。而说丰年的主体，不是人们常用的鹊声，而是那一片蛙声，这正是辛弃疾匠心独到之处，令人称奇。在辛弃疾的感觉里，俨然听到群蛙在稻田中齐声喧嚷，争说丰年。先出"说"的内容，再补"声"的来源。以蛙声说丰年，是辛弃疾的匠心创造。

以上四句，只是单纯地抒写当时夏夜山道的景物和自己的感受，但核心内容却是洋溢着丰收年景的夏夜。因此，与其说这是在写夏景，还不如说是写眼前夏景将给人们带来的幸福。

由于上阕结尾构思和音律出现了显著的停顿，因此，在下阕的开头，辛弃疾就树立了一座峭拔挺峻的奇峰，运用对仗手法，以加强稳定的音势。"七八个星天外，两三点雨山前"两句中，"星"是寥落的疏星，"雨"是轻微的阵雨，这些，都与上阕的清幽夜色、恬静气氛和朴野成趣的乡土气息相吻合。特别是一个天外，一个山前，本来是遥远而不可捉摸的，可是笔锋一转，小桥一过，乡村林边茅店的影子，却意想不到地展现在人们的眼前。"旧时茅店社林边，路转溪桥忽见"两句是说辛弃疾对黄沙岭上的路径尽管很熟，可总因为醉心于倾诉丰年在望之乐的一片蛙声中，竟忘却了越过天外，迈过山前，连早已临近的那个社庙旁树林边的茅店，也都没有察觉。前文"路转"，后文"忽见"，既衬出了辛弃疾骤然间看出了分明临近旧屋的欢欣，又表达了他由于沉浸在稻花香中，以致忘了道途远近的怡然自得的入迷程度，相得益彰，体现了辛弃疾深厚的艺术功底，令人回味无穷。

从表面上看，这首词的题材内容不过是一些看来极其平凡的景物，语言也似乎没有任何雕饰，没有用一个典故，层次安排也完全是听其自然，平平淡淡。然而，正是在看似平淡之中，却有着辛弃疾潜心的构思，醇厚的感情。这里，可以领略到辛弃疾词雄浑豪迈之外的另一种境界。

南京大学中文系教授唐圭璋在《唐宋词选注》中指出：《西江月·夜行黄沙道中》这首词，辛弃疾以宁静的笔调描写了充满着活跃气氛的夏夜。他一路行来，有清风、明月、疏星、微雨，也有鹊声、蝉声，还闻到了稻花香。走得久了，忽然看到那家熟识的小店，可以进去歇歇脚，愉悦之情，油然而生。暨南大学原中文系教授艾治平在《宋词名篇赏析》中指出：《西江月·夜行黄沙道中》是一首笔调灵活、不假雕琢、不事堆砌、语浅味永、摹写逼真的佳作，是一幅颇有审美价值的淡墨画，一幅充满着农村生活气息的夏夜素描。北京大学中国古文献研究中心教授杨忠在《辛弃疾词选译》中指出：《西江月·夜行黄沙道中》围绕着夜行的特点，展现出夏夜乡村田野的幽美景色及辛弃疾对丰收年景的由衷喜悦。

辛弃疾在带湖居住期间，常到博山游览，博山风景优美，他却无心赏玩。眼看国事日非，自己无能为力，一腔愁绪无法排遣，遂在博山道中一壁上题了《丑奴儿·书博山道中壁》这首词：

少年不识愁滋味，爱上层楼。爱上层楼。为赋新词强说愁。

而今识尽愁滋味，欲说还休。欲说还休。却道天凉好个秋。

这首词，通过回顾少年时不知愁苦，衬托"而今"到中年时才深深领略了愁苦的滋味，却又说不出道不出，写出了两种截然不同的体会，阐发了深刻的生活哲理，使人具体地感受到忧患余生的辛酸况味。

这首词的上阕，辛弃疾着重回忆少年时代自己不知愁苦，因此喜欢登上高楼，凭栏远眺。少年时代，风华正茂、涉世不深、乐观自信，对于人们常说的"愁"还缺乏真切的体验。首句"少年不识愁滋味"，是整个上阕的核心。辛弃疾生长在中原沦陷区。青少年时代的他，不仅亲历了人民的苦难，亲见了金人的凶残，同时，也深受北方人民英勇抗金斗争精神的鼓舞。他不仅自己有抗金复国的胆识和才略，而且一直认为中原是可以收复的，金人侵略者也是可以被赶出去的。因此，他不知何为"愁"。为了效仿前代作家，抒发一点所谓的愁情，他是"爱上层楼"，无愁找愁，是闲愁抑或是假愁。辛弃疾连用两个"爱上层楼"，这一叠句的运用，避开了一般的泛泛描述，而是有力地带起了下文。前一个"爱上层楼"，同首句构成因果复句，意谓辛弃疾年轻时根本不懂什么是忧愁，所以喜欢登楼赏玩。后一个"爱上层楼"，又同下面"为赋新词强说愁"结成因果关系，即因为爱上高楼而触发诗兴，在当时不识愁滋味的情况下，也要勉强说些愁闷之类的话。这一叠句的运用，把两个不同的层次联系起来，将上阕不知愁的这一思想表达得十分完整。

这首词的下阕，写辛弃疾自己随着年岁的增长，处世阅历渐深，对于这个"愁"字有了真切的体验。辛弃疾怀着捐躯报国的志愿投奔南宋，本想与南宋朝廷同心协力，共同完成恢复大业。谁知，南宋朝廷对他招之即来，挥之即去，他不仅报国无门，而且还落得被削职闲居的境地，一腔忠愤，无处发泄，其心中的愁闷痛楚可想而知。"而今识尽愁滋味"，这里的"尽"字，是极有概括力的，它包含着辛弃疾许多复杂的感受。人到中年饱经忧患，真正品出愁滋味反而不愿说，从而完成了整篇词作在思想感情上的一大转折。接着，辛弃疾又连用两句"欲说还休"，仍然采用叠句形式，在结构用法上也与上阕互为呼应。这两句"欲说还休"，包含有两层不同的意思。前句紧承上句的"尽"字而来，人们在实际生活中，喜怒哀乐等各种情感往往相辅相成，极度的高兴转而潜生悲凉，深沉的忧愁翻作自我调侃。辛弃疾过去无愁而硬要说愁，如今却愁到极点而无话可说。后一个"欲说还休"则是紧连下文。因为辛弃疾胸中的忧愁不是个人的离愁别绪，而是忧国伤时之愁。在当时投降派把持朝政的情况下，抒发这种忧愁是犯大忌的。因此，辛弃疾在此不便直说，只得转而言天气"却道天凉好个秋"。

在愁人心中，秋天是衰老没落的象征。辛弃疾在中年失意的岁月逢秋，心境本是凄凉的，但他并不以悲而叹之，反而出人意料地借以轻松幽默的欣赏之语"却道天凉好个秋"，一种至深之情却以至淡之语表现出来，含蓄而又分明，更加耐人寻味。

辛弃疾的这首词，通过"少年""而今"的无愁、有愁对比，表现了他受压抑排挤、报国无门的痛苦，是对南宋朝廷的讽刺和不满。在艺术手法上，"少年"是宾，"而今"是主，以昔衬今，以有写无，以无写有，写作手法也很巧妙，突出渲染一个"愁"字，并以此为线索，层层铺展，感情真挚委婉，言浅而意深，将辛弃疾大半生的经历感受高度概括出来，有着强烈的艺术效果，更是亘古名篇，世人传唱不绝。

黑龙江省社会科学院文学研究所副所长、研究员张碧波在《辛弃疾词选读》中指出：《丑奴儿·书博山道中壁》这首词写得委婉蕴藉，含而不露，别具一格。有着现代词学的开拓者和奠基人之称的夏承焘在《唐宋词欣赏》中更详细地评价说：《丑奴儿·书博山道中壁》这首词，上阕四句是说少年时没有尝到愁的滋味，不知道什么叫作"愁"，为了要作新词，没有愁勉强说愁。这四句是对下阕起衬托作用的。下阕首句说"而今识尽愁滋味"，按一般写法，接下应该描写现在是怎样的忧愁。但是它下面却重复了两句"欲说还休"，最后只用"却道天凉好个秋"一句淡话来结束全篇。这是吞咽式的表情，表示有许多忧愁不能明说。联系辛弃疾的身世遭遇来看，是能体会他这一句话的深长含意的。

06 松窗竹户，远树斜阳

　　辛弃疾遭朝廷罢黜隐居带湖之初的一段时间，辛弃疾是打算在这里终老一生的。可是，日子一长，他的心中难免会生出一些许孤寂与索然。田园的热闹，渐渐成为他落寞的陪衬。

　　有幸的是，宋孝宗淳熙九年（1182 年）春末，辛弃疾的至交好友杨炎正（字济翁）和他的大舅哥范如山（字南伯）一同来到了带湖，让辛弃疾的心情好了许多。他带领他们游览了带湖盛景、稼轩田庄，相聚在一起非常快乐。

　　只可惜这相聚的时光太短暂，转眼到了分别的时刻。在饯别的酒席上，杨炎正先写下了一首《蝶恋花·稼轩坐间作，首句用丘六书中语》词：

　　点检笙歌多酿酒。不放东风，独自迷杨柳。院院翠阴停永昼。曲栏隋处堪垂手。

　　昨日解醒今夕又。消得情怀，长被春偻愖。门外马嘶从去后。乱红不管花消瘦。

杨炎正的词清俊不俗，传世的有《西樵语业》一卷。《四库总目提要》称杨炎正的词是"纵横排之气，虽不足敌弃疾，而屏绝纤秾，自抒清俊，要非俗艳所可拟"。晚清词人况周颐在《蕙风词话》卷二中，称杨炎正《蝶恋花·稼轩坐间作，首句用丘六书中语》一词"婉曲而近沈著，新颖而不穿凿，于词为正宗中之上乘"。杨炎正也是力主抗金的志士，与辛弃疾相交甚厚。

辛弃疾随即便写下了两首和词。在第一首《蝶恋花·和杨济翁韵，首句用丘宗卿书中语》中，辛弃疾这样写道：

点检笙歌多酿酒。蝴蝶西园，暖日明花柳。醉倒东风眠永昼。觉来小院重携手。

可惜春残风雨又。收拾情怀，长把诗僝僽。杨柳见人离别后。腰肢近日和他瘦。

在这首词中，辛弃疾记取了一同携手游赏带湖的情景，也表达了对分别的不舍之情。杨炎正的侍女听闻辛弃疾的大名，也想索要一首词，辛弃疾爽快地答应了，在席上写下第二首词《蝶恋花·席上赠杨济翁侍儿》：

小小华年才月半。罗幕春风，幸自无人见。刚道羞郎低粉面，傍人瞥见回娇盼。

昨夜西池陪女伴。柳困花慵，见说归来晚。劝客持觞浑未惯，未歌先觉花枝颤。

"小小年华才月半"形如侍女情窦初开的豆蔻年华，把侍女的性情描写得惟妙惟肖。因为是在送别的酒席上，自然也少不了唱词给跟自己很谈得来的大舅哥范如山，辛弃疾又同韵一首《蝶恋花·继杨济翁韵饯范南伯知县归京口》：

泪眼送君倾似雨。不折垂杨，只倩愁随去。有底风光留不住，烟波万顷春江舻。

老马临流痴不渡。应惜障泥，忘了寻春路。身在稼轩安稳处，书来不用多行数。

　　"泪眼送君倾似雨"，辛弃疾用夸张的手法表达了因离别而忧伤之情。不学古人折柳相赠，只盼望范如山的归去，自己的忧愁也能随之而去。尽管倾其所有的美好风光，都不能留住要分别的朋友，只能眼看着好友即将乘船远去。

　　这首词的下阕，"老马临流痴不渡"引自于《世说新语》："王武子善解马性。尝乘一马，著连钱障泥，前有水，终日不肯渡。王曰：'此必是惜障泥。'使人解去，便径渡。"障泥，马鞯之两旁下垂者，用以障蔽尘土。这是写对分别的依依不舍。接着又嘱咐朋友分别后，不要太挂念自己，辛弃疾住在稼轩的居所，过得很安稳，叫朋友放心。以后写书信来，也不必写太多关切之语。

　　辛弃疾在带湖居住期间，除了杨炎正与范如山来亲自探望外，还有不少好友写信前来询问辛弃疾的近况。暮春时节，辛弃疾远足前往信州属县玉山，去探望那里的玉山县令陆翼年（字德隆），他是辛弃疾任江西安抚使时的旧识。辛弃疾赶到玉山时，恰巧陆翼年去职准备回吴中，便随性写下两首词为之饯行。其中，《六幺令·用陆氏事，送玉山令陆德隆侍亲东归吴中》一词这样写道：

　　酒群花队，攀得短辕折。谁怜故山归梦，千里莼羹滑。便整松江一棹，点检能言鸭。故人欢接。醉怀双橘，堕地金圆醒时觉。

　　长喜刘郎马上，肯听诗书说。谁对叔子风流，直把曹刘压？更看君侯事业，不负平生学。离觞愁怯。送君归后，细写《茶经》煮香雪。

　　辛弃疾的这首诗，引用了几位陆姓名人的故事。词中的"千里莼羹"，指的是陆机。陆机是西晋吴郡吴县华亭（今上海市淞江区）人，字士衡，曾任平原内史，世称"陆平原"。随司马颖率军讨伐长沙王司马乂，兵败后遭谗而被杀，其弟陆云同时遇害。《世说新语·言语》中记载：陆机诣王武子，武子前置数斛羊酪，指以示陆曰："卿江东何以敌此？"陆云："有千里莼羹，但未下盐豉耳！"陆机到王武子那里去，武子面前放着几斛羊酪，指给陆机看，并说："你们江东有什么能抵得上这个？"陆机说："有千里湖的莼菜羹，只是还没有加上盐豉呢！"

"能言鸭"说的是唐代的陆龟蒙，字鲁望，苏州吴县人，自号江湖散人、甫里先生，又号天随子，陆元方七世孙，其父陆宾虞曾任御史之职。陆龟蒙是中国农业史上著名的农学家。据《甫里文集》中的附录《杨文公谈苑》记载：唐陆龟蒙善为赋，绝妙。相传龟蒙多智数，狡狯，居笠泽。有内养自长安使杭州，舟出舍下，小童奴以小舟驱群鸭出，内养弹其一绿头雄鸭，折头。龟蒙遽舍出，大呼云："此绿鸭有异，善人言，适将献状本州，贡天子，今持此死鸭以诣官自言耳。"内养少长宫禁，不知外事，信然，甚惊骇，厚以金帛遗之，龟蒙乃止。因徐问龟蒙曰："此鸭何言？"龟蒙曰："常自呼其名。"巧捷多类此。

"醉怀双橘"引的是陆绩怀橘的典故。《三国志·吴志·陆绩传》中记载：绩年六岁，于九江见袁术，术出橘，绩怀三枚去，拜辞，橘堕地。术笑曰："陆郎作宾客而怀橘乎？"绩跪答曰："吾母性之所爱。欲归以遗母。"术大奇之。

"对叔子风流"指的是陆抗，字幼节，吴郡吴县（今江苏省苏州市）人。三国时期吴国名将，丞相陆逊次子。唐代著名史学家房玄龄所著的《晋书·羊祜传》中记载：祜字叔子，泰山南城人也。在军常轻裘缓带，身不被甲。吴西陵督步阐举城来降，吴将陆抗攻之甚急，诏祜迎阐，祜率兵五万出江陵。祜与陆抗相对，使命交通，抗称祜之德量虽乐毅、诸葛孔明不能过也。抗尝病，祜馈之药。抗服之无疑心，人多谏抗，抗曰："羊祜岂酖人者？"时谈以为华元、子反复见于今日。

"不负平生学"是典自陆贽，字敬舆，苏州嘉兴人，唐朝著名政治家、文学家、政论家，溧阳县令陆侃第九子，人称"陆九"。陆贽为中唐贤相，其学养才能、品德风范，深得当时及后世称赞。《旧唐书·陆贽传》记载：贽以受人主殊遇，不敢爱身，事有不可，极言无隐。朋友规之，以为太峻，贽曰："吾上不负天子，下不负吾所学。不恤其他。精于吏事，斟酌决断，不失锱铢。"

"细写《茶经》煮香雪"指的是唐代的陆羽，字鸿渐，复州竟陵（今湖北省天门市）人，一名疾，字季疵，道号竟陵子、桑苎翁、东冈子，又号"茶山御史"。是唐代著名的茶学家，被誉为"茶仙"，尊为"茶圣"，祀为"茶神"。陆羽一生嗜茶，精于茶道，以著世界第一部茶叶专著《茶经》而闻名于世。

由于辛弃疾饱读诗书，谙熟经史，在词中引经据典也是挥洒自如。辛弃疾用名人逸事寄希望于好友陆翼年"更看君侯事业，不负平生学"，到了说到自己时，却是"送君归后，细写《茶经》煮香雪"。这是辛弃疾的自谦也是实情，毕竟这时候他是被罢职赋闲在家。陆翼年所要去的吴中，是辛弃疾南归时率众所经过的地方，那里也有不少他的旧识。

陆翼年回去之后，自然会有很多旧识打听辛弃疾的近况。想到这里，辛弃疾又赋词一首《六幺令·再用前韵》托其转告：

倒冠一笑，华发玉簪折。阳关自来凄断，却怪歌声滑。放浪儿童归舍，莫恼比邻鸭。水连山接。看君归兴，如醉中醒、梦中觉。

江上吴侬问我，一一烦君说。坐客尊酒频空，剩欠真珠压。手把鱼竿未稳，长向沧浪学。问愁谁怯。可堪杨柳，先作东风满城雪。

应该说，辛弃疾的放浪形骸，应属于英雄无用武之地的无奈。"阳关自来凄断，却怪歌声滑"，出自白居易的《晚春欲携酒寻沈四著作先以六韵寄之》："最忆《阳关》唱，真珠一串歌。"白居易在诗句自注中写道："沈有讴者，善唱西出阳关无故人"。《阳关》是首送别的曲子，本来就是很凄切的，而歌者唱着越发悲怆，更深化了离别的悲伤。"放浪儿童归舍，莫恼比邻鸭"，杜甫将要赴城都草堂寄严郑公诗云："休怪儿童延俗客，不教鹅鸭恼比邻"。王安石《和惠思岁二日二绝》："为嫌归舍儿童聒，故就僧房借榻眠。"意在是告诫顽皮的孩子，不要吵扰了邻居。"如醉终醒、梦中觉"，苏轼在《江城子·梦中了了醉中醒》词云："梦中了了醉中醒。只渊明，是前生。"辛弃疾一反常理地说，只有醉中才清醒，梦中才了然，表达了愤世嫉俗的情怀。

这首词的下阕说，若是吴中老友问我，麻烦你逐一对他们说，我的近况就是闲居少客酒樽长空。因为朋友来往的少，以致很少酿造酒。词里的"真珠"是酒名。"手把鱼竿未稳，长向沧浪学"，《楚辞·渔父》中有云："渔父莞尔而笑，鼓枻而去。乃歌曰：'沧浪之水清兮，可以濯吾缨；沧浪之水浊兮，可以濯吾足。'"在这里，辛弃疾是说自己还没有习惯赋闲的生活。"问愁谁怯"是一股豪放之气油然而生。"可堪杨柳、先做东风满城雪"，韩愈《晚春》

诗有"杨花榆荚无才思，惟解漫天作雪飞"。

辛弃疾从小生长在金人占领区，目睹了在金人压迫下汉民悲惨的生活。所以，他从小就胸怀补天之志，立志要抗金北伐、恢复中原。南归后，他虽然仕途坎坷，为官一任功绩虽多，但可惜个性刚毅果敢，耿直无畏的行事作风得罪了不少人，最终被罢职，在带湖过着闲散的生活。眼看着国事衰颓，梦想日渐黯淡，他报国无门的愁绪无处排遣，只有在寻山访友中来派遣心中忧苦的时光。他在一首《鹧鸪天·用前韵和赵文鼎提举赋雪》中写道：

莫上扁舟访剡溪，浅斟低唱正相宜。从教犬吠千家白，且与梅花一段奇。
香暖处，酒醒时，画檐玉箸已偷垂。笑君解释春风恨，倩拂蛮笺只费时。

辛弃疾文武全才，并非看透世事退居乡间。只因报国无门，空怀国恨家仇，隐居带湖也是无可奈何的事。虽然在他的词中也时常表现一种超脱的闲适之情，实质上是他遭受打击和排挤，深感百无聊赖而自作宽解罢了。在他的词中，也有一种希冀用世的心绪，还是时隐时现地表露出来。

辛弃疾又在《丑奴儿近·博山道中效李易安体》中写道：

千峰云起，骤雨一霎儿价。更远树斜阳，风景怎生图画？青旗卖酒，山那畔别有人家，只消山水光中，无事过这一夏。
午醉醒时，松窗竹户，万千潇洒。野鸟飞来，又是一般闲暇。却怪白鸥，觑着人欲下未下。旧盟都在，新来莫是，别有说话？

这首词是说，乌云笼罩着群山，一阵大雨过后，天也放晴了。斜阳金黄色的光芒照在远处翠绿的树上，这样优美的风景，不知画家们该怎么描绘？酒店的门上挂着卖酒的青旗，可想而知，在山的那边，会有人家居住。在这山光水色风景秀美的地方，我愿平静地度过这个夏天。午醉睡醒时，看见窗外的苍松翠竹，郁郁葱葱，多么清静悠闲，心神舒畅自然。野鸟飞来飞去，和我一样地自由自在。却让我奇怪的是：白鸥对我若即若离，这是为什么呢？咱们过去订的盟约还在，我是遵守旧盟的，你是不是新来的？或者是另有什么话要说呀？

　　这首词中的李易安即李清照，是宋代婉约词的大宗。辛弃疾虽为豪放派的代表人物，但在龙腾虎跃之外，又不乏有深婉悱恻的情调。他的这首效李易安体之作，着重是学李易安用浅俗之语，发清新之思的特色。

　　辛弃疾闲居带湖期间，成为他诗词创作的高峰期，同时，也是他词作风格发生重要变化的时期，词作的显著特征是，数量丰富题材广泛。而他坚毅不屈的人格和矢志复国的信念，以及壮志未酬的悲愤心情，在他的各类题材的作品中也都有体现。

第六章

且潜春愁与悲歌
只为慷慨济世情

01 故交南涧，亦师亦友

在带湖隐居期间，辛弃疾创作了不少脍炙人口的词作。在这些词作里，辛弃疾不但讴歌带湖田园的庭院楼台、猿鸟花木、波光水色，也更广泛地描写了带湖周边地区的奇山秀水、田野村落、农夫野叟、风俗民情……可这并不意味着辛弃疾从此就只有忘情山水、赏玩风物，他依然时常思考着有关实事政局、国计民生的诸多问题，尤其是不能忘怀抗金北伐的大问题，并把这种政治情怀通过长短句的歌词抒发出来。其中，既感人肺腑又传播甚广的，莫过于那些既感叹功业无成，又执着坚持自己理想的抒怀之作。

辛弃疾的朋友当中，韩元吉是关系非常密切的一位。辛弃疾在任建康（今江苏省南京市）通判时，就与韩元吉结识。当辛弃疾归隐带湖时，住在信州（今江西省上饶市）的信江北岸，与韩元吉寓居的信江南岸的南涧府第相距不远。辛弃疾是山东历城（今山东省济南市）人，而韩元吉是开封雍丘（今河南省杞县）人。辛弃疾在沦陷区揭竿起义后反正，韩元吉是随宋室逃亡到江南。两人虽然有故乡，却都已沦为金国的土地。自从南渡后，故乡变成了异乡，却始终不得回去。信州是一处山明水秀适宜居住的好地方，对于辛弃疾和韩元吉来讲，本是异乡，却成为他俩的第二故乡。

韩元吉应该是辛弃疾的前辈，因为两人相差 22 岁。南宋学者黄昇所作的《花菴词选》，称誉韩元吉"政事文章为一代冠冕"。韩元吉著作颇丰，尤其擅长诗词。他留有诗文集《南涧甲乙稿》、词集《南涧诗馀》。"南涧"是韩元吉的号，"稼轩"是辛弃疾的号。如今，南涧和稼轩均为上饶市的地名。稼轩本是辛弃疾带湖山庄里一座房屋的名称，后来他的词集出书时，即命名为《稼轩词》《稼轩长短句》。南涧本是信江南岸群山当中的一条溪涧，至今犹在。韩元吉的府第大门朝东，面向溪涧，故自号"南涧"。辛弃疾和韩元吉都不约而同地在信州自号稼轩和南涧，并以之冠名毕生呕心沥血的著作。

对辛弃疾而言，韩元吉是政坛和文坛的老前辈。《四库全书总目》中，称韩元吉"诗体文格，均有欧、苏之遗，不在南宋诸人下"。在信州居住时，韩元吉还是当地文坛的盟主，辛弃疾因此对韩元吉非常尊重。《稼轩词》中的"带湖之什"有五首是写给韩元吉的寿词，又有五首是与韩元吉的唱和词，足见两人交往密切。

辛弃疾是农历五月十一生日，韩元吉是农历五月十二生日，两人的生日仅差一天。所以，两个人在异乡互贺诞辰，心情之落寞沮丧自然不言而喻，因而，收复中原的愿望格外强烈。他俩均为主战派的重要人物，韩元吉历任朝廷大官（礼部尚书、龙图阁学士、吏部尚书等）。他俩惺惺相惜，借取祝寿的机会，互相勉励鼓舞，尽情抒发驱逐敌人、打回老家、不达目的誓不罢休的壮志豪情。在辛弃疾给韩元吉的祝寿词中，最早的一首是作于宋孝宗淳熙九年（1182 年）的《太常引·寿韩南涧尚书》：

君王着意履声间，便合押、紫宸班。今代又尊韩，道吏部、文章泰山。
一杯千岁，问公何事，早伴赤松闲？功业后来看，似江左、风流谢安。

在这首词中，辛弃疾赞美韩元吉在朝廷的重要地位。"君王着意履声间"，用汉哀帝熟悉郑崇的履声这一典故，来说明孝宗对韩元吉的重用。"便合押、紫宸班"，"押班"即带领、带班，"紫宸"即紫宸殿。就是上朝时领袖百官，说明韩元吉在朝中有着非常重要的地位。"今代又尊韩，道吏部、文章泰山"，用身为文学家，官至吏部侍郎的韩愈比韩元吉，说明韩元吉不仅功高权显，写的文章也是非常出色。

下阕是说，我敬你一杯寿酒，祝你长寿，活到一千岁。你为什么早早地退居山林，与赤松子做伴闲游呢？你将来为国建立功业的前程是很大的。你一定会像江左的风流人物谢安那样，有东山再起的机会。

除了这首寿词外，流传至今的还有《水调歌头·席上用王德和推官韵，寿南涧》《水龙吟·甲辰岁寿南涧尚书》《水龙吟·次年南涧用前韵为仆寿，仆与公生日相去一日，再和以寿南涧》《水调歌头·庆韩南涧尚书七十》。其中，最有名的一首，就是作于宋孝宗淳熙十一年（1184 年）的《水龙吟·甲辰岁寿南涧尚书》：

渡江天马南来，几人真是经纶手？长安父老，新亭风景，可怜依旧。夷甫诸人，神州沉陆，几曾回首！算平戎万里，功名本是，真儒事，公知否？

况有文章山斗。对桐阴，满庭清昼。当年堕地，而今试看，风云奔走。绿野风烟，平泉林木，东山歌酒。待他年，整顿乾坤事了，为先生寿！

这首词题目中的"甲辰岁"，就是宋孝宗淳熙十一年。这一年，辛弃疾 45 岁，韩元吉 67 岁。上阕"渡江天马南来，几人真是经纶手"两句，是说自从高宗皇帝南渡之后，有几个人能真正称得上是治国的行家里手？起句如高山坠石，劈空而来，力贯全篇。《晋书》卷六《元帝纪》中记载：西晋亡，晋元帝司马睿偕西阳、汝南、南顿、彭城四王南渡，在建康建立东晋王朝，做了皇帝。因为晋朝的皇帝姓司马，故称"天马"。当时的童谣唱道："五马浮渡江，一马化为龙。""渡江天马南来"借指宋高宗南渡。"经纶"是整理丝缕。理出丝绪叫经，编丝成绳叫纶，引申为筹划治理国家。王安石的《祭范颍州文》写道："盖公之才，犹不尽试。肆其经纶，功孰与计？""经纶手"借指治理国家的高手。南渡以来，朝廷中缺乏整顿乾坤的能手，以致偏安一隅，朝政腐败。此二句为全篇之冒，后面的议论抒情全由此而发。

"长安父老，新亭风景"连用两典：一典见《晋书》卷九十八《桓温传》：桓温率军北征，路经长安市东（古称霸上，今陕西省咸阳市），"居人皆安堵复业，持牛酒迎温于路中者十八九，耆老感泣曰：'不图今日复见官军'。"此指金人统治下的中原人民。另一典见《世说新语·言语篇》：东晋初年，"过江诸人，每至美日，辄相邀新亭，藉卉饮宴。周侯中坐而叹曰：'风景不殊，正自有山河之异！'皆相视流泪。"北宋沦亡，中原父老盼望北伐；南渡的士大夫们，感叹山河变异"可怜依旧"。"夷甫"是王夷甫，即王衍。王夷甫虽是西晋宰相，但却崇尚清谈，不理朝政，导致国家灭亡。《晋书·王衍传》记载：王衍在兵败临死前后悔道："向若不祖尚浮虚，戮力以匡天下，犹可不至今日！"。"沉陆"亦作陆沉，沦陷的意思。《晋书·桓温传》记载："遂使神州陆沉，百年丘墟，王夷甫诸人不得不任其责！""夷甫诸人"一语，辛弃疾常用，借指当时的投降派及夸夸其谈者。他在《贺新郎·用前韵送杜叔高》一词中写道："叹夷甫诸人清绝"。又在《水调歌头·送杨民瞻》一词中写道："长剑倚天谁问？夷甫诸人堪笑！"真儒，真正的儒家，联系上句"平戎万里"，此指坚持实行孔子"尊王攘夷"的春秋大义学说的儒家。西汉学者扬雄所著的《法言·寡见》中记载："鲁不用真儒故也，如用真儒，无敌于天下，安得削？"

毋庸置疑，宋高宗赵构在位三十五年，是个彻头彻尾的投降派皇帝，"念徽、钦既返，此身何属"就是他心态的写照。他任何屈膝叩头的事都做得出来，只求保住自己的小朝廷皇位。而宋孝宗初年还有些作为，但后来还是走上了宋高宗投降派的老路。

通过上述种种有力的议论，辛弃疾指出："算平戎万里，功名本是，真儒事，公知否。""戎"是我国古代少数民族泛称之一，这里指金人。把金人驱逐于万里之外，为国家建立功勋从而青史留名的伟大事业，倚仗的人物是主张尊王攘夷的真正的儒家，而不是那些一味信口开河清谈误国的投降派。对于这个观点，尚书大人你知道吗？辛弃疾在带湖闲居，提出平戎万里这样严肃的政治问题，既是对韩元吉的期望，更表现出他身在江湖，心存魏阙，对国事的关怀。

词的下阕，是赞美韩元吉。"况有文章山斗。对桐阴，满庭清昼"，"文章山斗"原本是说韩愈是唐代的文坛领袖，即泰山、北斗。《新唐书·韩愈传》中说："自（韩）愈殁，其言大行，学者仰之如泰山北斗。""桐阴"，韩元吉自述家世，著有《桐阴旧话》一书。韩元吉家乃北宋的名门望族，在京师的府第大门前广种桐树，绿阴覆地，人称"桐木韩家"。"绿野"指绿野堂，是唐代中兴名相裴度的别墅，风景绝佳，故址在今洛阳午桥。"平泉"指平泉庄，是唐代平定藩镇割据卓有建树的名相李德裕的庄园，多有奇花异草，故址在今洛阳郊外。"东山"指会稽东山（今浙江省绍兴市上虞区西南），在淝水之战中，以弱胜强大败前秦宣昭帝苻坚强敌的东晋头号功臣谢安，曾在此地载酒逍遥，正如《晋书·谢安传》中所说："虽放情丘壑，然每游赏，必以妓女从。""整顿乾坤"意思是犹扭转乾坤，此指收复失地统一中国。杜甫在《洗兵马》一诗中写道："二三豪俊为时出，整顿乾坤济时了。"辛弃疾的《千秋岁·寿史正志》也写道："从容帷幄去，整顿乾坤了。""先生"是对韩元吉的尊称。韩是辛的前辈，且其道德文章，足堪师法，因而辛弃疾特别敬重。

这首词的大意是，长期以来，你先后曾任礼部尚书、龙图阁学士、吏部尚书等，为国操劳，政绩显著，已经足以证明你是当代的真儒。更何况你著有大量的文章，奇思壮采，举国钦佩，可与唐代"文起八代之衰"的韩愈媲美，是当代文坛的泰山北斗，是当之无愧的真儒领袖。再说，你显赫的身世，当年汴京的"桐木韩家"府第，门前桐木成行，树阴匝地，每逢夏天，满庭清凉怡人。家族中英才辈出，多为国家栋梁，驰名遐迩，谁人不知？哪个不晓？尊敬的尚书先生，自从你降临人间一直到如今，试看六十多年来风起云涌，沧海桑田，国破家亡，无论贵贱贫富，多少人有家归不得啊？如今南北对峙，中国仍旧分裂，必须尽快实现统一，包括你我应当力争早日返回故乡，与亲人父老欢聚一堂。尊敬的尚书先生，你是全国主战派的一面旗帜，具有卓越的才能堪当大任，朝野上下热切期待你成为当代的裴度、李德裕和谢安。风光旖旎的绿野堂别墅中的裴度，遍植奇花异草的平泉庄园中的李德裕，边听清歌边饮美酒优游于东山的谢安，都在国家生死存亡的危急之秋，力挽狂澜，做出巨大的贡献。尊敬的尚书先生，等到他年抗战派齐心协力整顿乾坤，把金寇扫除干净，完成光复的伟大任务时，再为先生举办一个极其隆重的祝寿大会。

在词中，辛弃疾对韩氏家庭、韩元吉本人赞美有加，他们两人的感情基础主要还在于有共同的抗战理想，这也在词中表现得非常清楚。韩元吉也为辛弃疾作了一首《水龙吟·寿辛侍郎》：

南风五月江波，使君莫袖平戎手。燕然未勒，渡泸声在，宸衷怀旧。卧占湖山，楼横百尺，诗成千首。正菖蒲叶老，芙蕖香嫩，高门瑞、人知否。

凉夜光躔牛斗。梦初回、长庚如昼。明年看取，锋旗南下，六蠃西走。功画凌烟，万钉宝带，百壶清酒。便留公剩馥，蟠桃分我，作归来寿。仆贱生后一日也，故有分我蟠桃之戏。

在这首词中，韩元吉对辛弃疾投闲带湖的生活有非常形象的描绘，是当时词作中最真实贴切的一首。当时，韩元吉住在信州城南，筑苍筤亭。而辛弃疾的带湖庄园则在信州城北，庄园最豪华的建筑当为雪楼。冬天，韩元吉从城南载酒去带湖与辛弃疾一道在雪楼观雪，故辛弃疾有《念奴娇·和南涧载酒见过雪楼观雪》一词：

兔园旧赏，怅遗踪、飞鸟千山都绝。缟带银杯江上路，惟有南枝香别。万事新奇，青山一夜，对我头先白。倚岩千树，玉龙飞上琼阙。

莫惜雾鬟云鬓，试教骑鹤，去约尊前月。自与诗翁磨冻砚，看扫幽兰新阕。便拟明年，人间挥汗，留取层冰洁。此君何事，晚来曾为腰折。

词中"缟带银杯江上路"是写雪中的信江，"青山一夜，对我头先白"应指带湖附近的篆冈和吉阳山。

辛弃疾还写了一首《水调歌头·庆韩南涧尚书七十》一词：

上古八千岁，才是一春秋。不应此日，刚把七十寿君侯。看取垂天云翼，九万里风在下，与造物同游。君欲计岁月，尝试问庄周。

醉淋浪，歌窈窕，舞温柔。从今杖履南涧，白日为君留。闻道均天帝所，频上玉卮春酒，冠盖拥龙楼。快上星辰去，名姓动金瓯。

这首词作于宋孝宗淳熙十四年（1187 年）。南宋词人韩元吉所著的《南涧甲乙稿》中记载："生于戊戌，至甲子年二十七。"经查，戊戌年为宋徽宗重和元年（1118 年），至宋孝宗淳熙十四年（1187 年）丁未，韩元吉恰为 70 岁。韩元吉举办了 70 寿辰后，不久就去世了。因此，这首词成为韩元吉收到的辛弃疾最后的祝福。

02 把酒唱和，傲岸不群

　　宋孝宗淳熙九年（1182 年）九月重阳节这一天，43 岁的辛弃疾和 65 岁的韩元吉，一同前往信州城西三十里的云洞游玩。两个人为什么要选在这一天去游玩呢？因为在古老的《易经》中，把"六"定为阴数，把"九"定为阳数。九月初九，日月并阳，两九相重，故而叫重阳，也叫重九。南朝梁时期的文学家、史学家吴均所作的《续齐谐记》记载：费长房有异术，汝南桓景从游。一日费谓桓景，九月九日君家当有灾，宜令家人带茱萸、登高处饮菊花酒，方可免祸。桓景因如言于此日举家登山，待到晚上归来，则见家中鸡、犬、牛、羊皆已暴死。故古人因有重阳登高、佩戴茱萸赏菊的习俗。

　　韩元吉在游云洞的时候，赋了一首词《水调歌头·又水洞》：

　　今日俄重九，莫负菊花开。试寻高处，携手蹑屐上崔嵬。放目苍岩千仞，云护晓霜成阵，知我与君来。古寺倚修竹，飞槛绝纤埃。

　　笑谈间，风满座，酒盈杯。仙人跨海，休问随处是蓬莱。落日平原西望，鼓角秋深悲壮，戏马但荒台。细把茱萸看，一醉且徘徊。

重阳节正是菊花盛开之时，所以，韩元吉说花开当赏，不要迟疑辜负了秋光。辛弃疾便和他携手相伴，登高宴饮，并和了一首《水调歌头·九日游云洞和韩南涧上书韵》：

今日复何日，黄菊为谁开。渊明谩爱重九，胸次正崔嵬。酒亦关人何事，政自能不尔，谁遣白衣来。醉把西风扇，随处障尘埃。

为公饮，须一日，三百杯。此山高处东望，云气见蓬莱。翳凤骖鸾公去，落佩倒冠吾事，抱病且登台。归路有明月，人影共徘徊。

在这首词中，辛弃疾并没有描写游云洞所观之景，而是借陶渊明之名，以酒浇胸中块垒和难平之气。"崔嵬"指高山，暗指胸中郁结不平。"为公饮，须一日，三百杯"，好像这样狂放的豪饮，也难解心中郁结的不平之气。接着，辛弃疾又作了一首《水调歌头·再用韵呈南涧》：

千古老蟾口，云洞插天开。涨痕当日，何事汹涌到崔嵬。攫土抟沙儿戏，翠谷苍崖几变，风雨化人来。万里须臾耳，野马骤空埃。

笑年来，蕉鹿梦，画蛇杯。黄花憔悴风露，野碧涨荒莱。此会明年谁健，后日犹今视昔，歌舞只空台。爱酒陶元亮，无酒正徘徊。

这里的"崔嵬"，是指险峻的高山。在这第二首和词中，辛弃疾又一次提到了酒和陶渊明，"爱酒陶元亮，无酒正徘徊"，这也是"以气节自负，以功业自许"的辛弃疾被迫罢职归隐田园，深感北伐无望，渴望能在饮酒中一醉解千愁，又深感自身落寞孤寂的写照。

辛弃疾对酒可谓情有独钟。在他人生的不同阶段，因为心态情绪的不同，饮酒的环境不同，酒态词风也不尽相同。辛弃疾生长在金人统治下的山东，耳闻目睹了种种民族压迫，使辛弃疾从小打下了民族意识的烙印。祖父辛赞的诱导和启迪，更使他埋下了反抗民族压迫的火种。在少年读书时，他就立下了驱逐女真贵族统治者、统一国家的鲲鹏之志，并决心为此贡献自己毕生的力量。

少年时期的辛弃疾，就开始大量饮酒。在《念奴娇·双陆和陈仁和韵》一词中，辛弃疾写道："少年横槊，气凭陵、酒圣诗豪余事。"在《定风波·

暮春漫兴》一词中写道："少日春怀似酒浓，插花走马醉千钟。"辛弃疾在此期间的饮酒，是非常豪放的，显得意气勃发、壮志昂扬，对待事情看得过于乐观烂漫，只有思酬国耻的决心和豪气，没有挫折和压抑。

在渡江南归的最初十三年里，辛弃疾辗转于签判、知州等一些底层职位，虽然平复之志遥遥无期，但官阶毕竟还是一步步往上走，这使他对前途充满了信心，并对事业和人生都抱有进取的态度。在此期间的饮酒，多是迎上送下，祝寿贺喜的酒宴上江海吸流霞般的痛饮，表现出他乐观明朗而豪爽的精神风貌。如他在《感皇恩》中所写的："酒如春好，春色年年如旧。青春元不老，君知否。"借酒歌咏青春，显得豪情满怀、朝气蓬勃。他在《声声慢•滁州旅次登楼作和李清宇韵》中所写的："从今赏心乐事，剩安排，酒令诗筹。"辛弃疾因施展才华，并做出成绩而表现出狂喜的心情。

辛弃疾在与同僚和朋友举杯共饮时，也不忘勉励对方勿忘国耻，积极进取，为恢复中原做贡献。在《水调歌头•寿赵漕介庵》一词中，辛弃疾笔调高昂，不忘雄心勃勃地报效国家："要挽银河仙浪，西北洗湖沙。"并寄希望于史正志"袖里珍奇光五色，他年要补天西北"。在为韩元吉所作的那首《水龙吟•甲辰岁寿韩南涧尚书》一词中写道："待他年，整顿乾坤事了，为先生寿。"在《满江红•汉水东流》一词中，告诫参军的王朗"马革裹尸当自誓，蛾眉伐性休重说"。这些词，既是勉励朋友，也是辛弃疾的自勉。

宋孝宗淳熙二年（1175年）之后的七年里，辛弃疾辗转数省担任提点刑狱、安抚使等地方要职。他经常谈论收复失地，并积极为抗战做准备，这种做法为主和派所不容。他为政一方排挤豪强、淘汰贪吏，引起许多官吏的不满和嫉恨。因此，对他的各种刁难陷害纷至沓来，他深深感到自己孤危一身久矣。在此期间，辛弃疾的饮酒词消减了以前的乐观和欢愉，增添了许多沉重的忧患和愤激。在酒桌上，他宣称"我饮不需劝，正怕酒樽空"，原因是"孙刘辈，能使我，不为公"，借六朝权奸刘放、孙姿压制真臣的典故，表达自己被排挤的义愤。他在《水调歌头•我饮不须劝》写道："但觉平生湖海，除了醉吟风月，此外百无功。"以此来表达年近不惑而壮志难酬的落寞悲哀。

宋孝宗淳熙九年（1182年），辛弃疾被谏臣王蔺弹劾落职，便开始闲居带湖，享受"莫说弓刀事业，依然诗酒功名"的笑傲山水式的生活。据著名宋史学家邓广铭所著的《稼轩词编年签注》中记载，在这段时期内，辛弃疾共作词二百二十八首，其中饮酒词就有一百三十三首，比他一生词作总数的一半还多。在带湖漫长的十年闲居生活中，辛弃疾饮酒的快乐越来越少，而寂寥的思绪却越来越多。喝酒已不是在酒宴上的助兴，而是消愁解闷"酒兴昨夜压愁城""愁滞醒，又独醒"，而且英雄感慨之气也越来越多，"说剑论诗余事，醉舞狂歌欲倒，老子颇堪哀"。由于辛弃疾是被迫隐退，他的内心无比郁闷和痛苦，常在"人散后月明时弹《忧愤》空泪垂"。在没有知音的情况下，无以抒愤，饮酒便成了解愁的唯一手段，"长安故人问我，道愁肠滞酒只依然。目断秋霄落雁，醉来时响空弦"。愁不胜愁，只有轻轻放下言其他"东篱多种菊，待学渊明，酒兴诗情不相似"。辛弃疾在带湖的生活，也只能是"夺他人之酒杯，浇自己之垒块；诉心中之不平，感数奇於千载"。

宋孝宗淳熙九年（1182 年）九月十二，也就是辛弃疾和韩元吉刚刚同游了云洞，曾任南康知军的朱熹途经信州，回归武夷。朱熹，字元晦、仲晦，号晦庵，晚称晦翁，南宋著名的理学家，也是儒学集大成者，被世人尊称为"朱子"。朱熹虽比辛弃疾大 10 岁，但两人私交很深，关系非同寻常。辛弃疾任江西安抚使时，撤销遏籴禁令，协助朱熹救灾南康灾民。辛弃疾带湖新居落成之际，正巧朱熹入都奏事路过信州，便偷偷地看过辛弃疾的带湖新居，内心羡慕不已，认为是耳目所未睹，深感大开眼界。在听到辛弃疾被罢职后，朱熹为此愤愤不平，对自己的弟子说："辛幼安亦是个人才，岂有使不得之理？"在信州城外西南的信江南岸，有一处山岩名为南岩。辛弃疾与朱熹、韩元吉和另一位诗人徐安国（字衡仲）在此一同聚会宴饮，坐而论道。韩元吉的儿子韩滮作了一首《访南岩一滴泉》，记载了此事：

> 忆昨淳熙秋，诸老所闲燕。晦庵持节归，行李自畿甸。
> 来访吾翁庐，翁出成饮饯。因约徐衡仲，西风过游衍。
> 辛帅倏然至，载酒具肴膳。四人语笑处，识者知叹羡。
> 摩挲题字在，苔藓忽侵遍。壬寅到庚申，风景过如箭。

在闲居的日子里，辛弃疾与同样在信州、或是借道而过、或是在此地为官的友人们交往甚密。在南宋政坛里，辛弃疾性格豪迈，才兼文武，曾经率众南归轰动朝野，历任各地方官时也有很多政绩，以一贯力主抗金的主张和词名，使他名望日增。再加上他仗义疏财，接济朋友，礼贤下士，奖掖后进，所以，辛弃疾所交的官员和朋友非常多，正像《宋史·辛弃疾传》所记载的那样："弃疾豪爽尚气节，识拔英俊，所交海内知名士。"而以官宦友人们往来，酬唱应和的辞章，自然成了辛弃疾带湖作品中为数不少的一部分。

淳熙九年秋天，信州任坑冶铸钱司干官李泳任满将归，辛弃疾在初居带湖时与他相识素有交游，便作了三首词相赠。其中，一首《水调歌头·再用韵答李子永提干》是这样写的：

> 君莫赋幽愤，一语试相开。长安车马道上，平地起崔嵬。我愧渊明久矣，独借此翁湔洗，素壁写归来。斜日透虚隙，一线万飞埃。
>
> 断吾生，左持蟹，右持杯。买山自种云树，山下劚烟莱。百炼都成绕指，万事直须称好，人世几舆台。刘郎更堪笑，刚赋看花回。

李子永即李泳，扬州人，曾任溧水县令。宋孝宗淳熙六年（1179 年）至九年，为坑冶铸钱司干官，分局信州，因此得与辛弃疾交游。韩元吉的《南涧甲乙稿》有送李子永赴调改秩诗，诗中写道："会课未防更美秩，趣班聊喜近天颜。"李子永在信州任满之后，即入朝为官。

在这首词中，辛弃疾提笔便是劝慰之语："君莫赋幽愤，一语试相开。"先是开导友人，不要学嵇康写忧愤之诗。紧接着说在官宦之路上，风云莫测。"我愧渊明久矣"一句，借陶渊明的《归去来兮辞》来激励自己。"斜日透虚隙，一线万飞埃"是说透过缝隙，一缕阳光照处，有万千尘埃飞舞。借喻官场污浊。下阕写自己饮酒持蟹，买山种树，过着农人般的生活。历经宦海沧桑，使人化刚为柔，万事称好，曲折地反映出对现实之不满。"人世几舆台"，指宦海沉浮莫测。"舆台"一词，本指地位低下的人。《左传·昭公七年》把人分为十等，舆为六等，台为十等。这里借指官场的贬谪和黜退。"刘郎更堪笑，刚赋看花回"，是笑刘禹锡不该赋《看花》诗，以致不幸，再次遭贬。这首词，是劝慰朋友，更是自我排遣抒怀之词。

临行之时，李子永又向辛弃疾索要《秀野》《绿绕》两首诗，辛弃疾随后又赋水调歌头以遗之，就是《水调歌头·文字觑天巧》：

> 提干李君索余赋野秀、绿绕二诗。余诗寻医久矣，姑合二榜之意，赋水调歌头以遗之。然君才气不减流辈，岂求田问舍而独乐其身耶。
>
> 文字觑天巧，亭榭定风流。平生丘壑，岁晚也作稻粱谋。五亩园中秀

野，一水田将绿绕，秅不胜秋。饭饱对花竹，可是便忘忧。

吾老矣，探禹穴，欠东游。君家风月几许，白鸟去悠悠。插架牙签万轴，射虎南山一骑，容我揽须不。更欲劝君酒，百尺卧高楼。

在这首词中，辛弃疾说自己"平生丘壑，晚岁作稻粱谋"，又说"吾老矣，探禹穴，欠东游"，进而劝慰朋友"更欲劝君酒，百尺卧高楼"。

但是，性情执拗的辛弃疾，又对朋友露出一种孤傲自诩、落落难合的态度。他所写的《鹧鸪天·徐衡仲惠琴不受》一词，就充分体现了这一点：

千丈阴崖百丈溪。孤桐枝上凤偏宜。玉音落落虽难合，横理庚庚定自奇。
人散后，月明时。试弹幽愤泪空垂。不如却付骚人手，留和南风解愠诗。

词中的"衡仲"是其字，安国是其名，西窗是其号。徐衡仲是信州有名的孝子，也是颇有名望的读书人，《上饶县志·孝友传》之中，就有关于徐衡仲的传记。后来，徐衡仲为岳州学官，迁连山县令。徐衡仲送辛弃疾一张名贵的琴，却遭到辛弃疾的回绝。辛弃疾写道："人散后，月明时。试弹幽愤泪空垂。不如却付骚人手，留和南风解愠诗。"这就是说，我得到这张琴，只能用来弹奏《幽愤》诗那样忧愤不平的曲子，徒增痛苦，不如留给你自己，闲时弹奏一些像《南风》诗那样轻松愉快的曲子。

词的上阕以咏物为主，寓情于物。起处描绘孤桐，言其处境清幽，质地高洁，为先声夺人之笔。继之赋琴，言其纹理奇特，不同凡响，从而象征琴主品性之高洁与孤傲。词的下阕以抒情为主，但情不离物，紧扣题面，说明何以惠琴不受。人散月明，一曲《幽愤》，徒增悲恨，不若付于骚人，以期唱和《南风》。

由此来看，豪侠仗义的辛弃疾，择友的标准是非常严格的，尤其是他被黜罢职时，性格变得更加傲岸不群。

03 春入平原，乐景写哀

　　辛弃疾遭到朝廷的罢官后，无官一身轻的他，除了与官场友人相互作词唱和外，更在带湖秀水春山的景色中，过起了闲适而清淡的田园生活。虽然他归隐山野与陶渊明隐居在性质上有所不同，陶渊明是因为厌恶官场向往自由的生活而隐居，而辛弃疾是因为气节自负、功业自许，最终被迫求田问舍而隐居。显然，辛弃疾的隐居悖于他报国恢复的初衷。

　　初到带湖之际，辛弃疾曾表现出"久在樊笼里，复得返自然"的喜悦。表面上看，辛弃疾是寄情山水，一日走千回，可他的骨子里，却充满人世几欢哀的感慨。闲适的田园生活，又怎能与他平生的志向和抱负相提并论呢？经过长期的苦闷和压抑之后，他又开始了一种手把鱼竿未稳，常向沧浪学的新的生活方式。这期间，他所作的《即事》七绝二首，就是描写带湖生活的情景：

其一：

野人日日鲜花来，只倩渠侬取意栽。

高下参差无次序，要令不似俗亭台。

其二：

百忧常与事俱来，莫把胸中荆棘栽。

但只熙熙闲过日，人间无处不春台。

第一首《即事》，写的是一件小事：村野之人每日送鲜花而来，他从中撷取自己喜欢的鲜花来随意装扮亭台。这时候，他的心境是愉悦的，诗境里透着淡雅。到了第二首诗，"百忧常与事俱来"一句，是说带湖隐居本应是轻松安适的，却时常让他感到"百忧"的烦闷萦绕在心头，于是，也只能自我劝解：不要触碰那胸中荆棘，只要安安稳稳地过日子，何处又不是春台盛景？

闲情逸致之时，辛弃疾还喜欢以梅花赋诗词，并在他的菁菁修竹边，栽上几株梅花。他犹爱冰雪严寒中，梅花的风骨与姿态。乡里人听说辛弃疾是被罢职的官员，但没因为他的落难而疏远他，相反却走得很近。淳朴的乡人送来菊花，他便效法陶渊明，栽在东篱架边。乡人还送来牡丹，他便种在雪楼边。他田庄里的花高高低低没个顺序，他反觉得这样很好，比一味地种些庄稼多了一些诗情画意。辛弃疾为水仙海棠写过一首词，充分说明他是一个爱花、赏花，对生活富有情调的人。这首词就是《贺新郎·赋水仙》：

云卧衣裳冷。看萧然、风前月下，水边幽影。罗袜尘生凌波去，汤沐烟波万顷。爱一点、娇黄成晕。不记相逢曾解佩，甚多情、为我香成阵。待和泪，收残粉。

灵均千古怀沙恨。恨当时、匆匆忘把，此仙题品。烟雨凄迷偏僽损，翠袂摇摇谁整。谩写入、瑶琴幽愤。弦断招魂无人赋，但金杯的皪银台润。愁殢酒，又独醒。

这首词开篇的"云卧""衣裳冷""月下""水边"，点出了时间、地点、天气。"罗袜生尘"引自曹植《洛神赋》中的"凌波微步，罗袜生尘"，辛弃疾用以比拟水仙摇曳之态。"一点娇黄"写尽水仙花之娇美。"解佩"的典故引自汉代刘向的《列仙传》，说的是两位仙女解佩赠人的故事，辛弃疾想象自己与水仙子也有此缘。然而，此等美景良辰，辛弃疾却内心黯然，"待和泪，收残粉"转承下篇"幽愤"。《怀沙》《招魂》都是屈原的作品，但在这些作品当中，却没提及水仙。辛弃疾借此抒发自己壮志不酬的愤懑之情。"烟雨凄迷，翠袂摇摇"，更添惆怅。瑶琴弦断，《招魂》无人赋，只有金杯银台，润泽鲜亮。愁肠无可消遣，只有沉溺于杯中之物。又奈何，酒醒之后，依旧是孑然一身。

这与李白《敬亭独坐》中的"相看两不厌"是同一艺术手法。这种手法，先把审美主体的感情楔入客体，然后借染有主体感情色彩的客体形象，来揭示审美主体的内在感情。这样，便大大加强了作品里的主体意识，易于感染读者。以下"情与貌，略相似"两句，"情"指辛弃疾之情；"貌"指青山之貌。二者有许多相似之处，如崇高、安宁和富有青春活力等。

醉眼看花，水仙的温润绽放，使辛弃疾想到了自己，又想到了屈原，他便觉得自己和屈原一般，如水仙一尘不染，绝世独立。清朝国学大家俞陛云在谈到辛弃疾的这首词时，是这样评价的："首五字即隐含水仙神态。以下五句实赋水仙，中有'汤沐'二字颇新。'解佩'二句无情而若有情，自是隽句。下阕因水仙而涉想灵均（屈原字灵均），犹白石之《暗香》《疏影》，咏梅而涉想寿阳明妃，咏花而兼咏古，便有寄托。水仙和梅花一样，在三九严寒、百花寂寥、万物凋零之际迎风傲雪般绽放，这样高洁的品质，没被写入楚辞，辛弃疾觉得有些不公平。以下的'烟雨凄迷'等句皆幽怨之音。'招魂'句非特映带上句'怀沙'，且用琴中《水仙操》，而悲愤弦断，当有蒙尘绝望之感。结句借水仙之花承金盏，联想及众皆醉酒而我独醒耳。"

其实，我国水仙花的原种是从意大利引进来的，也是法国多花水仙的变异品种。最早有文献记载的水仙，出现在唐代。到了南宋，水仙的传播更为广泛，整个江南地区几乎都有了水仙的踪迹。

表面上看，辛弃疾的闲居是安适的，可他的骨子里却充满着忧世伤情、壮志未酬的遗憾。宋孝宗淳熙十年（1183年）春天，辛弃疾在带湖南边开凿了一条小溪。带湖原本是一个封闭的湖泊，结果，开凿出的小溪与信江相连，使湖水更加幽深。随即，辛弃疾就写下一首《洞仙歌·开南溪初成赋》：

婆娑欲舞，怪青山欢喜。分得清溪半篙水。记平沙鸥鹭，落日渔樵，湘江上，风景依然如此。

东篱多种菊，待学渊明，酒兴诗情不相似。十里涨春波，一棹归来，只做个、五湖范蠡。是则是、一般弄扁舟，争知道，他家有个西子。

看着新开凿出来的溪流碧水荡漾，辛弃疾内心非常欢喜，眼中的景色也似乎都是明亮的。溪水流入，在辛弃疾看来，青山也唤作拟人状，要翩翩起舞。他喜的是分得信江半篙水，泛舟来往，给带湖增添了新的景致。看着眼前的风景，辛弃疾想起被罢职以前，为官湖南潭州时，那湘江的美景还历历在目：平沙鸥鹭、落日渔樵。

在词的下阕，辛弃疾将自己与陶渊明、范蠡作比。去年的自己，也曾"采菊东篱下"，酒兴诗情却不与陶渊明相似。如今，趁着春水大涨，泛舟湖上，但仍比范蠡欠了风情。因为谁都知道，他家里有西施这个倾国倾城的美人。

辛弃疾在描述田园风光和农人生活时，同样是朴素清丽、生机盎然。《鹧鸪天·陌上柔桑破嫩芽》就是这样的一首词：

陌上柔桑破嫩芽，东邻蚕种已生些。平冈细草鸣黄犊，斜日寒林点暮鸦。
山远近，路横斜，青旗沽酒有人家。城中桃李愁风雨，春在溪头荠菜花。

这首表现农村风光的词，从不同视角描绘了乡村春意盎然的景象，看上去好像是随意下笔，但细细体会，语言清丽，意蕴深厚。上阕头两句在描写桑树抽芽、蚕卵开始孵化时，用了一个"破"字，非常传神地写出了桑叶在春风的催动下，逐渐萌发、膨胀，终于撑破了原来包在桑芽上的透明薄膜。"破"字不仅有动态，让人感到桑芽萌发的力量和速度。第三句"平岗细草鸣黄犊"，"平岗细草"和"黄犊"是相互关联的。黄犊在牛栏里关了一冬，当把它放牧在平坡上时，乍见春草，它的反应是欢快无比的。"鸣"虽写声音，但可以让人想象得到黄犊吃草时的悠闲神态。第四句中的"斜日""寒林""暮鸦"，按说会构成一片衰飒景象，但由于用了一个动词"点"字，却使情调发生了变化。"点"状乌鸦或飞或栖，有如一团墨点，这是确切的写实。早春的寒林没有树叶，所以黑色的乌鸦，在林中历历可见。

在这首词里，让人欣赏到一幅天然的图画：田间小路上枝条轻摆的桑树吐出了嫩绿的枝芽。东面邻居家养的蚕种已经有一些蜕变成了蚕儿。一脉平缓的山冈上，小黄牛在春天的草地上鸣叫，几只乌鸦点缀在夕阳西下阵阵春寒的山林中。小路纵横交错着通向远处的青山，不远处飘荡着酒旗，还有几间村民的房舍。山城中桃树李树正在风雨中沐浴着春愁，而最明媚的春色，正在溪头一片荠菜花中盛开。

辛弃疾善于发现和捕捉农村场景中，最平常也最典型的风光景物和生活情境，并运用清新明快的笔调、素净淡雅的色彩，描绘出一幅意象鲜活、层次清晰、生机盎然的画面，给人以丰富的美感享受，进而触发出心弦的共鸣。

从词的表面上看，下阕好像仍然接着上阕在写景。上阕的写景是近景，下阕的写景是有波澜的。首先它是推远一层看，由平冈看到远山，看到横斜的路所通到的酒店，还由乡村推远到城里。"青旗沽酒有人家"一句，看来很是平常，全词都在写自然风景，只有这句才写到人的活动，这样就打破了一味写景的单调。这恰恰是辛弃疾写景的诀窍。尽管是在写景，却不能一味渲染景致，必须加入一些人的情调，有人的活动，才显得有生气。"城中桃李愁风雨，春在溪头荠菜花"两句是全词画龙点睛之笔，城中娇艳的桃花李花，最害怕风雨的吹打，而田野溪头的荠菜花，却星星点点迎着风雨开放，原来，春天已停留在这里。

这首词，通过对农村美丽景色的赞颂，表现出辛弃疾对城市上层社会的摒弃。"城中桃李"与"溪头荠菜花"形成强烈对比，给人以哲理的启示：平凡的事物往往具有顽强的生命力。这首词从全篇看，都是写农村景色，唯"城中"一句一笔宕开，为下句作衬，点明主题。词中最后一句的"在"字稳重有力，表达出辛弃疾对生活的善于思考和深切感受。

辛弃疾的田园词作，一改壮烈之气，显得清新活泼。同时，也一扫议论横生的旧习，如行云流水般勾画出一幕幕农家质朴恬淡的生活场景。一首《鹧鸪天·游鹅湖，醉书酒家壁》就足以说明这一点：

> 春入平原荠菜花，新耕雨后落群鸦。多情白发春无奈，晚日青帘酒易赊。
> 闲意态，细生涯。牛栏西畔有桑麻。青裙缟袂谁家女，去趁蚕生看外家。

这里的"鹅湖"是指鹅湖山，在信州（今江西省上饶市）境内。

这首词的前两句写道："春入平原荠菜花，新耕雨后落群鸦"，"荠菜"是一年或多年生草本植物，春天开白花，嫩叶可食。在上一首词中，辛弃疾就写道"城中桃李秋风雨，春在溪头荠菜花"，对于辛弃疾来说，春天的荠菜花是过目难忘的。在这首词中，"春入"也作"春日"。这两句的意思是说，在春天的原野上开满了白色的荠菜花，雨后，刚刚耕种过的田地落满群鸦。

这里，辛弃疾写出了农村恬静而又充满生机的春天景象，寥寥数笔，就把一幅乡间春色栩栩如生地描绘了出来。本词由荠菜开花而说"春入"，对平凡微贱的荠菜花，寄予了极大的感情，又把群鸦写得生趣盎然，一点不像平时所见的那副使人讨厌的聒噪相。辛弃疾留意和刻画这些细事细物，可见心态也是无比闲适的。

接下来写道"多情白发春无奈"，辛弃疾的情绪发生了变化，刚才令人心情舒爽的春色不见了，万种愁绪染白了头发。词中说的是白发，实际上讲的是愁绪。"晚日青帘酒易赊"，辛弃疾心情沉闷，只好到小酒店去饮酒解愁。"晚日"即傍晚，"青帘"即指酒店门前的酒旗，多是用青布制成的。"酒易赊"出自杜甫《对雪》中"金错囊从罄，银壶酒易赊"诗句，是说酒店可以赊账喝酒。这里"多情"二字，写得有些诙谐，恰如其分地传递出辛弃疾那种带有苦味的诙谐。而在这诙谐中，又让人深切地感受到辛弃疾无可奈何的愁绪。面对如画的春色，辛弃疾却来了愁绪。其原因可以从这首词的小序"游鹅湖，醉书酒家壁"中找到一定的线索。这时，正是辛弃疾被罢官落职，不得不退居田园之时。这时的他正值壮年，还有精力，还有干一番事业的雄心壮志，显然是耐不住清闲无为的生活。所以，辛弃疾游鹅湖，面对生机勃勃的春天，联想到自己的遭遇，事业上的失意与感叹岁月流逝的惆怅之情便油然而生。

在下阕中，辛弃疾又回到了自然之中。"闲意态，细生涯"二句，"细生涯"即指琐细平凡的日常生活。这两句是说，在乡间，有一种闲适而平凡的生活状态。这种状态就是"牛栏西畔有桑麻。青裙缟袂谁家女，去趁蚕生看外家。"首先，"牛栏西畔有桑麻"，"桑麻"指桑树和麻。它们都是古代解决衣着的重要经济作物。可以说，在中国自耕自作的农耕时代，这是缺少不了的。所以，杜甫在《曲江三章·三》中写道："杜曲幸有桑麻田，故将移住南山边。"意思是说，村民们悠闲自在，生活过得井然有序，牛栏附近的空地上种满了桑麻。其次，"青裙缟袂谁家女，去趁蚕生看外家"，这是写人。"青裙缟袂"是青布裙和白衣，这些往往是农妇的服饰。"趁蚕生"即趁蚕子出生前的间隙，这里代之农闲时节。"外家"指女子出嫁后称娘家为外家。这两句的意思是说，是哪家的媳妇趁着农闲回娘家探亲。

具有"清初五大师"之称的王夫之在《姜斋诗话》中说："以乐景写哀，以哀景写乐，一倍增其哀乐。"这也是辛弃疾这首词上阕的艺术手法。下阕写的是一幅农村景象：村民们悠闲自在，生活过得井然有序，牛栏附近的空地上种满了桑麻。春播即将开始，大忙季节就要到来，不知谁家的年轻女子，穿着白衣青裙，趁着大忙前的闲暇赶着去走娘家。与词的开篇几句不同，辛弃疾在下阕中从近处落笔，一个"闲"字，一个"细"字，一个"有"字，一个"趁"字，把农村生活的闲适与古朴活脱脱地展现在人们的面前。然而，辛弃疾越是写闲适、古朴，越是让人联想到"多情白发春无奈，晚日青帘酒易赊"所流露出来的那种烦闷和无可奈何的情绪。辛弃疾无一字写自己，尽情描写客观景象，着力描绘了一个无我之境，实际上我尽在其中。他采用这种高超的艺术手法，把烦乱复杂的失意之情，在这闲适的氛围中凸现得淋漓尽致。透过农家们恬然自安的心态，可以更真切地看到英雄无用武之地的辛弃疾，那种无奈背后的不甘闲居的进取之心，那种追求祖国统一的执着。

通过辛弃疾的田园词，或许有人会说既然喜欢乡村，喜欢田园古朴而又悠闲的生活，却为什么还要借酒浇愁？结合他当时的生活背景和处境去理解，辛弃疾是一位很有抱负、正义，并充满爱国之心的词人。然而，在当时的封建社会官场中，充满了尔虞我诈、争权夺利，充满了夸夸其谈、食言而肥。对此，辛弃疾早就看透了，厌烦了，所以，他要远离城市的喧闹。他认为，美好的春天在田野，在溪头，在那漫山遍野雪白的荠菜花中。此时，他虽置身于淳朴自然、清新的乡村，却还有愁苦，那是因为他不能忘怀祖国万里江山。他要奔赴抗金疆场，去收复已被占领的土地，那才是他真正关心的事业。然而，他却被排挤到农村，过起了闲适的生活来，所以，他才感到愁苦。他不是不喜爱春天，只是春天不能给他带来真正的快乐。

04 纸笺辞章，铁笔柔肠

　　宋孝宗淳熙十一年（1184 年）冬，辛弃疾的好友李大正（字正之）被调入蜀，改任利州路提点刑狱使。李大正曾两度任江淮、荆楚、福建、广南路的提点坑冶铸钱公事（采铜铸钱）。信州为当时主要产铜区，因此李大正常驻信州。李大正做过力主抗战的张孝祥的幕僚，他的政治倾向与辛弃疾是相同的。辛弃疾非常欣赏他的才能，对他寄予了很大的希望。好友就要奉调入蜀赴职，因此写了一首《满江红·送李正之提刑入蜀》为其送行：

　　蜀道登天，一杯送、绣衣行客。还自叹、中年多病，不堪离别。东北看惊诸葛表，西南更草相如檄。把功名、收拾付君侯，如椽笔。

　　儿女泪，君休滴。荆楚路，吾能说。要新诗准备，庐山山色。赤壁矶头千古浪，铜鞮陌上三更月。正梅花万里雪深时，须相忆。

　　"蜀道登天，一杯送、绣衣行客"，点出李大正入蜀和辛弃疾为其送行，双双入题，显得情亲意挚，依依难舍。"登天"虽借用李白诗句"蜀道难，难于上青天"，其实却暗含此行之艰难。辛弃疾被弹劾的罪名之一就是"凭陵上司，缔结同类"，所以，词中处处把李大正的入任，与己的罢闲，双双对照写来，一喜一忧，缠绵悱恻，寄意遥深，又感人心肺。所以，辛弃疾的这首词写得极其沉郁，开头就定下了全词的基调。"一杯"是何其简单，看似淡语，却是两人关系的象征，流露出君子之交，一杯薄酒足矣。没有华筵歌妓，也没有清客的捧场，只有两个知心的朋友一杯相对。这"一杯"二字，不仅写出了友情之深，亦写尽了世态之薄。笔墨之力量如此，这"一杯"也就不少了。"绣衣"是对"提刑"的美称。汉武帝时，派使者衣绣衣巡视天下，操有生杀之大权，称为绣衣直指。李大正提点刑狱公事，也负有司法和监察的任务，所以，辛弃疾也借以称李大正为"绣衣使者"。

"还自叹、中年多病，不堪离别"，点出"中年"。当时辛弃疾45岁，正值不惑之年，经历了很多事，也想通了很多事，不再像青年时那般困惑。然而，"多病"这一"病"字，包含就多了，更何况"多病"。辛弃疾正当中年，满可以大有作为，而被朝廷一放已是三年。想想国事的内忧外患，不能不"病"。为自己闲置生愁，所以，他才用"还自叹"三字，表现出自己难堪的境地和对好友赴调不忍分别的心情。

"东北看惊诸葛表，西南更草相如檄"，按词律要求，是要用律句的对仗格式。辛弃疾巧妙地借用了诸葛亮的《出师表》和司马相如的《喻巴蜀檄》，都是关于蜀的故事。切题已难，寓意得妙更难，可辛弃疾却举重若轻。"东北看惊"，是东北方的大好河山沦入异族之手，正应当像诸葛亮请求出师那样，鞠躬尽瘁，死而后已。这一个"惊"字，有三层意思：惊山河之破碎；惊投降派之阻挠；惊怕读诸葛亮的《出师表》。这里，辛弃疾反其道而行之，让李大正去西南的巴蜀"更草相如檄"。《史记·司马相如传》中记载："唐蒙使路通夜郎西僰中，发巴蜀吏卒……万余人，用兴法诛其渠帅，巴蜀民大惊恐。上闻之，乃使相如责唐蒙，因喻告巴蜀民以非上意。"辛弃疾词的一个"更"字，透露出不出师东北之恨未已，而又要被强迫到西南去镇压人民。恨上加恨，这个"更"字把一个南宋小朝廷的那种对敌和、对己狠的心态暴露无遗，下字非常生动而有力。

"把功名、收拾付君侯，如椽笔"，是双方的小结。辛弃疾自己废置无聊，而李大正又任非其所。"君侯"是古时对达官贵人的尊称，这里指李大正。因为李大正毕竟还是为官有责的，和辛弃疾自己只能耕种以自适的"稼轩居士"不同，终究还是可以期望以功名的。然而，辛弃疾之所以期望于李大正的功名，不是铁马金戈，不是临刑的鬼头刀，而是如椽之笔。因为李大正是提刑，他那红笔一勾，是要人命的。虽不能法外开恩，也要慎之又慎，所谓"况钟之笔，三起三落"。而在此六年前，辛弃疾也曾有过"按察之权"，他向皇帝上过《论盗贼札子》，曾非常精辟地说过剿贼之害的重要。他说："民者国之根本，而贪浊之吏迫使为盗，今年剿除，明年扫荡，譬之木焉，日刻月削，不损则折，臣不胜忧国之心，实有私忧过计者。欲望陛下深思致盗之由，讲求弭盗之术，无恃其有平盗之兵也。"这首词中的"如椽笔"，就是对友人作出一番事业、建立功名的期望和祝愿。

过拍起首四句"儿女泪，君休滴。荆楚路，吾能说"，"儿女泪"是用王勃《送杜少府之任蜀川》诗末二句"无为在歧路，儿女共沾巾"之意。"能"这里读去声，宁可的意思。这里是说，与其有作儿女惜别的时间，倒不如听我说一说你要去的荆楚这一路的风光。荆楚路是指李大正去蜀途经江西、湖北等地域，这些地方，都是辛弃疾停经过的，所以"吾能说"。以此换头，过渡到下阕，一荡上阕愁闷的情绪。"要新诗准备"贯串"庐山色""赤壁浪""铜堤月"。不过，这看似闲情逸趣，何等潇洒，其实，这正是上阕的"表"与"檄"的内涵。下阕怜南，也正是上阕的思北。"荆楚路"这一带是没有被敌人占领的，如此美景，宜爱宜惜。爱，就要珍重它；惜，就要保护它。特别是辛弃疾作为北方的游子，当提到这些南方的美景时，不能不有一种思乡的酸楚夹杂于胸中。总之，只因是一个分为两片的祖国横亘在胸中，所谓"新诗"，当也是长歌之恸。以此相勉，是轻松的调侃，其实正是痛心的变异。以此寄人不仅见趣，而且见志，委婉而深厚有致。

"正梅花万里雪深时，须相忆"点明时间。李大正是十一月入蜀的，所以说当梅花盛开、雪飘万里的时候，要互相回忆友情，不要忘记在抗金统一祖国的事业中，我对你所寄予的希望。

清朝词论家周济在其所著的《介存斋论词杂著》中说："稼轩固是才大，然至情处后人万不能及。"这首送别词，将爱国之情与朋友之谊融成一片来抒写，正是一首至情之作，表现了因与友人相别而引起的伤感。这既显示了辛弃疾与友人交谊之深，同时也暗示了自己中年的蹉跎不得意。不过，辛弃疾毕竟是豪侠之士，他并没有沉埋于伤感之中，而是很快仰起头来，满腔热忱地鼓励别人。送友人入蜀做官，自然想起历史上与蜀中相关的两个大人物：要像诸葛亮那样，坚持抗战和北伐，使东北方向的金人闻风丧胆；要像司马相如那样安抚蜀中百姓，稳定后方，为国家的强大做出贡献。这里切地切事，寄语殷殷，盛情感人，与一般的应酬和吹嘘是迥然不同的。

宋孝宗淳熙十二年（1185年）年春，辛弃疾的朋友、主战派人士郑汝谐被任命为信州知州。两人关系非常密切，而且多有来往。郑汝谐在信州城郊南屏山上建了一处住所，取名"蔗庵"，其中有一座厅阁取名"卮言"。"卮"是古代盛酒的器皿，卮不灌酒就空仰着，灌满酒就倾斜。"卮言"意思是没有一成不变的常态，如同有些人说话没有主见或定见，因此，后人常用"卮言"来称呼自己的著作的谦虚之词。卮言出自《庄子·寓言》"卮言日出，和以天倪"之中。《庄子音义》称："卮器满则倾，空则仰，随物而变，非执一守故者也。施之于言，而随人从变，己无常主者也。"

郑汝谐字舜举，号东谷居士，青田县城人，宋高宗绍兴二十七年（1157年）进士。宋孝宗乾道四年（1168年），郑汝谐任两浙转运判官。当时，浙东一带连年干旱、饥荒，郑汝谐体察民情，救灾扶贫，颇有政绩。他为人刚正不阿，以他多年在官场上总结出的经验教训，不管是为自己的仕途前程，还是为理想抱负得以实现，他都是收敛本性，不放纵恣肆。他要求自己做到与世俯仰，察言观色，具备让生活少一些颠簸的本领。因此，郑汝谐才将自己的蔗庵小阁题名为"卮言"，以此告诫自己不要图一时之快，为所欲为，无所顾忌。

此时，辛弃疾受到郑汝谐蔗庵阁名的启发，用他犀利的笔锋，借卮言之名，创作出一首冷嘲热讽的《千年调·蔗庵小阁名曰"卮言"，作此词以嘲之》：

卮酒向人时，和气先倾倒。最要然然可可，万事称好。滑稽坐上，更对鸱夷笑。寒与热，总随人，甘国老。

少年使酒，出口人嫌拗。此个和合道理，近日方晓。学人言语，未会十分巧。看他们，得人怜，秦吉了。

"卮酒向人时，和气先倾倒"是说人应该学酒卮那样，在添酒时，它总是先倾着身子，喷出一股和气，使别人高兴。"最要然然可可，万事称好"两句，是说最要紧的是什么事都要随声附和，万事都说好。"滑（这里读'古'音）稽坐上，更对鸱夷笑"，"滑稽"为古代用以斟酒的器具，它盛的酒倒完又灌满，灌满又倒出，好像无穷无尽。因此，古代用"滑稽"形容说话言辞油滑、滔滔不绝的人。"鸱夷"是皮制的酒囊，它的容量很大，可张可折，常用来比喻言辞流利、善于应付的人。要学滑稽和鸱夷，花言巧语，滔滔不绝，在酒宴上笑脸相对，情投意合。"甘国老"是中药甘草，性平和，味甜，寒冰热病都可用。"秦吉了"是一种鸟，它的最大特点是会学人说话，比鹦鹉学舌的本领还要高明。"寒与热，总随人，甘国老"是说如果能像甘国老那样，无论寒热，什么毛病都能适用，什么喜好都能迎合，那就更好了。

下阕中的"少年使酒，出口人嫌拗"，辛弃疾感叹自己年轻时酒后任性，说话太直，一开口就使人感到不舒服。"此个和合道理，近日方晓"是说这个附和迎合别人的奥妙，我如今才知晓。"学人言语，未会十分巧"是学人家那样善于说话，我还不是很到家。"看他们，得人怜，秦吉了"是说你看他们，为什么那样讨人喜欢呢，原来是和秦吉了一样，学舌学得特别好啊！

词的上阕是比喻，词的下阕又与之对比，既描摹了世态人情，又写出了一己愁思，将那些趋炎附势之人比作秦吉了，暗指他们是被豢养、供人玩赏的宠物，可见讽刺之辛辣。

文章憎命达，魑魅喜人过。辛弃疾虽然文武兼备，并不是一个单纯的文人。他有抗金复国之志。遥想当年，有着匹马渡江夜袭敌营的为将之勇，圣上天子也是一见三叹息。他还有着对金战势运筹帷幄、决胜千里的为帅之谋，有着修身齐家治国平天下的官宦之思。他本来无意于诗词创作，但是，当田园生活代替了东奔西走的宦游，当山野之趣取代了北望神州的忧思，纸笺上的辞章，也就自然而然地多了，在带湖的生活时期，无疑是他诗词创作的高峰。

辛弃疾除了在外交游，也常在家中与妻儿共乐。在他的九个儿子中，唯有八子辛赣（乳名铁柱）体弱多病，也独得他的怜爱。铁柱经常有病，有一次发烧，烧得面色蜡黄，不吃也不喝，不能与他健壮的兄妹们在一起玩耍，只能躺在床上昏睡，用过的方子都不见好转，这就急坏了辛弃疾。于是，他便创作了一首《清平乐·为儿铁柱作》，以祈祷神灵保佑自己的孩子：

灵皇醮罢。福禄都来也。试引鹅雏花树下。断了惊惊怕怕。
从今日日聪明。更宜潭妹嵩兄。看取辛家铁柱，无灾无难公卿。

　　父母之心古今一同，谁都希望自己的孩子健健康康地成长，而且越长越聪明可爱。可惜，辛弃疾为儿祈神灵的保佑，也没能保住铁柱年幼的性命。铁柱的不幸早夭，使中年痛失爱子的辛弃疾悲痛万分，于是，他又写下十五首《哭鹧》诗，其中的言辞恳切，令人不禁欷歔，最为动人的几首是：

其一：

汝父诚有罪，汝母孝且慈。独不为母计，仓皇去何之。

其二：

方看竹马戏，已作薤露歌。哀哉天丧予，老泪如倾河。

其六：

糊涂不成书，把笔意甚喜。举头见爷笑，持付三四纸。

其七：

笑揖索酒罢，高吟关关鸠。至今此篇诗，狼藉在床头。

其十一：

足音答答来，多在雪楼下。尚忆附爷耳，指问壁间画。

其十二：

昨宵北窗下，不敢高声语。悲身意颠倒，尚疑惊著汝。

　　面对铁柱的早夭，辛弃疾悲从中来，不禁责怪自己。作为父亲，对孩子照顾可能不周，但他的母亲对他每日里照顾有加，他却完全不顾及母亲的感受，早早离他们而去。辛弃疾不断地回忆与铁柱共同度过的点滴时光。铁柱虽然年幼，却聪敏好学，辛弃疾非常喜爱这个孩子。只可惜孩子过早地离去，让辛弃疾意识恍惚，总觉得孩子还在人世，还在他常住的屋里。夜里不能眠，辛弃疾站在这间屋子外面的北窗下，不敢高声言语，怕惊扰了其他孩子的睡梦。这位被世人称为金戈铁马的血性男儿，将痛失爱子的悲伤写进诗里尽情宣泄。

05 流连博山，访得瓢泉

辛弃疾所隐居的信州（今江西省上饶市）带湖，地貌复杂多样，山脉纵横、河流贯通。信州境内，既有丘陵，也有高山，形成平原区的天然屏障，山脉地势高耸险峻，有险可凭，又有多条深邃的山谷走廊，在发生战争时，是一个易守难攻的好地方。正因为信州地理位置的重要和独特，所以它的水陆网络十分通达。东靠浙江，南连福建，北接安徽，自古就有"八方通衢"和"豫章第一门户"之称。与南宋朝廷偏安一隅的临安（今浙江省杭州市），也只有八百里的行程。在战事频繁的北宋后期，以及刚刚平息了宋金战事的南宋初年，信州便成了南迁的大族和朝廷赋闲的士大夫集聚之地。一时之间，信州人聚地贵，不仅城中人满为患，而且连城郊也少有空地。

南宋著名文学家洪迈在《稼轩记》中记载，辛弃疾之所以择居信州，是因为"国家行在武林，广信最密迩畿辅。东舟西车，蜂午错出，势处便近，士大夫乐寄焉"。道路通达才四处便近，进可即刻入朝，退可归隐安居。辛弃疾一生走过的地方颇多，之所以选择定居信州，交通便利是他的第一考虑。另外，这里的山水千姿百态，秀丽的风光令人目不暇接，自然成了辛弃疾笔下的风景。

信州属县十公里处，有一座形似香炉的山峰，名叫博山。山不高，但层峦叠翠、林谷幽深、泉石清奇。清同治十一年（1872 年）所编纂的《广丰县志》中记载："博山，古名通元峰，在县西北二十余里，与鹤山对峙。唐天台韶国禅师建寺于此。"寺院建成后，博山在石峰云起、古树参天的基础上，又增添了殿阁巍峨、香烟缥缈、晨钟暮鼓的景致。寄身于此，常让人流连忘返。

幽谷之中，交通便捷。在博山脚下，有一条由临安通往隆兴、潭州、两广的驿道，文人骚客、商贾名流时常在驿道中穿梭往来。辛弃疾在这条驿道上，往返于带湖与稼轩书社之间。路途之中，辛弃疾常常醉心于博山沿途的秀美风景。一首《江神子·博山道中书王氏壁》，就流露了辛弃疾对博山的万分喜爱之情：

一川松竹任横斜，有人家，被云遮。雪后疏梅，时见两三花。比着桃源溪上路，风景好，不争多。

旗亭有酒径须赊，晚寒些，怎禁他。醉里匆匆，归骑自随车。白发苍颜吾老矣，只此地，是生涯。

这首词的意思是，一片松竹或横或斜地生长，深山人家被白云遮蔽。雪后梅花只看见寥落的几朵。这博山的景色比起陶渊明笔下的世外桃源也相差无几。有酒当赊，喝到天晚有了寒意，便随车而归。自己已经老了，白发苍颜，这博山之地，正可作为养老之所，度过余生。

据考证，辛弃疾直接写博山的词有二十四首，像这类博山道中词多达七首，其中，有三首是在道中石壁上挥毫而成。在博山游玩时，辛弃疾时常流连忘返，有时还留在博山过夜。碰到糟糕的天气，他的心情便也如同天气一般乌云翻腾，将往昔一幕幕翻检，夜不能寐。他的一首《清平乐·独宿博山王氏庵》，就是表达这样的心情：

绕床饥鼠，蝙蝠翻灯舞。屋上松风吹急雨，破纸窗间自语。
平生塞北江南，归来华发苍颜。布被秋宵梦觉，眼前万里江山。

这首词，代表了辛弃疾词的一种独特的艺术风格。全词虽然仅有八句话四十六个字，但却描绘了一幅萧瑟破败的博山风情画。夜出觅食的饥鼠绕床爬行，蝙蝠居然也到室内围灯翻飞，而屋外却正逢风雨交加，破裂的糊窗纸也在鸣响。上阕收尾的"自语"二字，自然而又风趣地将风吹纸响拟人化、性格化。独宿的这个"王氏庵"，是久已无人居住的破屋。如用"饥"来说鼠，一看即明白这里物资的匮乏，用"翻灯舞"显出蝙蝠之猖狂，再接以屋上风吹雨，并加一个"急"字，更衬出小屋在风雨中单薄破败。

正是在这样的背景下，一个平生为了国事奔波于塞北江南，失意归来后则已头发花白、容颜苍老的老人出现了。心境如此，环境如此，"秋宵梦觉"分明指出了时令，同时也暗示了自己难以入睡。半夜醒来，眼前不是饥鼠蝙蝠、残灯破窗，而是祖国的"万里江山"。很显然，也正像辛弃疾在《满江红·江行和杨济翁韵》中所写的那样："梦中行遍，江南江北。"而醒来后，仍然流连梦境，故云"眼前万里江山"。这一句，与"平生塞北江南"相呼应，从而把上阕四句推到背后。平生的经历，使辛弃疾心怀祖国河山，形诸梦寐。如今，自己已是苍颜白发，壮志难酬，可心中所思所想，依然还会梦到往日的万里江山。

这首词，辛弃疾用文字构筑的画面和表达的感情，如果改用线条和色彩，是完全能够表达出来的，可见辛弃疾用抽象的文字符号所捕捉、表现的景物的具象化程度了。而且，每一句话都是一件事物、一个景点，把它们拼接起来，居然连词都可以省略掉，形成了一幅难得的风情画。通过这幅画面，表现了辛弃疾凄苦的、热爱祖国大好河山的心情。

从词的格调看，这首词近似田园派，或者归隐派，同辛弃疾以往的那些豪放之作相去甚远，而且还算不上是其代表作。不过，这首词的别具一格，同样给人以美好的艺术享受。像辛弃疾这样能够在继承、发展苏轼词风的基础上，成为豪放派大家，同时还能在闲淡、细腻、婉约等格调方面取得了突出的成就，在文学史上是不多见的。正如豪放派诗人、词人、诗论家刘克庄在《辛稼轩集序》时所指出的："公所作，大声镗鞳，小声铿鍧，横绝六合，扫空万古。其秾纤绵密者，亦不在小晏、秦郎之下。"

辛弃疾视松、竹、石、泉为心中的兄弟、朋友，因此他更加钟爱博山。在博山之中，有一座博山寺，又叫能仁寺，始建于唐朝同光年间，虽毁于战火，但又于明朝万历年间重建。博山寺周围环境清幽，绿树环绕，又有怪石清泉，辛弃疾常在博山小住，并在博山寺一侧建了"稼轩读书堂"。在书堂前，有一块长约一丈、宽和高各约五尺的奇石，形状如同笔架一般。辛弃疾在此挥毫赋词后，常把笔放到这块石上，后人因此称之为"笔架山石"。稼轩书堂的四周，绿树掩映、青枝拂面、花草争艳、百鸟鸣啭，诗情画意尽在其中。一首《鹧鸪天·博山寺作》就是辛弃疾在博山寺所发的感慨：

> 不向长安路上行。却教山寺厌逢迎。味无味处求吾乐，材不材间过此生。
> 宁作我，岂其卿。人间走遍却归耕。一松一竹真朋友，山鸟山花好弟兄。

这首词的开首"不向长安路上行，却教山寺厌逢迎"两句，辛弃疾大意是说，他已经不再心向国都，不再在意天下国家之事了，只流连于博山寺和它周围的山水，使得它都厌于逢迎我了。下边"味无味处求吾乐，材不材间过此生"两句，"味无味"典出《老子》中的"为无为，事无事，味无味"。"材不材"典出《庄子·山木》中的"明日，弟子问于庄子曰："昨日山中之木，以不材得终其天年，今主人之雁，以不材死；先生将何处？"庄子笑曰："周将处乎材与不材之间。"辛弃疾貌似超脱，要安于归隐平淡的生活，自得其乐，做不材之材以终其年。

这首词的下阕起句"宁作我，岂其卿"表明心志：保持完我，不趋附公卿而求取声名。下一句"人间走遍却归耕"说人生历尽世事，到头来还是要归于田园，躬耕田亩。最后"一松一竹真朋友，山鸟山花好弟兄"两句，辛弃疾意托于松竹花鸟，守君子之志的意向自不待言，其中或许也包含着对仕途人情的戒畏。松、竹真朋友，花、鸟好弟兄，只有它们不会让辛弃疾伤心失望。

除了博山，辛弃疾还常常前往临近的铅山县鹅湖山游玩。《铅山县志》中记载："鹅湖在县东北，周围四十余里。其影入于县南西湖，诸峰联络，若狮象犀，最高者峰顶三峰挺秀。南朝宋时曾任南豫州刺史的刘澄之在《鄱阳记》中记载："山上有湖多有荷，故称荷湖。东晋人龚氏蓄鹅，其双鹅育子数百，其成翮乃去，更名鹅湖。"

鹅湖山北有一座鹅湖寺。说起这个鹅湖寺，在中国的哲学史上还颇有名声。宋孝宗淳熙二年（1175年），为了调和朱熹的理学和陆九渊的心学之间的分歧，吕祖谦曾邀请朱熹和陆九龄、陆九渊兄弟前往鹅湖寺，双方坐而论道，展开激烈的辩论，这场辩论，后来被称为"鹅湖之会"。

在鹅湖，辛弃疾也曾写下不少词作，而且大都是逸兴野致之作。这首

《鹧鸪天•鹅湖寺道中》便是其中之一：

> 一榻清风殿影凉。涓涓流水响回廊。千章云木钩辀叫，十里溪风䆉稏香。
> 冲急雨，趁斜阳。山园细路转微茫。倦途却被行人笑，只为林泉有底忙。

词的上阕是说，鹅湖寺附近有山道十里，长松夹道，风景优美，清风拂过大殿，流水响彻回廊，千株高木之上鹧鸪鸣叫，十里溪水风中稻田飘香。词的下阕又转而叙事：冒着急雨，趁着落日，辛弃疾在这山间小路上辗转跋涉，旅途疲倦，被行人嘲笑他，却只是为了林泉这般忙碌。

宋孝宗淳熙十二年（1185 年），辛弃疾还在铅山县奇师村瓜山下访得一眼泉水，名叫瓢泉。《铅山县志》记载："瓢泉，在县东二十五里，泉为辛弃疾所得，因而名之。其一规圆如臼，其一规直若瓢。周围皆石经，广四尺许，水从半山喷下，流入臼中，而后入瓢，其水澄渟可鉴。"

仁者乐山，智者乐水。对于这口泉水，辛弃疾也十分喜爱。孔子在夸奖弟子子路之贤时说："贤哉，回也！一箪食，一瓢饮，在陋巷，人不堪其忧，回也不改其乐。"因为泉中有一个石潭形状像瓢，辛弃疾便将泉水命名为"瓢泉"，并将之买了下来，打算在这里盖上几座屋子，颐养天年。

在辛弃疾写瓢泉的词作中，有一首《洞仙歌•访泉於期师，得周氏泉，为赋》很有特点：

> 飞流万壑，共千岩争秀。孤负平生弄泉手。叹轻衫短帽，几许红尘，还自喜，濯发沧浪依旧。
> 人生行乐耳，身后虚名，何似生前一杯酒。便此地、结吾庐，待学渊明，更手种、门前五柳。且归去、父老约重来，问如此青山，定重来否。

这首词上阕的大意是：这万壑飞流，和周遭千山争秀。我平生最喜好泉水，可这两汪清泉，我竟然刚刚见到，真是惭愧！叹平生，我这轻衫短帽穿梭于红尘之中，不得清净。今日总算得到这方好泉水啦，我用它洗濯我的被红尘侵染的长发，它就是我的沧浪。

下阕的大意是：人生苦短，及时行乐，身后虚名，哪能比得上眼前一杯美酒？从今后，我便学那陶渊明，也在门前栽上五棵柳树。这房子还没影儿哩，我还得先离开这里，并与当地父老约好改日再来，可却不知能否与青山相约，再来聚首？

在辛弃疾写瓢泉的词中，还有一首《水龙吟·题瓢泉》也很值得欣赏：

稼轩何必长贫，放泉檐外琼珠泻。乐天知命，古来谁会，行藏用舍。人不堪忧，一瓢自乐，贤哉回也。料当年曾问，饭蔬饮水，何为是、栖栖者。

且对浮云山上，莫匆匆、去流山下。苍颜照影，故应流落，轻裘肥马。绕齿冰霜，满杯芳乳，先生饮罢。笑挂瓢风树，一鸣渠碎，问何如哑。

辛弃疾在词的上阕中说，我岂是一个长久贫困的之人。你看一夜山雨过后，我新居的屋檐外流泉哗哗，像万斛珍珠倾泻而下，我变得多么地富有。由此可见，瓢泉在辛弃疾的心目中，如珍珠一般珍贵。对他而言，乐天知命便是欢乐。可是，从古到今，有几个人明白用之则行，舍之则藏的道理呢？居陋巷，人不堪其忧，可是颜回，一箪食，一瓢饮，不改其乐，所以，想当年孔子也说："饭蔬食饮水，曲肱而枕之，乐亦在其中矣。"像他们这样的人，怎么会是栖栖遑遑四处奔波呢？

他又于词的下阕中说，姑且终日静对山上浮云，这瓢泉之水，不要急匆匆流到山下去。这清泉如镜，正好照见辛弃疾的苍颜白发，往昔那轻裘肥马的日子，过去就过去了罢。品一口这瓢泉的水，像冰霜一样清凉，装在杯里看，它像乳汁一样温润。"先生饮罢。笑挂瓢风树，一鸣渠碎"，写的是许由的典故：许由是尧时的隐人，文字记载中最早的隐士。蔡邕在《琴操》中说，许由是尧时一位有操守的布衣人士，他夏天在树上搭棚而居，冬天则住在洞穴中。饿了就在山上采摘些食物，渴了就在河中掬水而饮。有人见他饮水不便，就送他一只瓢，他用完后将瓢挂在树上，风吹树动挂瓢有声，许由嫌这声响扰人清净，就将瓢毁掉了。辛弃疾借此来感叹人还是不说说的好，可以全身避祸，安享归隐之趣。

06 陶写之具，稼轩词集

　　宋孝宗淳熙十四年十月乙亥日（1187 年 11 月 9 日），宋高宗赵构病死于临安（今浙江省杭州市）行宫的德寿殿。这位北宋时期的康王，南宋的开国皇帝，拒绝主战派抗金主张、始终以主和为国策的国君的驾崩，似乎给久已不振的收复失地之事带来了希望。随后，在相位多年、素称爱惜人才的王淮，便向宋孝宗提出，像辛弃疾这样能尽心国事而又有才华的人，应当给他们一定的职位，以备缓急之用，而不应长期赋闲。但王淮的建议，遭到了当时同居相位的周必大的反对。但在王淮的坚持下，辛弃疾还是得到一个没职权的冲佑观奉祠这一职务，从而结束了无官职、无俸禄的时期。

　　冲佑观在武夷山，是道教活动的场所，虽然只是掌管祭祀之官，但在南宋一朝，朱熹、吕祖谦、辛弃疾、陆游等名人都曾担任过冲佑观的祠官。祠官这一职务，许多朝代都有，但宋代为了优待士大夫，专门有一种不必到宫观视事，就能享受祠禄的制度。所谓奉祠，也叫宫观，是一个标准的闲差，是朝廷专门为那些受年龄或政见等原因限制，而无法入朝的官员设置的官职，具体来说，就是有待遇无职级，有俸禄无责任。甚至连受命者本人都不需要去道观履职，朝廷就会把俸禄发给其所在的官府，再由官府转发给本人。按照以往的惯例，凡是被罢黜的官员，再重新被起用之前，都会被任命管理道教宫观。对于辛弃疾来说，得到这一职务，是朝廷准备让他复出吗？不管怎么说，冲佑观这份只拿俸禄不理事的闲差，未尝不是一件好事。

南宋朝廷在京城临安设置进奏院，各路州郡都有进奏吏。每天，大部分朝廷的命令都会编成定本，由宰执审阅，然后报行四方，这就是宋朝的邸报。除了朝廷的邸报，民间还有小报，这些小报的小道消息可能是朝廷流出的，也可能是捕风捉影。此时，正巧小报上刊登的辛弃疾以病挂冠的消息，让辛弃疾看到了。这一消息显然是空穴来风，连辛弃疾自己也不知道这消息是真是假了。如果是讹传，就没有理会的必要。可是，刚刚被任命为冲佑观，这又在讹传以病挂冠，他忽然觉得无风不起浪，这是不是朝廷有意让他重新出仕？辛弃疾的心里，不禁泛起了层层涟漪。

也许，太上皇赵构的死，对于收复失地大业是一个转机。如果宋孝宗此后善作决断，改变偏安路线，则抗金的春天必将到来。可是，锐气已衰的宋孝宗，已无心于事业。赵构刚死，他就下令皇太子赵惇参决国事，准备效法宋高宗传位于太子的做法，自己当太上皇享清福。过了两个月，也就是宋孝宗淳熙十五年（1188 年）正月初一刚好立春的这一天，自然界的节气轮回，触发了辛弃疾满腔的忧国之情。看着年轻人兴高采烈地过着节日，对于壮志难酬的辛弃疾来说，无疑是别有一番滋味，随即，他挥毫写下了一首《蝶恋花·戊申元日立春席间作》：

谁向椒盘簪彩胜？整整韶华，争上春风鬓。往日不堪重记省，为花长把新春恨。

春未来时先借问。晚恨开迟，早又飘零近。今岁花期消息定，只愁风雨无凭准。

正月初一，又是立春之日，既是春节，又是一年的开始。这样的节日，应该给人以欣欣向荣之感，人们都在忙着庆贺这个双重的节日。尤其是年轻人，更是活泼烂漫，兴高采烈，迎接新春的到来。这一年，辛弃疾已经49 岁。屈指一算，他渡江归宋已经二十七个年头了。二十七年来，辛弃疾无时不在盼望成功实现恢复大业。可是，无情的现实却使他一次又一次地失望了。于是，他在春节的宴席上写下这首小词，借春天花期没定准的自然现象，含蓄地表达了自己对国事与人生的忧虑。

这首词额开篇，通过节日里众人热闹而自己索然无味的对比描写，表达了辛弃疾与众不同的感伤情怀。"谁向椒盘簪彩胜？整整韶华，争上春风鬓"，说的是当时民间春节风俗。正当美好年华的席上诸人，争着从椒盘中取出春幡，插上两鬓，春风吹拂着她们头上的幡胜，十分好看。这里，通过描写节日里不知忧愁为何物的年轻人们的欢乐，来反衬辛弃疾自己忧愁风雨的老年情怀。接下来的"往日不堪重记省，为花长把新春恨"两句，笔锋一转，说明自己并非不喜欢春天，不热爱生活，而是痛感无忧无虑的生活，对于自己早已成为往日的遥远回忆。并且，他不爱春天热闹的原因还有更深的意义。

在过去的岁月里，辛弃疾岁岁苦盼春来花开，可年复一年，春天虽来了，花的开落却无凭准，这就使人常把新春怨恨，再没有春天一来就高兴的旧态了。显然，这里一个"恨"字，已不是简单地恨自然界的春天了。接下来，辛弃疾从一个"恨"字出发，着重写了自己对花期的担忧和不信任。字里行间，充满了怨恨之情。这种恨，是爱极盼极所生之恨。

"春未来时先借问，晚恨开迟，早又飘零近。今岁花期消息定，只愁风雨无凭准"是说辛弃疾急切盼望春来，盼望花开，还在隆冬就探询花期。但花期总是短暂的，开晚了让人等得不耐烦，开早了又让人担心它很快凋谢。这一年，是元日立春，花期似乎可定，可是，开春之后风风雨雨尚难预料，谁知这一年的花开能否如人意呢？

这里，辛弃疾表面上写的是自然界的变化，但实际上是表达了对理想中的事物又盼望、又怀疑、又担忧，最终还是热切盼望的复杂心情。辛弃疾之所以会有如此缠绵反复又坚凝执着的心理，就是因为他心中有抗金复国这一事业。所谓"花期"，即是辛弃疾时时盼望的南宋朝廷改变偏安政策，决定北伐中原的日期。

在辛弃疾的心里，"花期"仍无定准，"风雨"也难预料。信州离临安不远，辛弃疾想必已经听到朝廷里一些变动的消息。他在词中所感叹的"花期"无定、"风雨"难料，也是由此而发。在这首词里，辛弃疾比兴结合，含而不露，十分自然地表达了他政治上的感受，以及个人遭遇的愁苦复杂的心情。晚清著名词人陈廷焯在《白雨斋词话》中评价这首词时说："'今岁花期消息定，只愁风雨无凭准'，盖言荣辱不定，迁谪无常。言外有多少哀怨，多少疑惧。"辛弃疾在由惜春、怨春所传达出的哀怨、疑惧之情的背后，又掩藏着多少拭目以待的期望。

辛弃疾的词一直为人们所喜爱，他所抒发的情感、意象、追求、喜怒哀乐，以及他所描绘的风景、生活、图画，都具有广泛的普遍性，流传很广，甚至还出现了词集赝品。为此，在这年春，辛弃疾的弟子范开特地为辛弃疾收集编成了一本词集《稼轩词甲集》。这部词集中，共收入辛弃疾创作的词一百多首，成为辛词最早的刊本。在这部词集的序言中，范开这样写道：

器大者声必闳，志高者意必远。知夫声与意之本原，则知歌词之所自出。是盖不容有意于作为，而其发越著见于声音言意之表者，则亦随其所蓄之浅深，有不能不尔者存焉耳。

世言稼轩居士辛公之词似东坡，非有意于学坡也，自其发于所蓄者言之，则不能不坡若也。坡公尝自言与其弟子由为文迥多而未尝敢有作文之意，且以为得于谈笑之间而非勉强之所为。公之于词亦然：苟不得之于嬉笑，则得之于行乐；不得之于行乐，则得之于醉墨淋漓之际。挥毫未竟而客争藏去。或闲中书石，兴来写地，亦或微吟而不录，漫录而焚稿，以故多散逸。是亦未尝有作之之意，其于坡也，是以似之。

虽然，公一世之豪，以气节自负，以功业自许，方将敛藏其用以事清旷，果何意于歌词哉？直陶写之具耳。故其词之为体，如张乐洞庭之野，无首无尾，不主故常；又如春云浮空，卷舒起灭，随所变态，无非可观。无他，意不在于作词，而其气之所充，蓄之所发，词自不能不尔也。其间固有清而丽、婉而妩媚，此又坡词之所无，而公词之所独也。昔宋复古、张乖崖方严劲正，而其词乃复有秾纤婉丽之语，岂铁石心肠者类皆如是耶。

开久从公游，其残膏剩馥，得所沾焉为多。因暇日哀集冥搜，才逾百首，皆亲得于公者。以近时流布于海内者率多赝本，吾为此惧，故不敢独阅，将以祛传者之惑焉。

淳熙戊申正月元日门人范开序。

范开是辛弃疾的弟子。辛弃疾退居信州带湖之初，范开自衢州向他求学。范开，字廓之，洛阳人。据著名宋史学家邓广铭考证，范开是北宋史臣范祖禹的后裔，南归后移居衢州。衢州与信州相邻，范开爱好诗文，尤擅《楚辞》，他非常仰慕辛弃疾，便从衢州来到信州辛弃疾的带湖田庄，向他求学。后来杖履追陪，长达八年，师生之间的关系也非常融洽。

范开在序言中，着重评析了自己的老师辛弃疾胸襟气魄与创作之间的联系，肯定辛弃疾词是陶写心中情志的工具。这是范开全面而又深入地考察辛弃疾词后，所得出的结论。他说，辛词中的"声"与"意"，只是辛弃疾的"器"与"志"的反映，"器大""志高"，方能做到"声闳""意远"。换言之，词作之浅深，完全取决于辛弃疾胸中"所蓄之浅深"，任何形式与技巧上的刻意"作为"，都无补于事。而辛弃疾以轩昂的器宇、阔大的胸襟及超迈的才气发为词章，必然属于"声闳""意远"者，足以震铄古今、蜚声词坛。

接着，范开更明确地指出："公一世之豪，以气节自负，以功业自许，方将敛藏其用以事清旷，果何意于歌词哉？直陶写之具耳。"所谓"以气节自负，以功业自许"，正是对前面所说的"器大""志高"最合适的注脚。范开认为，辛弃疾志在建功立业，本无意于填词之道，不过藉以抒发胸臆而已。"直陶写之具耳"，"直"是只不过的意思；"陶写"是娱情养性、排解忧闷的意思。句意是：他只不过把写词当做娱情养性、排解忧闷的工具罢了。辛弃疾的词《贺新郎》有"须进酒，为陶写"以气论词的观点，得到了范开的首肯。实际上，这是称道辛词继承了"诗言志"的传统，从而进一步光大了词体，提高了词品。如此评说辛词，意味着"词言志"的合法性在当时的历史条件下，已经得到比较普遍的确认，至少辛派词人已将"词言志"视为一种时代要求来自觉遵循。范开认为，由于辛弃疾将词当作言志的工具，所以"其词之为体，如张乐洞庭之野，无首无尾，不主故常；又如春云浮空，卷舒起灭，随所变态，无非可观"，即善于腾挪变化，以适应言志抒情的需要。这就既概括了辛词的结构特点，又揭示了形成这种结构特点的主体方面的原因。

范开还对苏东坡词与辛弃疾词的渊源关系，及其异同之处进行了辨析。范开认为："世言稼轩居士辛公之词似东坡，非有意于学坡也。自其发于所蓄者言之，则不能不坡若也。"这就是说，苏、辛词之所以相似，并非后者刻意模仿前者的结果，而是因为它们都生发于词人内心所蓄的豪情逸志，即都是"词言志"的产物。这样，不求其似，亦必相若。范开指出，苏轼、辛弃疾词的另一共同之处，是都"得于谈笑之间""未尝有作之之意"，即都是其真情至性的自然宣泄，不同于惨淡经营、苦心熔铸之作。至于辛词与苏词之间的区别，主要在于："其间固有清而丽、婉而妩媚，此又坡词之所无，而公词之所独也。"这说明辛词虽以"豪放"为主调，却亦未废婉丽，其风格是多样化的。范开上述的种种见解，都不失深刻。

此序作于宋孝宗淳熙十五年（1188 年）春，得到了辛弃疾过目与许可。由此可以看出，此序表达与包含了辛弃疾自己的看法。此外，序中还谈到辛词的流传情况，既称"挥毫未竟而客争藏去"，又说"近时流布于海内者率多赝本"。由此可知，当时辛弃疾的词既为人们所珍重，又在民间广为流传。

毋庸置疑，辛弃疾有着词人的气质与军人的豪情。他写的词，是有着明确的创作主张的，那就是把词当作抒怀言志的"陶写之具"，以词来表现精神世界。情怀的雄豪激烈、意象的雄奇飞动、境界的雄伟壮阔、语言的雄健刚劲，构成了辛词独特的艺术个性和主导风格。

宋孝宗淳熙十六年（1189 年），南宋皇帝赵昚禅位，赵惇即位，是为宋光宗。范开（字廓之）应诏赴临安应试，不得已才与辛弃疾分别。于是，辛弃疾作词数首相送，其中就有一首《鹧鸪天·送廓之秋试》：

> 白苎新袍入嫩凉。春蚕食叶响回廊。禹门已准桃花浪，月殿先收桂子香。
> 鹏北海，凤朝阳。又携书剑路茫茫。明年此日青云去，却笑人间举子忙。

这首词的首句"白苎新袍入嫩凉"中的"嫩"字，很有意蕴，将天气的凉爽感受用一个"嫩"字来表现，可谓出语惊人。这种陌生化的表达，将秋天天气有些微凉、清爽和清新的特点表现得淋漓尽致。次句"春蚕食叶响回廊"就是在首句所点明的环境基础上，想象范开穿着白色苎麻做的新衣服，在微凉的天气里端坐在考场上，与其他考生奋笔疾书，在考场外面的回廊上都可听到如春蚕嚼桑叶一般沙沙答卷的声音。这样写，突出了秋试之秋的季节特点。在秋高气爽的季节，参加应试的举子们奋笔疾书、紧张忙碌的情景，通过"春蚕食叶"这一比喻表现出来。

辛弃疾的这首词，突出的表现手法是虚实相生。上阕点明时令和环境。"白苎新袍入嫩凉"是实写，送别的季节是初秋，天气环境是微凉，被送者的衣着是白苎新袍；"春蚕食叶响回廊。禹门已准桃花浪，月殿先收桂子香"是虚写，想象仲秋时节范开参加秋试的情景、此次秋试的结果以及下一年参加春闱的结果，虚实结合。下阕的"鹏北海，凤朝阳。又携书剑路茫茫"，用比喻的手法，实写范开携书剑登程的情景，实中有虚，以虚喻实，喻体

"鹏北海，凤朝阳"意境豪迈雄壮，充满对弟子的鼓励。而收尾的"明年此日青云去，却笑人间举子忙"完全是虚写，想象范开连中两试后轻松愉快的心情，表达了对范开的美好祝福。

这首词在意象运用与意境创设上，都充分体现了辛弃疾词的豪放特点。大鹏、丹凤，意象豪迈；北海、朝阳、路茫茫，意境开阔；携书佩剑，既文又武，显示出既儒雅又刚健的气概。

这首词的用典也很突出，"春蚕食叶""禹门""桃花浪""桂子香""鹏北海""凤朝阳""青云"都用了典故。如"桃花浪"典出宋张世南《游宦纪闻》卷六："鲍氏安国、安行、安世兄弟，三科连中，故程文昌伯禹赠之诗，有'七年三破桃花浪'之句。"而"月殿先收桂子香"暗喻"蟾宫折桂"，"折桂"一词源于《晋书·郤诜传》"累近雍州刺史。武帝于东堂会送，问诜曰：'自以为何如？'诜对曰：'臣举贤良对策，为天下第一，犹桂林之一枝，昆山之片玉。'"此后，即将朝廷科举中选拔人才称为"折桂"，借喻高中状元。辛弃疾借用这两个典故，含蓄地表达对范开参加秋试的美好祝愿，祝愿他金榜题名。

第七章

此身忘世浑容易

使世相忘却自难

01 鹅湖相会，纵论天下

　　宋孝宗淳熙十五年（1188 年）冬，辛弃疾在带湖已经度过了七个春秋。带湖周边的山水美景，辛弃疾几乎都去过了。由于韩元吉、汤朝美等几位交往甚密的老友相继去世，使辛弃疾逐渐陷入了生老病死的孤寂之中，一向喜欢寻山访水的他，对优美的风景似乎失去了兴趣。再加上偶染小疾身体不适，又因长年嗜酒，即便吃了很多药也不见好转，只好抱病家中。

　　一天，好友陈亮的突然来访，让辛弃疾非常惊喜。刚才还似乎是病入膏肓、生无所恋，而朋友来访让他即刻精神起来，开始叫家人张罗酒菜为朋友接风。不多时，一桌热气腾腾的酒菜就端上桌来。看着老友陈亮饮酒下肚，坐在一旁的辛弃疾也不甘示弱。虽然家人劝他不要饮酒，但此时他只当是耳旁风，早已"唯酒是，万金药"。寻常的草药没能治好他的病，只有志同道合的朋友造访，才使他心病全无。

　　陈亮，字同甫，世称龙川先生，南宋婺州永康人，浙东事功学派代表人物，南宋著名的政论家和学者。陈亮比辛弃疾小 3 岁，年少时即喜谈兵，是一个刚拙自信的强硬派人物，跟辛弃疾一样，也是力主抗金志在恢复中原。宋孝宗隆兴初年宋金讲和，在天下欣然、幸得苏息的情况下，陈亮却认为不可。他虽然没有官职，但以布衣的身份于乾道五年（1169 年）上书《中兴五论》，后又于淳熙五年（1178 年）正月，再次诣阙上言，向宋孝宗连续三次上书，即《上孝宗皇帝三疏》，极论世事，主张恢复。这时，辛弃疾正巧在临安任大理寺少卿，经吕祖谦介绍与陈亮相识，两人相交甚为投机。

辛弃疾退居带湖后，于淳熙十年（1183 年）春，遣人邀请陈亮来带湖做客，陈亮也曾来书答应秋后相见。不料，带湖一行还没有兑现，陈亮就被卷入了一场官司之中。由于他上皇帝的奏疏直言不讳，遭到了当政者的忌恨。陈亮回乡之后，就有人向刑部控告他。刑部侍郎何澹曾是考官，因没录取陈亮，陈亮内心一直愤愤不平，并多次骂过何澹。对此，何澹怀恨在心，便以言涉犯上之罪，逮捕了陈亮，并施以酷刑，打得他体无完肤。此事被宋孝宗得知后，立即下诏免死。被关在牢里近三个月的陈亮，脱身出来就去临安参加科举，但没有考中。陈亮回乡后，家里又发生了家僮杀人事件。因被杀的人曾经羞辱过陈亮的父亲，仇家就控告凶手是陈亮所指使，陈亮父亲被囚于州狱，陈亮也被下大理狱。辛弃疾得知好友陈亮被诬入狱的消息后，立即想办法进行营救。这时，辛弃疾虽被罢黜退居带湖，但在朝廷之中，还是有好友和故交的。辛弃疾与丞相王淮等人着力营救，陈亮才又被免于一死。

陈亮虽然遭受两次下狱的摧残，以及长期遭受排挤打击，但恢复中原之志没发生任何改变。宋高宗赵构驾崩后，陈亮认为恢复中原没了阻力，加之又听说到临安祭吊宋高宗的金使蒲察克忠等简慢无礼，遂于宋孝宗淳熙十五年（1188 年）二月，前往建康（今江苏省南京市）、京口（今江苏省镇江市）观察地形，进而在四月间上书宋孝宗，论建康、京口地形的险要，攻守皆宜。陈亮在奏疏中指出："据其地而命将出师以谋中国……纵今岁未为北举之谋，而为经理建康之计，以振动天下而与金绝，陛下之初志亦庶几于少伸矣！"他说："一水横陈，连冈三两，做出争雄势。六朝何事？只成门户私计。"他认为："正好长驱，不须反顾，寻取中流誓。"陈亮主张不要把长江天险仅仅当做是隔断南疆北界的门户，而要把它作为北伐中原、恢复失地的跳板，长驱直入，不须反顾。他还建议孝宗皇帝："由太子监军，驻节建康，以示天下锐意恢复"。

接着，陈亮又寻访旧友，联络能人志士，共议国家恢复大事。而辛弃疾、朱熹等人，都是陈亮最为看重也是最想争取的人士。辛弃疾在临安任大理寺少卿时，陈亮就与辛弃疾成为知交，彼此倾慕也彼此欣赏，可谓是志同道合。陈亮和朱熹的私交也不错，淳熙九年（1182 年），陈亮曾至婺州拜访朱熹，相处了十多天。朱熹也曾到永康回访过陈亮。两人交往频繁，虽在学术上有所争论，但仅限于书信，对彼此的学问还是相当尊重的。

当时，辛弃疾和朱熹二人都有一定的影响力，所以，陈亮想效仿当年吕祖谦促成朱熹、陆氏兄弟，就各自的哲学观点展开激烈辩论的"鹅湖之会"。那样，让辛弃疾和朱熹之间展开一次面对面的思想交流，并进行调和沟通，达到统一想法的目的，从而改变两人之间"戛戛然若不相入"的局面。这样，才得以和老友辛弃疾赴一次屡屡被推迟的约会。

陈亮从家乡永康出发，沿浙赣道直赴信州。他顶风冒雪，跋涉八百多里，在信州带湖田庄见到了辛弃疾。虽然辛弃疾正患病卧床，但陈亮的到来使他喜出望外，十分兴奋，病也好了大半。此时，46 岁的陈亮和 49 岁的辛弃疾距离他们在临安初识，已经过去了整整十年。

陈亮的来访，无疑激发了辛弃疾对恢复事业的满腔热情。他不顾风雪严寒，携手陈亮同游鹅湖，共饮瓢泉。两人分析时局、谋划恢复，雪中煮酒，纵论天下大事，心情都十分痛快。他们在瓢泉、鹅湖游谈数日之后，便南下到靠近福建的紫溪去等朱熹。在此行之前，陈亮就曾写信给朱熹，一再鼓励朱熹积极出仕，以担当起国家大事，并相约至兰溪会晤。朱熹在《戊申与陈同甫书》中记载："承许见访于紫溪，幸甚。"紫溪为镇名，在江西铅山县南四十里，路通瓯闽，居民聚集。著名宋史学家邓广铭在《稼轩词编年笺注》也说："兰溪疑为紫溪之别称。"这里离朱熹所住的崇安不远，朱熹只要走一百里路，出分水关北上便可相见。但朱熹最终爽约没来，他后来致信陈亮，解释自己爽约不到的原因是："奉告老兄，且莫相撺掇，留取闲汉在山里咬菜根，与人无相干涉，了却几卷残书，与村秀才子寻行数墨，亦是一事。"

朱熹与陈亮、辛弃疾都有很深的交情，却以"山里咬菜根"为借口推辞，显然他已觉察到这次会面的不同寻常，有着明确的政治目的。朱熹早年也是主战派，但此时，他的政治思想已经发生了变化，并不再主张北伐。据朱熹所著的《晦庵先生朱文公文集·戊申封事》中记载，朱熹在给宋孝宗的奏疏里，提到朝廷要紧的六件事是"辅翼太子，选任大臣，振举纲维，变化风俗，爱养民力，修明庶政"。朱熹认为，此时，应该好好选拔一批良臣辅佐太子，休养生息，整饬各种政务。言下之意，就是北伐的时机并不成熟，仍然需要韬光养晦。

从陈亮和辛弃疾这两位主战派人士难展其志的境遇看，当时主战派与主和派之间的斗争是非常激烈的，可谓是水火不相容。当时，主和派占上风，朝中周必大当宰相，王蔺任枢密使。这两个人都是辛弃疾的政治对头，就是王蔺出手将辛弃疾弹劾落职的。但这两个人与朱熹的关系却很好，外界称他们同为"道学"一党。朱熹的爽约，也许是担心会引起周、王的误会，影响自己出山当官的前途，所以借故不来。若他真是甘于在山中过着吃菜根、读闲书的淡泊生活，又何必在不久后，获得漳州知州的官职便马上出山就职？

朱熹的缺席，留下了永久的遗憾。随后，陈亮也辞别辛弃疾，沿紫溪经永平、江村到茶亭的官道，赶回他的家乡。辛弃疾在与陈亮的同游中，似乎意犹未尽，便在陈亮走后的第二天，抄一条小道去追赶陈亮，想要同行数日或再挽留他多住几日。但天公不作美，下起了大雪，辛弃疾追了半日，雪下得越来越大。辛弃疾追至芦溪河渡口的鸬鹚林时，雪深路滑，车马无法前行，只好就近在方村喝了一通闷酒，心里好生悔恨。当他再起身走到泉湖村时，天色已晚，已经过不了铅山河，只好投宿在泉湖村吴氏的回望楼。时值半夜，辛弃疾辗转难眠。他听到邻家传来悠悠笛声，破空穿雪，其声悲凉，加上酒意初醒，悲不堪闻，在长笛悲歌的大雪夜晚，写下了一首《贺新郎·把酒长亭说》：

陈同父自东阳来过余，留十日。与之同游鹅湖，且会朱晦庵于紫溪，不至，飘然东归。既别之明日，余意中殊恋恋，复欲追路。至鹭鸶林，则雪深泥滑，不得前矣。独饮方村，怅然久之，颇恨挽留之不遂也。夜半投宿吴氏泉湖四望楼，闻邻笛悲甚，为赋《贺新郎》以见意。又五日，同父书来索词，心所同然者如此，可发千里一笑。

把酒长亭说。看渊明、风流酷似，卧龙诸葛。何处飞来林间鹊，蹙踏松梢残雪。要破帽多添华发。剩水残山无态度，被疏梅料理成风月。两三雁，也萧瑟。

佳人重约还轻别。怅清江、天寒不渡，水深冰合。路断车轮生四角，此地行人销骨。问谁使、君来愁绝？铸就而今相思错，料当初、费尽人间铁。长夜笛，莫吹裂。

陈亮远道来访，与辛弃疾同游鹅湖，虽然为期只有十天，这在辛弃疾一生中，却是一次很有意义的会见。这首词的一大特色，就是词序长达一百二十余字。自苏轼之后，词序在词作中的地位明显提升。词人一般多以只字片语的小序交代词的写作背景、本事或主题，辛弃疾的词也多有词序，但百字以上的序还是很少见的。这篇序，叙述了两人相会、分别，以及别后复追、无奈路途阻隔，欲追而不得，怅然独饮，继而又收到友人书信的情形，几乎可以当作一篇独立的小散文来读。与词作相配合，则事与情俱佳，正所谓"合则兼美"，相得益彰。它不仅不与词作内容重复，还能与原词互相生发，交映生辉。这样的效果，连南宋最善于写作词前小序但多与词重复的姜夔也难以与辛弃疾相比。

全词主要抒写了辛弃疾与陈亮之间志同道合的深挚友谊，同时，在写景抒情中，都含有深刻的象征意味。上阕起句"把酒长亭说"，从长亭送别写起。古时，在大道上设亭供行人休息，通常是十里一长亭，五里一短亭，人们送行时常在长亭饯别。所以一说到长亭，总有一种依恋不舍之情。正像唐代大诗人李白说的那样："天下伤心处，劳劳送客亭。"辛弃疾在首句说长亭饯别，就点染了一种依恋惆怅的气氛。他不正面写彼此的留恋之意，而是以一个"说"字领起下文。

"看渊明、风流酷似，卧龙诸葛"，说什么呢？他们都觉得归隐田园的陶渊明、起而用世的诸葛亮都是一样的风流人物。辛弃疾把陈亮比作陶渊明和诸葛亮，意在说明，他那不愿做官、向往自由的品格很像陶渊明，而那风流潇洒的风度和杰出的政治、军事才能，又实在极像当年高卧隆中、人称卧龙的诸葛亮。其实，这并非溢美之词。陈亮虽无半点官职，却以国家大事为己任，在政治、军事上确有卓越见解。他曾三次向孝宗上书，主张改革内政、抗击金兵、收复中原。在《中兴五论》中，还具体规划了收复中原的政治和军事策略。从这些方面看，陈亮确实可与当年在隆中谈天下对策的诸葛亮相比。与好友长亭饯别，本来就够惆怅了，何况又是在陈亮到访的这十天里，对陈亮越加了解，留恋之情也就越深。陶渊明和诸葛亮，原是辛弃疾自己所喜爱而有意效仿的两个古人，自己所欲，奉之于人，足见辛弃疾待陈亮的诚意。

接下来"何处飞来林间鹊，蹙踏松梢残雪"两句，即景生情，点画他送别陈亮时的长亭景色，但不是静态描绘，而是灵幻生动。"要破帽多添华发"一句，则以戏谑的语言，传达年华老去的悲感，明松暗紧。这三句是回想两人分手前畅谈的愉快心情，但却只用旁笔描绘当时的环境：两人正谈得亲切，不知从何处飞进林间的几只喜鹊，把松树梢上的积雪踢落下来，点点落在他们的破帽上，好像故意要使他们增添一些白发。寥寥数笔，点明了季节，而且把两位好友在松林雪地中倾心交谈的神态和愉悦的心情生动地烘托了出来，笔调也非常灵活风趣，使人回味无穷。

下面的"剩水残山无态度，被疏梅料理成风月。两三雁，也萧瑟"，笔锋一转，写出一片萧瑟景象：举目望去，寒冬的山水凋枯得不成样子，失去了姿态和神情，幸亏还有几株梅花把它装点一番，勉强点缀成一番景致。横空飞过的两三只大雁，不成阵队，也毕竟是萧瑟凄凉的景象。词中一语双关，景中藏情，抒发出无穷的感慨。

词的上阕是围绕着送别来写的，但无论写景抒情都远远超过送别的范围，而具有浓郁、深邃的余情逸韵。词的下阕则重在抒发眷念不舍的友情，把惜别之情抒发得极为深挚动人。"佳人重约还轻别"一句，点出陈亮的别去，为下文写自己追赶朋友、为风雪所阻的情景作准备。"怅清江、天寒不渡，水深冰合。路断车轮生四角，此地行人销骨"，写清江冰合，陆路泥泞，水陆冰封都不可以前行，追赶也就成了泡影。实际上，辛弃疾是从陆路追赶朋友的，但是特用水路为虚衬，显示出无路可通的极度失望。车轮生角一语，化用典故，形象地写出了行路的困难，在这样的路途上，依然想追挽朋友，其下的"行人销骨"一语，就成了顺势而下的深挚抒情。"问谁使、君来愁绝"一句，凭空虚拟一问，似自问自答，不仅使词意从无可伸展处再生波澜，写出了别情的不可解脱。

接下来的"铸就而今相思错，料当初、费尽人间铁"，在问句的追逼下，辛弃疾以极夸张的笔墨，将自己没能挽留住陈亮而后悔的心情倾身一发，词刚气烈。费尽人间铁来铸就相思错，这是很大的遗憾，表明了辛弃疾心中异常激烈的感情。结尾"长夜笛，莫吹裂"两句，暗合词序中"闻邻笛甚悲"之语，糅合了向秀《思旧赋》的悲凄意境和独孤生吹笛入破而使笛裂的故事。长夜漫漫，雨雪霏霏，看不到破晓的希望，凄清的笛声，撕心裂肺。全词在悲凉的意境中收束，情深意永，余音袅袅，较之辛弃疾那些儿女泪，君休滴的送别之作，显得情意缱绻、耐人寻味。

当时，陈亮对朱熹爽约不来相聚，心中非常不满。辛弃疾见陈亮内心不快，感觉自己未尽好地主之谊，于是就抄近路去追陈亮。然而，因水深冰合、不得前行，只好作罢。英雄与豪杰之间，果然心有灵犀。就在辛弃疾写完此词的五天后，陈亮来函索词，令辛弃疾为之会心一笑，他仿佛看到了八百里之外的陈亮，此时已看到他的《贺新郎·把酒长亭说》，并随韵而歌。

02 同道之友，惺惺相惜

陈亮是辛弃疾的至交老友，一直以一介布衣的身份力主抗金。他在《上孝宗皇帝三疏》中的第一书里指出："国家之耻不得雪，臣子之愤不得伸，天地之正气不得发泄也。"他认为，利用好长江地理条件，进军中原是可行的。他也十分重视两淮地区的战略重要性，提出荆、襄一带应着重驻兵，这些观点，与辛弃疾的军事战略思想如出一辙。辛弃疾与陈亮在鹅湖之会时所谈论话题，多与恢复大计有关。两人抱负相同、志趣相投、主张一致，彼此都十分欣赏，一起郊游的十天，加深了相互间的感情。

陈亮结束"鹅湖之会"返回家乡后，看到了辛弃疾的《贺新郎·把酒长亭说》一词，内心十分感慨，便以同调相和：

老去凭谁说。看几番、神奇臭腐，夏裘冬葛。父老长安今余几，后死无仇可雪。犹未燥、当时生发。二十五弦多少恨，算世间、那有平分月。胡妇弄，汉宫瑟。

树犹如此堪重别。只使君、从来与我，话头多合。行矣置之无足问，谁换妍皮痴骨。但莫使、伯牙弦绝。九转丹砂牢拾取，管精金、只是寻常铁。

龙共虎，应声裂。

　　相比辛弃疾的巧妙暗示，陈亮的词就显得慷慨激昂得多。他对中原人民数十年来，在女真贵族蹂躏下的悲惨处境表示感叹，而南宋朝廷偏居江南，不图恢复。经历过靖康之变的老一辈先后谢世，后辈人却从生发未燥的婴孩时期，就习惯于南北分立的现状，并视此为固然，他们势必早已形成了无仇可雪的错误认识，从而彻底丧失了民族自尊心和战斗力。陈亮认为，这才是令人忧虑的问题。上阕最后四句，重申中原被占，版图半入于金国之恨。词以"二十五弦"之瑟，兼寓分破与悲恨两重意思。上阕以"胡妇弄，汉宫瑟"收尾，承上"二十五弦"，补出"多少恨"的一个例证。汉、胡代指宋、金。而说汉宫瑟为胡妇所弄，又借以指说汴京被破后，礼器文物被金人掠取一空的悲剧。

　　这首词中，陈亮发出了主战派心中"算世间，哪有平分月"的愤懑。可是，在主和派占上风的南宋朝廷中，他辛苦写出的《中兴五论》却被奏而不报，皇帝连看都没看到。辛弃疾更不用说了，只要手中有那么点权力，就要舍我其谁地干一些定国安邦的大事情。结果，两人虽有才华，一个一直是一介布衣，另一个虽做过官，却被人弹劾罢职在家，二人主张抗金北伐，显得如此势单力薄。此志不渝的决心，衬托出二人惺惺相惜的友情弥足珍贵。写"精金"是由"寻常铁"锤炼而成，以此作比，重叙两人志同道合的友谊，今后还要互相鼓励，坚持恢复中原的共同主张。辛弃疾得词后，乘兴又回赠一首《贺新郎·同父见和，再用韵答之》：

　　老大那堪说。似而今、元龙臭味，孟公瓜葛。我病君来高歌饮，惊散楼头飞雪。笑富贵千钧如发。硬语盘空谁来听？记当时、只有西窗月。重进酒，换鸣瑟。

　　事无两样人心别。问渠侬：神州毕竟，几番离合？汗血盐车无人顾，千里空收骏骨。正目断关河路绝。我最怜君中宵舞，道"男儿到死心如铁"。看试手，补天裂。

　　辛弃疾的这首词，大概是受了陈亮词的影响，情绪变得激昂起来。首句"老大那堪说"，创造的气氛比较沉重。辛弃疾感叹说我老了，而壮志未酬，却虚度了光阴，不该再说什么了。"元龙"是陈登的字，"孟公"是陈遵的字，这两个人一个是三国时代的豪杰，一个是西汉时的游侠。辛弃疾用这两位姓陈的人来比陈亮，说陈亮跟陈登气息相合，与陈遵关系相连，像他们一样是一时豪杰。我正病着的时候，你来拜访我，我很高兴。我们俩谈论时事，高歌畅饮，连楼上的积雪都被我们高谈阔论的声音惊得散落下来。

可笑那些功名富贵，别人将其看得如同千钧般重，我们却把它看作一根头发那般轻。个人的名利算得了什么？国家前途才是我们殷切关注的。但是，我们所谈、谋划的国家大事，又有谁来听呢？只有那清冷的月悬在天边。我们越谈越投机，一次又一次地斟着酒，更换着琴瑟音乐。

"事无两样人心别"所引领的下阕，是说国家大事依然如故，可是人心却大为消沉，不同于过去了。请问你们，神州大地，究竟还要被金人割裂主宰多久呢？汗血良马拖着笨重的盐车无人顾惜，当政者却要到千里之外用重金收买骏马的骸骨。极目远眺，关塞河防道路阻塞，不能通行。陈亮虽是一介布衣，每日里却保持着军人的作息习惯，时刻准备着能在北伐中原的战场上建功立业。而且他曾说过："男子汉大丈夫，抗金北伐的决心至死也会像铁一般坚定。"辛弃疾在这首词的最后与陈亮共勉："让我们像女娲补天一样，去补北边破碎的山河。"这样的尾句，表达了两个人坚决抗敌至死不渝的共同意志。

收到辛弃疾的这首词，陈亮又用原韵和了两首，一首题为《贺新郎·酬辛幼安，再用韵见寄》：

离乱从头说。爱吾民、金缯不爱，蔓藤累葛。壮气尽消人脆好，冠盖阴山观雪。亏杀我、一星星发。涕出女吴成倒转，问鲁为齐弱何年月。丘也幸，由之瑟。

崭新换出旗麾别。把当时、一椿大义，拆开收合。据地一呼吾往矣，万里摇肢动骨。这话霸、又成痴绝。天地洪炉谁扇鞲，算於中、安得长坚铁。淝水破，关东裂。

陈亮的这首词，回顾了宋朝屈辱的历史，揭露了投降派在爱吾民金缯不爱的幌子下，推行投降政策所造成的恶果，表达了坚持北伐收复中原的决心。他急切祈盼南宋人共同努力，开创抗金事业的新局面，"据地一呼"，万里响应，取得如同东晋淝水之战那样的轰轰烈烈的业绩。这首词，尽管没有直接描述两人的友情，但字里行间折射出两人在抗金斗争中所结下的深厚友谊。

后一首《贺新郎·怀辛幼安，用前韵》是第二年之作：

话杀浑闲说。不成教、齐民也解，为伊为葛。樽酒相逢成二老，却忆去年风雪。新著了、几茎华发。百世寻人犹接踵，叹只今两地三人月。写旧恨，向谁瑟。

男儿何用伤离别。况古来、几番际会，风从云合。千里情亲长晤对，妙体本心次骨。卧百尺、高楼斗绝。天下适安耕且老，看买犁卖剑平家铁。壮士泪，肺肝裂。

词中的"却忆去年风雪"一句，追忆了一年前两人鹅湖相会共商北伐大计的情景，发出了年华流逝、事业无成的感伤，诉说了世路艰难、知音者少的愤懑，然"天下适安""买犁卖剑平家铁"，空让有识之士"肺肝裂"。

辛弃疾和陈亮相互赠和词后不久，杜叔高从浙江金华来到带湖造访辛弃疾。两人一见如故，相处极为融洽。临别之际，辛弃疾再用此韵写了一首词赠给杜叔高，使得这首《贺新郎·用前韵送杜叔高》成为这期间用此韵的第六首词：

细把君诗说。怅余音、钧天浩荡，洞庭胶葛。千尺阴崖尘不到，惟有层冰积雪。乍一见、寒生毛发。自昔佳人多薄命，对古来、一片伤心月。金屋冷，夜调瑟。

去天尺五君家别。看乘空、鱼龙惨淡，风云开合。起望衣冠神州路，白日销残战骨。叹夷甫、诸人清绝。夜半狂歌悲风起，听铮铮、阵马檐间铁。南共北，正分裂。

在辛弃疾与陈亮用《贺新郎》词牌调唱和之后不久，他又写了一首《破阵子·为陈同甫赋壮词以寄之》：

醉里挑灯看剑，梦回吹角连营。八百里分麾下炙，五十弦翻塞外声。沙场秋点兵。

马作的卢飞快，弓如霹雳弦惊。了却君王天下事，赢得生前身后名。可怜白发生！

在这首词里，辛弃疾通过对青年时期横戈跃马战斗生活的深情回忆，和对北伐胜利的无限向往，感叹自己和陈亮报国无门，表现了壮志难酬的苦闷。词的上阕，写辛弃疾闲居家中心情苦闷，只能借酒浇愁。然而，就是在深夜酒醉之时，还一次又一次地拨亮灯火，久久地端详着曾伴随自己征战杀敌的宝剑，渴望着重上前线，挥师北伐。他带着这样的思念和渴望进入梦乡。在睡梦之中，他恍惚觉得天已拂晓，连绵不断的军营里响起了一片嘹亮雄壮地号角声。"八百里"指的是牛，典出《世说新语·汰侈》："晋王恺有良牛，名'八百里骄'。""炙"是烤的意思。他用大块的烤牛肉犒劳将士们，让他们分享。军乐队奏着高亢激越的边塞战歌，以助兴壮威。在秋风猎猎的战场上，他检阅着各路兵马，准备出征。

这首词的下阕，辛弃疾描写了壮烈的战斗和胜利的结局：将士们骑骏马飞奔，快如"的卢"，风驰电掣。拉开强弓万箭齐发，响如"霹雳"，惊心动魄。敌人终于被击退，他率领将士们终于完成了收复中原、统一祖国的伟业，赢得了生前死后不朽的英名。到这里，已经看到了一个意气昂扬、抱负宏大的忠勇将军的形象，他意气风发，英勇无畏的气概跃然纸上。然而，在词的最后，辛弃疾却发出一声长叹："可怜白发生！"从感情的高峰猛地跌落下来。原来，那壮阔盛大的军容，横戈跃马的战斗，以及辉煌胜利、千秋功名，不过全是梦境。

这首词，在结构章法上，打破了一般作词以一阕为一个段落的成规，从开头的"醉"与"梦"写起，一气贯注，冲破上下阕之间的界限，至下阕快结速处"赢得身前身后名"一句，方才顿住，成为一个段落。这是辛弃疾以回忆和想象的方式，痛快淋漓地抒写将士的生活、将士的豪情和将士的心愿。最后一句，可以自成一段，"可怜白发生"，由梦境跌落回现实，悲壮低徊，包含着多少难以诉说的郁闷、焦虑、痛苦和愤怒。前后对比强烈，反跌有力，所以读来十分感动人。此外，这首词虽多用对偶，但词情却丝毫不因此而显得呆板，反而显得气势磅礴、神采飞扬，原因在于辛弃疾善于运用这种词调奇偶相生的句格，巧妙地以单句的承接来缓解偶句的凝重，使得格局开阔动荡、摇曳生姿，一股灵气顺其势而通贯全篇，足以倾泻他胸中的豪情与哀思。这是辛弃疾的一首典型的"沉郁顿挫"之作。

从这首词可以看出，南宋朝廷偏安一隅，而抗战之士苦于报国无门，岁月虚度，壮烈和悲凉，理想和现实，已经形成了强烈的对照。辛弃疾只能在醉里挑灯看剑，在梦中驰骋杀敌，在醒时发出悲叹。这是个人的悲剧，更是南宋国家的悲剧。而辛弃疾的一腔忠愤，无论在醒时还是在醉里、梦中都不能忘怀，是他高昂而深沉的爱国之情、献身之志的生动体现。

陈亮在"鹅湖之会"后，因其行事为文触怒了很多官僚，被人诬告再一次被捕入狱。辛弃疾此时虽无职无权，但委托当时已任大理寺少卿的郑汝谐施与援手，在郑汝谐的多方调查、营救之下，陈亮被释放。三年后的绍熙四年（1193年），陈亮与辛弃疾再会于浙东，同年陈亮考取进士，宋光宗亲擢第一。中状元后，陈亮被授官签书建康府判官公事，但因病没有赴任，第二年便去世了，致使终生未仕。陈亮去世时，辛弃疾为之痛哭，赋《祭陈同甫文》如下：

呜呼！同甫之才，落笔千言；俊丽雄伟，珠明玉坚，人方窘步，我则沛然；庄周、李白，庸敢先鞭！

同甫之志，平盖万夫；横渠少日，慷慨是须；拟将十万，登封狼胥。彼臧、马辈，殆其庸奴。

天于同甫，既丰厥禀；智略横生，议论风凛。使之早遇，岂愧桓伊？行年五十，犹一布衣；间以才豪，跌宕四出，要其所厌，千人一律。

不然少贬，动顾规检；夫人能之，同父非短。至今海内，能诵三书；世无杨意，孰主相如？

中更险困，如履冰崖；人皆欲杀，我独怜才。脱廷尉系，先多士鸣；耿耿未阻，厥声浸宏。盖至是而世未知同甫者，益信其为天下之伟人矣！

呜呼！人才之难，自古而然，匪难其人，抑难其天。使乖崖公而不遇，安得征吴人蜀之休绩？太原决胜，即异时落魂之齐贤。方同甫之约处，孰不望夫上之人谓握瑜而不宣。今同甫发策大廷，天子亲宣之第一，是不忧其不用；以同甫之才与志，天下之事孰不可为，所不能自为者天靳之年！

闽浙相望，音问未绝，子胡一病，速与我诀！呜呼同甫，而止是耶？

而今而后，欲与同甫憩鹅湖之清阴，酌瓢泉而共饮，长歌相答，极论世事，可复得耶？

千里寓辞，知悲之无益，而涕不能已。呜呼同甫，尚或临监之否！

在这篇祭文中，辛弃疾为好友陈亮扼腕叹息。陈亮有着不世之才，笔下文章如明珠美玉，又有万夫不及之志，意图恢复中原，封狼居胥。可惜如此智略横生，喜谈兵，议论风生之人，却始终怀才不遇，甚至几经九死一生的磨难，矢志不渝，到了人皆欲杀的地步。辛弃疾不禁感叹，自古人才多磨难，而陈亮之难，不仅有人祸，还有天灾。最后，终于考上状元，天子亲置第一，正可将满腹才华施展，重振恢复大业。然而天妒英才，未及至官而逝。

回想起带湖酬唱应和，共商国是的慷慨时光，辛弃疾不禁悲从中来。好友已逝，往昔不再，而自己竟不能亲临送葬，只能在千里之外将哀思相寄，期盼好友泉下有知，得欣慰之念。

03 绍熙出仕，顺访朱熹

　　宋孝宗淳熙十六年（1189 年）二月十八，宋孝宗赵昚禅位于三子赵惇，也就是后来的宋光宗，自己退居重华宫，当起了太上皇。宋孝宗在位二十七年，虽然辛弃疾在此期间遭到了冷遇，但赵昚确实是一位中兴明君。他替岳飞平反，重用主战派人士，使得朝野上下风气焕然一新，恢复之说盛行。在内政上，赵昚励精图治，亲力亲为，尤其注重整肃吏治。符离之战后，宋朝虽然屈辱求和，但他始终拒绝遣返归正人，这比宋高宗当政的时候强多了。两国之间的征战停止，承平多年，使百姓有了一段安居乐业的好日子，南宋也出现了一派欣欣向荣的繁荣景象，史称"淳熙之治"。

　　宋孝宗被世人认为是卓然为南渡诸帝之称首，他的文治武功自不待言，只可惜，他志向有余，才略不足。宋孝宗虽然当了二十七年皇帝，但前二十五年宋高宗赵构一直健康地活着，对他持续掣肘。宋孝宗的对手金世宗完颜雍也活得很健康，干得很起劲，被称为金国"小尧舜"。本来，在完颜亮侵宋时风雨飘摇、汉人契丹人纷纷起义的金国，到了完颜雍之手，政权又重新稳定下来，出现了"大定盛世"的鼎盛局面。碍于这种种情况，宋孝宗的恢复大计的确也难以实施。

　　刚刚即位的宋光宗赵惇，比起他的父皇来，可就差多了。他是宋朝所有皇帝中，比较平庸的一位。从宋孝宗乾道七年（1171 年）被立为太子，赵惇便小心翼翼地在东宫做了十几年孝子，年过不惑时，仍不见孝宗有将皇位传给他的意向，心里不免很是着急。他很想父王早些内禅皇位，但又难于当面说出口。于是，赵惇便请太后从中明说，但孝宗却说："我早就想这样做了，但太子年纪尚小，又没有经历，所以还不能传位给他。"赵惇听到这话，终于耐不住性子，便试探地对父皇孝宗说："我的胡须已经开始白了，有人送来染胡须的药，我却没敢用。"孝宗听出了儿子的弦外之音，便回答说："有白胡须好，正好向天下显示你的老成，何必用药？"

　　宋光宗登上皇位时，已经 42 岁。这个年龄，也并不算年老，可他偏偏体弱多病。他当上皇帝后，很快就撕去了孝子的伪装。而他的妻子，也就是皇后李凤娘，是一个心狠手辣之人。她是非曲直不分，又爱挑拨孝宗和光宗父子之间的关系。很快，宋光宗便长期不去探望自己的父皇，直到以孝著称的孝宗帝去世时，也没能看到赵惇一眼。

　　新君登基，难免有人事变动，官员也随之更换了一大批，王蔺、周必大都不像以前那样得势。更为重要的是，与辛弃疾私交颇好的赵汝愚，在宋光宗绍熙二年（1191 年）秋出任吏部尚书。吏部是主管全国官吏的任免、考核、升迁和调动的机构，它的最高长官就叫吏部尚书。同年，经赵汝愚的大力推荐，朝廷任命辛弃疾为福建提点刑狱，成为福建地区的司法长官。这年冬天，辛弃疾接到任命。不知道已在带湖闲居十年之久的辛弃疾，听到这一消息时，会有怎样的感想。事实上，辛弃疾得到消息后，不是喜极而泣，而是五味杂陈、百感交集。显然，他对重新出仕已不再那么热心。也许，是提点刑狱一职公事不忙的缘故，直到第二年春天，辛弃疾才离开带湖，踏上去福建的路途。

　　就在辛弃疾去福州上任之前，他的好朋友得知他被委以新职的消息，都为他感到高兴。重新出仕，就意味着他能够为驱金救国、恢复中原施展才华，好朋友纷纷为他吟诗作词，以示庆贺。其中，韩元吉的儿子韩淲作了七律一首相赠，名为《送辛帅三山》：

　　　　暂著鹓行却建牙，此身和地不为家。
　　　　闽山又作年时梦，吴会分明眼底花。

舒卷壮怀公自笑，往来行李士争夸。

棠阴应有邦人望，笳鼓西风拥帅华。

"三山"是福州的别称。福州城西有闽山，东有九仙山，北有越王山，故称"三山"。在亲友的送行中，辛弃疾告别带湖，也告别瓢泉，一首《浣溪沙·壬子春赴闽宪别瓢泉》表达了他当时的心情：

细听春山杜宇啼，一声声是送行诗。朝来白鸟背人飞。

对郑子真岩石卧，赴陶元亮菊花期。而今堪诵《北山移》。

本以为自己要终老田园，却又熬到重新出仕，这对一心想要恢复中原、担忧国家前途的辛弃疾来讲，应该感到高兴才对。在他的这首词里，却没有春风得意马蹄疾的快感。词的开头，"细听春山杜宇啼，一声声是送行诗"这两句，"杜宇"是鸟名，又名杜鹃、子规。在春意盎然的深山里，仔细地听杜宇一声声悲切的啼叫，仿佛是在咏诵一首送行诗，即是为词人送行，也是盼词人早日归来。辛弃疾人还没走，就有了盼归之心，可见辛弃疾对带湖的留恋。"朝来白鸟背人飞"，白鸟，即沙鸥。沙鸥这些平时与他结盟为邻的伙伴儿，在他临行之际，竟也不忍相别，背着他飞走了。辛弃疾用杜宇鸣叫，白鸥的飞走，描绘和渲染出一种喜悦不足、凄苦有余的气氛。

辛弃疾感到，这次出仕，与其说是为国家建功立业，不如说是对十年之久已习惯了的隐逸生涯的背叛。因此，他连用三个典故，叙述了自己这时的心境。他发出了"对郑子真岩石卧，赴陶元亮菊花期"的感叹。郑子真典自《杨子·法言·问神篇》中："谷口郑子真，不屈其志而耕乎岩石之下，名震于京师。"陶元亮，即陶渊明，南朝宋时史学家檀道鸾在《续昔阳秋》中记载："陶潜九日无酒，出篱边怅望久之，见白衣人至，乃王弘送酒使也。即便就酌，醉而后归。"这里，辛弃疾是说，对于郑子真、陶元亮这两位前代名声卓著的"隐者"，自己已无颜再见他们了。《北山移》，指《北山移文》，南朝齐时期骈文家孔稚圭著。当隐居钟山的周彦伦应诏出任海盐县令时，孔稚圭觉得周彦伦不是真正的隐士。后来，周彦伦再想久居钟山时，热爱山水、不乐世务的孔稚圭借山灵的口吻，写了一篇《北山移文》，拒绝周彦伦再到钟山来。辛弃疾用此典，对那些贪图官禄的假隐士们，进行了辛辣的嘲讽。

移文，是用于同级官吏之间的一种官府文书。"而今堪诵《北山移》"，如今，辛弃疾想起这篇文章，好像是写给自己，是嘲笑他自己背离鸥鸟前盟而重新出仕。

其实，在辛弃疾的内心里，还是对朝廷罢职弃用他长达十年之久心生怨气。而这个福建提点刑狱，是掌管所辖地区司法、刑狱、审问囚徒、复查有关文牍的职位，凡拖延不决与盗窃逃窜而不能查获的，都上报皇帝，举劾有关人员，并负有监察地方官吏的职责。辛弃疾觉得，这一职位，并不能充分实现他抗金北伐、收复中原的报国初衷。所以，与其担任一个不能实现报国志向的差使，还不如在家饮酒赋诗，自得其乐。在他的心目中，这个福建提点刑狱，也不是什么紧要的差事，所以，在前往福建的途中，辛弃疾路经建阳时，曾到考亭专门拜访朱熹。

宋孝宗淳熙十五年（1188 年）冬，陈亮曾约朱熹在紫溪与辛弃疾晤谈，纵论天下大事。那一次，陈亮提前十日到达，而朱熹最终爽约。按常理说，能尽地主之谊的辛弃疾，对朱熹的失约应该感到气愤才是。而这次重新出仕，他为什么还要提前拜访朱熹？这还是因为自辛弃疾与陈亮"鹅湖之会"后，杜斿专门拜访了辛弃疾之故。杜斿字叔高，是朱熹的门人，也就是弟子。杜斿是带着使命，特意为调解朱熹与辛弃疾的误解而来。

那一次，朱熹为什么爽约不至呢？一篇题为《辛弃疾何以崇赏杜》的文章是这么说的：辛弃疾是著名的爱国词人，以恢复北方领土为己任。正如他在《贺新郎·同父见和再用韵答之》一词中所写的"看试手，补天裂"，也如他在《破阵子·为陈同甫赋壮词以寄之》一词中所写的"了却君王天下事，赢得生前身后名"。这些，虽是寄希望于陈亮，但又何尝不是以此自勉与自期？这次闲居信州，是因为被弹劾而遭罢官。当时，主战派与主和派斗争非常激烈，对辛弃疾的态度，朝野上下都存在着尖锐的对立。辛弃疾被劾落职，朱熹或有误解，加上他觉得兰溪之会但恐无说话处，或因此爽约。

朱熹的先应赴约而后爽约，对陈亮，特别是对辛弃疾来说，是感情上的一次很大的打击。而朱熹这样做虽有原因，但于情于理都说不过去，便特派其门人杜斿说明兰溪之会爽约的原因，借以疏通关系。朱熹的《答杜叔高》书，当是得知杜斿首次信州访辛弃疾情况后的复函。朱熹在《朱文公大全集》卷六〇中写道："辛丈相会，想极款曲。今日如此人物，岂易可得。向使早里来有用心处，则其事业俊伟光明，岂但如今所就而已耶。彼中见闻岂有不小未安者？想亦具以告之。渠既不以老拙之言为嫌，亦必不以贤者之言为忤也。""向使早里来有用心处"，当指辛弃疾不拘小节，被言官或政敌抓住把柄。"彼中见闻岂不有小未安者"，当指辛弃疾在信州构室宏丽，其用费不免引人揣测，以致背后遭人议论。南宋文学家洪迈在《稼轩记》中记载："既筑室百楹，财占地什四。"陈亮在《与辛幼安殿撰书》中记载："始闻作室甚宏丽，传到《上梁文》，可想而知也。见元晦说潜入去看，以为耳目所未曾睹，此老言必不妄。去年亮亦起数间，大有鹪鹩肖鲲鹏之意。较短量长，未堪奴仆命也。"在朋友眼中辛弃疾尚且如此，若让政敌稍加渲染，自然对辛弃疾的处境极为不利。朱熹对此当有劝告，辛弃疾或许欣然纳之。"贤者之言"，当指杜斿对辛弃疾的坦诚相告。如此，朱熹与辛弃疾的君子之交，杜斿在中间起了很大的作用。杜斿专门拜访后，辛弃疾对他非常器重，在临别赠词中，极力称其词品、人品。

　　辛弃疾到考亭拜会了朱熹，两位老友冰释前嫌，相见后都十分高兴。也许，在他们虚怀若谷的胸怀里，根本没有嫌隙之分，有的只是互相的欣赏。朱熹很热情地接待了他，两人乘舟畅游武夷秀丽风光。武夷山有三十六峰，九十九岩，峰岩交错，溪流纵横，九曲溪贯穿其中，蜿蜒十五华里。又因它有三弯九曲之胜，故名为"九曲溪"。传有仙人降此山，自称武夷君，故名武夷山。朱熹曾有《九曲棹歌》十首。辛弃疾此次游武夷山，兴之所至，亦作《游武夷作棹歌呈晦翁十首》等诗，描写了武夷山千汇万状、妍丽奇绝的自然风光：

其一

一水奔流叠嶂开，溪头千步响如雷。

扁舟费尽篙师力，咫尺平澜上不来。

其二

山上风吹笙鹤声，山前人望翠云屏。

蓬莱枉觅瑶池路，不道人间有幔亭。

其三

玉女峰前一棹歌，烟鬟雾髻动清波。

游人去后枫林夜，月满空山可奈何。

其四

见说仙人此避秦，爱随流水一溪云。

花开花落无寻处，仿佛吹箫月夜闻。

其五

千丈挽天翠壁高，定谁狡狯插遗樵。

神仙万里乘风去，更度槎丫个样桥。

其六

山头有路接无尘，欲觅王孙试问津。

瞥向苍崖高处见，三三两两看游人。

其七

巨石亭亭缺啮多，悬知千古也消磨。

人间正觅擎天柱，无奈风吹雨打何。

其八

自有山来几许年，千奇万怪只依然。

试从精舍先生问，定在包牺八卦前。

其九

山中有客帝王师，日日吟诗坐钓矶。

费尽烟霞供不足，几时西伯载将归？

其十

行尽桑麻九曲天，更寻佳处可流连。

如今归棹如搠箭，不似来时上水船。

辛弃疾此次来武夷山，并不完全是一般的寻友或游玩，他是就政治、学术等问题，特地向朱熹请教和商讨。辛弃疾退居带湖后，不仅常以儒家穷则独善其身的观念自我慰藉，而且也对当时广为世人所崇的朱子之学，对朱熹讲求心性修养的学问渐有了解。朱熹在回复弟子杜斿言及访辛弃疾的信中，说过"向里来有用心处"云云，正是朱熹强调人的道德修养在于自我完善的体现。

从这次拜会中，朱熹对辛弃疾逐渐认同。自此之后，朱熹不仅与辛弃疾的书信较多，辛弃疾更是于次年初自闽应召赴临安之前，又特意途经建阳考亭再访朱熹。这一切，都是以他们之间互相理解为基础。辛弃疾曾就为政、时局及当下人物等问题讨教朱熹，朱熹则以待民以宽、待仕以礼、驭吏以严相勉。辛弃疾对朱熹的话，铭记于心。他在福建任职约两年，先任提点刑狱，稍后代理安抚使，次年又正式任福州知州并兼安抚使之职。其间，他为政"务为镇静"，折狱定刑也较为宽厚。

04 务为镇静，为民所欲

宋光宗绍熙三年（1192 年），辛弃疾就任福建提点刑狱。这次再度出仕，辛弃疾依然不改关注民生疾苦、果断刚正的行事作风。或许是听从了朱熹的意见，也或许是因被罢隐十年，让辛弃疾更加深谙人事，在福建提刑任上，辛弃疾表现得更加沉稳老练，为政"务为镇静"，折狱定刑也较为宽厚。

当时，福建人口密集，百姓成分复杂，给案件的审理带来了难度。加之福建负责南宋的海外贸易，因此涉及海寇和官商勾结的案件非常之多，调查起来也是非常棘手。辛弃疾到任伊始，就命令下属将提刑衙门的案卷全数取出，逐一翻阅核查，结果发现，福建的刑狱之坏难以想象。当时，汀州有一件疑案，久拖未决亟须审理。当他了解到上杭县令鲍粹然廉洁公正，熟稔法律，善于治理狱讼时，便委托其办理这个案子。鲍粹然做事认真，逐一翻查核实，很快弄清了案情，拯救了不少无辜的百姓，并将在押的一些穷凶极恶的江洋大盗和犯事的豪强全部处死，以杀人立威，将福建路的治安迅速扭转过来。

辛弃疾在任提点刑狱期间，体察民情，知人善任。在核实案件的时候，从不冤枉一个好人，也不宽恕一个坏人。他对贪官污吏严加惩治，一时官吏惴栗，不敢祸害民众。后来，在朝廷任命他为福建安抚使的诏书中，称赞他治狱务从宽厚，闽人户知之。对他执法公正、深得民心予以肯定。但是，在当时心胸狭猛的福建安抚使林枅（字子方）眼里，辛弃疾就是一个眼中钉、肉中刺。自视甚高的林枅，难与人相处，每当听到官吏谈及辛提刑，而闭口不谈他林大帅，就会嫉恨得咬牙切齿，公事上也是对辛弃疾百般刁难。

工作上的不快，难免会有牢骚怨抑之情。有一次，辛弃疾带着客人去游福州西湖，望着风景如画的西湖，却心生一种衰迟颓废之感，他在一首《小重山·三山与客泛西湖》中写道：

绿涨连云翠拂空。十分风月处，著衰翁。垂杨影断岸西东。君恩重，教且种芙蓉。

十里水晶宫。有时骑马去，笑儿童。殷勤却谢打头风。船儿住，且醉浪花中。

辛弃疾先写西湖垂柳掩映，翠浪浮天，湖上云水相连，景色辽阔、饱满，绿意醉人。这样的美景，本应令人心旷神怡。接下来，辛弃疾写自己既得以住在风景如画的最佳处，又与这最美的风月景象不相称。"衰翁"一词的出现，顿使画面变得暗淡下去，可见其颓唐放逸的心情。这就是古人所说的以乐景写哀情。"垂杨"一韵，接首句"翠拂空"而来，写自己领受了这么厚重的"君恩"，在西湖无柳处补种芙蓉的情态。

接下来，辛弃疾写游湖之乐。"十里水晶宫"，赋予了西湖以神仙幻境般的神奇之美。接下来，暗用晋代山简醉后倒载而为儿童所笑的典故，写自己在此喝得酩酊大醉，而后骑马归去时，被儿童嘲笑的情景，用以形容自己像山简一样的颓放。辛弃疾与客人既在水上行舟，又在岸边纵马，但纵马被儿童取笑，行舟又遇到打头风，他说自己既然遭遇到迎面而来的逆风，那么就不再往前行船，索性酣醉于这被风激起的浪花中。

这首词的主旨，是在宣泄对现实处境的不满，但辛弃疾并不直说，而是以"打头风""醉浪花"来比喻自己处处受阻。既然所志不如人愿，不如领受"君恩""且种芙蓉""且醉浪花中"，也含有不为风浪所吓倒的风骨。

因为辛弃疾被朝廷罢官十年，正如他的老朋友陆游在诗中所写的那样："志士凄凉闲处老，名花零落雨中看。"这次赴福建任职，辛弃疾已经 53 岁了，确实是一"衰翁"，难免有衰迟之感。再加上他到福建以后，雷厉风行地兴利除弊，很想有一番作为，却遭到了以林枅为首的同僚和地方势力的抵制与反对，有人甚至已经在酝酿弹劾他，弄得他心境十分恶劣。

福州西湖与杭州的西湖相比，可称为"小西湖"。这小西湖的景色也是美不胜收。辛弃疾一口气为这"小西湖"写了四首词，皆成绝唱。上面是其中的第一首，第二首是《贺新郎•觅句如东野》：

觅句如东野。想钱塘风流处士，水仙祠下。更隐小孤烟浪里，望断彭郎欲嫁。是一色空濛难画。谁解胸中吞云梦，试呼来草赋看司马。须更把，上林写。

鸡豚旧日渔樵社。问先生：带湖春涨，几时归也。为爱琉璃三万顷，正卧水亭烟榭。对玉塔微澜深夜。雁鹜如云休报事，被诗逢敌手皆勍者。春草梦，也宜夏。

第三首是《贺新郎•碧海桑成野》：

碧海桑成野，笑人间江翻平陆，水云高下。自是三山颜色好，更看雨婚烟嫁。料未必龙眠能画。拟向诗人求幼妇，倩诸君，妙手皆谈马。须进酒，为陶写。

回头鸥鹭瓢泉社。莫吟诗莫抛樽酒，是吾盟也。千骑而今遮白发，忘却沧浪亭榭。但记得、灞陵呵夜。我辈从来文字饮，怕"壮怀激烈"须歌者。蝉噪也，绿陵夏。

其中，最为著名的是第四首《贺新郎•三山雨中游西湖，有怀赵丞相经始》：

翠浪吞平野。挽天河谁来照影，卧龙山下。烟雨偏宜晴更好，约略西施未嫁。待细把、江山图画。千顷光中堆滟滪，似扁舟欲下瞿塘马。中有句，浩难写。

诗人例入西湖社。记风流重来手种，绿成阴也。陌上游人夸故国，十里水晶台榭。更复道横空清夜。粉黛中洲歌妙曲，问当年鱼鸟无存者。堂上燕，又长夏。

苏轼曾把杭州西湖比喻成西施："欲把西湖比西子，浓妆淡抹总相宜。"而在辛弃疾笔下的福州西湖，则成了未嫁的西施，秀丽玲珑、清纯可爱。词的上阕，写雨中游西湖所见：碧波连天，翠浪翻腾，气吞平野。虽然用字不多，却写得极有气势。接着，用杜甫《洗兵马》之句"安得壮士挽天河，净洗甲兵长不用"，此处用其前句，说雨从天降犹如有人力挽天河之水，使之落入西湖，在卧龙山下形成一片明镜，而游人的影子则从镜中倒映出来。辛弃疾不说来游西湖，而说不知何人在卧龙山下照影，既点出了出游地点，又不粘皮带骨，可以说是空灵慰藉。前三句，一句写湖、一句写雨、一句写游，"三山雨中游西湖"之意已全部写出。下面的词句，则围绕这一中心，渲染铺叙。

"烟雨偏宜晴更好，约略西施未嫁"，苏轼《饮湖上初晴后雨》诗说："水光潋滟晴方好，山色空濛雨亦奇。欲把西湖比西子，淡妆浓抹总相宜。"而此处化用苏诗，言游福州西湖在烟雨迷茫中最相宜，因为那空濛如画的景色，会给游人以飘然欲仙的感受。然而，晴天来游则更好，因为那会使你心情开朗，看得更真切，显得更美。但西湖的美又是朴素的，约略是西施未嫁，待字闺中，需要加以打扮，也就是说要使西湖更美，还需加以开发，还有待于"细把江山图画"，从而引出以下四句词来。

"千顷光中堆滟滪，似扁舟欲下瞿塘马。中有句，浩难写"四句，前两句写福州西湖中的孤山，言其像瞿塘峡之滟滪堆，偃卧在千顷湖光之中，扁舟过此，极为凶险。据宋孝宗淳熙九年（1182 年）成书的福州地方志《淳熙三山志》记载，赵汝愚帅福建，曾上书请疏浚西湖旧迹，匆匆兴役，议者以费多利少为疑。辛弃疾以"中有句，浩难写"两句，说明是是非非一时也说不清楚，对怀疑疏浚西湖的议论表示了谨慎的异议。这样写，既照应了"有怀丞相经始"的词题，又丰富了"待细把、江山图画"的具体含义，表明他要继赵汝愚之后，把西湖建设得更美丽的意向，内涵深厚。

词的下阕，写雨中游湖所感。起句"诗人例入西湖社"以福州西湖文人社集比作杭州文士的西湖诗社，用"例入"二字，表示西湖诗社在文人心目中的崇高地位，从而写出西湖同文人的密切关系。据《淳熙三山志》记载，赵汝愚两次知福州，第一次是在宋孝宗淳熙九年至十二年，第二次在宋光宗绍熙元年（1190 年）至二年。所以辛弃疾说"记风流重来手种，绿成阴也"，化用杜牧《叹花》诗意，言赵汝愚第二次来福州时，上次亲手种植的树木，如今已绿树成荫，再次表达辛弃疾对丞相经始功业的肯定与赞许。

"陌上游人夸故国，十里水晶台榭。更复道横空清夜"三句，写昔日福州西湖的繁华。远在五代时期，闽王王审知在此立国，在西湖中修建了"十里水晶台榭"，架起复道，游人说："时携后庭游宴，不出庄陌，乃由子城复道跨罗城而下，不数十步至其所。"这是辛弃疾借陌上游人之口夸西湖，暗示出他对西湖旧日繁华的倾慕之意。结尾"粉黛中洲歌妙曲，问当年鱼鸟无存者。堂上燕，又长夏"四句，写西湖今昔变迁。前两句写西湖的今昔对比。"堂上燕，又长夏"二句，承上句"鱼鸟"做进一步发挥，言只有堂上的燕子，在长夏时节，又重来此，不知它是否还能寻到昔日的故居。由此可见，福州西湖早已今非昔比。

辛弃疾闲暇之时，经常流连于西湖的美景中，他甚至观察到西湖边上的梅花也独具特色，因为北方梅花盛开时都没有叶子，而西湖的梅花却花叶相映成趣，他写道："恨无飞雪青松畔，却放疏花翠叶中。"在这旖旎风光、闲情逸致的背后，辛弃疾心想的还是天下，和他抗金复国的沙场。他写道："翠浪吞平野。挽天河谁来照影，卧龙山下。"他还写道："千骑而今遮白发，忘却沧浪亭榭。但记得、灞陵呵夜。"透过这些词句，可以感受到辛弃疾的悲壮与无奈，但幸好他还能得到美丽温柔的西湖的慰藉。他在一首《好事近·春意满西湖》里写道：

春意满西湖，湖上柳黄时节。濒水雾窗云户，贮楚宫人物。
一年管领好花枝，东风共披拂。已约醉骑双凤，玩三山风月。

在这首词中，辛弃疾想象"一年管领好花枝，东风共披拂"，表现出他所具有的积极而美好的心态。

宋光宗绍熙三年（1192 年）八月，福建安抚使林枅突然病逝，朝廷命辛弃疾兼安抚使。在安抚使任上，辛弃疾依然勤恳，他不仅善于治理狱讼，使民众免于因冤致死；还善于调查研究，勇于解决困扰民众的一些政策性的问题。在安抚使任上，他主要做了两件大事：一是建议在汀州推行"经界"法；二是建议实行"钞盐"法。

"经界"就是清查土地所有权，平均分担赋税劳役。当时，福建的漳州、泉州、汀州的土地租税和徭役极不平均，豪强地主兼并大量土地，却享有免税的特权。与之相反的是，占有极少土地的弱小农民却得多缴税，这就导致了有税者未必有田、有田者未必有税这种状况的存在，让有田的农民深受其害，很多农户不堪繁重的劳役赋税，逃到别的地方去。但是，政府所收的赋税没有减，那么剩下的农户就得把逃亡那部分人的赋税交出来。如此一来，越来越多的农户逃亡，剩下的百姓生活负担就越来越重，由此造成了恶性循环。

在此之前，赵汝愚、朱熹曾在上述三州推行过"经界"法，但因豪强反对而被迫终止。当辛弃疾了解到漳、泉民众颇不乐行，独汀之民，力无高下、家无贫富都愿意推行"经界"法时，他便报请朝廷，因民所欲行之，在汀州推行"经界"，以调节赋役不均的问题。

"钞盐"法就是凭盐钞运销食盐。钞盐是鬻官通商的官盐，以区别于私盐。食盐是百姓生活必需品，在福建营销食盐是不统一的：在产盐的福州、漳州、泉州、兴化四州，实行"钞盐"法，盐商缴纳一定税金，官府发给凭证，允许他们贩运买卖。在不产盐的建宁、南剑、汀州、邵武，实行官运官营。因官营的食盐是政府垄断营销，不得由私人出售。官盐不但价格高，而且质量差，老百姓都愿意去买商贩卖的私盐，不愿买政府卖的官盐。政府的官营盐卖不出去，便强行派购给百姓，政府这种强买强卖的行为，引起了百姓的强烈不满。

福建以前的官员，也曾建议过改革盐法，在不产盐的汀州等地实行"钞盐"法，准许盐商贩运。但因汀州距离产盐地方远，消息不灵通，汀民未及搬贩，而他州的盐贩已进入汀州，侵夺其额，造成汀州盐钞发放缓慢。官吏便以此为借口，破坏了汀州的"钞盐"法，依旧实行官营。

辛弃疾就任后，了解到不合理的赋役和官运官卖的盐法给百姓尤其是给汀州百姓带来很大的损害，汀州人民又强烈要求行"经界"、行"钞盐"，于是，他写了《论经界盐钞劄子》这一札子：

天下之事，因民所欲行之，则易为功。漳、泉、汀三州皆未经界，漳、泉民颇不乐行，独汀之民，力无高下、家无贫富、常有请也。且其言曰："苟经界之行，其间条目，官府所虑谓将害民者，官不必虑也，吾民自任之。"

其言切矣。故曰经界为上。

其次莫若行钞盐。钞盐利害，前帅臣赵汝愚论奏甚详，臣不复重陈。独议者以向来漕臣陈岘固尝建议施行，寻即废罢；朝廷又询征广西更改盐法之弊，重于开陈。其实不然。广西变法，无人买钞，因缘欺罔。福建钞法才四阅月，客人买钞几登递年所卖全额之数。止缘变法之初，四州客钞辄令通行，而汀洲最远，汀民未及搬贩而三州之贩盐已番钞入汀，侵夺其额，汀钞发泄以致少缓。官吏取以藉口，破坏其法。今日之议，正欲行之汀之一州，奈何因噎而废食耶？故曰钞盐次之。

这个札子，围绕着"经界""钞盐"问题，论述了"天下之事，固民所欲行之，则易为功"的道理，也表明了辛弃疾为官一任、力求实施"经界"法和"钞盐"法的原则态度。

05 深谋远虑，任用贤才

　　辛弃疾代理福建安抚使时，他的施政方针便是"务为镇静"这四个字，也就是竭尽全力让地方保持安定。辛弃疾从福建的实际情况出发，全力解决积聚财力、储粮备荒、建设军队、平反冤狱，以及发展教育等重大社会问题。他常常感到：福州前枕大海，为贼之渊。上四郡民顽横易乱，库藏空竭，缓急奈何？

　　当时，福建治安状况不好，经常有海盗出没，海盗抢掠、毁坏百姓财物，这是最直接的经济损失。由于海盗猖獗，当地官府不得不蓄养大量的士兵来维护治安，为此，地方政府每年要耗费大量的金钱和粮食。另外，宋朝南渡之初，在当地还住着一些皇族宗室，他们的日常生活开支，也都由当地政府负责，仅此一项每年就要支出三万贯。后来，随着人口的增加，宗室人口也远超当年，政府每年供给的费用也随之加大，这也成为福建这个贫瘠地区的一大经济负担。福建山多土狭人稠，加之再给皇族宗室和军队的用度，粮食已不敷需用。而一遇到旱涝灾年，百姓就食不果腹，更不用说上缴赋税了。政府为了赈灾，不得不向外地高价购买粮食，这也无形中增加了不少开支。

　　各种因素的叠加，就自然造成了福建的地方财政负担很重。因此，辛弃疾在感到政府财政压力非常巨大的情况下，想尽办法节约政府开支，不轻易动用公款，也不随便增加民众负担，同时还积极采取相应措施，增加政府的财政收入。或许是天公眷顾辛弃疾，他代理福建安抚使时，庄稼收成很好，粮食跟着大幅度降价。由此，皇家宗室的用度和军队的口粮问题得到了基本解决。几个月的时间，福建就积蓄了五十万缗的钱财。他把这些钱命人封存起来，设置备安库，把节省下来的钱全部储存在库内，以备不时之需。一旦出现粮食歉收时，就用备安库的钱到广东等临近地区购进粮食。如果粮食丰收，就把库存粮食卖给宗室和军队，并以备安钱籴两万石粮食，做到有备无患。

在福建海盗盛行的地方，辛弃疾加强了对士兵的军事训练。他计划打造一万具铠甲，招募壮丁，补充军队，并进行严格的训练，以便建立一支有较强战斗力，就像当年在湖南建立的飞虎军那样的精锐部队，即使海盗来袭，也能立于不败之地。

辛弃疾总是想百姓之疾苦，也总是宽以待民。对待他手下的官吏，也一直是严格管理。这些，已经成为他的执政理念和处理政务的出发点。据南宋著名理学家真德秀所著的《真西山集》记载，辛弃疾"历威严，轻以文法绳下，官吏惴栗，唯恐奉教条，不逮得遣"。意思是说，辛弃疾对属下的官吏非常威严，动不动就对手下进行法律追究，那些官员都吓得心惊胆战，生怕上传下达不到位而被谴责。

相反，他对待百姓却非常关心、宽厚。南宋文学家楼钥所著的《攻媿集》中记载："比居外台，谳议从厚，闽人户知之。""外台"是指提点刑狱这个官职。意思是指辛弃疾在做福建提点刑狱时，给犯人判罪遵从的是宽厚的原则。这件事，福建人家家户户都知道。据《福建通志》的记载，辛弃疾做安抚使期间，有一次，他派一个叫傅大声的官员到下辖的长溪县去复审长期没有解决的疑案。傅大声到了那里后，经过仔细审理，宣布释放无罪的五十多个人，只留下实有其罪的十多个人。傅大声这样翻案，长溪县令觉得太不给他面子，于是就拒绝招待傅大声，饭都不请他吃一顿，傅大声甚至到了靠当衣服换饭吃的地步。辛弃疾得知这个情况后，亲自对这些案件进行审理，最后全部依从傅大声的判决，并奖赏了傅大声。此外，辛弃疾又修建福州郡学，为百姓创造学习的条件，为发展地方教育事业做出了巨大的贡献。

每当公务处理完毕后，辛弃疾就常常回想起带湖，回想起瓢泉。他虽然离开了那里，但他创作的不朽辞章，却依然留恋在带湖、瓢泉的山水里。如《贺新郎·觅句如东野》中的"问先生：带湖春涨，几时归也"，是说带湖和瓢泉虽然不是他的故乡，但北伐无望时，他便把家安置在这里。这里的山水陶冶了辛弃疾的性情，所以，在他疲了倦了的时候，带湖和瓢泉就是他心里的依托。在另一首《添字浣溪沙·三山戏作》中，辛弃疾是这么写的：

> 记得瓢泉快活时。长年耽酒更吟诗。蓦地捉将来断送，老头皮。
> 绕屋人扶行不得，闲窗学得鹧鸪啼。却有杜鹃能劝道，不如归。

这首词说是戏作，实是寓庄于谐。词以回忆开篇，在瓢泉饮酒作乐、吟风弄月的逍遥快意的生活，反衬出官场的诸多束缚不得自由和命运难卜。"蓦地捉将来断送，老头皮"，所以他不禁自嘲道：这回可是要断送自己这老头。真是诙谐其外，痛悔其里。这里他引用了一个典故，据南宋著名文学家胡仔所著的《苕溪渔隐丛话》中记载，北宋真宗东封泰山后，寻访天下隐逸名士。在召对杨朴时，问其临行有人作诗送行否？杨朴对曰，臣妻有诗云："更休落魄耽杯酒，且莫猖狂爱吟诗。今日捉将官里去，这回断送老头皮。"真宗听罢大笑，遂放其归山。

词的下阕"绕屋人扶行不得，闲窗学得鹧鸪啼"两句，辛弃疾说到自己老了，行走需要人来搀扶。在闲得无事时，倚在窗前漫学鹧鸪啼声。鹧鸪啼声，如云"行不得也，哥哥"一般。这应该是辛弃疾的牢骚话，明写的是自己年已老迈，无法绕物行走，可真正行不得的，何尝不是他的理想和抱负？收尾"却有杜鹃能劝道，不如归"两句，杜鹃又名杜宇，晚唐李商隐的代表作《锦瑟》中有句名句"望帝春心托杜鹃"，说的是在古代蜀国有个名叫杜宇的人，做了皇帝以后称为"望帝"，死后化为杜鹃。相传杜鹃是望帝杜宇死后的化身，而杜宇又是历史上的开明皇帝，当他看到鳖相治水有功、百姓安居乐业时，便主动让王位给他，他自己不久就去世了。他死后，便化作杜鹃鸟，日夜啼叫，催春降福，所以，杜鹃这种鸟十分逗人喜爱。杜鹃鸟之名，大概来源于此。但是，杜鹃的叫声，在辛弃疾听来，不是催耕的布谷声和早种苞谷，而是听之让人惆怅的"不如归"。辛弃疾这里的"归"，没有离别之意，是想回到他的带湖、瓢泉。

宋光宗绍熙三年（1192 年）二月，辛弃疾突然接到朝廷的诏书。诏书要他立即赶往京城临安，限期报道。虽然新年将至，辛弃疾也不得不起程赶赴临安。退职闲居在家的原四川平江守令陈岘（字端仁），热情设宴为其饯行。席间，酒酣耳热之际，二人当不乏慷慨报国的磨砺，恐怕也难免有些朝廷腐败政海风波的牢骚。辛弃疾在即席所赋的《水调歌头·壬子三山被召陈端仁给事饮饯席上作》这首此中写道：

长恨复长恨，裁作短歌行。何人为我楚舞，听我楚狂声？余既滋兰九畹，又树蕙之百亩，秋菊更餐英。门外沧浪水，可以濯吾缨。

一杯酒，问何似，身后名？人间万事，毫发常重泰山轻。悲莫悲生离别，乐莫乐新相识，儿女古今情。富贵非吾事，归与白鸥盟。

辛弃疾年轻时，曾上书《美芹十论》和《九议》，论述宋金形势，慷慨陈词，当初是多么踌躇满志。而这首词，主要是借《楚辞》抒怀以答友人。

词的开篇，直接就是"长恨复长恨，裁作短歌行"，"长恨"而"短歌"不仅在形式上造成对应美，更主要的是表现出辛弃疾心中不能尽言又不能不言的感慨。由于南宋朝廷不图恢复失地，还对主张抗金北伐的志士加以压制和迫害，辛弃疾因此被黜罢职十年之久。这十年，对于一个当年壮声英概的志士来说，是怎样的一种漫长煎熬。辛弃疾可谓是有勇有谋的文武全才，却始终报国无门，在被压制的同时，他深深感到人间路窄酒杯宽。酒杯虽小能容下一个人的千头万绪，天地之大容不下英雄。英雄无用武之地，不能领雄兵百万杀贼复国，只有借酒化解心中重重围困的忧愁。

如此"长恨"，在饮饯席上难以尽言，辛弃疾只能用高度浓缩的语言，把它"裁作短歌行"。"短歌行"原是古乐府《平调曲》名，多用作饮宴席上的歌词。词人信手拈来，融入句中，自然而巧妙地点明了题面。

"何人为我楚舞，听我楚狂声"两句，合用了两个典故。据《史记·留侯世家》记载，汉高祖刘邦欲废太子，立戚夫人子赵王如意，由于留侯张良设谋维护太子，此事只好作罢，戚夫人因向刘邦哭泣，刘邦对她说："为我楚舞，吾为若楚歌"。歌中表达了刘邦事不从心、无可奈何的心情。又据《论语·微子篇》中记载，楚国隐士接舆曾唱歌当面讽刺孔子迷于从政，疲于奔走，《论语》因此称接舆为楚狂。在这里，辛弃疾运用这两个典故，目的是为了抒发他虽有满腔"长恨"而又无人理解的悲愤，一个"狂"字，更突出了他不愿趋炎附势、屈从权贵的耿介之情。从遣词造句看，这一韵还妙在用"何人"呼起，以反诘语气出之，大大增强了词句的感人力量。而"何人为我楚舞，听我楚狂声"，意在反复咏言，造成一种一唱三叹、回肠荡气的艺术效果。

辛弃疾在直抒胸臆后，紧接着就以舒缓的语气写出"余既滋兰九畹，又树蕙之百亩，秋菊更餐英"三句，均用屈原《楚辞·离骚》诗句。前两句用的是屈原原句，只是"兰"字后少一"之"字，"畹字"后少一"兮"字。"餐英"句则从原句"朝饮木兰之坠露兮，夕餐秋菊之落英"概括而来。兰、蕙都是香草，"滋兰""树蕙"，是以培植香草比喻培养自己美好的品德和志节。而"饮露""餐英"，则是以饮食的芳洁，来比喻品节的纯洁和高尚。在这里，辛弃疾引用屈原诗句，并用"滋兰""树蕙"之词，显然是为了表达自己的志节和情操。屈原在忠而被谤、贤而见逐的情况下，仍然坚定地持其"内美"和"修能"，执着地追求自己的理想。辛弃疾在遭朝中奸臣谗言排挤，被削职乡居的情况下，依然不改报国之志，表明自己决不肯随波逐流与投降派同流合污、沆瀣一气。

"门外沧浪水，可以濯吾缨"两句，仍承前韵词意，从另一个角度表明自己的志节和操守。这里又用一典。《楚辞·渔父》中说，屈原被放逐，游于江潭，形容枯槁，渔父问他为什么到了这种地步，屈原说："举世皆浊我独清，众人皆醉我独醒，是以见放。"渔父劝他与世推移，不要深思高举，自讨其苦。屈原说："宁赴湘流，葬于江鱼之腹"，也不肯"以皓皓之白，而蒙世俗之尘埃。"渔父听后，一边摇船而去，一边唱道："沧浪之水清兮，可以濯我缨；沧浪之水浊兮，可以濯我足。"意思是劝屈原要善于审时度势，采取从时随俗的处世态度。辛弃疾化用此典，意在进一步表明自己的志节情操。

在词的下阕前三句"一杯酒，问何似，身后名"遥应篇首，意在抒发自己理想无从实现的感慨，情绪又转入激昂。据《世说新语·任诞》中记载，西晋张翰（字季鹰），为人纵任不拘，有人问他："卿乃可纵适一时，独不为身后名耶？"他说："使我有身后名，不如即时一杯酒。"辛弃疾用张翰的典故，抒发的是自己的牢骚之气。他的抗金复国理想难以实现，志业难遂，还要身后的虚名干什么。

辛弃疾为什么会发此牢骚呢？于是，他接着写出了"人间万事，毫发常重泰山轻"二句。这一韵，是全词的关键所在，道出"长恨复长恨"的根本原因，就是因为南宋统治集团轻重倒置，是非不分，置危亡于不顾，而一味地苟且偷安。这是辛弃疾对南宋小朝廷腐败政局的严厉批判和愤怒呼喊。

"悲莫悲生离别，乐莫乐新相识，儿女古今情"三句，是写惜别，用屈原《九歌》点明恨别乐交乃古往今来人之常情，表明辛弃疾和饯行者陈端仁的情谊深厚，彼此都不忍离别之情。辛弃疾这次奉诏进京，意味着朝廷有重用之意。然而，他却说"富贵非吾事，归与白鸥盟"。这里，有两个典故。陶渊明《归去来兮辞》云："富贵非吾愿，帝乡不可期。"陶渊明生于东晋末叶，社会动乱，政治黑暗，而他本人又质性自然，不慕荣利。这里，辛弃疾引用陶诗，表明自己此次奉召赴临安并不是追求个人荣利，并且也不想在那里久留，以表明自己的心迹。"归与白鸥盟"，是辛弃疾从正面表明自己的心迹。据《列子·黄帝篇》中记载，相传海上有位喜好鸥鸟的人，每天早晨必在海上与鸥鸟相游，后来就以与鸥鸟为友比喻浮家泛宅、出没云水间的隐居生活。在这里，辛弃疾说归来与鸥鸟为友，一方面，表明自己宁可退归林下，也不屑与投降派为伍；另一方面，也有慰勉为他摆宴饯行的陈端仁之意。

辛弃疾的这首《水调歌头·壬子三山被召陈端仁给事饮饯席上作》，与一般的离别之词不同，虽是答别之词，却无常人的哀怨之气。通观此篇，答别而不怨别，溢满全词的是他感时抚事的悲恨和忧愤，而全无凄楚或哀怨。词中的声情，时而激越、时而平静、时而急促、时而沉稳，形成一种豪放中见沉郁的艺术情致。此外，词中还成功地运用比兴手法，不仅丰富了词的含蕴，而且对抒发辛弃疾的志节等，也都起到了很好的艺术效果。

此次奉诏入朝面见圣上，对辛弃疾来讲，也没抱有功名富贵的希望。他看得很清楚，他就是个实干家，下可以安民，上可以报效国家，宁可战死沙场，也不愿与主和派同流合污。如果与他秉持的志向相违背的话，他依然可以卸甲归田，归与沙鸥盟。

06 居安思危，情之所牵

辛弃疾在奉诏入朝的途中，度过了一个不同寻常的新年。宋光宗绍熙四年（1193 年）正月初四，辛弃疾抵达临安。宋光宗在便殿接见了辛弃疾，辛弃疾也只就如何加强宋军边境的军事实力提了几点意见，并把它写在奏疏里，题为《论荆襄上流为东南重地疏》。这份文献，收录在现存的《永乐大典》残卷里。这篇《论荆襄上流为东南重地疏》，大抵与陈亮在宋孝宗淳熙五年（1178 年）上书宋孝宗的建议一致。荆襄一带是保卫长江中下游平安的屏障，在三国时期，蜀、吴都把这里作为军事重地，曹操也是得了荆襄以后，便顺江而下谋求消灭孙氏政权。后来，蒙古灭宋的西路和中路的主要攻克对象，也分别是襄阳和鄂州。在《论荆襄上流为东南重地疏》中，辛弃疾论述了荆襄上流为东南重地的理由，并讨论了对金国的防御之策：

臣窃观自古南北之分，北兵南下，由两淮而绝江，不败而死；有上流而下江其事必成。故荆襄上流为东南重地，必然之势也。虽然，荆襄合而为一则上流重，荆襄分而为二则上流轻。上流轻重，此南北之所以为成败也。六朝之时，资实居扬州，兵甲居上流。由襄阳以南，江州以西，水陆交错，壤地千里，属之荆州，皆上流也，故形势不分而兵力全，不事夷狄而国势安。其后荆襄分而梁以亡，是不可不知也。今日上流之备亦甚固矣，臣独以为缓急之际，犹泛泛然未有任陛下之责者。臣试言之：

假设虏以万骑由襄阳南下，冲突上流，吾军仓促不支，陛下将责之谁耶？责襄阳军帅，则曰："虏以万骑冲突，臣以步兵七千当之（襄阳戍兵入队可战之人犹未满此数），大军在鄂，声援不及，臣欲力战，众寡不敌，是非臣之罪也。"责鄂渚军，则曰："臣朝闻警、夕就道，卷甲而趋之，日且百里，未至而襄阳不支矣，是非臣之罪也。"责襄阳守臣，则曰："臣守臣也，知守城而已；军则有帅。战而不支，虏骑冲突，是非臣之罪也。"责荆南守臣，则曰："荆与襄两路，道里相去甚远，襄阳之不支，虏骑冲突，是非臣之罪也。"彼数人者以是辞来，朝廷固无辞以罪之也。然则上流之重，果谁任其责乎？

陛下胡不自江以北，取襄阳诸郡合荆南为一路，置一大帅以居之，使壤地相接，形势不分，首尾相应，专任荆襄之责；自江以南，取辰、沅、靖、沣、常德合鄂州为一路，置一大帅以居之，使上属江陵，下连江州，楼舰相望，东西聊亘，可前可后，专任鄂渚之责。属任既专，守备自固，缓急之际，彼且无辞以逃责。如此，上流之势固不重哉！外不失两路之名，内可以为上流之重，陛下何惮而不为。

辛弃疾认为，加强荆襄地区的守备，对保卫东南沿海地区及国家安全具有极其重要的作用。纵观古代历史，当南北分裂时，北兵想从两淮渡江南下，必遭失败。若是先占领荆襄，由上游沿江而下，就会取得成功。由此可见，荆襄上流为东南要地。接着，辛弃疾又进一步提出"荆襄合二为一则上流重"的主张，并且指出"上流轻重"，是南北成败的关键。在辛弃疾看来，六朝时荆襄不分，兵力全备，所以得以保全。后梁之时，荆襄分开防御，所以招致灭亡。反观今日荆襄上流防御态势，看似牢固，其实不然，因为没有专人为国家负守土之责。

基于这种情况，辛弃疾提出了自己的对策：自江以北，取襄阳诸郡和荆南为一路，设立一帅，使得荆襄形势相连，团结一体，首尾相应，专门担任保卫荆襄的职责。自江以南，取辰州、沅州、靖州、沣州、常德合鄂州为一路，设立一名大帅统管，使它上接江陵，下连江州，楼船相望，东西相连，可前可后，专门担任守卫鄂渚的职责，使鄂州与荆襄形成遥相呼应的格局。

如此来看，外不失两路之名，内可以巩固上流防线，东南沿海有了可靠保障，国家也就稳如泰山。辛弃疾在《论荆襄上流为东南重地疏》中说：

臣闻之：天下之势有离合，合必离，离必合，一离一合，岂亦天地消息之运乎？周之离也，周不能合，秦为驱除，汉故合之。汉之离也，汉不能合，魏为驱除，晋故合之。晋之离也，晋不能合，隋为驱除，唐故合之。唐之离也，唐不能合，五季驱除，吾宋合之。然则已离者不必合，岂非盛衰相乘、万物必然之理乎？厥今夷狄，物伙地大，德不足，力有余，过盛必衰，一失其御，必将豪杰并起，四分五裂。然后有英雄者出，鞭笞天下，号令海内，为之驱除。当此之时，岂非天下方离方合之际乎。以古准今，盛衰相乘，物理变化，圣人处之，岂非栗栗危惧、不敢自暇之时乎。故臣敢以私忧过计之切，愿陛下居安虑危，任贤使能，修车马，备器械，使国家有屹然金汤万里之固，天下幸甚，社稷幸甚。

辛弃疾认为，加强荆襄上流的国防建设，不仅仅是保卫东南沿海地区的需要，而且关系到南宋存亡的百年大计。天下之势有离合，合必离，离必合，南北由统一到分裂，再由分裂到统一，是大势所趋。东周诸侯割据，东周自己不能统一，秦灭六国，汉朝把全国统一起来。汉末群雄割据，汉朝自己不能统一，曹魏削平群雄，是晋把全国统一起来。晋末五胡乱华，晋室南渡，出现了南北朝，实行南北分治，隋朝扫清宇内，唐朝把全国统一起来。唐代藩镇割据，唐朝不能统一，演变为五代十国，宋朝把全国统一起来。而今南北对立，宋金对峙，对金的分析是：物阜自大，德不足，力有余，过盛必衰，一旦统治不下去，届时中原必将豪杰并起，北方大地又会陷入分裂中。然后有英雄出，鞭笞天下，号令海内，那时的南宋将处于极端危险的境地。辛弃疾以私忧过计之心，警醒宋光宗居安思危，任贤使能，修车马，备器械，使国家有屹然金汤万里之固。

经历了长达十年的被罢黜，辛弃疾仍以国家为重，其精神确实难能可贵。这篇论奏，非常周密，既体现出辛弃疾的深谋远虑，又表现出他的远见卓识。辛弃疾站在历史发展的高度，总结了历史经验教训，审视了宋、金南北对峙和南北分裂的发展前景，预计到历史将推出新的英雄号令海内，重新统一全国。而在新的统一到来之前，请南宋朝廷预备应变之计，无论其才识还是眼光，均为常人所不及。但辛弃疾的建议，并未引起宋光宗和在朝文武大臣的重视，更未被采纳。

宋光宗似乎没有居安思危的政治远见和才能，他是宋朝所有皇帝中比较平庸的一位，比之他的父亲宋孝宗来，可谓是相差甚远。因性格懦弱，无奈受制于皇后李氏。李氏又经常挑拨其父子之间的关系，故光宗常不去朝见居住在重华宫的太上皇赵昚。由于对孝道有亏，朝野上下对他已是议论纷纷，宋光宗更是疏于政事。辛弃疾此次诏对后，只被授予一个太府少卿的职衔。

太府卿是太府寺的主管。太府寺主要掌管国家财货政令，以及库藏出纳、商税、平准、贸易等事。而太府少卿只是一个没有实权的副官职。但这个官位也是一个从四品职位，相当于是个副部级的干部，待遇也是很不错的。可这个职务跟辛弃疾论奏的对金战略策备是大相径庭的。宋光宗执政后，昏聩无能，朝纲不振，远没有当年他父皇初登大典时锐意北伐的豪气。失望之余，辛弃疾渐渐起了归隐之心。此时的辛弃疾已经55岁，处理这些政务时，已感到自己年老体衰。当他打算辞职回家时，不解事的儿子却以田产未置阻止他这样做。由此，辛弃疾赋词《最高楼•吾拟乞归，犬子以田产未置止我，赋此骂之》，来斥骂自己的儿子：

吾衰矣，须富贵何时？富贵是危机。暂忘设醴抽身去，未曾得米弃官归。穆先生，陶县令，是吾师。

待葺个、园儿名"佚老"，更作个、亭儿名"亦好"，闲饮酒，醉吟诗。千年田换八百主，一人口插几张匙？便休休，更说甚，是和非！

"吾衰矣，须富贵何时？富贵是危机"三句，直接驳斥儿子用以阻止自己引退的理由，有针锋相对之势。辛弃疾的儿子认为，家里的田产还不够使其荣华富贵，积蓄的俸禄还不足以购买丰厚的田产。言下之意，希望父亲能继续做官。而辛弃疾作为词人，劈头便说"吾衰矣"。儿子以富贵为念，而辛弃疾以富贵为危机，以忧患来看待富贵。"暂忘设醴抽身去，未曾得米弃官归。穆先生，陶县令，是吾师"五句，全是用典，故事的主人公有两个：穆生和陶渊明。西汉楚元王刘交以穆生、白生、申公三位贤士为中大夫，礼贤下士，席上专为不喜饮酒的穆生设醴，其孙刘戊继任为王后忘了设醴。穆生看出楚元王怠慢背后潜伏的危机，毅然辞官。陶渊明曾当任彭泽县令，因为不愿意以五斗米的官俸而低头向乡里的小人折腰，便辞官而去，在农村种地，不求闻达。辛弃疾直言要以穆生和陶渊明为师，有及时归隐、远离官场的意思，与儿子希望自己继续留在官场，等待以后富贵的想法背道而驰。

"待葺个、园儿名'佚老'，更作个、亭儿名'亦好'"两句，都在第三字后断开，形成了节奏和语意上的奇峭。辛弃疾不仅想到了归隐，而且连归后闲居处的亭、园的名字都想好了。"闲饮酒，醉吟诗"两句，概括了理想的生活状态，"千年田换八百主，一人口插几张匙"两句，引用禅语和谚语，说明人生苦短，眼前占有的身外之物都不能长久，不如看淡。"便休休，更说甚，是和非"三句，不仅否认了富贵，而且否认了满足与不满足。

词的上阕，说做官的道路危机四伏，要以穆先生、陶县令这些以前的贤人为师，早点隐退，不要期待功名富贵，言外之意，包含对朝廷不任用抗战志士的不满。下阕想象归隐田园、饮酒吟诗的乐趣。整首词的语言，看似平实通俗，而实际上，却贯穿各种典故和对前人作品句子的化用。通过给儿子讲述道理，把辛弃疾正直不阿、洁身自好的形象体现出来。

辛弃疾在太府少卿的职位上只干了半年，又被朝廷提升为集英殿修撰，并重新派他作福州知州兼福建安抚使。远离政治气氛压抑的朝堂，重回地方，回到他任职过的福建，依旧着手解决百姓的疾苦，节约开支，贮备粮食，训练军队，打造军械，在其任上大刀阔斧地施展其建功立业的抱负。

辛弃疾曾担任过福州的提点刑狱，继他之后出任福州提点刑狱的卢国华，与他往来频繁。卢国华就是卢彦德，字国华，浙江丽水人。辛弃疾与卢国华常在一起谈及时事，不免心生感慨，并为国家前途担忧，颇有唱和。一次，在卢国华设宴的酒席上，鸾歌凤舞，酒兴正酣之时，卢国华探过头来，对辛弃疾又一次倾诉自己对国事的悲观失望。辛弃疾略一沉思，便即席写下了一首《定风波·再用韵，时国华置酒，歌舞甚盛》来劝慰他：

莫望中州叹黍离。元和圣德要君诗。老去不堪谁似我。归卧。青山活计费寻思。

谁筑诗墙高十丈。直上。看君斩将更搴旗。歌舞正浓还有语。记取。须髯不似少年时。

词的开篇，就劝导卢国华不要对北土未能收复而悲叹，而要为本朝的抗金斗争写出鼓舞人心的新诗。接着，辛弃疾自问道，在这场宴会上，有谁像我这样老大无成，想归隐却连生计都成问题。辛弃疾自己的迟暮，反衬出卢国华的年华正旺，理应奋发有为，对国家做出自己应有的贡献。词的下阕，以自问自答的方式，反复期望、规劝和勉励才华出众的友人大显身手，以歌咏战斗的雄劲诗篇去"斩将更搴旗"，坐诗坛盟主。"歌舞正浓还有语"一句，结合题中"歌舞甚盛"，是在劝慰朋友，歌舞升平之时，且不要忘记，我们已经不再年少。辛弃疾用他质朴的语言、快人快语的风格，劝慰朋友既坦诚直率，又语重心长。言下之意，是在劝慰朋友，其实也是在勉励自己，不要辜负年华，抓紧时间建功立业。可见，辛弃疾之前说要归隐的话，也不过是政途不顺发发牢骚而已。他的一颗心，还是牵记在国计民生上。

第八章

百年雨打风吹却

万事三平二满休

01 宁宗即位，连遭弹劾

宋光宗绍熙五年（1194 年）六月，太上皇宋孝宗赵昚驾崩。身为儿子的当朝皇帝宋光宗，不仅在其父病重时不事探侍，甚至不肯主持父丧。这一有悖于传统人伦礼制的罕见现象，令满朝文武为之不安，一时间朝野议论纷纷，普遍认为此举对江山社稷大为不利。知枢密院事赵汝愚根据众大臣要求立太子的奏章，及光宗自己也有"历事岁久，念欲退闲"的御批，主张光宗马上退闲，禅位给太子。在有关官员的建议下，赵汝愚遂请外戚官员韩侂胄助一臂之力。韩侂胄是太皇太后吴氏妹妹之子，赵汝愚便通过太监向太后转达了诸大臣的建议。经过劝说，太皇太后终于同意禅位之事。经过周密布置，于宋光宗绍熙五年七月，在太后主持、光宗缺席的情况下，勉强禅位给太子赵扩，是为宋宁宗。

就在宋宁宗即位的同月，谏官黄艾开始弹劾辛弃疾，理由是"严酷贪婪，奸赃狼藉"。回福建不到一年的辛弃疾，因此被免除了福建安抚使的职务。由于只剩下闲职，55 岁的辛弃疾不得不收拾行李，回归信州。在途中经过南剑州时，辛弃疾登上著名的双溪楼，站在高处遥望西北蔽天的乌云，心情无法平静下来，不禁百感交集，悲愤中写出了《水龙吟·过南剑双溪楼》

这首怀古伤今之词：

　　举头西北浮云，倚天万里须长剑。人言此地，夜深长见，斗牛光焰。我觉山高，潭空水冷，月明星淡。待燃犀下看，凭栏却怕，风雷怒，鱼龙惨。

　　峡束苍江对起，过危楼，欲飞还敛。元龙老矣！不妨高卧，冰壶凉簟。千古兴亡，百年悲笑，一时登览。问何人又卸，片帆沙岸，系斜阳缆？

　　词题中的"南剑"，指南剑州，也就是延平津，属于福建。南剑州有剑溪和樵川二水环带左右，双溪楼就坐落在二水交流的险绝处。辛弃疾紧紧抓住了它的山形似剑，也就是千峰似剑铓特征，作了全力的刻画。词的上阕，用比喻象征手法，反映南宋抗金事业艰难、投降派猖獗、整个社会十分黑暗的现实，将忧国思想、宝剑神话和延平津秋色三者融合一起来写。

　　上阕开头"举头西北浮云，倚天万里须长剑"两句是说，抬头看到西北方向的乌云，需要长及万里的宝剑来驱散。意境壮阔雄奇，保举全篇。而剑和山，正好融合着辛弃疾的人在内，就像将军从天外飞来一样，凌云健笔，把上入青冥的高楼，千丈峥嵘的奇峰，掌握在手，写得寒芒四射，凛凛逼人。"人言此地，夜深长见，斗牛光焰"三句，从延平津双剑故事，翻腾出剑气上冲斗牛的词境。《晋书·张华传》记载："晋尚书张华见斗、牛二星间有紫气，问雷焕；曰：是宝剑之精，上彻于天。后焕为丰城令，掘地，得双剑，其夕，斗牛间气不复见焉。焕遣使送一剑与华，一自佩。华诛，失剑所在，焕卒，其子华持剑行经延平津，剑忽于腰间跃出堕水，化为二龙。""我觉山高，潭空水冷，月明星淡"三句，辛弃疾把山高、潭空、水冷、月明、星淡等清寒景色，汇集在一起，以"我觉"二字领起，给人以寒意搜毛发的感觉。以象征性的描写表明，那可以用来克敌制胜的"宝剑"，已经难以寻到，剑化为龙之地只留下空潭冷水。这实际上是暗示南宋抗金力量久遭沉埋，难以重振。"待燃犀下看，凭栏却怕，风雷怒，鱼龙惨"四句，辛弃疾转到要燃犀下看，一探究竟。"风雷怒，鱼龙惨"，一个"怒"字，一个"惨"字，紧接着上句的"怕"字，从静止中进入到惊心动魄的境界，字里行间，都跳跃着虎虎的生气。

　　下阕的大意是：两边高山约束着东溪和西溪，溪水冲过来，激起很高的浪花，过高楼，想飞去但还是收敛作罢。我有心像陈元龙那样，但是身体精神都已老了，不妨高卧家园，凉爽的酒，凉爽的席子，一时登上双溪楼，就想到了千古兴亡的事情，想到自己的一生不过百年的悲欢离合，嬉笑怒骂。是什么人又一次卸下了张开的白帆，在斜阳夕照中抛锚系缆？

这首词，辛弃疾以盘空硬语，实写峡、江、楼。词笔刚劲中带韧性，极具烹炼之工。显然，这是以柳宗元游记散文文笔写词的独特技巧。以"峡束苍江"来比喻英雄受制于时局的窘境，极为生动贴切。"不妨高卧，冰壶凉簟"，以淡静之词，勉强抑遏自己飞腾的壮志。此后，写内心的矛盾：一方面，发出"千古兴亡，百年悲笑"的感慨，低徊往复，流露出对国家前途的关怀；另一方面，毕竟自己被罢官，想要参与国事也不可能，只能强作达观地唱起"不妨高卧"的归隐曲。

写下这首词，辛弃疾内心的想法还是很激动的。显然，他还没有完全尽兴，接着又写了一首《瑞鹤仙•南剑双溪楼》：

片帆何太急，望一点须臾，去天咫尺。舟人好看客，似三峡风涛，嵯峨剑戟，溪南溪北。正遐想、幽人泉石。看渔樵、指点危楼，却羡舞筵歌席。

叹息。山林钟鼎，意倦情迁，木无欣戚。转头陈迹。飞鸟外，晚霞碧。问谁怜旧日，南楼老子，最爱月明吹笛。到而今，扑面黄尘，欲归未得。

到了真的退隐，他却怨归帆走得太快。离开了那个虽然不尽如人意的职位，但在这个职位上，还能为国为民做一点事情，个人的聪明才智，也会多少得到施展。而现在，自己不得不告退归田，这是作为一个爱国志士，内心最大的痛苦。

辛弃疾再遭弹劾后，所幸还有带湖和瓢泉。想起重新出仕时所作的"朝来白鸟背人飞"那首《浣溪沙•泉湖道中赴闽宪别诸君》，早知道官场阴暗，难展自己的志向，时隔不久又被罢官，这完全是在意料当中。于是，辛弃疾又来一曲《柳梢青•三山归途待白鸥见嘲》，再续陶渊明前情：

白鸟相迎，相怜相笑，满面尘埃。华发苍颜，去时曾劝，闻早归来。
而今岂是高怀，为千里莼羹计哉。好把移文，从今日日，读取千回。

这首词，写出了辛弃疾又被罢官之后，交织着惭愧与后悔、无奈与愤慨的复杂感受。词上阕，主要是通过白鸥迎人嘲笑而追思过去。起韵把自己回家时的潦倒形迹，从白鸥的眼中见出。一个满面尘埃、一事无成的老翁，受到了象征纯洁忘机的山中老友白鸥的相迎、相怜与相笑。"满面尘埃"的自我形容，可见辛弃疾心里充满了失败的感觉。而白鸥对辛弃疾既友好地相迎又复相怜相笑的行为，反映了白鸥面对自己需要抚慰的山中老友的复杂态度，可怜辛弃疾的失败，又忍不住要他为自己的选择负责任。

白鸥的这种复杂态度，其实是辛弃疾心中对于自己出山失败的复杂感受的外移。接韵由"相怜相笑"引出，明写白鸥责问、奚落他的言辞：你这白发更多、苍老更明显的老头子，当你出山时我曾经劝告你不要出山，即便要出山，也要早些归来。当时，我听见了你答应我早些归来的话语。白鸥的这番说辞，言下之意就是很为他这么晚才归来而不满。

下阕以"而今"一词开篇，在语气上保持与上阕的承接。白鸥奚落他道：如今你倒是终于归来了，但哪里是因为怀抱高雅、为了"莼羹"而回来呢？意下是说你不过是因为官做不下去了，被别人罢职而不得不回来的。这样的自揭伤口，既表达了辛弃疾无端被罢职的愤慨，也表达了他对自己选择的自嘲与惭愧。在结韵中，白鸥更是对他冷嘲热讽，要他从今以后，每天都把前人讽刺假隐士的《北山移文》诵读一遍，读到一千遍，进行深刻的自我反省。辛弃疾对自己出山有始无终的辛辣嘲笑和嘲笑里隐含着的愤慨，至此达到了高潮。全词借白鸥的奚落与谴责，来表达这种交织着后悔与愤慨的心情。

宋宁宗庆元元年（1195 年）九月，御史中丞谢深甫又弹劾辛弃疾，理由是"交结时相，敢为贪酷，虽已黜责，未快公论"，意思就是辛弃疾跟当朝的宰相互相勾结，敢于做贪污、严酷的事情，虽然已受到免职和申斥的责罚，但大家觉得还不够痛快。这次弹劾的结果是，辛弃疾受到了降两级的处分，他的职名由"集英殿修撰"降为"秘阁修撰"。

庆元元年十月，新上任的御史何澹，再次把辛弃疾当成弹劾的靶子。这一次，何澹把辛弃疾说得更狠："酷虐裒敛，掩帑藏为私家之物。席卷福州，为之一空。"意思是说，严酷暴虐，聚敛钱财，把公家放财物的仓库封起来当成是自己的，将福州都搜刮得一穷二白。这一状告下来，辛弃疾秘阁修撰的职位也没了，只剩一个主管武夷山冲佑观的祠禄官，重新变成了"储备干部"。可是，这还不算完，庆元二年（1196 年）九月，又有监察御史弹劾辛弃疾，拿出了痛打"落水狗"的架势，说辛弃疾是"贪污恣横，唯嗜杀戮。

累遭白章，恬不少悛"。意思就是贪污、好杀，多次被弹劾，但仍然不知道悔改。因此，监察御史建议对辛弃疾的处理不能留尾巴，必须连"储备干部"的资格都取消，免得他还有东山再起、为非作歹的机会。就这样，辛弃疾主管武夷山冲佑观的祠禄官也被剥夺。至此，辛弃疾在官场上各种名衔，全部被朝廷削夺得干干净净。

辛弃疾被罢职之后，一再落阶官、祠官，而每次被弹劾的罪名都是贪污、好杀。难道他真的罪有其名吗？辛弃疾被指控贪污的具体内容，没有在史料中找到。能够从侧面反映他贪污可能性的，就是他在江西买的两处房产。一是带湖那块房产，据著名宋史学家邓广铭考证，这块房产大概占地半亩。宋朝的祖宗家法一直是优待士大夫，官员们的工资普遍很高，以辛弃疾封疆大吏这个级别，凭薪资买半亩地还是绰绰有余的。辛弃疾劳碌半生，到了不惑之年才置办一处房产，若他真像言官们所说是贪饕这样的巨贪，何至于到40岁才买地置房？另一处是瓢泉，那一处房产更不是豪宅，如果说辛弃疾对带湖的房子，在布局和装修上都狠下了一番功夫，外表上有一种华丽之感，而对瓢泉的房子，就是适宜居住，这在他的词中也多有体现，自嘲稼轩何必长贫，还把自己比作安贫乐道的颜回。

在辛弃疾建飞虎军时，宋孝宗曾下金牌令其停止营建，当时，辛弃疾把金牌藏了起来，等营建好了，把账目呈给了皇帝。皇帝查对了账目之后，也没有对辛弃疾有所指责。这一次，在福建安抚使任上，遭到弹劾就更加没来由了。倘若辛弃疾要贪污，何必建议行"钞盐"法？官府垄断食盐买卖，岂不是能收更多的税钱，何必节约政府开支？反正是利用公款，还建什么"备安库"？

再说残酷好杀。辛弃疾个性耿介，作风确属刚直强硬型，再加上任地方官时几次铁腕平乱，有人便夸大说他残酷好杀。他对叛乱的茶商军、打家劫舍的盗贼、囤积居奇哄抬物价的奸商、兼并农民土地的豪强大户，行事决不手软。而对待普通百姓，却很宽厚。他在《论盗贼札子》中，就为百姓大声疾呼，痛斥乱收税赋的官僚，这不是一般官吏所能做到的。在福建提刑任上，他以断案宽厚为主，一次重审狱中的囚徒就释放了五十多个，只留十余人。这些行为，都与残酷好杀的污蔑截然异趣。

一再被谗，辛弃疾也难掩心中的悲愤，一首《兰陵王·赋一丘一壑》便是他被贬之后的宣言：

一丘壑。老子风流占却。茅檐上、松月桂云，脉脉石泉逗山脚。寻思前事错。恼杀晨猿夜鹤。终须是、邓禹辈人，锦绣麻霞坐黄阁。

长歌自深酌。看天阔鸢飞，渊静鱼跃。西风黄菊芗喷薄。怅日暮云合，佳人何处，纫兰结佩带杜若。入江海曾约。

遇合。事难托。莫系磬门前，荷蒉人过，仰天大笑冠簪落。待说与穷达，不须疑著。古来贤者，进亦乐，退亦乐。

政治上，辛弃疾一再被谗言陷害，最后只能占丘壑，寄情于山水之间。"长歌自深酌"是他生活的真实写照。"怅日暮云合，佳人何处，纫兰结佩带杜若"，是说昔日里那些志同道合的朋友，一个个不知跑到哪里去了，这是辛弃疾感情难以平静的地方。"入江海曾约"，说的是当年壮志凌云，曾相约下江入海擒蛟龙，互相勉励，要干一番事业，可是如今全都落空。"遇合。事难托"，是说人生在世，风云际会，也许不能得到君主的赏识，也许失意江湖，都是难以预料的。辛弃疾在失意中，没有自我消沉，颇有自我慰藉的意思。"莫系磬门前，荷蒉人过"，语出《论语•宪问》："子击磬于卫。有荷蒉而过孔氏之门者，曰：'有心哉，击磬乎'！"辛弃疾表示，他是不能像孔子那样深厉浅揭，这也是一种自我解脱。"仰天大笑冠簪落"，此语出于《史记•淳于髡传》："淳于髡仰天大笑，冠缨索绝。"借淳于髡傲笑林泉，不以仕进为怀。所以，辛弃疾在结句时说："古来贤者，进亦乐，退亦乐。"辛弃疾虽然处于"退"的环境，但他认为这是无所谓的，不必去萦怀。字面上虽说如是，但在言外，辛弃疾似乎还有"进"的期待。因此，他又怎能甘心于脱离心中的志向，辜负初衷？

在写这首词的同一年，辛弃疾还写了一首《卜算子•饮酒败德》，似乎是对自身遭遇的抗议书：

盗跖傥名丘，孔子还名跖。跖圣丘愚直至今，美恶无真实。
简册写虚名，蝼蚁侵枯骨。千古光阴一霎时，且进杯中物。

词的意思是说，名和实是两回事，名字倘若颠倒了，贤愚也就随着颠倒，这就是孔子成了盗跖，盗跖成了孔子。辛弃疾借酒后的话，发泄他对现实的不满。言外之意是，他屡被言官们诽谤，就如同把盗跖之名加向孔子之身一样，于是乎孔子也就成为盗跖。话似乎很平常，但语意感慨极深。

投闲置散的生活，对于一个心有壮志的志士来说，当然是痛苦的。为了摆脱痛苦，只有寻求精神上的寄托。于是，辛弃疾要与山林为伴，就像他在《沁园春·灵山斋庵赋时筑偃湖未成》一词中所写的那样："老合投闲，天教多事，检校长身十万松。"一个能将兵十万的英雄，如今只能检校十万松林。

02 独爱瓢泉，风趣豁达

　　宋光宗绍熙五年（1194 年）的秋天，辛弃疾第二次被弹劾落职，又重新回到了信州（今江西省上饶市）居住。如果说辛弃疾 42 岁时被罢职落官，是怀着壮志未酬的愤懑退居信州的，那么，55 岁的他再被弹劾罢黜，一腔的报国热情再无用武之地，精神上的打击肯定是一般人无法体悟的。好在信州一带秀丽的山水，能够洗涤他心中的不快。相对而言，瓢泉的自然风景要比带湖优美许多，瓢泉飞流万壑、千岩争秀的气象是带湖所不具备的，这里水纵横，山远近，柱杖占千顷，范围也比带湖宽广得多。

　　这次落职回到带湖，不久辛弃疾就产生了在奇师村定居的想法。当初访得瓢泉时，他就曾在附近置地盖屋，这次再加盖些屋舍，以备一家人居住。而奇师村的名字也被他改为"期思"。一首《沁园春·再到期思卜筑》便描写了期思新居的美景：

　　一水西来，千丈晴虹，十里翠屏。喜草堂经岁，重来杜老，斜川好景，不负渊明。老鹤高飞，一枝投宿，长笑蜗牛戴屋行。平章了，待十分佳处，著个茅亭。

青山意气峥嵘，似为我归来妩媚生。解频教花鸟，前歌后舞；更催云水，暮送朝迎。酒圣诗豪，可能无势，我乃而今驾驭卿。清溪上，被山灵却笑，白发归耕。

辛弃疾被罢黜重返信州田园，在瓜山脚下、紫溪河畔，依山傍水而建的屋舍，让他的心情轻松起来。这首词的意思是，紫溪河水由西向东蜿蜒而去，溪上晴空万里映射出千丈长虹。山势绵延纵横，十里绿如屏风。更值得欣慰的是，盖了一年的房子终于建好。此地的山川景致没有辜负他，放眼望去，老鹤高飞，落宿枝头。收眼回望，蜗牛背着它重重的壳还在屋墙上爬着。如此的景象，使他忘却了因遭谗言而被罢黜带来的消极情绪，并打算在附近再找个好地方，建个茅草亭子，以备自己和家人休闲纳凉。

心结打开了，心境也豁然开朗。辛弃疾望着眼前高峻的山峰，那苍翠可人的姿态，犹如山神，仿佛是在迎接他的到来，以解除他因被罢黜而萌生的苦闷。他在词中说，调教花鸟为之载歌载舞，更能催令云和水暮送朝迎。此时的辛弃疾，俨然是喝酒的圣人，吟诗的豪杰，但不是官员。虽然失去了权势，但威风不减。他告诉花、鸟、云、水，如今仍然可以统率你们。站在清溪之上，辛弃疾展开了想象，山神却抿嘴嘲笑他道：你的头发白了，已经是罢职回家种田的人了。

这首词，写得明快喜悦，最后产生了一个出人意料的跌宕，暗示出辛弃疾受挫失意的心情。全词即兴抒怀，指点山河，妙用比喻和拟人手法，创造了一个雄奇与妩媚兼容的意境，风格旷放而豪迈。整首词容情入景，写得妙趣横生。在辛弃疾壮志未酬悲情色彩浓重的生命中，又添了一笔亮色，读之没有悲伤之感，让人欣喜。他像颜回一样安贫乐道不改其乐，像陶渊明一样贞志不休，安道苦节，不以躬耕为耻，不以无财为病。

宋宁宗庆元二年（1196 年），辛弃疾在带湖的房屋毁于火灾，无法再居住。可福不双至，祸不单行，辛弃疾的不幸接踵而来。这年秋天，辛弃疾又被罢宫观。至此，辛弃疾为官的各种名衔已被削得干干净净，也就是说，朝廷完全断了他的俸禄。以前的积蓄，已被大火烧光，以后的生活又没了来源，此时，辛弃疾可以说是到了山穷水尽的境地。无奈之下，他遣散了歌舞侍姬，甚至到了连夫人病了都没钱看的程度。最终，与他患难与共的妻子范氏因积劳成疾，病故于带湖。

　　之后，辛弃疾在距离铅山期思不太远的瓢泉旁，又盖了一间小茅屋。瓢泉新居落成时，辛弃疾马上搬到铅山期思居住。搬进新屋，他说："吾庐小，在龙蛇影外，风雨声中。"可见，小小茅屋，连遮阴的树都没有一棵。因为小茅屋太小太单薄，下起雨来，就似乎全被雨声所包围。这和辛弃疾当年在带湖有栋百楹、青山屋上、古木千草、白水田头、新荷十顷的盛况比起来，实在是相差太远了。而且，小小茅屋，更是家徒四壁。从辛弃疾的"借车载家具，家具少于车"的词句中，就可见茅屋的简陋。辛弃疾的一首《浣溪沙·瓢泉偶作》，也是这一时期所作：

　　　　新葺茅檐次第成。青山恰对小窗横。去年曾共燕经营。
　　　　病怯杯盘甘止酒，老依香火苦翻经。夜来依旧管弦声。

　　这首词，是辛弃疾写瓢泉新居的修建情况和自己迁入以后的生活情况。虽然题为偶作，表明作此词时，辛弃疾并没有本意为之，就如同从肺腑中流出，不炼而炼，浑然天成，具有极高的艺术造诣。

　　辛弃疾住在瓢泉的时间，大致有八年之久，生活与带湖大致相同，在瓢泉过着游山逛水、饮酒赋诗、闲云野鹤的村居生活。瓢泉田园的恬静和期思村民的质朴，使辛弃疾深为所动，灵感翻飞而歌之，写了大量描写瓢泉四季风光、世情民俗、园林风物和遣兴抒怀的诗词。《临江仙·戏为期思詹老寿》《浣溪沙·父老争言雨水匀》《玉楼春·戏赋云山》等，都是辛弃疾词中描写瓢泉村居生活的代表作品。其中，有一首《贺新郎·邑中园亭》是这样写的：

　　邑中园亭，仆皆为赋此词。一日，独坐停云，水声山色竞来相娱。意溪山欲援例者，遂作数语，庶几仿佛渊明思亲友之意云。

　　甚矣吾衰矣。怅平生、交游零落，只今馀几！白发空垂三千丈，一笑人间万事。问何物、能令公喜？我见青山多妩媚，料青山见我应如是。情与貌，略相似。

　　一尊搔首东窗里。想渊明《停云》诗就，此时风味。江左沉酣求名者，岂识浊醪妙理？回首叫、云飞风起。不恨古人吾不见，恨古人不见吾狂耳。知我者，二三子。

辛弃疾的这首词，是仿陶渊明《停云》思亲友之意而作，抒写了当时罢职闲居时，大志难酬的寂寞与苦闷的心情。辛弃疾将自己的情与青山相比，委婉地表达了自己宁愿落寞，也绝不与奸人同流合污的高洁之志。清朝有位姓柳的女诗人，当她读了这首《贺新郎·邑中园亭》中的"我见青山多妩媚，料青山见我应如是"后，就将自己的名字改为柳如是。可见，辛弃疾的诗词不仅可以改变后人的志向，甚至还可以改变人的名字。

由于有充分的时间，辛弃疾这一时期的词作很多，共计二百二十五首。这一时期，跟他交往的朋友并没有带湖多，但一旦交往，就来往频繁，也是他一生交游唱和最多、最密、最为稳定的时期。他在一首《新荷叶·赵茂嘉赵晋臣和韵，见约初秋访悠然，再用韵》中写道：

物盛还衰，眼看春叶秋其。贵贱交情，翟公门外人稀。酒酣耳热，又何须、幽愤裁诗。茂林修竹，小园曲迳疏篱。

秋以为期。西风黄菊开时。拄杖敲门，从他颠倒裳衣。去年堪笑，醉题诗、醒后方知。而今东望，心随去鸟先飞。

赵晋臣又名赵不迁，名茂嘉，字晋臣。宋高宗绍兴二十四年（1154 年）进士，中奉大夫，直敷文阁学士。辛弃疾与赵晋臣两人意气相投，风骨傲然，乐酒而好诗，辛弃疾写给赵晋臣的唱和词有二十四首之多。辛弃疾在《鹊桥仙·席上和赵晋臣敷文》中，称赵晋臣有"叹折腰五斗赋归来，问走了羊肠几遍"之风。又在《念奴娇·晋臣十月望生日，自赋词，属余和韵》一词中，称赞赵晋臣"看风骨，似长松磊落，多生奇节"。赵晋臣乃簪缨之家，家中园林构筑，颇为可观，所蓄歌舞艺伎亦多，这也为他们形成了一个唱和的圈子提供了必要条件，辛弃疾常常以贵客的身份被邀请赋词。

这一时期，辛弃疾不仅学陶渊明，还学庄子泯是非、等贵贱、齐物我、顺其然的思想观念，释解自身的遭遇、心境，抒发其人生的悲慨。他在《卜算子·用庄语》中写道：

一以我为牛，一以吾为马。人与之名受不辞，善学庄周者。

江海任虚舟，风雨从飘瓦。醉者乘车坠不伤，全得于天也。

辛弃疾用庄语入词，自我排遣自我麻醉，表现出随遇而安的态度。在瓢泉居住时期，他对朝政更加悲观失望，借酒浇愁更为频繁。他在一首《卜算子·饮酒成病》中写道：

> 一个去学仙，一个去学佛。仙饮千杯醉似泥，皮骨如金石。
>
> 不饮便康强，佛寿须千百。八十余年入涅槃，且进杯中物。

患难妻子范氏死后，辛弃疾在瓢泉又续弦了一位林氏。林氏贤惠朴实，无微不至照顾他的日常起居。林氏虽然贤惠，却无法释解辛弃疾心中的郁闷。一首《卜算子·饮酒不写书》，就表达了辛弃疾此时的心情：

> 一饮动连宵，一醉长三日。废尽寒暄不写书，富贵何由得。
>
> 请看冢中人，冢似当时笔。万札千书只恁休，且进杯中物。

这是一首谐谑词，上下两阕一问一答。上阕之问，好似对酒的声讨；下阕应答，又以放诞的言辞为饮酒作了辩护。

上阕声讨饮酒，是因为饮酒误事，主要是耽误"写书"，而"写书"又直接关联着富贵。杜甫在《题柏学士茅屋》写道："富贵必从勤苦得，男儿须读五车书。"杜甫还曾说过："读书破万卷，下笔如有神。"所以，词中辛弃疾用"写书"与"富贵"相连。这种体会，直接灌注到下阕的"辩答"中，使下阕在貌似魏晋风度的放诞中，充满了辛弃疾的痛苦与愤懑。

下阕前两句，暗用"笔冢"的典故。唐代著名作家李肇所著的《唐国史补》中记载："长沙僧怀素好草书，自言得草书三昧。弃笔堆积，埋于山下，号曰'笔冢'。"唐代书画理论家张怀瓘所著的《书断》卷二"僧智永"条，也记载了一件类似的事情："僧智永积年学书，有秃笔十瓮，每瓮皆数石。后取笔头瘗之，号为'退笔冢'。"在这里，辛弃疾暗用这个典故，意在说明用废的笔之多。这些笔，不是因为练字多而用废的，是因为写书多，也就是写"万札千书"。读到这里，不禁让人联想到辛弃疾自年轻时，就不断给皇帝或当权者写的那些奏章、提议、意见，包括《美芹十论》《议练民兵守淮疏》《九议》《论盗贼札子》《论荆襄上流为东南重地疏》等，还有那些没有名称、没有完整流传下来的奏章，写出这些，真可谓是万分勤苦了。这些书、札，无不凝结着辛弃疾的心血，无不体现着辛弃疾对故土和百姓的热爱，以及对赵宋王朝的忠诚。可是，它们又何曾引起南宋朝廷的注意与重视呢？不仅如此，南宋朝廷还屡屡排挤和打击他，频繁地迁调他，更直接罢免他，致使有才有志的辛弃疾，在壮年时就闲居家中十年之久。而如今，又不知要在这期思渡畔隐居多久。所以，辛弃疾早已将这些看破。他看破的是，即使写了"万札千书"，也不过"恁休"，进了好似当年"笔冢"一样高的坟墓。所以，他要抛开现实的名缰利锁，放诞不经只图生活中的快意。"且进杯中物"一句，表现了辛弃疾上接魏晋的一种豁达。

或许真如庄子所言，有用不如无用的好：没有那一腔的热血，就不会有层层的压抑；没有过人的才智勇谋，就不会有种种的忌恨；没有坚强的信念、不屈的意志，就不会有重重的打击。可是，正如庄子是用"荒唐""偏激""谬悠""无端崖"之字眼来表现他的"辛酸之泪"一样，当这些满载着辛弃疾热血、才华、信念的书和札，促成他悲剧命运的时候，他只好以饮酒的方式，来表达他对于世间不公的深深愤慨。他在《西江月·遣兴》中写道：

> 醉里且贪欢笑，要愁那得工夫？近来始觉古人书，信著全无是处。
> 昨夜松边醉倒，问松："我醉何如？"只疑松动要来扶，以手推松曰："去"。

借酒浇愁，本是辛弃疾词中屡见不鲜的一项内容，但这一首写酒醉之态别有风味，表现手法十分新颖生动。而且通过对醉态的自我描写，透露出他那不满现实的思想感情和倔强的生活态度。

这首词上阕，前两句写饮酒，后两句写读书。酒可消愁，辛弃疾生动地说是"要愁那得工夫"。书可识理，他却说对于古人书"信著全无是处"。壮志难酬，这是他生平最痛心的一件事。辛弃疾的意思当然不是菲薄古人，否定一切古书的价值和意义，而是针对当时政治上没有是非和古人的至理名言都被抛弃的状况，发愤激之论。"近来始觉古人书，信著全无是处"，就是曲折地说明了辛弃疾的这番感慨。古人书中有一些至理名言。比如《尚书》说："任贤勿贰。"对比赵宋王朝的所作所为，那距离是有多远。由于辛弃疾洞察当时社会现实的不合理，所以发出了"近来始觉古人书，信著全无是处"的感叹。这两句词的真正意思是：不要相信古书中的一些话，现在是不可能实行的。

词的下阕，是具体写醉酒的神态。"松边醉倒"，这不是微醺，而是大醉。辛弃疾醉眼迷蒙，把松树看成了人，问他：我醉得怎样？他恍惚还觉得松树活动起来，要来扶他，他推手拒绝了。下阕这四句，不仅写出惟妙惟肖的醉态，也写出了辛弃疾倔强的性格。这二十五个字，构成了剧本般的片段：这里有对话，有动作，有神情，又有性格的刻画。小令词写出这样丰富的内容，是此前少见的。

"以手推松曰：'去'"，这是散文的句法。《孟子》中有"'燕可伐欤？'曰：'可。'"的句子；《汉书•二疏传》有疏广"以手推常曰：'去！'"的句子。用散文句法入词，用经史典故入词，这都是辛弃疾豪放词风格的特色之一。

辛弃疾的词，素以风格多样而著称。在瓢泉最初戒酒时，他写了一首风格独特的《沁园春•将止酒，戒酒杯使勿近》：

杯汝来前，老子今朝，点检形骸。甚长年抱渴，咽如焦釜，于今喜睡，气似奔雷。汝说刘伶，古今达者，醉后何妨死便埋。浑如此，叹汝於知己，真少恩哉。

更凭歌舞为媒。算合作平居鸩毒猜。况怨无大小，生于所爱，物无美恶，过则为灾。与汝成言，勿留亟退，吾力犹能肆汝杯。杯再拜，道麾之即去，招则须来。

辛弃疾的这首词，以戒酒为题，写得非常独特。他模仿汉代东方朔《答客难》、班固《宾戏》、扬雄《解嘲》等文，用对话体结构成章，是一首令人解颐的新奇滑稽之作。题目"将止酒，戒酒杯使勿近"就颇新颖，似乎饮酒成病不怪自己贪杯，倒怪酒杯紧跟自己，从而将酒杯人格化。全词通过与杯的对答，大发议论，尽兴地吐露了辛弃疾胸中的牢骚苦闷。

词的首句"杯汝来前"，是对着酒杯，尚未饮酒，辛弃疾便似乎醉了，从主人怒气冲冲的吆喝酒杯如同仆人，以"汝"呼杯，而自称"老子"，接着就郑重告知：今朝检查身体，发觉长年口渴，喉咙口干得似焦炙的铁釜；近来又嗜睡，睡中鼻息似雷鸣。这些症状，都是饮酒致病，故酒杯之罪责难逃。酒杯听了，不以为意，尽然反驳道：酒徒就该像刘伶那样，只管有酒即醉，死后不妨埋掉了事，才算是古今通达之人。这时不称"杯说"，而称

"汝说"，是主人复述杯的答话，其语气中，既惊讶于杯的冷酷无情，又似不得不承认其中有几分道理。故又感叹道：酒杯啊，你对于知己真是薄情少恩。口气不但软了许多，反而承认了酒杯曾是自己的"知己"。从侧面表露出辛弃疾知道嗜酒伤身，便欲戒之；在情感上，酒又被他引为知己，对话的虽是酒杯，说的却是性情里的辛弃疾。

词的下阕语气又转，好似表明主人戒酒的决心。下阕以一"更"字领起，使已软的语气又强硬起来，给人以一弛一张之感。酒以歌舞为媒介使人沉醉，正该以人间鸩毒视之；怨恨由爱而生，凡物过则为灾。这等于说酒杯惯于媚附，软刀子杀人。如此罪名，岂不死有余辜？然而，这里只说"算合作人间鸩毒猜"，到底并未确认。接着又说：何况怨意不论大小，常由爱极而生；事物不论何等好，过了头就会成为灾害。说出的话，表面看来振振有词，实际上等于承认自己于酒是爱极生怨，酒于自己是美过成灾。这就为酒杯开脱不少罪责，故而从轻发落，只是遣之使勿近。处死而陈尸示众叫"肆"，"吾力犹能肆汝杯"，话很吓人，然而"勿留亟退"的处分并不重，主人戒酒的决心可知矣。杯似乎看出了这一点，亦不再辩解，只是再拜道："麾之即去，招则须来。""麾之即去"没什么，"招则须来"则大可玩味，说得俏皮。总之，这首词通过拟人化的手法，成功地塑造了"杯"这样一个喜剧形象。它善于揣摸主人心理，能应对，知进退。在主人盛怒的情况下，它能通过辞令，化严重为轻松。当其被斥退时，还说"麾之即去，招则须来"，等于说主人还是离不开自己，自己准备随时听候召唤。

辛弃疾通过这种生动活泼的方式，委婉地述说了自己长期壮志不展，积愤难平，故常借酒发泄，以至于拖垮了身体。而自己戒酒，实出于不得已这样一种复杂的心情。若是论文章，这样拟人对话的修辞方式并不少见，但论起词来可就少见得多。这首词，最能表现辛弃疾独创性与个人艺术特色的地方，就是他的古文章法、古文句式和那些大段的议论。这是一首以词写心的力作，通过对戒酒这样一件小事的描述和议论，充分地表现了辛弃疾聪明豁达、风趣幽默的性格。

03 朱熹离世，撰文悼念

宋宁宗赵扩继位后，重用了助他登上皇位的赵汝愚和韩侂胄两位大臣。任命出身皇族宗室的赵汝愚为宰相。赵汝愚是宋太宗赵匡义的八世孙，乾道二年（1166 年）以状元及第，但因为他是赵氏宗室，自愿将状元让于他人。赵汝愚先后任多处地方官，颇有政绩，后任吏部侍郎，兼太子右庶子。赵汝愚文武全才，曾领兵平息了羌族人的骚扰。任命韩侂胄为枢密院都承旨，依靠门荫入仕，他是魏郡王韩琦曾孙，高太后的外甥，韩皇后是他的侄孙女。

韩侂胄虽是皇族外戚，却自恃有功，想要得到封赏。赵汝愚对韩侂胄说："我是宗室，你是外戚，我们怎么能谈功论赏？只有等级较低的官员应该论功行赏。"韩侂胄本欲借"翊戴之功"，获取节度使之职。但赵汝愚却认为外戚不可言功。最终，韩侂胄只升一阶，授为宜州观察使。韩侂胄因此大失所望，对赵汝愚也怀恨在心。当时，韩侂胄出任宜州观察使后，仍兼任枢密都承旨，负责传达诏旨。他逐渐取得了宋宁宗的信任后，便开始伺机对赵汝愚实施打击报复。

赵汝愚出任宰相后，广泛收揽名士，想在仕途上有一番作为。他崇尚道学，任朱熹为焕章阁侍制兼侍讲，每日早晚给皇帝讲书，希望宋宁宗接受理学思想，并成为南宋政治的指导思想。当时，宋宁宗在政治上没有主见，而韩侂胄作为内臣，有着出入禁宫的优势，便以此把持了内批权。韩侂胄的行为让朱熹颇为不满。他在给宁宗讲书时，曾多次议论朝政，并和吏部侍郎彭龟年一同上书弹劾韩侂胄居功自傲、擅自弄权。朱熹的上书，反而引起宋宁宗的不满。于是，绍熙五年（1194 年）十月，朱熹被罢黜。

朱熹遭罢职后，曾手书赵汝愚："当用厚赏酬其（韩侂胄）劳，勿使得预朝政。"赵汝愚为人坦荡，不以为虑，但韩侂胄党羽却视赵汝愚为大敌。当时，知阁门事刘弼因未能参与绍熙内禅，也对赵汝愚心怀不满，就对韩侂胄说："赵丞相是想独揽拥立大功，您岂止是不能得到节度使之职，恐怕还会被贬到岭南边荒之地。您只要控制台谏，便可保无忧。"韩侂胄遂通过内批，将监察御史吴猎免职，任命亲信刘德秀、杨大法、刘三杰为御史，逐渐控制了言路。他还将参知政事京镗引为同党，以便共同对抗赵汝愚。

宋宁宗庆元元年（1195 年），外戚韩侂胄及其党羽掌握政权之后，将赵汝愚、朱熹等正派人物排斥出南宋朝廷。虽是这样，他们还担心赵、朱一派尚有在政坛复起的可能，所以，在赵汝愚已经被迫害致死的情况下，韩侂胄又在宋宁宗庆元三年（1197 年）策划了一个进一步迫害政敌的阴谋，将从朱熹为代表的道学斥为伪学，大加鞭挞，并将意见不合之人都称为道学之人，加以排挤。庆元三年冬，韩侂胄宣布了一个包括赵汝愚、朱熹、周必大、叶适、吕祖谦、蔡幼学等共五十九人在内的"伪学逆党"名单，禁止朱熹等人担任官职、参加科举。这一事件，史称"庆元党禁"。

辛弃疾与朱熹等人交往甚密，屡次遭到弹劾，也有受到牵连的原因。现实如此，饮酒又有何用，只是将本已潦倒的身形再添病颇。虽然被罢职在家，居住在千丈晴虹、十里翠屏的乡间，辛弃疾却始终关注着朝廷。他既感伤自己的遭遇，又为朱熹等人抱憾，所以，在他的笔下，就有了为其鸣不平之作。这首《踏莎行·和赵国兴知录韵》就是其中的代表：

吾道悠悠，忧心悄悄，最无聊处秋光到。西风林外有啼鸦，斜阳山下多衰草。

长忆商山，当年四老，尘埃也走咸阳道。为谁书到便幡然？至今此意无人晓。

在辛弃疾辛酸辛苦的一生中，始终以抗金复国为己任，但空有宏图大志，终究无处施展。因此，才说"吾道悠悠"。他虽然置身事外，却一直关心政事，为此才道"忧心悄悄"。《诗经》中，有"忧心悄悄，愠於群小"，而辛弃疾所担心的，正是朝中宵小误国。"西风林外有啼鸦，斜阳山下多衰草"这一句词，看似写景，实际也是对赵宋王朝日薄西山的前景担忧。上阕是辛弃疾的自我描摹，下阕开始转入评论：秦朝末年有商山四皓隐居不仕，如今有尘埃般的小人走在都成大道，这些人便是"书到便幡然"，如墙头草一般逐利而动，所指的正是韩侂胄一流唯利是图之人。

在另一首《鹧鸪天·睡起即事》中，辛弃疾又写道：

水荇参差动绿波。一池蛇影噤群蛙。因风野鹤饥犹舞，积雨山栀病不花。
名利处，战争多。门前蛮角日干戈。不知更有槐安国，梦觉南柯日未斜。

这首词是说，午睡即起，睡眼朦胧中，看到眼前的景色，不禁想起名利场上的明争暗斗。"门前蛮角日干戈"引用的是《庄子》中的典故："有国于蜗之左角者，曰触氏，有国于蜗之右角者，曰蛮氏，时相与争地而战，伏尸数万，逐北旬有五日而后反。"说的是蜗牛的两只触角上，竟有两个国家受利益驱使互相征伐，以至伏尸数万。"不知更有槐安国，梦觉南柯日未斜"，说的是唐代李公佐《南柯太守传》里的典故：淳于棼午间梦入大槐安国，被招为驸马，做了二十多年太守，荣宠至极。后因战败和公主死亡，被遣归，醒来才知是一梦。大槐安国原来就在宅南大槐树下的蚁穴里。辛弃疾就此想到韩侂胄党羽的小人得势，就如同蜗牛角上的干戈一般可笑而无益。这些小人，难道不知人生短暂、富贵如一梦南柯吗？

辛弃疾因为受到朱熹等人的牵连，官职被罢，俸禄没了，经济来源断了。为了生计，他不得不去钓鱼。他在《汉宫春·即事》中写道：

行李溪头，有钓车茶具，曲几团蒲。儿童认得，前度过者篮舆。时时照影，甚此身、遍满江湖。怅野老，行歌不住，定堪与语难呼。
一自东篱摇落，问渊明岁晚，心赏何如。梅花正自不恶，曾有诗无。知翁止酒，待重教、莲社人沽。空怅望，风流已矣，江山特地愁予。

在辛弃疾的词里，将钓鱼写得非常有情趣。"行李溪头，有钓车茶具，曲几蒲团"，他钓鱼仍不失身份，带着搁鱼竿的架子，倚肘的曲几，还有茶具。可是，村野之中顽皮的孩子们却不管这些。"儿童认得，前度过者篮舆"，孩子们一旦撞见这个钓鱼的老头，便惊呼道："嗨，快来看，这钓鱼的老头，不就是前些时坐在轿子里的那个老爷吗？"多么有情趣，又是多么大的变化。至于大人们就不同。他在《玉蝴蝶·叔高书来戒酒用韵》中写道：

贵贱偶然，浑似随风帘幌，篱落飞花。空使儿曹，马上羞面频遮。向空江、谁捐玉佩，寄离恨、应折疏麻。暮云多。佳人何处，数尽归鸦。

侬家。生涯蜡屐，功名破甑，交友搏沙。往日曾论，渊明似胜卧龙些。记从来、人生行乐，休更问、日饮亡何。快斟呵。裁诗未稳，得酒良佳。

"空使儿曹，马上羞面频遮"是说一路上碰到不少旧部下，害得骑在马上的他们，看到在道上步行的他如此穷相，反倒不好意思地把脸遮起，装着没有看见他的样子。

这样的日子，辛弃疾过了三四年之久。由于辛弃疾毕竟不是韩侂胄党羽所需攻讦的主要人物，宋宁宗庆元三年（1197 年）后，朱熹及其理学才是韩侂胄等人打击的主要目标。因此，庆元四年，辛弃疾又被恢复了集英殿修撰与冲佑观的身份。虽都是只领俸禄的闲职，但全家人为此都感到高兴，家里又有了经济来源，也意味着朝廷又有了起用辛弃疾的意向。得到这个消息后，辛弃疾便作了一首《鹧鸪天·戊午拜复职奉祠之命》：

老退何曾说著官。今朝放罪上恩宽。便支香火真祠俸，更缀文书旧殿班。扶病脚，洗衰颜。快从老病借衣冠。此身忘世浑容易，使世相忘却自难。

"老退何曾说著官"，辛弃疾并非"老退"，当他被罢宫观时，名义上是说他赃污姿横、唯嗜杀戮、累遭白简、恬不少悛，但实际是怕他今俾奉祠，使他时得刺一州、持一节、帅一路、必肆故态。"故态"无非是坚持抗战，这就是抗战有罪。当时，奸相韩侂胄掌权，许多像辛弃疾一样的忠正之士都遭贬谪。所以，他说"何曾说著官"，其实当时要当官是很容易的。宋宁宗庆元四年（1198 年），赵师睪迁工部侍郎，仍知临安府。清代学者毕沅所著的《续资治通鉴》卷一五五中记载："师睾尹临安，谄事韩侂胄，无所不至；私市北珠以遗侂胄诸妾。诸妾元夕出游，市人称羡，诸妾俱喜，争为师睾求迁官，遂有是擢。"《宋史》记载："侂胄尝与众官饮南园，过山庄，指其竹篱茅舍曰：'此真田舍间气象，所惜者欠鸡鸣犬吠耳。'少焉，有犬嗥于丛薄之下，亟遣视之，京尹赵侍郎也。侂胄大笑。"这也正是王安石说的"鸡鸣狗盗之徒出其门，此士之所以不至也"。辛弃疾觉得，自己根本没有必要去和这类人同朝为官。所以，"何曾说著官"这五个字，看似平淡，实则寓有极大的蔑视与不平。

"今朝放罪上恩宽。便支香火真祠俸，更缀文书旧殿班"三句，"放"当豁免讲。关于辛弃疾复职的原因，《宋史》上没有记载。说"上恩宽"，这当然是不得已的恭维之词。"便支香火真祠奉"一句，"便"是虽然的意思，和"真"字相呼应。意思是说，这时复了冲佑观，别看是支得几个香火钱，却是真正的祠奉。这毕竟还是一种政治待遇，是朝廷对他的一种不得已的认可。所以，他不单是为有几个香火钱而高兴，更是为他的存在价值而高兴。"更缀文书旧殿班"，"更"当岂字讲，"便""更"其实都是一个意思。"缀文书"是装订图书，这是对修撰这一职称的诙谐。辛弃疾在帅建康时，所带的职名是集英殿修撰，以后降为秘阁修撰，这里说的"旧殿班"，当是指集英殿修撰。所以，他高兴地说，岂是为了能够装订几册文书，而是恢复了我的带职。可见，辛弃疾所高兴的，就是他又有了一线抗战的希望。这希望，更来自于朝廷不得不重新起用他，这对他来说，不能不是一种良好的转机。

词的上阕如官样文章，写得有些冠冕堂皇看着舒服；而下阕便多了戏谑之词。"扶病脚，洗衰颜，快从老病借衣冠"，他一听到复职的消息，完全不顾及年老体衰，马上从病榻上爬了起来，叫人打水来，洗一洗脸上的晦气。词中的"快"就是好，凡问语"好了没有"，答语都是"快了"。"从"任他之意。这句省去了前面家人的问语。全句应该是这样的：家人见他这样一轱辘爬了起来，就说，你的病还没好。他赶紧说，快好了。接着又解释说，都是老病了，不用管它了，快去借套衣冠来。这时，辛弃疾穷得连一件迎接圣旨的整齐衣冠都没有。随即他自豪地说："此身忘世浑容易，使世相忘却自难。"意思是说，我可以很容易地忘却这个世界，要这个世界忘记我，看来却很难。此时，辛弃疾完全是一副胜利者的姿态。这和开头的"老退何曾说着官"相呼应，神气十足，可谓是虎死不倒架。辛弃疾穷到了借衣冠的地步，一旦听到了复职的消息，一方面像个孩子似的高兴，另一方面又保留着孤傲的倔劲，对当权派寓于极大的蔑视与不平。作品生活气息非常浓，一个诙谐的倔老头形象跃然纸上。

辛弃疾在铅山瓢泉闲居，最初是因为和赵汝愚、朱熹等人良好的关系而受到牵连，虽然已经罢职在家，但他又接连受到"落职""罢宫观"的处分。即使如此，他却不畏遭受迫害，于危难之中见真情，与朱熹依旧保持着深厚的友谊。辛弃疾认为，自唐尧以来，能与朱熹相比的仅有二三人。辛弃疾复职的消息，让正在落难的朱熹感到非常高兴。对此，朱熹在《济南辛氏宗图旧序》中写道："熹始得以御公于庆元戊午，公复起就职，来主建宁武夷山冲佑观，益相亲切。"宋宁宗庆元五年（1199 年），朱熹致书以"克己复礼""夙兴夜寐"题辛弃疾二斋室。元代学官、书院山长袁桷在《清容居士集·卷四十六·跋朱文公与辛稼轩手书》记载："晦庵尝以'卓荦奇才股肱王室'期辛公此帖复以'克己复礼'相勉，朋友琢磨之道备矣。"

辛弃疾与朱熹之间不寻常的交往，实在令人钦佩。一个是叱咤风云、忧国忧民的名将；一个是热心教育、穷研理学的哲学家，两人会结成莫逆之交，这似乎是一件让人不可理解的事情。然而，他们之间的深厚友谊，却是有口皆碑的。辛弃疾跟朱熹之间的关系，与辛弃疾跟陈亮之间的关系不一样，他们不是那种在一起高谈阔论、饮酒作诗的朋友，而像是一对师徒。朱熹欣赏辛弃疾的非凡才能，辛弃疾仰慕朱熹的学问修养。陈亮称他们一个是"人中之龙"，一个是"文中之虎"，二人堪称南宋的"双子星座"。

朱熹比辛弃疾大 10 岁，和辛弃疾起初交往并不多，甚至对这个办事不拘小节的年轻人有些不满。在辛弃疾任职江西安抚使时，朱熹正为南康军知州。当时，有一艘挂着江西安抚使牌子的客船经过南康，船的窗户被厚厚的幕布包着，守船的士兵只有两三人。朱熹的手下检查时，一看才知道是满满一船的牛皮。牛皮在当时是比较重要的军用物资，经朱熹核实，送货手续并不符合规定，便将货船扣了下来。不久，辛弃疾就给朱熹写了一封信，说这一船牛皮是部队采购，等着急用，手续上的问题希望他能够通融通融。朱熹心里很不乐意，但由于辛弃疾是安抚使，地方军队事务都归他管，朱熹也不好说什么就放行了。后来，朱熹在给朋友的信中还特别提了这件事，对辛弃疾的做法感到很不满。

当年，辛弃疾创建飞虎军时，费钜万计并竭一路民力，如此巨大的花费由谁来支付？不是朝廷而是地方。经度费钜万计，弃疾善干旋，事皆立办。由于其花费较大，朝野议论纷纷，甚至有人阻挠。朱熹便说："潭州有八指挥，其制皆废弛。而飞虎一军独盛，人皆谓辛幼安之力。以某观之，当时何不整理亲军？自是可用。却别创一军，又增其费……又如潭州缘置飞虎一军了，都不管那禁军与亲兵。"朱熹也觉得创建飞虎军费用太大，后来他又说："窃详当日创置此军，本为弹压湖南盗贼，专隶本路帅司，本路别无头段军马，唯赖此军以壮声势。"由开始的异议，到后来给予肯定，可见朱熹对辛弃疾的看法逐步发生了改变。

辛弃疾在隆兴府赈灾时，张贴的榜文只有八个字："闭粜者配，强籴者斩。"朱熹就这件事在评价辛弃疾时说："这便见得他有才。"言外之意，就是说辛弃疾这样做不算乱来，对他的行政才能很是欣赏。辛弃疾赴福建做官时，四次在建阳拜见朱熹，向他了解闽中状况，探求为政要领。朱熹给了他三句话十二个字的箴言："临民以宽，待士以礼，驭吏以严。"辛弃疾听后，十分诚服，完全采纳了朱熹的意见。他对待百姓宽厚，受到当地民户的称赞；对待士大夫有礼节；对待手下官吏严格，以文法绳下。朱熹就此曾说"闽中自得林、辛，一路已幸甚"，对辛弃疾已是十分赞赏。

正是在这样的交往中，辛弃疾敬仰朱熹的道德学问，朱熹欣赏辛弃疾的办事才干。两个人在不断的交往中，渐渐加深了解，最终建立起了亦师亦友的关系。宋宁宗庆元六年（1200 年）三月，朱熹因病而逝，时年 71 岁。辛弃疾得到朱熹离世的消息后，痛苦万分，写下一首《感皇恩•读〈庄子〉，闻朱晦庵即世》加以悼念：

案上数篇书，非庄即老。会说忘言始知道；万言千语，不自能忘堪笑。今朝梅雨霁，青天好。

一壑一丘，轻衫短帽，白发多时帮人少。子云何在，应有玄遗划，江河流日夜，何时了？

这首词的上阕，写读《庄子》所感，和闻听噩耗后，一时万语千言无法言传的隐痛。下阕以汉代扬雄（字子云）所作《太玄》，来比拟朱熹的著作。"江河流日夜，何时了"这一句，是化用杜甫的名句"尔曹身与名俱灭，不废江河万古流"，将犀利的笔锋刺向韩侂胄之流。在辛弃疾笔下，朱熹俨然成为屹立在滚滚波涛中的砥柱山，名垂不朽，很有反讽朝廷严道学之禁的意味。从这一阕词，不难看出辛弃疾对朱熹肝胆相照的真挚友谊。

朱熹死后，有言官上书说："四方伪徒期以一日聚于信上，欲送伪师朱熹之葬……会聚之间，必无美意，若非妄谈世人之短长，则是谬议时政之得失。"由此，南宋朝廷竟然下诏，禁止人们到武夷山去会葬和祭奠朱熹这位当代儒宗。朱熹的门生故旧中，果然有许多人因此不敢前去奔丧。而辛弃疾却不怕犯禁，并不顾地方政府的阻拦，亲自去武夷山吊唁，还撰文"所不朽者，垂万世名。孰谓公死，凛凛犹生"祭之。

04 知府绍兴，结交陆游

宋宁宗庆元六年（1200年）九月，婺州（今浙江省金华市）布衣吕祖泰上书，建言道学不可禁，请诛韩侂胄、苏师旦，逐陈自强等，以周必大代之。收到这一上书后，韩侂胄大怒，决定将吕祖泰杖责并流放钦州。当时，韩侂胄的政治地位虽然不断提升，连宋宁宗也有所忌惮，但在庆元三年（1197年）高宗吴皇后病逝，庆元六年，韩侂胄的死党，为虎作伥的京镗于八月死去。庆元六年十一月，宁宗韩皇后驾崩。就这样，韩侂胄的靠山相继离开，他便感到再也不能仅以皇亲国戚的身份掌握政权，必须在政绩上有所成就。韩侂胄十分清楚，自古权臣都没有好下场，一旦受到打压的赵汝愚、朱熹一派上位，他的处境就岌岌可危。

于是，就有人向韩侂胄献计，松弛党禁，恢复赵汝愚、朱熹等人的名誉。据《宋史·宁宗纪》记载，宋宁宗嘉泰元年（1201年）五月，韩侂胄上书请致仕；七月，言官何澹被罢职。嘉泰二年（1202年）正月，追复赵汝愚资政殿学士；十月，追复朱熹焕章阁待制；闰十二月，恢复周必大少傅，观文殿大学士。次年正月，谢深甫被罢职。至此，被定为"伪学逆党"的主要代表人物全部恢复名誉，"庆元党禁"业已解除，这就为辛弃疾东山再起营造了良好的氛围。

此时的金国，素有小尧舜之称的金世宗完颜雍，在十几年前就去世了，继位的是金章宗完颜璟。金章宗上任之初继承父亲之治，实施仁政，国力持续强盛。但后期遭遇北方蒙古的崛起，疲于应付蒙古人的威胁，连吃败仗，军费激增。在此期间，黄河三次决口，大批农民逃亡，中原地区出现了大片的荒地，农业生产萎缩，国家赋税急剧减少。由于政府财政的入不敷出，滥发纸币又造成经济崩溃。这一切，直接导致了内乱的此起彼伏，金国处于内忧外患之中，国力日渐衰落。

金国国力的衰退，对南宋朝廷而言无疑是一个好消息，这意味着抗金北伐有了可乘之机。宋宁宗庆元六年（1200年）夏天，南宋朝廷派遣赵善义去给金章宗完颜璟庆祝生日。赵善义在回来的路上，因为下车地点与金人发生了争执，吵着吵着，火气就上来了。赵善义说："你们现在已经被蒙古整得焦头烂额，现在还来跟我吵架，你就不怕我们大宋联合蒙古南北夹击你们吗？"这句话，完全是赤裸裸的威胁。后来，南宋朝廷慑于金国的威力，对赵善义进行了处分。但他当时说的话，很能反映出在南宋大臣的心目中，金国已不再那么可怕了。

韩侂胄了解到这样的情况后，想趁机对金国用兵，立盖世功名以自固。由于"庆元党禁"风波，使韩侂胄失尽了人心，对他不满的言论越来越多。为了转移政治视线，缓解自我困境，韩侂胄放出风来，制造舆论，并起用主战官员，开始北伐的一系列准备工作。

宋宁宗嘉泰三年（1203年）六月，61岁的辛弃疾东山再起，出任绍兴知府兼浙东安抚使。样的官职，负有"京畿"的军政重任，显然表明了对辛弃疾的器重。在铅山闲居八年之久的辛弃疾，因此诏令得以重登宦途，他的心情是十分高兴的。于是，他立即动身，在路途中写下了一首《浣溪沙·常山道中即事》：

北陇田高踏水频。西溪禾早已尝新。隔墙沽酒煮纤鳞。

忽有微凉何处雨，更无留影霎时云。卖瓜声过竹边村。

辛弃疾久废复出，内心盼望早点干出一番事业来，因此，他的心情也是兴奋和开朗的。在赴任途中路过浙东时，为当地丰收的景象写下了明快的一笔。"北陇田高踏水频"一句，是说北面高地上的农民在不停地踏着水车，灌溉农田。"频"字，充满动态和声势，也暗示出农民在农忙时节的辛苦勤劳。"西溪禾早已尝新"一句，是说与此不远的一个村庄，农民们收割完早稻，已碾出了新米，蒸出了喷香的米饭。"尝"字，写出了丰收年景的来之不易和丰收年景里人们的喜悦。"隔墙沽酒煮纤鳞"一句，是说一天的劳作结束，煮上从河里捞到的细鳞鱼，倒上白天买来的酒，有吃有喝，有滋有味，一天的疲惫和辛苦都烟消云散了。上阕的三句话好似三幅画，收入辛弃疾的眼帘，构成一幅充满生机、生动独特的农村生活画卷。"北陇""西溪""隔墙"等词语，不仅突出了乡村气息，更暗示出空间的开阔广袤，读来让人思维活跃疏宕，毫无局狭之感。

这首词的下阕，通过行路时风雨不定的这种独特天气的描写，表现了辛弃疾宠辱不惊的淡定心态。换头两句"忽有微凉何处雨，更无留影霎时云"，是说忽然凉风吹拂，接着飘来几星细雨，就在人担心要下雨的时候，抬头望天，带雨的云一眨眼又无影无踪了。表意一波三折，波澜起伏。这两句写夏天独特的天气变化，内容倒平常无奇，但表达上有不凡之处，形式上少了几分词的随意灵活，多了几分诗的整饬和表意的含蓄及理趣。但此时，辛弃疾的着眼点并不在风雨阴晴上，最后的"卖瓜人过竹边村"一句，是说前面的风雨阴晴变化即是过眼烟云。至此，小令的境界顿然跃升，增添了浓郁的生活气息。

嘉泰三年（1203年）六月十一日，辛弃疾到达任所。这一次，他依然勤恳政事，没有因为两次遭罢黜而心怀懈怠。当他了解到当地贪官污吏和豪强大族对百姓的欺压相当严重时，便给朝廷上了一道奏章，奏章的具体内容，在宋末元初著名学者马端临所编纂的《文献通考》中有部分记载："嘉泰三年，知绍兴府辛弃疾奏：州县害农之甚者六事，如输纳岁计有馀，又为折变高估趣纳，其一也；往时有大吏为郡四年，多取斗面米六十万斛及钱百馀万缗，别贮之仓库，以欺朝廷曰'用此钱籴此米'，还盗其钱而去。愿明诏内外台察劾无赦。从之。"

南宋的百姓纳税方式，一般是依据土地多少按比例缴纳谷物为税，通常是以每亩一斗为率缴纳谷物。但政府有时需要钱和布帛，就要农户改纳钱帛，这就是"折变"。折变的具体规定掌握在地方官吏手中，往往要开出比市场更高一些的价格让百姓交钱，百姓苦不堪言，弊端严重。另一件事情，辛弃疾将矛头直指贪官污吏。有一位大吏做了四年郡守，向民众多收米六十万斛，多收钱一百多万贯，然后把米和钱分别存在另外设置的粮仓和钱库里。不久，他把这六十万斛米交出来，谎称这些米是用那一百多万贯钱购买的，于是，他便将一百多万贯钱顺理成章地装进自己的腰包里。辛弃疾把这些上奏给了朝廷，希望能让台谏官和地方的提刑官加强对官吏的监督工作。同年，浙东地区出现贩盐私商"盐鬺为害"问题，辛弃疾采取果断措施，迅速加以整治，有效地解决了这一问题。

绍兴是一座历史名城，名胜古迹众多。卧龙山下有一个蓬莱阁，为五代吴越时期王钱镠所建。城南有若耶溪，相传是助越灭吴的越国美女西施浣纱的地方。秦望山因秦始皇的登临望海而成越中名山，山上还留有秦始皇为了祭奠大禹，宣扬功德，而命丞相李斯手书铭文，刻石记功的石碑。还有东晋时王羲之宴会宾朋的兰亭、谢安早年隐居的东山。辛弃疾于政事之暇，曾登上会稽蓬莱阁观雨，以怀念范蠡西施，并写下一首《汉宫春·会稽蓬莱阁怀古》：

秦望山头，看乱云急雨，倒立江湖。不知云者为雨，雨者云乎？长空万里，被西风、变灭须臾。回首听、月明天籁，人间万窍号呼。

谁向若耶溪上，倩美人西去，麋鹿姑苏？至今故国人望，一舸归欤。岁月暮矣，问何不鼓瑟吹竽。君不见、王亭谢馆，冷烟寒树啼乌。

辛弃疾的这首词，以自然喻人世，以历史比现实，托物言志，寄慨遥深。词的上阕，看似纯粹的写景，实则借景抒情。描写会稽秋天一阵暴雨之后，刹那间晴空万里的壮丽景象。辛弃疾登临的蓬莱阁，在会稽东南四十里处。他为何望此山？因为这里曾是秦始皇南巡时望大海、祭大禹之处。登此阁望此山，不禁会想起统一六国的秦始皇和为民除害的大禹。这首词，先以"看"领起，尽写秦望山头云雨苍茫的景象和乍雨还晴的自然变化。以"倒立江湖"喻暴风骤雨之貌，生动形象。这是从苏轼《有美堂暴雨》诗"天外黑风吹海立"演化而来。"不知云者为雨，雨者云乎"两句，语出于《庄子·天运》："云者为雨乎？雨者为云乎？""为"字读去声。意思是说，云层是为了降雨吗？降雨是为了云层吗？庄子设此一问，下文自作回答，说这是自然之理，云、雨两者，谁也不为了谁，各自这样运动着罢了，也没有别的意志力量施加影响要这样做。辛弃疾在词中说"不知"，也的确是不知，不必多追究。

"长空万里，被西风、变灭须臾"三句，天色急转，词笔也急转，这是说云。苏轼《念奴娇·中秋》一词中写道："凭高眺远，见长空万里，云无留迹。"佛教大乘经典《维摩经》中说："是身如浮云，须臾变灭。"云散了，雨当然也就收了。"回首听，月明天籁，人间万窍号呼"三句，这里又用《庄子》语。《齐物论》："夫大块噫气，其名为风。是唯无作，作则万窍怒呺。"这就是"天籁"，自然界的音响。从暴风骤雨到云散雨收，月明风起，辛弃疾在大自然急剧的变化中似乎悟出一个哲理：事物都处在不断变化中，阴晦可以转为晴明，晴明又含着风起云涌的因素。失败可以转为胜利，胜利了又会起风波。上阕对自然景象的描写，为下阕追怀以弱胜强、转败为胜、又功成身退的范蠡作了有力的烘托、铺垫。语言运用上，众采博兴，为己所用，这是辛弃疾词的长技。

词的下阕怀古抒情，说古以道今，影射现实，气氛变得凝重而沉郁。开头五句为一个层次。首先，以诘问的语气讲述了一段富有传奇色彩的历史故事：当年是谁到若耶溪上请西施西去吴国以此导致吴国灭亡呢？越地的人们至今还盼望着他能乘船归来呢！这当然是说范蠡，可是辛弃疾并不直说，而是引而不发，说"谁倩"。这样写，更含蓄而且具有启发性。据史书记载，春秋末年越王勾践曾被吴国打败，蒙受奇耻大辱。谋臣范蠡苦身戮力，协助勾践进行了十年生聚，十年教训，并将西施进献吴王，行美人计。吴王果贪于女色，荒废朝政。吴国谋臣伍子胥曾劝谏说："臣今见麋鹿游姑苏之台。"后来，越国终于灭了吴国，报了会稽之仇。

越国胜利后，范蠡认为，勾践之为人，可与之共患难，不可与之共享乐。于是，范蠡泛舟五湖而去。引人深思的是，辛弃疾面对秦望山、大禹陵和会稽古城怀念古人，占据他心灵的不是秦皇、大禹，也不是越王勾践，而竟是范蠡。这是因为范蠡忠一不二，精忠报国，具有文韬武略之才，曾提出许多报仇雪耻之策，同辛弃疾的思想感情息息相通。因此，范蠡正是辛弃疾所仰慕和效法的榜样。表面看来，"故国人望"的是范蠡，其实，何尝不可以说也指辛弃疾自己。在他晚年，经常怀念壮岁旌旗拥万夫的战斗生涯，北方抗金义军也时时盼望他的归来。南宋末年著名爱国诗人谢枋得在《祭辛稼轩先生墓记》中记载："公没，西北忠义始绝望。"这一部分用典，不是仅仅说出某事，而是铺衍为数句，叙述出主要的情节，以表达思想感情，这是辛弃疾用典的一个显著特点。

"岁云暮矣，问何不鼓瑟吹竽"两句在词的收尾部分，辛弃疾首先以设问的语气提出问题：一年将尽，为什么不鼓瑟吹竽欢乐一番呢？《诗经》的《小雅·鹿鸣》写道："我有嘉宾，鼓瑟吹笙。"《唐风·山有枢》中写道："子有酒食，何不日鼓瑟？且以喜乐，且以永日。"辛弃疾引诗说出了岁晚当及时行乐的意思，接着又以反问的语气作了回答："君不见、王亭谢馆，冷烟寒树啼鸟。"旧时，王、谢的亭馆已经荒芜，已无可行乐之处。东晋时的王、谢与会稽的关系也很密切，"王亭"，指王羲之修禊所在的会稽山阴之兰亭；"谢馆"，指谢安曾隐居会稽东山，有别墅。这些旧迹，现在只有"冷烟寒树啼鸟"点缀其间了。

辛弃疾从怀念范蠡到怀念王、谢，感情上是一个很大的转折。怀念范蠡，抒发了报国雪耻的积极思想；而怀念王、谢，不仅流露出对现实的不满，而且表现出悲凉孤独的情绪。辛弃疾面对自然的晴雨变化和历史的巨变，所激起的不仅是要效法古人、及时立功的慷慨壮怀，同时，也有人世匆匆的暮年伤感。辛弃疾此时已经64岁了。当他想到那些曾经威震一方、显赫一时的风流人物无不成为历史陈迹时，内心充满了人生短暂、功名如浮云流水的悲叹。这末尾一韵就意境来说，不仅是对王亭谢馆而发，还关涉全篇，点明全词要旨。不是为了怀古而怀古，而是同他抗金北伐、收复中原、报仇雪耻，使宋朝中兴的政治追求有内在的联系。所以，南宋文学家张镃在《汉宫春·稼轩帅浙东，作秋风亭成，以长短句寄予，欲和久之，偶霜晴，小楼登眺，因次来韵，代书奉酬》词里说："江南久无豪气，看规恢意慨，当代谁知。"言外之意是说，在南宋朝廷中，只有辛弃疾还有豪气，论恢复事业，没有谁能与君相比、与君勉之。这也道出了辛弃疾登亭怀古的真实用意。

中年以后，辛弃疾以在词作方面的强大声威和创作才能，成为词坛公认的领袖人物。尤其是他担任封疆大吏后，每到一个州郡，都要组织诗人词客的文酒之会，与下属、同僚及友人诗词唱和。在任绍兴知府兼安抚使时，辛弃疾在中秋节的前两天，在会稽秋风亭唱和。唱和聚会时，恰逢下雨，辛弃疾首唱《汉宫春·会稽蓬莱阁观雨》，张镃也和了上面那首《汉宫春·稼轩帅浙东，作秋风亭成，以长短句寄予，欲和久之，偶霜晴，小楼登眺，因次来韵，代书奉酬》。当时，在场的还有词人丘崈、姜夔等人。丘崈的和词题为

《汉宫春·和辛幼安秋风亭韵，癸亥中秋前两日》，姜夔的和词题为《汉宫春·次韵稼轩蓬莱阁》。姜夔的和词全文如下：

一顾倾吴。苎萝人不见，烟杳重湖。当时事如对弈，此亦天乎。大夫仙去，笑人间、千古须臾。有倦客、扁舟夜泛，犹疑水鸟相呼。

秦山对楼自绿，怕越王故垒，时下樵苏。只今倚阑一笑，然则非欤。小丛解唱，倩松风、为我吹竽。更坐待、千岩月落，城头眇眇啼乌。

辛弃疾与姜夔同是南宋词坛的两大巨匠，辛弃疾以豪迈奔放著称，姜夔以骚雅清劲享誉。如果说辛弃疾的原唱词以吴越之争论人间冷暖、世间沧桑，云雨变化在顷刻，称赞范蠡与西施隐居的生活快乐，冷观吴越霸业的消亡，仍有归隐思想的话，那么，姜夔这首和词紧贴吴越之争典故，点明西施起到了"一顾倾吴"的作用，时光流逝，历史人物不在，故事流传下来，活着的人就要担负起责任。姜夔以自己还有"水鸟相呼"，来暗示辛弃疾的责任重大，力劝辛弃疾要为国家做事。特别是这首和词的收拍，意指姜夔期盼辛大将军能够领军北伐，在黑夜里等待他带来大宋朝光明的时刻。

在绍兴知府任上，辛弃疾还前往闲居在鉴湖之滨的爱国老诗人陆游的家中拜访，并多有交往。陆游字务观，号放翁，越州山阴（今浙江省绍兴市）人，比辛弃疾大 15 岁。陆游因主张抗金，备受主和派的排挤，又擅长写诗，与辛弃疾一起，被誉为南宋文坛两个璀璨的明星。陆游一生两度入闽，也曾当过福建路提点刑狱。由此来看，陆游还是辛弃疾的前任。两人皆是自幼胸怀大志，以抗金收复失地为己任。但直到宋宁宗嘉泰三年（1203 年），两人才见面。辛弃疾任绍兴知府兼浙东安抚使，而陆游在绍兴府鉴湖旁闲居，两个人就此由相慕到相交。

当时，陆游住在一处很简陋的住宅，就像他在诗中所写的"幸有湖边旧草堂，敢烦地主筑林塘"一样。正因为辛弃疾倾慕陆游的才情，又感到他住得实在简陋，就想为陆游建造一个新舍。但陆游因天下未定，江山未复而没有接受。宋宁宗嘉泰三年十二月廿八，辛弃疾奉召赴临安，商量北伐抗金事宜。陆游听了异常高兴，当即作了一首长诗《送辛幼安殿撰造朝》：

稼轩落笔凌鲍谢，退避声名称学稼。

十年高卧不出门，参透南宗牧牛话。

功名固是券内事，且葺园庐了婚嫁。

千篇昌谷诗满囊，万卷邺侯书插架。

忽然起冠东诸侯，黄旗皂纛从天下。

圣朝仄席意未快，尺一东来烦促驾。

大材小用古所叹，管仲萧何实流亚。

天山挂斾或少须，先挽银河洗嵩华。

中原麟凤争自奋，残虏犬羊何足吓。

但令小试出绪余，青史英豪可雄跨。

古来立事戒轻发，往往谗夫出乘罅。

深仇积愤在逆胡，不用追思灞亭夜。

在这首诗中，陆游把辛弃疾比作辅佐齐桓公称霸的管仲和辅佐刘邦成就霸业的萧何，做安抚使之类的官对辛弃疾来说是大材小用。如果朝廷把北伐的任务交给辛弃疾的话，那么中原豪杰定会奋勇而起，收复大业指日可待。最后四句，提醒辛弃疾要周密计划，慎重行事。同时，要提高警惕，防止"谗夫"钻空子，进行捣乱，寻衅滋事，把"深仇积愤"用在抗金上。陆游又借飞将军李广的典故来劝告辛弃疾，让他不要介意之前被韩侂胄党羽排挤的事情，抛弃个人恩怨，只要北伐能够胜利，个人荣辱都不算什么。

05 重提北伐，自比廉颇

宋宁宗嘉泰四年（1204 年）正月，65 岁的辛弃疾历尽了奔波之苦，以心怀北伐的热情，在临安（今浙江省杭州市）晋见了宋宁宗。辛弃疾言辞恳切地向宋宁宗陈述了两个问题：一是"盐法"，二是抗金。关于"盐法"，辛弃疾都详细讲了什么，史料上没有找到明确的记载。但关于抗金，在《宋史·韩侂胄传》中有明确的记载："会辛弃疾入见，言敌国必乱必亡，愿属元老大臣，预为应变计，郑挺、邓友龙等又附和其言。开禧改元，进士毛自知廷对，言当乘机以定中原，侂胄大悦。"

按照辛弃疾的看法，金国陷入内忧外患，灭亡已成定局。这一形势，对于南宋来说非常有利。所以，他提出做好北伐的准备工作，加强战备。在具体操作上，他建议宁宗，把这一艰巨的任务交给元老大臣去办。

韩侂胄在一旁听了很是高兴，正有摩拳擦掌出师北伐之意。辛弃疾的陈述，在韩侂胄听来，显然是对他主张北伐的莫大支持。辛弃疾建议的人选为愿属元老大臣，那么，谁是真正的元老大臣？辛弃疾是元老大臣，经历了高宗、孝宗、光宗、宁宗，又有上马定乾坤，提笔安天下之才。韩侂胄也是元老大臣，曾是以门荫入仕，又是外戚，此时虽是没了靠山，但仍然可以左右皇帝。

　　这次晋见之后，辛弃疾被封为宝谟阁待制，提举佑神观，但这些只是以空头名义让他参加朝会，没有实权，在京赋闲，听候调遣。辛弃疾虽然支持韩侂胄抗金北伐，但在人事安排与北伐发动时间上，都存在很大的分歧。在抗金北伐的主张上，辛弃疾还是慎重的，无欲速、能任败，他建议要先做好充分的准备。正像元代学官袁桷所说的"稼轩开禧之际亦曰更须二十年"。辛弃疾的策略，很难迎合韩侂胄急功近利的想法。所以，在召对之后，宋宁宗和韩侂胄并没有真正信任和倚重辛弃疾，也没有把他留下来主持用兵大计。嘉泰四年三月，辛弃疾被改派镇江（也称京口）担任知府。

　　镇江对于辛弃疾来说，并不陌生。他在南归之后，这里就是他落脚的第一站。他的第二任妻子、与他相濡以沫生活了近三十年之久的范氏，就是镇江人。镇江位于长江南岸，与扬州、建康两地遥相呼应，历来是兵家必争之地。南宋抵御金朝，靠的便是长江天堑。如此看来，朝廷让辛弃疾出守此处，也似乎有重用之意。然而，辛弃疾也只是担任个文官的头衔，并没有军权，只是利用他那主战派元老的招牌作为号召而已。

　　虽说没有军权不能率军抗金，但与坐卧田园相比，出守军事重镇让辛弃疾心旌摇荡。此时，辛弃疾虽已年迈，多年辗转仕宦的生活让他的身体虚弱不堪，可一旦离北伐近了，就让他血脉偾张，因为抗金北伐、收复中原是他一生都梦寐以求的理想。他的好朋友邱宗卿、钱之望、郑汝谐、许及之、江义端等人，都曾奉命使金，辛弃疾从这些友人那里，了解到了金朝政治、经济和军事的第一手资料。

　　据南宋枢密院编修官程珌所著的《丙子轮对札子》记载，辛弃疾就北伐的军事问题，提出了四点非常具体的建议：谍候要明、军事要张、屯兵要分、招兵要择。他帅浙东时，就曾派人深入金人统治区去做侦察工作。谍者，师之耳目也。兵之胜负，与夫国之安危，悉系焉。通过重金聘请谍报人员在敌方的深入侦察，了解到不少明确的军情。他曾向友人展示一张一尺见方的锦缎，其上皆虏人兵骑之数，屯戍之地，与夫将帅之姓名。且指其锦而言曰："此已费四千缗矣。"又言："弃疾之遣谍也，必钩之以旁证，使不得而欺。如已至幽燕矣，又令至中山，至济南。中山之为州也，或背水，或负山，官寺帑廪位置之方，左右之所归，当悉数之。其往济南也亦然。"辛弃疾认为，不打无准备之战，战前必须做到知己知彼。只有把敌情摸清楚，才能够明确地指出金国必乱必亡之处。金国的日渐衰落，确实给南宋收复中原提供了难得的机遇。

　　当然，机遇并不等于南宋出师北伐就能够顺利恢复中原。在这一点上，辛弃疾有着相当清醒的认识。他出任镇江知府，以积极筹备备战工作为己任。首先，他感到缺乏能堪当大任的精兵良将。正如南宋著名学者黄干在《与辛稼轩侍郎书》中所描述的那样：国家以仁厚政策驯服天下士大夫之气，秦桧又以合议消弥他们的锐气，士大夫从此朝不虑夕不再有生气。语文章者多虚浮，谈道德者多拘滞。求一人焉，足以持一道之印，寄百里之命，已不复可得，况敢望其相与冒霜露、犯锋镝，以立不世之大功乎？嘉泰四年夏天，辛弃疾提出了对军队建设的看法和军队备战的计划。对此，南宋诗词大家程珌在《丙子轮对札子》中有着比较详细的记载：

　　中国之兵，不战自溃者，盖自李显忠符离之役始。百年以来，父以诏子，子以授孙，虽尽僇之，不为衰止。惟当以禁旅列屯江上，以壮国威。至若渡淮迎敌，左右应援，则非沿边土丁，断不可用。目今镇江所造红衲万领，且欲先招万人，正为是也。盖沿边之人，幼则走马臂弓，长则骑河为盗。其视虏人，素所狎易。若夫通、泰、真、扬、舒、蕲、濡须之人，则手使犁锄，胆惊钲鼓，与吴人一耳，其可例以为边丁哉？招之得其地矣，又当各分其屯，无杂官军。盖一与之杂，则日渐月染色，尽成弃甲之人。不幸有警，则彼此相持，莫肯先进；一有微功，则彼此交夺，反戈自戕，岂暇向敌哉？虽然既知屯之不可不分矣，又当知军势之不可不壮也。淮之东西，分为二屯，每屯必得两万人，乃能成军。淮东则于山阳，淮西则于安丰，择依山或阻水之地，而为之屯。令其老幼，悉归其中，使无反顾之虑。然后新其将帅，严其教阅，使势合而气震，固将有不战而自屈者。

　　辛弃疾向来主张北伐，因而对军队尤为看中。宋军在经过"符离之役"不战而溃之后，已经对金兵产生了畏惧心理。所以，北伐时这些部队只能让他们屯驻在长江上虚张声势，真正要渡淮作战，必须另外在边境地区招募壮丁、组建专门的北伐部队。因为这些人从小就习武骑马、经常和金人周旋，所以，打起仗来他们就不会产生敌人不可战胜的心理阴影。为此，辛弃疾叫人专门制造了一万件红色战衣，准备先招募一万名士兵，准备在镇江建立一支军队，各分其屯不与原有的官军混杂，免受其影响。专门的北伐部队成立后，辛弃疾准备把淮河东西分为两屯，每屯各配备两万人，淮东设在山阳（今江苏省淮安市），淮西设在安丰（今安徽省寿县南），选择依山或阻水的地方为屯，把新军的老幼眷属都集中在屯里，妥善安置，确保他们无家庭方面的后顾之忧。然后，再选择优秀的将帅，对他们进行严格的训练，使他们在相互配合中形成雄壮的军势，对敌人产生巨大的威慑力。

有了这些想法，辛弃疾踌躇满志。他登上始建于东晋时期的北固亭，写下了这首风格明快的《南乡子·登京口北固亭有怀》：

何处望神州？满眼风光北固楼。千古兴亡多少事？悠悠。不尽长江滚滚流。

年少万兜鍪，坐断东南战未休。天下英雄谁敌手？曹刘。生子当如孙仲谋。

北固亭在京口北固山上，历来设有放置军需物资的仓库。北固亭的后面，是浩浩荡荡的长江，景象蔚为壮观。北固亭的南面，是东吴时孙权建的铁瓮城。辛弃疾站在亭上极目远眺，没有看到他朝思暮想的中原，眼前只见北固山的风光。在这块土地上，千百年以来经历了多少朝代的更替。英雄往矣，只有长江水依旧滚滚东流。遥想三国时代的孙权，年纪轻轻就统率千军万马，雄踞东南一隅，奋发自强、战斗不息，是何等的英雄气概，谁是他的对手？当然，是三国鼎立时的曹、刘政权。最后"生子当如孙仲谋"一句，本是曹操对孙权的赞叹之语，辛弃疾用在这里，当然寄希望于后起之秀，能够像孙权一样，为国家建功立业。

然而，辛弃疾将建军的想法提议到朝廷后，却遭到大臣们的极力反对。对于建军所需的大量资金，更是阻力重重，最终，筹建军队的事不了了之。宋宁宗开禧元年（1205 年），独揽朝政的韩侂胄没有像辛弃疾想象的那样充分做好北伐的准备，便轻敌冒进，以小股兵力骚扰金国，名为试探，实际是提醒了敌国，让其有所提防。对于韩侂胄这种急功近利、不考虑战局的实际情况贸然用兵的做法，辛弃疾感到忧心忡忡。他认为，北伐之事应当从长计议，没有克敌制胜的把握，绝不能草率从事，否则难免重蹈覆辙，使北伐再次遭到失败。辛弃疾的意见没有引起南宋当权者的重视，于是，辛弃疾又来到了京口北固山上，登高眺望，怀古忆昔，心潮澎湃，不禁感慨万千，又写下了一首京口怀古之作。这首《永遇乐·京口北固亭怀古》，表现得非常沉郁顿挫：

千古江山，英雄无觅孙仲谋处。舞榭歌台，风流总被雨打风吹去。斜阳草树，寻常巷陌，人道寄奴曾住。想当年，金戈铁马，气吞万里如虎。

元嘉草草，封狼居胥，赢得仓皇北顾。四十三年，望中犹记，烽火扬州路。可堪回首，佛狸祠下，一片神鸦社鼓。凭谁问，廉颇老矣，尚能饭否？

这首词，以"京口北固亭怀古"为题。京口曾是三国时吴国孙权设置的重镇，并一度为都城，也是南朝宋时开国皇帝宋武帝刘裕生长的地方。面对锦绣江山，缅怀历史上的英雄人物，正是辛弃疾的登临应有之情，题中应有之义，词正是从这里着笔的。

词的意思是，历经千古的江山，再也难找到像孙权那样的英雄。孙权以区区江东之地，抗衡曹魏，开疆拓土，造成了三国鼎峙的局面。尽管斗转星移，沧桑屡变，歌台舞榭，遗迹沦湮，然而他的英雄业绩，是和千古江山相辉映的。刘裕是在贫寒、势单力薄的情况下逐渐壮大的。回想当年，以京口为基地，削平了内乱，取代了东晋政权。他曾两度挥戈北伐，收复了黄河以南大片故土。

这些振奋人心的历史事实，被辛弃疾形象地概括在"想当年，金戈铁马，气吞万里如虎"三句话里。英雄人物留给后人的印象是深刻的，因而"斜阳草树，寻常巷陌"，传说中英雄的故居遗迹，还能引起人们的瞻慕追怀。辛弃疾站在这片土地上，发的是思古之幽情，写的是现实的感慨。无论是孙权或刘裕，都是从这片土地上在百战中开创基业，建国东南的。这和南宋统治者苟且偷安于江左、忍气吞声的怯懦表现，形成鲜明的对照。

如果说，词的上阕是借古意以抒今情，还比较坦白直露，那么，在词的下阕，辛弃疾通过典故所揭示的历史意义和现实感慨，就更加意深味隐。这首词的下阕共十二句，有三层意思。峰回路转，愈转愈深。被组织在词中的历史人物和事件，血脉动荡，和辛弃疾的思想感情融成一体，给作品造成了沉郁顿挫的风格，深宏博大的意境。"元嘉草草，封狼居胥，赢得仓皇北顾"三句，用古事影射现实，尖锐地提出一个历史教训。

《资治通鉴·宋纪》中记载，"元嘉"是南北朝时期南朝宋武帝刘裕的儿子刘义隆的年号，史称南朝宋文帝。他自践位以来，有恢复河南之志。另据《史记·卫将军骠骑列传》载，汉武帝时期，卫青、霍去病各统大军分道出塞与匈奴作战，都取得大胜。霍去病封狼居胥山积土为坛，祭天曰封，祭地曰禅，报天地之功，为战胜也。"封狼居胥"后来常被用作一个典故，来指与北方少数民族的战争中取得的战功。刘义隆的北伐不像他的父亲那样顺利。他在位期间，曾三次北伐，都没有成功。特别是南朝宋文帝元嘉二十七年（450年）的最后一次，失败得更惨。据《宋书·王玄谟传》记载，用兵之前，刘义隆听取彭城太守王玄谟陈北伐之策，非常激动地说："闻玄谟陈说，使人有封狼居胥意。"意为出战必胜。但这次北伐计划落空不说，还招致了拓跋焘的铁骑南下，两淮地区生灵涂炭，南朝宋国势从此一蹶不振。对这次北伐行动，刘义隆感到很后悔，写了一首诗，最后两句是"惆怅惧迁逝，北顾涕交流"。所以，辛弃疾说刘义隆轻率的北伐是"赢得仓皇北顾"。

从"元嘉草草，封狼居胥，赢得仓皇北顾"这三句来看，辛弃疾对北伐是有清醒认识的，不赞同韩侂胄的冒进行为。辛弃疾对金国的军事部署、经济实力都曾用重金派人做过详细的侦察，可以说是了如指掌。他详细地分析了金国的军事实力，并说："金国确实是衰落了，即使这样，你看他们有这么多的精兵良将、军备马匹，北伐岂是那么容易就能成功的？"他一方面认定金国几十年内必亡，另一方面认为南宋想要灭金不是一朝一夕的事情，至少也得二十年。事实也证明辛弃疾的预言是正确的。

"四十三年，望中犹记，烽火扬州路"，想到这里，辛弃疾不禁抚今追昔，感慨万千。随着他思绪的剧烈波动，词意不断深化，而转入了第二层。辛弃疾是四十三年前，即宋高宗绍兴三十二年（1162年）率众南归的。正如他在《鹧鸪天·有客慨然谈功名因追念少年时事戏作》一词中所说的那样："壮岁旌旗拥万夫，锦襜突骑渡江初，燕兵夜娖银胡革录，汉箭朝飞金朴姑。"那沸腾的战斗经历，是他一生中难以磨灭的深刻记忆。当时，宋军在采石矶击破南犯的金兵，完颜亮为部下所杀，人心振奋，北方义军纷起，动摇了女真贵族在中原的统治，形势是大有可为的。刚刚即位的宋孝宗也颇有恢复之志，起用主战派首领张浚，积极进行北伐。可是，符离败退后，他就坚持不下去了。于是，主和派重新得势，再一次与金国通使议和。从此，南北分裂就进入了一个相对稳定的状态。而辛弃疾的鸿鹄之志，也就无从施展，形成了只将万字平戎策，换得东家种树书的局面。时机是难得而易失的。四十三年后，重新经营恢复中原的事业，民心士气，都和四十三年前有所不同，当然要困难得多。

"烽火扬州"和"佛狸祠下"的今昔对照，所展示的历史图景展示了辛弃疾四顾苍茫、百感交集、不堪回首的感慨心声。"佛狸祠下，一片神鸦社鼓"两句，佛狸祠在长江北岸的瓜步山上。"佛狸"是拓跋焘的小名，宋文帝元嘉二十七年（450年），北朝北魏太武帝拓跋焘南侵时，曾在瓜步山上建行宫，后来这座行宫变成了祭神的祠堂。当时，流传有"虏马饮江水，佛狸明年死"的童谣，因此民间把它叫做佛狸祠。南宋时，这所祠堂犹存，百姓经常在这里迎神赛会祈求神佑，祠堂里来偷吃祭品的乌鸦聚集在一起，人们在祠堂里举行歌舞等祭祀活动。在百姓看来，这只是供奉神灵的一个地方，已经忘记了它是当年拓跋焘入侵时修的行宫，忘记了它其实是南朝宋政权的一个屈辱标志。和前一句的"烽火扬州路"连在一起，一方面表达了辛弃疾感慨南宋承平日久，百姓士大夫大都忘记了当年完颜亮南侵这段不堪回首的往事；另一方面又对北伐充满了担忧，以韩侂胄为首的高层官员们对北伐盲目乐观。在这里，辛弃疾明显是在提醒，要小心刘义隆北伐不成反招致拓跋焘铁骑南下的历史悲剧重演。

其实，对于这次北伐，辛弃疾是赞成的，但认为必须做好准备工作。而准备是否充分，关键在于举措是否得宜，在于任用什么样的人主持其事。他曾向朝廷建议，应当把用兵大计委托给元老重臣，暗示以此自任，准备以垂暮之年，挑起这副重担。然而，事情并不是他所想象的那样。于是，他就发出了"凭谁问：廉颇老矣，尚能饭否"的慨叹，词意转入了最后一层。

只要读过《史记·廉颇蔺相如列传》的人，都会很自然地把一饭斗米，肉十斤，披甲上马的老将廉颇，与精神此老健如虎，红颊白须双眼青的辛弃疾联系起来，感到辛弃疾是借古人为自己写照，形象饱满而鲜明，比拟贴切而逼真。不仅如此，辛弃疾选用这一典故，还有更深刻的用意，就是他把个人的政治遭遇，放在当时宋金民族矛盾及南宋统治集团的内部矛盾的焦点上，来抒写自己的感慨，赋予词中形象以更丰富的内涵，从而深化了词的主题。

在这首词中可以看出，辛弃疾对朝廷做出北伐这个决定很兴奋，激动之后则是对韩侂胄北伐行为的隐隐担忧。下阕从激动转为理智，以历史教训警示朝廷不要轻敌，要做好充足准备。最后是毛遂自荐，希望朝廷能重用他，让他率兵北伐。可惜，辛弃疾的毛遂自荐没有结果，陆游的祝愿也没能实现。

　　宋宁宗开禧元年（1205 年）三月，在全国上下都在加紧备战之际，朝廷突然将矛头指向了忙碌在最前线的辛弃疾。因辛弃疾的举荐不当，一个通直郎因不法事被严肃查处，辛弃疾因此被连降两级，返回临安思过。当年六月，宋宁宗下诏密为行军之计，就是让内外各路部队都秘密地做好行军的准备，这就意味着南宋对金的北伐即将付诸实施。主持北伐大计的，当然是权臣韩侂胄。对这次准备不足的北伐，朝中大臣当然也有持反对意见的，但韩侂胄一意孤行，根本听不进异议。像枢密院的高层官员钱象祖，因提了反对意见被连夺两官。还有爱国志士华岳，韩侂胄干脆直接将他关进监狱。统领军队、负责重要工作的官员，都是韩侂胄的心腹，在这样关系国家存亡的大事上，仍然任人唯亲而不重用有才干的人，失败的结局仿佛早已注定。

　　韩侂胄如此专权为私，对辛弃疾这个曾经的政敌，自然是不予重用。不过，辛弃疾毕竟是主战派，又是元老重臣，虽然是被弃置十八年，但《宋史·韩侂胄传》评论辛弃疾时，将他说成是“困于久斥，损晚节以归荣进”，认为他是赋闲在家时间太久，为了做官谋取功名利禄，从而出山依附权贵韩侂胄，没能保住晚节。可是，谁又能理解这位有着极强军事能力的 66 岁的老人，白发飘萧，闻听抗金北伐，又满血复活，老当益壮，有着“男儿到死心如铁，看试手，补天裂”的壮志。

06 壮志未酬，词照千秋

宋宁宗开禧元年（1205 年）六月，辛弃疾在镇江（也称京口）任知府才一年多，就被韩侂胄的一纸调令，改知曾任职过的隆兴（今江西省南昌市）府，把他从守国要冲的镇江调走。开禧元年七月初，辛弃疾还没有到隆兴府就任，就有谏官以"好色贪财，淫刑聚敛"的名义弹劾他。于是，朝廷撤回任命，改授辛弃疾提举冲佑观的空名。

这一次被弹劾，很可能跟辛弃疾与韩侂胄之间产生分歧有关。起初，辛弃疾被起用，与韩侂胄想要抗金北伐有着直接关系。因为辛弃疾是主战派，又具备极强的军事能力，所以，北伐之事被韩侂胄提上日程时，是绕不开辛弃疾的，这一点，韩侂胄心知肚明。其实，辛弃疾也曾将完成恢复大业寄希望于韩侂胄，把他比作春秋时存赵救孤的晋将军韩厥，又称他能继承他的曾祖、北宋名将韩琦定策顾命的遗风。辛弃疾希望韩侂胄"方谈笑，整乾坤。直使长江如带，依前是存赵须韩"，他甚而还写道："维师尚父鹰扬，熊罴百万堂堂，看取黄金假钺，归来异姓真王。"随着北伐之事向前推进，导致双方在立场上越来越不一致。辛弃疾倡导北伐，是为了国家的统一，为了国土的完整，这是他从小就生活在被压迫的环境中，早已浸入骨髓的强烈愿望，所以说辛弃疾是出于公心搞北伐。而韩侂胄提议北伐，夹杂了很多个人的东西，主要是想立盖世功名以自固权威与地位，这就使得他急于求成，是出于私心搞北伐。由于两个人的根本立场不一致，从而导致了看法的不统一，所以，在北伐将要开始时，韩侂胄便找一个借口，把辛弃疾从前线撤了回来，直至将他罢黜回家。

辛弃疾怀着一腔悲愤和遗憾，无奈地离开了抗金前线京口，至此，他终于明白了，与韩侂胄之流一起，是不能成就大事的。在归家的途中，辛弃疾写了一首《瑞鹧鸪·乙丑奉祠归舟次余干赋》，既批判了对现实的不满，又自剖心志、自描心态：

江头日日打头风。憔悴归来邴曼容。郑买正应求死鼠，叶公岂是好真龙。
孰居无事陪犀首，未办求封遇万松。却笑千年曹孟德，梦中相对也龙钟。

这次回家，是辛弃疾在仕途上第三次遭到罢黜，一而再，再而三地遭到朝廷的罢职，辛弃疾的心情也变得越来越抑郁悲愤，再加上自己已是花甲之年，衰疲颓唐的境况可想而知。当行船到了信州（今江西省上饶市）境内的余干县时，已经距离镇江很远了，而离家之居地铅山瓢泉已经很近了。这时，他伤时忧世之感十分强烈，还夹杂着行将就木的悲哀。《瑞鹧鸪》这一词牌，其字数、句数、平仄和押韵等要求，与七言律诗一样，所不同的仅仅是从中间剖分为上下两阕。

这首词，很像一首七律。上阕首句便破题，自述从水路而归，一路途中的心态。"江头日日打头风"，形容所行水路之艰难，暗喻自己在出仕时，所遇到的一连串打击。接下来的"憔悴归来邴曼容"这一对句，是以深谙进退之道的汉代高士邴曼容的状况，来表现邴氏辞官为养志自修之意。邴曼容曾事琅邪鲁伯为师学习《易》。他养志自修，为官清廉，以此受到时人的尊敬，声望很高，成为品格高尚的清正官吏的典范。

下阕"郑买正应求死鼠，叶公岂是好真龙"两句，讲的是两个典故。一个典故说的是春秋战国时期的郑国人，把没有琢磨的玉称为璞，周国人把没有风干的老鼠称为朴。有一个周国人拿着朴到郑国的商人那儿问，要买朴吗？郑国的商人说，要啊！这个周国人拿出了他的朴，郑国人一看，这个"朴"是老鼠，不是自己要的"璞"，于是说了谢谢，没有成交，这个故事讲的是因同音字引起的一场误会。另一个典故说的是叶公，春秋时楚国贵族，名子高，封于叶（今河南省叶县）。他非常喜欢龙，在他家的屋梁上、柱子上和门窗上，都雕刻着龙的图案，墙上也绘着龙。传说天上的真龙知道此事后，很受感动，专程到叶公家里来，把头从窗口伸进屋子里，把尾巴横在客堂上。叶公看到后，吓得面无血色，魂不附体，抱头就跑。晚唐著名诗僧齐己在《谢惠卜人见惠二龙障子以短歌酬之》中说："恐是叶公好假龙，及见真龙却惊怕。"辛弃疾通过用典来讽刺时政，可谓切中时弊，入木三分。

"孰居无事陪犀首，未办求封遇万松"两句，"孰居无事"出于《庄子·天运》："孰居无事，推而行是。""犀首"出于《史记·张仪列传》中："陈轸曰：'公何好饮也？'犀首曰：'无事也。'"后来便以"犀首"指无事好饮之人。"封"，帝王把爵位及土地赐给臣子叫封。王勃在《秋日登洪府滕王阁饯别序》写道："冯唐易老，李广难封。""遇万松"出自卢照邻的《长安古意》："昔时金阶白玉堂，即今惟见青松在。"由于壮志难酬，辛弃疾一生的理想和愿望就此破灭，料想到自己从此之后，就将与山林诗酒为伴，语调显得十分悲慨。

"却笑千年曹孟德，梦中相对也龙钟"两句，"曹孟德"就是曹操，三国时期著名的政治家、军事家和诗人。"龙钟"就是年老体衰、行动不便的样子，也指潦倒不得志的样子。出自唐代诗人李端的《赠薛戴》："交结惭时辈，龙钟似老翁。"辛弃疾用三国英雄曹操自喻，可见心中愤懑和感伤。

这首词，连缀典故，以律诗的抒情方式结构成篇，真实而生动地剖露了辛弃疾英雄暮年的心路历程。

辛弃疾回到瓢泉后，果然修身养性，不再过问朝政，过起了真隐士的生活。他在一首《丙寅九月二十八日作来年将告老》中以明己知：

渐识空虚不二门，扫除诸幻绝根尘。

此心自拟终成佛，许事从今只任真。

有我故应还起灭，无求何自别冤亲。

西山病叟支离甚，欲向君王乞此身。

令人遗憾的是，韩侂胄不顾辛弃疾的坚决反对，最终草率出兵北伐，公开向金朝挑衅，未战之前就早早暴露了欲战之意。很明显，这与辛弃疾所主张的攻其无备、出其不意的战略思想是背道而驰的。宋宁宗开禧二年（1206年）五月初七，临安皇宫议事大殿内的气氛非常肃穆。负责宣读圣旨的侍从，正一字一顿地念着一份将要影响到无数人命运的诏书："天道好还，中国有必伸之理，人心效顺，匹夫无不报之仇。"这份诏书，就是宋宁宗下的北伐诏书。在沉寂了四十多年以后，南宋终于大规模再次对金朝宣战，准备复仇雪耻、恢复中原，历史上将这次北伐称为"开禧北伐"。一场并没有准备充分的北伐之战，就这样开始了。宋军兵分三路，东路出兵淮北，取河南；中路出兵两淮，也取河南；西路出兵汉中，取陕西。

宋军先是取得了小胜，这让韩侂胄颇有些扬扬得意，以为胜券在握。金兵虽然初期遇挫，但随后就以兵强马壮的优势回击宋军。真到用兵之时，压根就不懂军事的韩侂胄，发现兵败就当场撤换将领，弄得人心涣散。大敌当前，负责西路作战的吴曦早已在四川暗通金国，按兵不动，使得金兵可以将兵力集中在中、东两路，无后顾之忧。而中路与东路两军全无战斗力，一遇金兵就溃散而逃，屡战屡败。这种轻敌冒进的行动，正如诗词大家程珌在淮甸所亲眼看到的那样：

一出涂地，不可收拾：百年教养之兵一日而溃，百年葺治之器，一日而散；百年公私之蓄藏，一日而空；百年中原之人心，一日而失。

程珌还在《洺水集•丙子轮对札子》中，以战争的亲历者，分析开禧北伐失败的原因，也正如辛弃疾之前预料的那样：

所集民兵皆鉏犁之人，拘留维扬……一日而纵去者不啻万人，此盖犯招兵不择之忌也；禁旅民兵混而不分，争泗攻寿相戕殆尽，此盖犯兵屯不分之忌也；兵数单寡，分布不敷，人心既寒，望风争窜，此盖犯军势不张之忌也；十月晦夜敌人以筏济兵，已满南岸，而刘世显等熟卧不知，遽报寝急，仓皇授甲，晨未及食，饥而接战，一鼓大溃。至若烽亭，近在路隅，一闻边声，燧卒先遁，所至烽烟不举，敌猝至前，率不能办，此又犯谍候不明之忌也。

在军事上，辛弃疾可以说是南宋的一路帅才，在他年轻时，就力斩义端、勇擒张安国，在金兵的眼皮地下奉表南渡，有英勇善战的军事实践。南渡之后，辛弃疾奏《美芹十论》、上《九议》及《阻江之险须籍两淮疏》《议练民兵以守淮疏》……确实有出奇制胜之处，很富有军事创意，无论从军事战略水平、战役组织实施能力，还是治国安邦的行政才干，乃至个人的战术水平，辛弃疾都足以跻身于中国历史上一流人才的行列。尤其是经过时间的磨砺，越发显露出无限的光芒。如果南宋朝廷真的重用辛弃疾，那么宋金的历史将肯定会被改写。

当宋军全线溃败的消息传到后方，只有匹夫之勇，没有将帅之才而无谋浪战的韩侂胄，受到朝野上下的广泛责难。这时，竟然有人因为辛弃疾曾接近过并一度支持过韩侂胄的北伐主张而出言攻击他，这让辛弃疾叹息道："侂胄岂能用稼轩以立功名者乎？稼轩岂肯依侂胄以求富贵者？"就在辛弃疾被罢官归家的第二年，宋宁宗又戏剧性地发下诏书，要辛弃疾到绍兴任知府，兼两浙东路安抚使。接着，朝廷又给辛弃疾加官晋爵，进宝文阁待制，又进龙图阁待制，差知江陵府，并令赴任。此时，朝廷对多次封官都表示辞退的辛弃疾，不但不责备，还一再地加官晋爵。朝廷看辛弃疾不肯进京，便想了个办法，又授予辛弃疾龙图阁待制在京宫观。按宋朝制度，凡食俸禄者，人不一定非得亲往供职，但是授予在京宫观，则必须到京城来，不许外居。由此来看，朝廷是非要辛弃疾进京不可了。

此时，已是宋宁宗开禧三年（1207 年）春，辛弃疾在临安奏对之后，宋宁宗发布了一道诏令说："武部尤急于需贤。"意在留辛弃疾在朝廷作兵部侍郎。但已 67 岁的辛弃疾似乎心灰意冷，毅然拒绝了朝廷的一次又一次任命，于开禧三年夏回到了铅山。这年八月，辛弃疾写下了一首《洞仙歌·丁卯八月病中作》：

贤愚相去，算其间能几。差以毫厘缪千里。细思量义利，舜跖之分，孳孳者、等是鸡鸣而起。

味甘终易坏，岁晚还知，君子之交淡如水。一饷聚飞蚊，其响如雷，深自觉、昨非今是。羡安乐窝中泰和汤，更剧饮，无过半醺而已。

也许，辛弃疾真的看破了红尘，自以为"昨非今是"。然而，一个一辈子都在为抗金北伐、收复故土而努力奋斗的英雄，毕竟对国家大事未能完全忘怀，行都临安的消息、北伐前线的消息不断传到中原，他又怎能两耳不闻窗外事呢？宋军的北伐不利，反而使金兵兵分九路渡江对峙，一下子由宋军北伐变成了金兵南侵，战争性质发生了本质的改变。宋军只好再一次向金国求和。这年秋天，金人以索取韩侂胄的首级为议和条件，让韩侂胄十分恼怒，又准备与金军开战。这时，叛将吴曦已被诛，而金国也处于必乱必亡之时，不适宜久战，他的北境蒙古早就对金国的土地虎视眈眈，必欲夺之而后快。关键时期，韩侂胄又想起辛弃疾。他奏请宁宗任命辛弃疾为枢密院都承旨，想再次起用他出山支撑危局。

据南宋诗人谢枋得所著的《即辛稼轩先生墓记》中记载，诏令到达铅山时，不料辛弃疾已病入膏肓。这道诏令，无疑刺痛了老英雄的心。他回忆起自己坎坷曲折的一生，有感于"大仇不复，大耻不雪，平生之愿百无一酬"，一股平生抑郁的悲愤之气难以遣怀，突然间，他的眼前似有大敌当前，抄起身边的杯子便抛了出去，运出浑身最后的气力大声呼喊："杀贼，杀贼，杀贼啊！"这一天，正好是宋宁宗开禧三年（1207年）九月十日，辛弃终于走完了他壮志未酬、满是辛酸辛苦的一生，与世长辞，终年68岁。

《乾隆铅山县志》卷七中记载，辛弃疾死后人们才发现，这位曾经历任宋朝多处封疆大吏、晚年官至兵部侍郎、枢密院都承旨的一代名公，竟然"家无余财，仅遗诗词、奏议、杂著书集"。这一铁的事实，足以认定南宋朝廷中主和派给他罗列的罪名，纯属诬陷。

开禧三年十月，主张北伐的韩侂胄被礼部侍郎史弥远密谋杀害，甚而传首级于金，并与金议和，至此，开禧北伐终以南宋朝廷的屈辱求和、巨额赔偿而告终。辛弃疾卒后一年，摄给事中倪思竟然以"迎合开边"的罪名弹劾辛弃疾，请朝廷追削爵铁，夺从官恤典。辛弃疾因此遭到南宋朝廷的封门抄家，辛氏后人因罹此难，星散逃亡。其中，有一支辛氏后人不得不改姓辜，以逃过官府的追缉。时至今日，在存留的清乾隆癸卯（1783年）重立的"显故考辛公稼轩府君之墓"墓碑上，就有"二十五代玄玄孙辜染同立"的刻文，可资佐证。

在辛弃疾逝世很多年后，宋末爱国志士、时任朝廷史馆校勘的谢枋得率领一众人等，连同辛弃疾的曾孙辛徽庆，在铅山金相寺集会准备祭奠辛弃疾。在他们住下来之后，就听到有一个洪亮的呼叫声从堂上传来，好像是在自鸣不平。这个声音，从黄昏到夜半三更，不绝于耳。自从倪思弹劾忠良，此案在辛弃疾卒后六十八年经谢枋得请于朝廷，才得到彻底平反，并给辛弃疾追赠少师，谥忠敏。然而，这时的南宋国运已是岌岌可危，此后四年既被蒙古人所灭。

辛弃疾这位生于乱世、胸怀抗金复国大志的铁血男儿，没能在疆场上实现自己的抱负，最终却在诗词的世界里留下了自己不朽的身影，后世的很多评论家，都被辛弃疾词的艺术魅力所倾倒。作为宋代词人中的杰出代表，辛弃疾一生写下了六百多首词。他在词的世界里，尽情地抒发自己的英雄理想和人生情感，其卓尔不群、大气磅礴的词风，最终确立了他在豪放词派中独一无二的历史地位，并被后人誉为"词坛飞将军"。

清代学者周济在其所著的《宋四家词选目录序论》中指出，辛弃疾确立并发展了苏轼所开创的"豪放"一派，与苏轼并称"苏辛"，此二人的词作艺术，达到了两宋词坛的顶峰。而细细较之，苏轼更似出世之旷，辛弃疾更似入世之雄。周济指出："苏、辛并称，东坡天趣独到处，殆成绝诣。而苦不经营，完璧甚少。稼轩则沉着痛快，有辙可循。"诚然，辛弃疾词的内容境界、表现方法以及遣词造句的丰富性、创造性、开拓性与深刻性，都可以用空前而绝来形容。在这些方面，纵使是苏轼，恐怕也无法与之比拟。《四库全书总目》卷一九八《稼轩词四卷》提要中说，辛弃疾独创了"稼轩体"，从而独步天下。文中说："其词慷慨纵横，有不可一世之概，於倚声家为变调。而异军特起，能於翦红刻翠之外，屹然别立一宗，迄今不废。"南宋豪放派诗人、词人、诗论家刘克庄在《辛稼轩集序》中指出，纵观两宋词史，辛弃疾的词作数量最多，而其成就与地位更是冠绝古今，可谓"两宋第一词人"，正是"大声鞺鞳，小声铿鍧，横绝六合，扫空万古，自有苍生以来所无"。

辛弃疾词之妙，绝非寥寥数言以蔽之。辛弃疾词最独特之处，正在于辛弃疾的创作理想。辛弃疾作词，是将"词"这一文学样式作为"陶写之具"，欲借词来抒写自我的精神世界与人生行藏。于是，辛弃疾的词集仿佛宛若辛弃疾的生平传记，每首词都可谓是辛弃疾人生中的一章、一小节。辛弃疾带着满腔的遗憾，走完了自己悲壮的一生。在他去世七十二年后，由宋太祖赵匡胤一手建立起来的大宋王朝在，经历了三百多年的风雨历程后，最终走到了尽头。宋帝昺祥兴二年（1279 年）二月初六，蒙古灭掉了南宋，建立了元朝。而历史不知为什么这么巧合，宋钦宗靖康二年（1127 年），也是二月初六，宋徽宗与宋钦宗同时被金国废为庶人。北宋灭亡。

　　虽然辛弃疾梦想的那种"金戈铁马，气吞万里如虎"的雄心壮志始终未能实现，但他为恢复中原所做的种种努力和壮志未酬的英雄事迹，多少年来一直被人们广为流传。尤其是他的词作，已成为中国灿烂文化的瑰宝，必然会光照千秋万代！

主要参考文献：

[1] 刘维治.唐宋词研究 [M].1.沈阳：辽宁师范大学出版社，1998.

[2] 刘扬忠.辛弃疾 [M].1.济南：济南出版社，2001.

[3] 王延梯.壮怀浩歌：辛弃疾 [M].1.山东：山东教育出版社，2001.

[4] 邓广铭.稼轩词编年笺注 [M].1.上海：上海古籍出版社，2007.

[5] 辛更儒.辛弃疾资料汇编 [M].1.北京：中华书局，2007.

[6] 王鹏.总是宋词最关情 [M].1.郑州：中州古籍出版社，2012.

[7] 侯林建.阅读辛弃疾 [M].1.南京：南京大学出版社，2012.

[8] 陈泽华.信仰的力量 [M].1.长春：吉林教育出版社，2014.

[9] 杨晓颖.千里清秋，风流常在 [M].1.北京：石油工业出版社，2014.

[10] 吴晶.铁血名将·辛弃疾 [M].1.杭州：浙江大学出版社，2014.

[11] 山川.宋词是一杯清酒 [M].1.北京：时事出版社，2015.

[12] 桃花潭水.辛弃疾：刀锋上的渴望 [M].1.哈尔滨：哈尔滨出版社，2015.

[13] 刘超.奇才.辛弃疾 [M].1.太原：山西教育出版社，2016.